AGĩkũyũ, 1890-1965
Waiyaki. Kenyatta. Kĩmaathi.

Maina wa Kĩnyattĩ

AGĩkũyũ, 1890-1965
Waiyaki. Kenyatta. Kĩmaathi.

American Edition

ISBN: 1-4664-7357-6
ISBN-13:   9781466473577

ARUGĨRWO

Maandĩko maya marugĩirwo Njenũrũ Kago, Cibũ Komanda wa mbũtũ cia KLFA, Mũrang'a.

Njenũrũ Kago ndagaakua; agũtũũra nĩmĩ-inĩ cia mũingĩ wa Kenya, mabuku-inĩ ma hicitũri ya bũrũri, irĩma-inĩ, mĩtitũ-inĩ, matũũra-inĩ na mataũni-inĩ.

Njenũrũ Kago

MATEMO MOOHORO

Njahīrīra xi

Marīītwa ma Ciama xi

Ngaatho xiii

Gītongoria Ūhoro xv

1. **Thūngūmū Gūūka Kenya** 1

    Ūrathi wa Cege wa Kībirū 2

    Mbaara ya Gīkūyū na Thūngūmū 3

2. **Gīkūyū Kūng'aang'ana na ūkoronia** 15

    Ūkoronia na Ūkīrīcitū 15

    Harry Thuku Gūthugunda Kīama 18

    Kikuyu Central Association Kūūmbwo 22

    Kenyatta Gūtūmwo Kwangeretha nī Kīama 23

    Thukuru na Kanitha cia Karīng'a 24

3: **Kamūingī Koyaga Ndīrī** 27

    Ngūī cia Ithaka Kūrikīra 27

    Thuku Kwendia Kīrathimo 30

    Kenyatta na Gīthendū Gūtūmwo Kwangeretha 31

    Atongoria Kūnyiitwo na Gūikio Nditīīni 37

4. **Mwaki wa Wīyathi Kūrīrīmbūka** 39

    Aanake a Gīkūyū Gūthiī MKN 39

    Kaū Kūūmbwo 43

    Kenyatta Gūtongoria Kaū 45

    Mūng'eeng'ano Olenguruoni 48

5. **Njūkīrīria Caitaani Īno, Njūkīrīria** 55

    Kīama Kīa Boote na Mītaro 55

    Mūrimū wa Ng'ombe 57

    Arutiwīra Nīo Hinya wa Būrūri 60

6: **Muuma Noteti wa Būrūri** 71

    Ūiguano na Ūūrūmwe 71

    Rīītwa "Mau Mau" Rīomire Kūū? 76

Midia cia Kũmeemerekia Ũteti wa Ituĩka 79

Kaũ na Mau Mau 82

Kenyatta Gũtũmanĩrwo nĩ Mau Mau 85

Kuuga na Gwĩka 89

7: Tũkũrũa Kinya Mũndũ wa Mũthia 97

Kĩmaathi Kũingĩra Nyandarwa 97

Mbaara ya Wĩyathi Gũtathũka 100

Mũtharĩko wa Lari na Naibaca 101

Kongomano ya Gĩthũgĩ 105

8. Rũkũngũ Rwa Mbaara 111

Ithuĩ Mau MauTũtĩĩtigĩrĩĩte Gĩkuũ 111

Ũteti na Mbaara Nairobi 119

Kambĩ cia Thũ Gwaakwo Bũrũri-inĩ 124

9. Kĩmaathi Gũcagũrwo Karaũ wa Mbaara 127

Kongomano ya Mwathe 127

Mũcemanio wa KDC 141

Gũtharĩkĩra Thũ cia Wĩyathi 143

Thigũkũũ Mwaka Mwerũ 148

Mũcemanio wa Ngoronia 153

Njenũrũ Chaina Kũnyiitwo 157

10. Kenya Parliament ya KLFA 161

Kongomano ya Karathi 161

Njenũrũ Chaina Gũthareenda 162

11. Mbũtũ cia Ngeretha Gũtindĩkwo 173

Mũrang'a 173

Nyĩrĩ 185

Thĩka na Kĩambuu 188

Naroko 189

Mĩĩrũ na Embu 190

Nairobi 191

Mũtharĩko wa Njeera ya Lũkenya 195

12: Kwenjwo Huuyo na Rũhiũ Rũtuhu 201

Mũng'eeng'ano Ithaamĩrio-inĩ 201

Gũthaamĩthio Mĩgũnda-inĩ na Tuuteni 203

Kũhũũngwo Mahũri 206

13. KLFA Kũũmba Thirikaari ya Ituĩka 211

Gũtirĩ Kĩndũ Kĩrĩ Mũrĩo ta Wĩyathi 211

Kĩmaathi Kwandĩkĩra Ngoronia Ngabana 219

Waziri Mkuu Dedan Kĩmaathi 221

Mũcemanio wa Mathenge na Ngoronia 226

Atongoria a Kenya League Kũnyiitwo 227

Kenya League Kũharagana 230

14. Gĩkuũ nĩ Kĩega Gũkĩra Ũkombo 237

Kongomano ya Gataano 237

Mbũtũ cia Wĩyathi Gũthũkũmwo 240

Njenũrũ Tanganyika Kũnyiitwo 242

15. Kĩmaathi nĩ Hicitũri ya Bũrũri 247

16: Gũtirĩ Mũthenya Ũkĩyaga Tongĩ 253

Jaramogi Odinga Gũteng'ũra Ũrogi na Nyũngũ 254

Kĩama Kĩa Mũingĩ Kũũmbwo 256

Kenyatta Kũrekio 258

Ithuĩ Mau Mau nĩ Twarega 262

Njenũrũ Baimũngi Kũũragwo 267

Tũĩke Atĩa? 270

Njahĩrĩra

Marĩĩtwa ma Ciama

AWU	African Workers' Union
CLC	Carter Land Commission
EAA	East African Association
EATUC	East African Trade Union Congress
DWTU	Dock Workers' Trade Union
GEMM	Gĩkũyũ, Embu, Mbere na Mĩĩrũ
LNC	Local Native Council
KTWA	Kavirondo Taxpayers Welfare Association
KANU	Kenya National Union
KAU	Kenya African Union
KDU	Kenya Democratic Union
KDC	Kenya Defense Council
KL	Kenya League
KLFA	Kenya Land and Freedom Army
KLFP	Kenya Land Freedom Party
KAR	King's African Rifles
KDU	Kenya Democratic Union
KCA	Kikuyu Central Association
KPA	Kikuyu Provincial Association
KP	Kenya Parliament
KPU	Kenya People's Union
KWC	Kenya War Council
KKB	Kĩama Kĩa Boote
KKM	Kĩama Kĩa Mũingĩ
KKNI	Kĩama Kĩa Ndemwa Ithatũ
MYW	Maendeleo ya Wanawake
MKN	Mbaara ya Keerĩ ya Ndunia
MMN	Mbaara ya Mbere ya Ndunia
MMCC	Mau Mau Central Committee
MMHC	Mau Mau High Court
NIWK	Njeeci ya Ithaka na Wĩyathi
NKP	Ndundung'a ya Kenya Parliament
NKYA	North Kavirondo Young Association

NMM	Ndundung'a ya Mau Mau
NMMI	Ndundung'a ya Mau Mau ya Itũũra
PAC	Pan-African Congress
SWC	Supreme War Council
THA	Taita Hills Association
TBS	Torch Bearers Society
ŨMA	Ũkamba Members Association
WWWA	Wakikuyu, Wakamba and Wataita Association

Ngaatho

Ngĩhũũnga ũhoro wa ibuku rĩĩrĩ nĩ ndaathoomire mabuku gĩkundi marĩa marikĩĩrie na makĩaaramia ũũgĩ wakwa wa hicitũri ya Agĩkũyũ na ya bũrũri witũ. Mamwe ma mabuku macio nĩ maya: Jomo Kenyatta, *Facing Mt. Kenya, My People of Gĩkũyũ* na *Kenya Bũrũri wa Ngũĩ*; Mbiyũ wa Koinange, *Ithaka Ciarĩ Ciitũ, My People of Gĩkũyũ* na *The People of Kenya Speak for Themselves*; M.N. Kĩbetũ, *Kĩrĩra Kĩa Ũgĩkũyũ*; Henry Mworia, *Ngoro ya Ũgĩkũyũ*; S.K. Gathigira, *Mĩikarĩre ya Agĩkũyũ*, Kĩnũthia wa Mũgiia, *Ũrathi wa Cege wa Kĩbirũ*; Mwanĩki Mũgwerũ, *Kamũingĩ Koyaga Ndirĩ* na *Wĩyathi wa Andũ Airũ*; Gakaara wa Wanjaũ, *Agĩkũyũ, Mau Mau na Wĩyathi* na *Mwandĩki wa Mau Mau Ithaaamĩrio-inĩ*; Gucu Gĩkoyo, *We Fought for Freedom*; Bildad Kaggia, *Roots of Freedom;* Oginga Odinga, *Not Yet Uhuru*; Barnett & Njama, *Mau Mau From Within*; Mohammed Mathu, *The Urban Guerrilla*; J.M. Kariũki, *Mau Mau Detainee*; Njenũrũ Chaina, *Mau Mau General*; Ngũgĩ wa Kabiro, *The Man in the Middle*; Mũrĩithi wa Kĩboi, *War in the Forest*; Mboggua Getyngo, *Mau Mau na Wĩyathi*; Makhan Singh, *History of Kenya's Trade Union Movement Since 1953*.

Mabuku mangĩ ndaathoomire no timacaabe nĩ: Ben Kourugo wa Kĩragũ, *Mwariamu na Gĩtungati kĩa Mau Mau*; Kĩnũthia wa Mũgiia, *Mũthamaki Waiyaki wa Hinga*; Mũigua wa Kĩnyua, *Ndaarĩ Mũthigari wa Njenũrũ Kago*; Nyakĩyo wa Waikũmbĩ, *Ndaarĩ Mũtitũ Kũrũĩra Wĩyathi*; Waititũ wa Kĩnyattĩ, *Mũng'eeng'ano wa Mau Mau Ithaamĩrio-inĩ 1954-1960.*

Andũ arĩa mandĩkaga mabuku matikuaga, matuĩkaga hicitũri ya bũrũri waao.

Ndingĩriganĩrwo nĩ gũcokeria Jesse Kariũki wa Curang'a, Joseph Kang'ethe, James Beauttah, George Kĩrongothi Ndegwa, Henry Mworia, Job Mũcucu, Paul Kĩgondu, na Kĩnũthia wa Mũgiia ngaatho tondũ wakũndaarĩria, marĩ na wendo mũnene wa bũrũri witũ, hicitũri ya mũng'eeng'ano gatagatĩ-inĩ ka Agĩkũyũ na ngoronia Ngeretha kuuma hĩndĩ ya Waiyaki kinya gũtuthũka kwa mbaara ya Mau Mau. Arĩa angĩ ingĩenda gũcokeria ngaatho nĩ kũndeithĩrĩria noohoro wa mbaara ya wĩyathi nĩ Bildad Kaggia, Fred Kubai, Isaac Maina Gathanju, Eliud Mũtonyi, Enock Mwangi, Mbaria wa Kaniũ, Gakaara wa Wanjaũ, Gucu wa Gĩkoyo, Kĩirũ wa Gathithĩri, Nyakĩyo wa Waikũmbĩ, Mwarimu Kaurugo, Kariũki Chotara, Njenũrũ Mwariama,

Waititũ wa Kĩnyattĩ, Gĩcoohi wa Gĩthua, Mũkami wa Kĩmaathi, Maina wa Kahuumbĩ, J.M. Kariũki, Kĩnyattĩ wa Waititũ, Karuku wa Kĩmani,Wangũi wa Kĩnyattĩ, Wanja wa Mũgo, Meeja Mũirũri, Mũigua wa Kĩnyua na angĩ marĩĩtwa maao marĩ ibuku-inĩ rĩĩrĩ.

Ngwenda gũcokeria njamba ya bũrũri, Dedan Kĩmaathi, ngaatho tondũ wa maandĩko marĩa aandĩkĩĩre Nyandarwa (metagwo na Kĩĩngenũ, *The Kĩmaathi Papers, 1954*) makonĩĩ ũtongoria, ũtabarĩri na ũrũithia wa mbaara ya wĩyathi. Maandĩko macio—mandĩkĩĩtwo na thakame yocamba wa mbũtũ cia KLFA—nĩ gĩcunjĩ kĩa bata kĩa hicitũri ya bũrũri witũ. Kĩmaathi aarĩ mwarimũ wa hicitũri tondũ ũcio nĩ ooĩ bata wa hicitũri, nĩ ooĩ atĩ hicitũri nĩyo mũthingi wa bũrũri, mĩri ya hinya ya wendo wa bũrũri; nĩ ooĩ atĩ rũũrĩrĩ rũtarĩ hicitũri yaruo rũtirĩ rũthiomi rwaguo, ũndũire waruo, nĩ rũkuũ.

Ndĩna ngaatho harĩ mũrũ wa maitũ Gakuhĩ na Gibson Kariũki tondũ wa kĩĩyo kĩao gĩa gũthooma ibuku rĩĩrĩ rĩtanacaabwo na gwĩtĩkĩra tũgayane ũũgĩ na wathi wa meeciiria. Kĩĩyo kĩao na mataaro maao nĩ irikĩirie na ikaaramia hicitũrĩ ya rũũrĩrĩ na bũrũri.

Naake mwendi rũũrĩrĩ Gĩthogori wa Mũrage nĩ arugĩrwo tondũ wa kwĩheana kũtabarĩra mbica iria irĩ ibuku-inĩ rĩĩrĩ na kũnyongerera ũũgĩ wa tekinoronji.

Gĩtongoria Ũhoro

No nyeende mũthoomi wa ibuku rĩĩrĩ kũmenya atĩ mbaara ya wĩyathi wa bũrũri witũ yarũiirwo nĩ njiarwo ithatũ. Rũciaro rwa mbere rwarĩ rwa andũ arĩa moonire thũngũmũ Ngeretha makĩingĩra bũrũri-inĩ—andũ ta aaWaiyaki wa Hinga, aaGakere wa Ngunju, aaKoitalel, aaMwangeka. Kũgeria kũhĩtĩrĩria thũngũmũ matikaingĩre bũrũri-inĩ, mbũtũ cia rũciaro rũũrũ nĩ cioiire mathaita ma mbaara no nĩ ciahootiirwo nĩ Ngeretha. Bũrũri witũ ũgĩkoomerwo na gĩthũri nĩ thũngũmũ Ngeretha. Rũciaro rwa keerĩ rwa andũ arĩa maarĩ ciana thũngũmũ nyakeerũ makĩingĩra Kenya nao makĩũũmbũrũrũka na maraakara ma eendi bũrũri makĩambĩrĩria kũng'eeng'ana na ũngoronia matũũra-inĩ na mataũni-inĩ. Atongoria a rũciaro rũũrũ—aaHarry Thuku, aaKang'ethe, aaJesse Kariũki, aaBeauttah, aaMũcucu, aaKenyatta, aaMbiyũ wa Koinange, aaMũthoni wa Nyanjirũ, aaMũindi wa Mbĩĩngũ, aaWoresha wa Mengo—nĩ makĩĩte ciama ciao cioteti, na nĩ cio: *East African Association* (EAA), *Kikuyu Central Association* (KCA), *Ũkamba Members Association* (ŨMA) na *Taita Hills Association* (THA), na thuutha-inĩ makĩũũmba kĩama kĩmwe kĩa bũrũri mũgima, *Kenya African Union* (KAŨ), Kenyatta arĩ mwene-gĩtĩ. Atongoria a Kaũ, Kenyatta arĩ ũmwe waao, meetĩkĩĩtie atĩ wĩyathi ũkareehwo nĩ ngaari ya gatiba—atĩ mũthenya ũmwe ngoronia Ngeretha nĩ akahiindũka atwandĩkĩre gatiba, atũne wĩyathi na gĩĩtĩrĩra. Aanake arĩa maarĩ ciana cia rũciaro rwa keerĩ—aaKaggia, aaStanley Mathenge, aaEliud Mũtonyi, aaGĩcoohi wa Gĩthua, aaMaina wa Gathanju, aaKĩmaathi, aaKubai—nĩ maareganire na raini yoteti wa gatiba, makiuuga mahiinyĩrĩirie atĩ Ngeretha ndakauuma Kenya no arutũrũriirwo na mĩcinga na thakame ya eendi bũrũri; nĩ ũndũ ũcio gũkĩgĩa na raini igĩrĩ kĩama-inĩ—raini ya ũteti wa gatiba na raini ya ituĩka. Maarĩrĩria raini icio cieerĩ matiaigwithanirie, kwoguo arĩa meetĩkĩĩtie wĩyathi ũkareehwo nĩ mbũtũ cia ituĩka makĩũũmba kĩama kĩa hitho na makĩambĩrĩria gũthondeka njeeci ya mbaara ya wĩyathi. Kĩama kĩrĩa moombire gĩacookire gwĩĩtwo Mau Mau na njeeci, *Kenya Land and Freedom Army* (KLFA); acio moombire Mau Mau maarĩ rũciaro rwa gatatũ.

Kĩama kĩa Mau Mau kĩaarĩ na hinya mũingĩ tondũ kĩoombĩĩtwo na kagoto ga cuuma na thakame ya ũcamba na wĩyũũmia wa mũingĩ wa Kenya. No ũmenya ũguo nĩ ma-rĩ, mbaara ya wĩyathi yaambĩrĩirie mwaka wa 1952, ĩgĩthĩĩ na mbere handũ ha mĩaka ĩnaana; kũrĩ mwaka wa 1960 Ngeretha akĩooya mooko igũrũ, akĩrekia atongoria a bũrũri arĩa maarĩ njeera na nditĩĩni na tondũ worĩa atĩndĩkĩĩtwo nĩ mbũtũ cia wĩyathi, kũrĩ mwaka wa 1963 nĩ arekirie bũrũri witũ, beendera ya wĩyathi ĩgĩcurio Kĩrĩnyaga gacumbĩrĩ; mũingĩ wa Kenya ũgĩtuĩra mata gĩthũri.

Mbaara ya Mau Mau yaatũthoomithirie atĩ andũ a bũrũri mangĩbanga na makorwo na ũũrũmwe na ũiguano, ũcamba norũme, mooe mathaita ma mbaara na meetĩkĩre kũgũra wĩyathi wa bũrũri waao na thakame yaao ya ngoro; ngoronia, ona arĩ na mĩcinga mĩnene na ndege cia mboomu, ndangĩmahoota. Niingĩ-rĩ, hicitũri itũthoomithagia atĩ andũ arĩa matooĩ gũtura mĩcinga na kũmĩrathũkia na matirĩ njeeci ya kũng'aang'ana na ũkoronia matũũraga marĩ ngombo cia ngoronia bũrũri-inĩ waao mĩaka na mĩaka.

1. Thũngũmũ Gũũka Kenya

Mwaka wa 1884 mabũrũri mũgwanja ma thũngũmũ cia Rũraaya ya Rũgũrũ (Britain, Germany, France, Belgium, Italy, Netherlands na Portugal) nĩ maacemanirie mũciĩ wa Berlin, Njĩrĩmani, gwatũra Abirika iitũ ta mũgũnda waao wa kuuna. Maaciira maiguanĩire Abirika ĩgayanio icunjĩ: bũrũri o bũrũri wenyũrĩrwo kĩrungu; Kenya iitũ yenyũrĩirwo thũngũmũ Ngeretha. Andũ aiitũ matiamenyire atĩ mũcemanio wa Berlin waarĩ ikundo rĩa kũmatuunya bũrũri, kũmatua ngombo cia nyakeerũ. Hĩndĩ ĩrĩa magutũkire naake Ngeretha aarĩ Mombatha na mbũtũ ciake cia mbaara. Kũgeria kũgirĩria matikaingĩre bũrũri, andũ a Pwani makĩooya mathaita ma mbaara—mbaara nene ya thakame na ikuũ ĩgĩtuthũka. Mbũtũ cia Mombatha ciatongereetio nĩ Mbaruk Rashid, cia Taita nĩ Mwangeka na cia Giriama nĩ mũtumia njamba, Me Katilili wa Meza. Yarũiirwo handũ ha mĩaka gĩkundi no mbũtũ cia Pwani nĩ ciahootiirwo, Ngeretha makĩnyiita taũni ya Mombatha, makĩmĩtua hendikwota ya njeeci ciao. Meeyenjera Mombatha, Ngeretha nĩ maatũmĩrire waara na hinya kwandĩka Aathwaĩri na Araabu njeeci-inĩ yaao ya ũkoronia; magĩtũmĩĩrwo ta thimbũ ya kwaramia na gũtambia ũkoronia bũrũri-inĩ. Ciugo: "wakosa dini," "kafiri," na "shenzi" nĩ cio Araabu na Thwaĩri maatũmagĩra makĩũũraga Aakenya arĩa angĩ; na cio cia Ngeretha ciaarĩ: *"primitive,"* *"heathens,"* *"savages,"* *"barbarians,"* na *"animals."* Maatũũragaga atĩ tũtirĩ andũ tũrĩ nyamũ; mworoto waao waarĩ gũtũniina (toorĩa mooragire eene bũrũri a Ameerika, a Australia na a New Zealand) nĩguo bũrũri witũ ũtuĩke waao, matiahotire.

Ngeretha maauuma Pwani maroririe mbũtũ ciao bũrũri wa Ikamba, magĩkoora meetereirwo. Mbũtũ cia Ikamba ciatongereetio nĩ njamba inya: Ndua, Mwana wa Mũka, Nzibũ wa Mweũ na Syonguu (mũtumia); naake Masaakũ aarĩ njaguuti ya thũngũmũ Ngeretha. Komanda Ndua nĩ ooragĩirwo ita-inĩ, nao Mwana wa Mũka na Nzibũ makĩnyiitwo mateeka, thuutha-inĩ magĩthareenda. Gũthũkia mũno nĩ maingĩrire mbũtũ ya Ngeretha, magĩtuĩka njũna-ndara cia ngoronia Ngeretha ta Masaakũ. Nĩ ũndũ woteithio ũcio, mbũtũ cia Ngeretha nĩ ciatindĩkire mbũtũ ya Syonguu kinya naake akĩooya mooko igũrũ, agĩthareenda; Ngeretha makĩnyiita bũrũri wa Ikamba. Mbũtũ cia Ikamba ciahootwo hau rĩu hetagwo "Machakos" hagĩtuĩka ceeceeni na hendikwota ya mbũtũ cia ngoronia.

Naake Masaakũ tondũ aarĩ kĩgui kĩnene gĩa thũkũmũ Ngeretha

1

agĩtuuo cibũ wa ndiiciriti ĩrĩa Ngeretha maamĩtiire rĩĩtwa rĩake, Masaakũ (na kĩĩngenũ, *Machakos*).

Mbaara yooima Ikamba yatambire bũrũri wa Maathai, no Maathai, matongereetio nĩ *msaliti* Lenana, matiarũire nĩ gũthareenda maathareendire, Lenana agĩtuĩka kunda-ngũtũme wa ngoronia Ngeretha ta Masaakũ. Gĩĩko kĩũũru mũno eekire nĩ kũnengera ngoronia Ngeretha makĩria ya nuthu ya bũrũri wa Maathai na makĩiguanĩra marĩme mĩgũnda ĩyo handũ ha mĩaka mĩrongo kenda na kenda, ona ũmũũthĩ ũyũ matheteera nyakeerũ—andũ ta aaDelamere—matũũraga na ithaka icio. Ũndũ ũngĩ wa magigi Lenana eekire nĩ gũthondeka ngwatanĩro na mbũtũ cia Ngeretha matharĩkĩre mbũtũ cia Gĩkũyũ.

Ũrathi wa Cege wa Kĩbirũ

Mbere ya Athũngũ maatanooka bũrũri wa Gĩkũyũ, Cege wa Kĩbirũ, mũraathi waarĩ ngumo bũrũri wothe wa Gĩkũyũ, nĩ eetire athamaki a bũrũri na aanake a ita kũmamenyithia ũrĩa Ngai aamũkunũrĩire, akĩaaria akĩinainaga akĩmeera:

Nyũmba iitũ,

Ndĩreenda mũthikĩrĩrie ũhoro ũyũ ngũmũhe na matũ meerĩ, nĩ ũhoro ũthĩĩnĩĩtie ngoro yakwa ũtukũ mũgima. Ngai angunũrĩire ũtukũ ndĩ tooro aanjĩĩra atĩrĩĩrĩ: Nĩ gũgooka andũ bũrũri-inĩ wa Gĩkũyũ na makoima na iria-inĩ rĩa Rũkang'a (rĩa Mombasa); mĩĩrĩ yaao ĩhaana ciengere na nguo iria mehumbĩte ihaana mathagu ma cĩĩhuruta na magakorwo makuuĩĩte mĩtĩ ikuruta mwaki ĩngĩũũraga andũ aingĩ kũrĩ mĩgwĩ ya thumu. Thuutha-inĩ andũ acio nĩ makareehe nyamũ ya thĩ ya kĩgera ĩrĩ na magũrũ maingĩ ta ma mũnyongora. Nyamũ ĩyo ĩkoima iria-inĩ rĩa Rũkang'a ĩtonye iria-inĩ rĩa ihĩĩ (rĩa Gĩthumo), na mũndũ angĩgeria kũmĩteema na rũhiũ ndĩngĩtemeeka kana kũmĩtheeca na itimũ ndĩngĩtheeceka. Nyamũ ĩyo ndĩrĩ gĩtina kana gĩthia na ĩgakorwo ĩkuuĩĩte kĩhinga kĩna mwaki; kĩhinga kĩu gĩkameragia andũ na gĩgacooka gĩkamatahĩka na gĩtikahũnaga (Mũgiia, 1996:6-7)

Cege aathiire na mbere gũtaarĩria atĩ "andũ acio marĩ na ũũgĩ na hinya mũingĩ wa mbaara na mangĩthũrio mahota kũniina rũũrĩrĩ rwa Gĩkũyũ na mĩtĩ ĩyo yaao ya mwaki". Aagĩkĩĩra aanake a ita matigathũrie agendi acio, mareeke mahĩtũkĩre bũrũri-inĩ na thaayũ na kũngĩhooteeka matume ũraata nao no matikamarehe mĩcii-inĩ kana matũũra-inĩ tondũ maarĩ na mũrimũ wa mangũ na mĩrimũ ĩngĩ maakuuĩĩte na mĩĩrĩ yaao na mangĩmĩtambia bũrũri-inĩ no yũũrage hakuhĩ rũũrĩrĩ rwothe tondũ gũtirĩ ndaawa ya kũhũũrana nao.

Aanake a ita nĩ maaregire gwĩtĩkania na ũtaaro wa Cege; makiuuga nocamba matĩngĩtĩkĩra Thũngũmũ moime ona kũu maingĩre bũrũri-inĩ matarĩ na rũũtha, nĩ makũmagiria maingĩre na mageria kũingĩra na gĩthũri nĩ makũrũa nao na moorage nyamũ ĩyo yaao ya kĩgera. Norĩĩrĩ, maathaithwo nĩ athuuri na moonio kĩhooto harĩa kĩrĩ nĩ Cege nĩ meetĩkanirie na ũrathi, ona gũtuĩka komanda amwe a mbaara maarĩ na njika ya ũrathi ũcio.

Ũrathi wa Cege nĩ wahingire tondũ gatagatĩ-inĩ ka 1890 na 1900 thũngũmũ Ngeretha kĩrũndo nĩ maambĩrĩĩrie kũingĩra bũrũri wa Gĩkũyũ matonyeire rũgongo rwa Kabete. Hĩndĩ ĩo nĩ Waiyaki wa Hinga waarĩ mũthamaki, Kabete, na otoorĩa Cege wa Kĩbirũ aarathĩte, Waiyaki nĩ atungire agendi acio na njĩra njega na magĩtuma thiriti na thũngũmũ Lugard ũrĩa waarĩ mũtongoria waao. Thũngũmũ acio maarĩ ikundi igĩrĩ: gĩkundi kĩa mbere kĩaarĩ kĩa andũ a mbiaacara na thigari ikuuĩĩte mĩcinga na beendera ya bũrũri waao; gĩkundi gĩa keerĩ kĩaarĩ kĩa Amĩceeni gĩkuuĩĩte Bibiria na mabuku mangĩ ma ndini na mũtharaba wa ndini ya ũkĩrĩcitũ.

Mbaara ya Gĩkũyũ na Thũngũmũ

Lugard nĩ aamenyithirie Waiyaki atĩ oo nĩ agendi marahĩtũka meerekeire Ũganda nonomeende maheeo handũ maake kanyũmba ga kũhurũka na kwĩyũũa mbura magĩcooka gũthiĩ thĩ iria meerekeire. Kũringana na hicitũrĩ ĩrĩa ĩtambagio na kanua, Waiyaki nĩ aaheire Lugard rũũtha aake kanyũmba kau Kĩawariũa (Dagoretti); na ũũ nĩguo maarĩkanĩire: 1) nĩ handũ aheeo aake no mũgũnda ti wake, rĩrĩa Gĩkũyũ gĩkeenda gĩthaka kĩao no kinya magathaama mathiĩ na kũrĩa moimire; 2) irio marĩrehagĩrwo nĩ Agĩkũyũ makagũra, gũtirĩ waao wĩtĩkĩrĩtio gũthiĩ mĩcii-inĩ kana matũũra-inĩ; ũrĩa ũkanyiitwo matũũra-inĩ no kũũragwo; 3) kũiiya mahiũ maiitũ, irio ciitũ irĩ mĩgũnda kana kũgwata atumia aiitũ no irehe mbaara gatagati-inĩ gaiitũ na inyuĩ na tũmũingate bũrũri witũ; 4) maũndũ maiitũ ma kĩmerera no mũhaka mũmatĩĩe. Kanyũmba karĩa Lugard na njaama yake maakire maageetire Ceeceeni. No atĩrĩĩrĩ, Waiyaki ndaagundũrire atĩ mworoto wa Lugard waarĩ wa gwaaka hendikwota ya mbũtũ cia Ngeretha Kĩawariũa, acookire kũmenya thuutha, no hĩndĩ ĩo Ngeretha nĩ meyenyeire bũrũri-inĩ.

Mwaka wa 1891 Lugard nĩ athiire Ũganda gwaaka ceeceeni ĩngĩ kũu; agĩtiga George Wilson arũgamĩrĩre Ceeceeni ya Kĩawariũa. Wilson ndaarũmĩrĩire kĩrĩkanĩro kĩrĩa kĩaigwithanĩrio nĩ Waiyaki na Lugard, aambĩrĩirie kwaramia ceeceeni, gwaaka nyũmba ingĩ mĩgũnda-inĩ ya Gĩkũyũ, na gũthũkia makĩria agĩthondeka mbũtũ ya kũiiyaga mahiũ ma Gĩkũyũ na irio irĩ mĩgũnda. Mbũtũ ĩyo ĩkĩambĩrĩria gũthĩĩ matũũra-inĩ, kũgwata atumia na ciana cia airĩĩtu mĩgunda-inĩ makĩrĩma na kũũraga Agĩkũyũ maarega na mahiũ maao. Waiyaki nĩ aathiire kwona Wilson maarie ũhoro ũcio, no Wilson akĩmwĩra na rũng'athio rwa kũmũira ndooĩ kĩrĩkanĩro kĩu maathondekeete na Lugard. Kuuma hau ceeceeni nĩ yaatuĩkire hendikwota ya mbũtũ cia Ngeretha, ĩkĩrigicĩrio na rũgiri rwa thĩgĩngĩ na kũrangĩragwo ũtukũ na mũthenya nĩ thigari na mĩcinga, gũtirĩ Mũũgĩkũyũ ũngiaingĩrire kuo atarĩ na rũũtha. Kũnyitana noguo, Amĩceeni nĩ maambĩrĩirie kũhunjia ũkĩrĩcitũ na kũmenereeria mĩtugo ya Ũũgĩkũyũ. Maũndũ macio nĩ mareehire thakame njũru gatagatĩ-inĩ ka nyakeerũ na mbarĩ ya Mũũmbi, na kwoguo Waiyaki nĩ atharĩkĩire ceeceeni, mbũtũ ciake ikĩmĩrigicĩria handũ ha kiumia kĩmwe na nuthu; Wilson na thigari ciake maguniirwo nĩ kũhũũra itarũ mũiko ũtukũ, magĩthĩĩ kinya ceeceeni yaao, Masaakũ. Kĩrooko mbũtũ cia Waiyaki igicina ceeceeni ya Kĩawariũa na indo iria ciaarĩ kuo magĩkuua hamwe na mahiũ marĩa maatahĩtwo matũũra-inĩ nĩ thigari cia thũngũmũ. Wilson nĩ aaheeirwo thigari gĩkundi na akĩongererwo mathaita ma mbaara; norĩĩrĩ, aacooka Kĩawariũa aakorire ceeceeni nĩ njine, akĩaambĩrĩria kũmĩaaka. Ĩtarĩkĩĩte ĩgĩtharĩkĩĩrwo rĩngĩ nĩ Waiyaki, Wilson na thigari ciake magĩthara hĩndĩ ya keerĩ, magĩcooka Hendikwota yaao, Masaakũ. Kuumana na kũhootwo maita meerĩ, Wilson nĩ arutiirwo ũtongoria-inĩ ũkĩneeo Meeja Erick Smith. Handũ ha gũcooka Kĩawariũa, Smith aakire ceeceeni ĩngĩ Kanyonyo (Nairobi) na akĩmĩbatithia Fort Smith. Yaarĩkia gwaakwo oroũguo, ĩkĩrigicĩrio nĩ mbũtũ cia Waiyaki. Handũ ha kũrũa, Smith nĩ atũmire ũnjumbe kũrĩ Waiyaki wa kũmũria macemanie maarie; Waiyaki nĩ etĩkĩrire na akĩhamurithia mbũtũ ciake irũgamie mũtharĩko. Atanathĩĩ kwaria na Meeja Smith, Waiyaki nĩ eetire mũcemanio wa atongoria a rũgongo na njaama ya ita Ũthĩrũ mamũtaare ũrĩa agũthĩĩ kwĩra Meeja Smith. Maatereeta meetĩkanĩirie thũngũmũ Ngeretha no mũhaka moime Kanyonyo na maarega marutũrũrwo na haaro.

Mũthenya wa mũcemanio wa kinya, mweri 15 wa kanaana 1892, otaũrĩa meetĩkanĩirie na Smith, Waiyaki aathiire ceeceeni atarĩ na matharaita kana ceekiurĩti ya kũmũrangĩra—mahĩtia manene eekire.

Aaingĩra ceeceeni aamũkĩirwo nĩ thũkũmũ Purkiss, mũnyiinyi wa Smith, tondũ Smith nĩ aathĩĩte Ũganda. Purkiss na Waiyaki nĩ materetire gwa kahinda no nĩ maremaniirwo. Ngoronia Purkiss eerire Waiyaki na ciugo cia haaro atĩ oo matirauuma Kanyonyo na akorwo nĩ mbaara nĩ makũrua. Waiyaki ang'arĩte nĩ maraakara akĩĩra Purkiss, "Ngũũkĩĩte na kĩhooto, no kĩhooto kĩngĩrema tũgũtũmĩra hinya, gũtirĩ wanyu ũkũhonoka; tũkũhee mĩĩrĩ yanyu ngui na hiti." Gũgĩgĩtuĩka atĩrĩ, Waiyaki eerekeire kĩhingo-inĩ gĩa thoome, Purkiss akĩruta watho anyiitwo; thigari ithaano ikĩmũrigicĩria. Hakĩgia na mũng'eeng'ano, Waiyaki akĩrũndwo thĩ, akĩohwo bĩĩngũ mooko na macegera magũrũ, akĩoohererwo gĩtugi-inĩ kĩrĩa gĩacurĩtio beendera ya thũngũmũ Ngeretha; aaraire hau nja heho-inĩ arangĩirwo nĩ thigari irĩ na mĩcinga. Kĩrooko tene, ngware itokĩrĩĩte, akĩrorio ya Mombatha nĩ thigari gũciirithio. Maakinya Kibwezi, Waiyaki akĩrega gũthĩĩ—akĩĩra thigari (ciaarĩ ithaano: Ahĩndĩ eerĩ, Mũthũngũ, Mwaaraabu na mũthwaĩri) ndaagũthĩĩ kũrĩa iramũtwara nĩ kũmũũraga ikũmũũraga; ũguo nĩguo cieekire: Mũthũngũ, tondũ nĩwe waarĩ Komanda, akĩhamurithia njaguuti ciake ciũũrage Waiyaki na imũthike. Thuutha wa kũmũũraga, Ngeretha makĩruta ribooti ya maheeni atĩ Waiyaki nĩ kwĩyũũraga areyũũragire. Agĩkũyũ, kuuma Ng'ongu kinya Karĩmatura, nĩ maareganire na maheeni macio, ona ũmũũthi ũyũ metĩkĩtie atĩ thũngũmũ Ngeretha maathikire Waiyaki arĩ muoyo. Kwĩrĩhĩria gĩkuũ kĩa Waiyaki, theteera Arundel Gray nĩ yaanyitiirwo nĩ mbũtũ cia Mau Mau mwaka wa 1954 ĩgĩthikwo ĩrĩ muoyo. Waiyaki ooragwo, thũngũmũ Ngeretha maacagũrire Kĩnyanjui wa Gathirimũ cibũ mũnene wa rũgongo rwa Kabete. Kĩnyanjui aarĩ mũndũ mũmata, ũtaarĩ mũcĩĩ, gĩikaro kana kĩĩ, mũndũ gĩko—watindaga Fort Smith arĩ njaga akĩrĩa matigio. Nĩ ũndũ wa gũtuĩka kĩgitĩ kĩa Ngeretha, abatithĩtio Kĩnyanjui Nũgũ nĩ Gĩkũyũ.

Gũtuĩkaga atĩrĩĩrĩ, hĩndĩ ĩrĩa mbũtũ cia Gĩkũyũ ciamenyire Waiyaki nĩ mũnyiite ciathambũrũrũkire na maraakara kuuma Kabete, Metumi na Gaaki cieerekeire Fort Smith. Njĩra-inĩ, gatagatĩ-inĩ ga Kĩawariũa na Kanyonyo, nĩ cieehithĩirwo nĩ thigari cia thũngũmũ, mbaara igĩtũrĩka; mbũtũ cia Gĩkũyũ ikĩũũraga thigari ikũmi, icio ingĩ igĩthara. Ciaakinya Fort Smith ikĩmĩrigicĩria, mbaara ya Agĩkũyũ na thũngũmũ Ngeretha ĩkĩambĩrĩria. Ona gũtuĩka mbũtũ cia Gĩkũyũ nĩ ciageririe na hinya nocamba kũmomoora Fort Smith itiahotire tondũ Ngeretha nĩ maareheete mbũtũ gĩkundi kuuma ceeceeni ya Masaakũ na mĩcinga mĩnene yeetagwo *maxim gun* ya kũgitĩra ceeceeni. Niingĩ thigari Nũbi kuuma Sudan na mbirarũ kuuma India ciaarĩ njĩra igĩũũka gũteithĩrĩria Purkiss; ciakinya nĩ ciathũkũmire mbũtũ cia Gĩkũyũ na hinya mũingĩ. Mbaara ĩkiuuma Fort Smith ĩgĩũũka matũũra-inĩ, mĩgũnda-inĩ na mĩtitũ-inĩ, no thuutha mũtheri, mbũtũ cia Gĩkũyũ nĩ ciahootiirwo—andũ mataarĩ ithaabu, makĩria ciana na atumia, makĩũũragwo, mĩcĩĩ ĩgĩciinwo hamwe na makũmbĩ na ciugũ, mahiũ magana na magana magĩtahwo, irio ciaarĩ mĩgũnda igĩkĩrwo makonia igĩtwaragwo Fort Smith; iria itaarĩ ngũrũ igĩtemeengwo hamwe na marigũ, ndũũma, ikwa na igwa. Ngeretha maahoota mbũtũ cia Kabete maroririe mbũtũ ciao Metumi; norĩĩrĩ, harĩ maũndũ meerĩ mabata meekĩkire gatagatĩ-inĩ kau. Wambere, nĩ ũndũ wa Agĩkũyũ gũteta na kũrega na hinya Kanyonyo ĩĩtwo Fort Smith, Ngeretha nĩ maaceenjirie rĩĩtwa, ceeceeni ĩgĩĩtwo Nairobi na thuutha ũcio ĩgĩtuĩka hendikwota nene ya thirikaari ya ũkoronia ya bũrũri wothe. Wakeerĩ, Purkiss na Smith nĩ marutiirwo ũtongoria-inĩ wa ceeceeni ũkĩnengerwo Francis Hall kũrĩ mweri wa keerĩ 1893.

Francis Hall nĩwe watongereetie mbũtũ ya Ngeretha gũtharĩkĩra Metumi; mbũtũ ĩyo yaarĩ ya andũ 1,210 (Nũbi, Thwaĩri, Araabu, Ahĩndĩ, Ikamba, Maathai na Thũngũ) na yaakuuĩĩte mĩcinga, mĩgwĩ na matimũ. Yaaringa Rũũĩ Cania yaakoorire ĩhithĩirwo nĩ mbũtũ cia Metumi, mbaara ĩgĩtathũka. Tondũ wahinya wa mĩcinga na ũũgĩ wa nyakeerũ wa mbaara, mbũtũ cia Metumi nĩ ciaatindĩkiirwo kinya maitha makinyiita itũũra rĩa Kĩhuumbu-inĩ, Kandara, magĩciina mĩcĩĩ na makĩũũraga andũ namba nene, ng'ombe na mbũri igĩtahwo na irio ciaarĩ mĩgũnda igĩtemeengwo. Marũa-inĩ Francis aandĩkĩire ithe, Edward Hall, mwaka wa1894 kũmũtarĩrĩa ũhoro wa mbara ĩyo, aamwĩrire ũũ:

> We made a mess of all their villages and, as the other column was working along about two miles off, the natives had a warm time, but they wouldn't stand, so I had no chance of trying my rockets. The Major with his one arm carried a shot-gun and bagged a brace in the first kraal but I had no fun for a long time….We brought in 1,000 goats and a load of grain… but we didn't manage to do much execution as the brutes wouldn't stand. (Maina wa Kĩnyattĩ, 2008: 12).

Marũa-inĩ o macio, Francis eerire ithe atĩrĩ:

> If the [Agĩkũyũ] do not improve, make peace with the British government, they should be wiped out and other people brought in their place.

Mbaara ya keerĩ yarũĩirwo Mbiri handũ ha thikũ ithatũ Agĩkũyũ makĩgeria kũrigĩrĩria Hall ndagaake ceeceeni Metumi; mbũtũ cia Gĩkũyũ nĩ ciahootiirwo na ceeceeni igĩaakwo, ĩgĩĩtwo Mbiri. Thuutha-inĩ thũngũmũ Hall aakua 1901, Ceeceeni ya Mbiri ĩkĩbatithio *Fort Hall*; rĩĩtwa rĩu rĩa mũũragani rĩaceenjirio 1963, taũni ĩcookerio rĩĩtwa rĩayo, Mũrang'a; Mbiri nĩ ceeceeni ya ngaari ya mwaki. Ngoronia Hall aahanda mĩanga, Richard Meinertzhagen nĩwe watuiirwo komanda wa mbũtũ cia Ngeretha bũrũri-inĩ wa Gĩkũyũ. Mbũtũ ya Meinertzhagen yagũtharĩkĩra Metumi yaarĩ ya thigari 700 (Maathai, Nũbi, Thũngũ, Ahĩndĩ, Ikamba, Araabu na Thwaĩri). Kwongerera mbũtũ ya Meinertzhagen nditi, Karũri wa Gakure na Wambũgũ wa Mathangania, arĩa maarĩ njaguuti nene cia Ngeretha rũgongo rwa Metumi, nĩ maathondekeete njeeci ya makabuurũ ĩteithĩrĩrie Meinertzhagen gũtharĩkĩra Agĩkũyũ. Ota Kĩnyanjui Nũgũ, Karũri na Wambũgũ maarĩ andũ mataarĩ kĩharĩro kana ngoro ya Ũũgĩkũyũ—andũ a nda, thaata cia bũrũri; ngui cia ngoronia Ngeretha.

Mbaara ya mbere Meinertzhagen aarũithirie Metumi yaarĩ Kĩhuumbu-inĩ, Kandara, mweri wa kenda 1902 na yaarũĩirwo handũ ha thikũ ithatũ, mbũtũ cia Metumi igĩtoorio hĩndĩ ya keerĩ. Mbũtũ cia ngoronia ciaingĩra matũũra-inĩ igĩtemania ũcangiri na ndigithũ. Meinertzhagen andĩkĩĩte ibuku-inĩ rĩake, *Kenya Diary (1902-1906)*, bĩĩnji 51, ũũ:

> Though the war-drums were sounding throughout the nights we reached the villages...I gave orders that every living thing should be killed without mercy....Every soul was either shot or bayoneted; we burned all the huts and razed the banana plantations to the ground, besides capturing 170 heads of cattle and over 1000 sheep and goats.

Mbaara ĩngĩ nene yaatuthũkire Mbiri ĩkĩriigĩrĩra rũgongo rwa Gaturi na rwa Thagana, ĩkĩrũũo thikũ itatũ, no mbũtũ cia Gĩkũyũ nĩ ciahootiirwo. Ng'ombe magana kĩrũndo na mbũri 2,000 igĩtahwo, mĩciĩ ĩkĩmundio mwaki; andũ aiitũ arĩa mahonokire kũũragwo nĩ arĩa meetharire. Mwena wa ngoronia thigari mũgwanja nĩ ciooragiirwo. Nĩ mbaara nyiingĩ ciaruiirwo Metumi no ota Kabete, mbũtũ cia Gĩkũyũ nĩ ciaatoririo nĩ hinya wa mĩcinga, ikĩhootwo.

Mbũtũ cia Mũrang'a ciaahootwo, mbaara ĩkĩringa rũgongo rwa Gaaki. Ndithemba 2, 1902 mbũtũ ya ngoronia nĩ yaatharĩkĩire mbũtũ cia Teetũ; Gakere wa Ngunju nĩwe waarĩ komanda wa mbũtũ cia Teetũ. Mbaara ĩyo yaarĩ nditũ tondũ mbũtũ cia Gĩkũyũ nĩ cieeharĩirie mũno na nĩ ciaahotire gũtindĩka Meinertzhagen na ikĩũũraga thigari ciake 34; mwena wa Gĩkũyũ aarũi a mbaara 38 nĩ mooragiirwo na mahiũ makĩria ya 1500 magĩtuunyanwo. Nĩ ũndũ wa ũrĩa mbũtũ cia ngoronia ciatindĩkĩĩtwo, kũrĩ Ndithemba 5, Meinertzhagen nĩ atũmanire Nairobi Hendikwota areheerwo thigari ingĩ na mathaita kĩrũndo. Ibuku-inĩ rĩake, bĩĩnji 68, andĩkĩĩte ũũ:

Hinde, Barlow and I had a council of war this evening. We decided we cannot continue with operation after our rather heavy casualties, unless we receive another 200 Masai (sic!) spearmen and until my company is made up to strength. So I have sent a letter to this effect to Nairobi...I must own I never expected the [Agĩkũyũ] to fight this way.

Meinertzhagen nĩ areheeirwo Maathai 200, mbirarũ nyakairũ 140 na mbũtũ ya makabuurũ (hũmungaati) kuuma Mũrang'a ĩtongoreetio nĩ Karũri wa Gakure na Wambũgũ wa Mathangania, mbaara ĩkĩhiũũha, ĩkĩrũũo matũũra-inĩ, mĩgũnda-inĩ, mĩtitũ-inĩ, irima-inĩ; Agĩkũyũ arĩa mooragiirwo matũũra-inĩ gatagatĩ-inĩ ka Ndithemba 2 na Ndithemba 6 maarĩ makĩria ya andũ 1500. Ndithemba 7 Komanda Gakere na mũũrũwe, Ngunju wa Gakere, nĩ maanyitiirwo mateeka nĩ maitha. Komanda Gakere agĩtwarwo nditĩĩni Kicimayũ naake mũũrũwe akĩũũragwo nĩ Meinertzhagen atĩ tondũ wa kũmũng'athĩria. Thuutha wa Gakere kũnyiitwo na gũikio nditĩĩni, mbũtũ cia Teetũ nĩ ciahootiirwo, igĩthareenda; Ngeretha agĩaaka, hau taũni ya Nyĩrĩ ĩrĩ, ceeceeni ya gatatũ Gĩkũyũ-inĩ. Mwaka 1905, Gakere nĩ arutiirwo Kicimayũ akĩreehwo nditĩĩni Mbiri, kũu nĩ kuo ooragĩirwo nĩ thũngũmũ Ngeretha. Gakere aarĩ njamba tondũ ũcio nĩ kĩhooto barabara ĩmwe—ĩrĩa nene—taũni ya Nyĩrĩ ĩĩtwo *Gakere wa Ngunju* nĩguo njiarwo na njiarwo itũũre imũririkaanaga. Nĩ ũndũ wa gũteithia mbũtũ cia Ngeretha, Wang'ombe wa Ihũũra (ithe wa Cibu Nderi) nĩ atuiirwo cibu mũnene rũgongo rwa Gaaki. Naake Karũri wa Gakure, agĩtuuo cibũ mũnene wa Metumi; Wambũgũ naake agĩtwarwo Gaaki, agĩtuuo cibũ.

Mbaara ĩngĩ nene ĩririkaanagwo nĩ Gĩkũyũ nĩ ĩrĩa yaarũiirwo Mathĩra, itũũra-inĩ rĩa Iria-inĩ 1904. Mũthenya wa mbere mbũtũ ya Meinertzhagen nĩ yaatindĩkiirwo na thigari ciake gĩkundi ikĩũũragwo; kwĩrĩhĩria, Meinertzhagen nĩ atharĩkĩire itũũra rĩa Iria-inĩ kĩrooko gĩkĩ kĩngĩ kũrĩ maiiria, mbaara ĩgĩtamba rũgongo rũgima. Andũ aiitũ arĩa mooragiirwo maarĩ makĩria ya 1,000, mahiũ 7,079 magĩtahwo, nyũmba igĩciinwo hamwe na makũmbĩ na irio ciaarĩ mĩgũnda ikĩanangwo. Mbaara yooima

8

hau yaathiire ng'ongo cia Mũkũrwe-inĩ na Gĩthi—ĩkĩrigicũka ĩgĩthiĩ Ndia na Gĩcũgũ. Thaata cia bũrũri iria ciaateithĩrĩirie Meinertzhagen kũrũa na Agĩkũyũ rũgongo rwa Gĩcũgũ na Ndia nĩ Gũtũ (Kutus), Rũnyeje (Rũnyejes) na Gĩooko wa Njega. Nĩ ũndũ wa gũteithia Ngeretha moorage Agĩkũyũ, Gũtũ, Rũnyeje na Gĩooko nĩ maatuiirwo macibũ. Mbũtũ cia Ndia na Gĩcũgũ cia ahootwo, mbaara ĩgĩthiĩ Embu, Mbeere na Mĩĩrũ. Andũ aiitũ nĩ maarũire na hinya ng'ongo icio no nĩ maamenyire atĩ mbaara ya mĩcinga ndĩngĩrũĩka na mĩgwĩ, ndotono na matimũ; magĩthareenda. Bũrũri wa Gĩkũyũ, Embu, Mbeere na Mĩĩrũ (GEMM) ũgĩkoomerwo nĩ thũngũmũ Ngeretha.

Harĩ itũmi gĩkundi iria ciatũmire mbũtũ cia GEMM ihootwo nĩ thũngũmũ Ngeretha: 1) Ngeretha maarĩ na mathaita ma hinya ma kĩĩrĩu (buundũki, ngurunĩĩti, maxim gun na bathitora) na ũũgĩ na waara wa igũrũ wa mbaara. Mbũtũ cia GEMM ciaarĩ na matimũ, ngo, mĩgwĩ na ndotono na ũũgĩ mũkundeeru wa kũrũa mbaara ya mĩcinga. Niingĩ GEMM matiaarĩ na njeeci thondeke na ndabarĩra ya kũgitĩra bũrũri waao; 2) mbũtũ ya Ngeretha yoombĩĩtwo na thigari kuuma ndũũrĩrĩ cia Kenya na cia nja—Nũbi kuuma Sudan, Ũhĩndĩ kuuma India, Thũngũ kuuma Rũraaya, Araabu na Thwaĩri, Maathai na Ikamba; 3) Lenana, tondũ aarĩ kĩgui kĩa Ngeretha kuuma mwambĩrĩrio, nĩ athondekire njeeci ya Maathai ĩteithĩrĩrie thũkũmũ Ngeretha kũrũa na mbũtũ cia GEMM. Ngwatanĩro ĩyo ya Lenana na Ngeretha yahanaga ũũ: mahiũ matahwo bũrũri wa GEMM hĩndĩ ya mbaara makagayanwo maita meerĩ—Ngeretha nuthu na Maathai nuthu. Ngwatanĩro ĩo nĩ yaateithĩrĩirie Ngeretha mũno kũhoota mbũtũ cia GEMM, ĩgĩtongia Maathai na ĩkĩharagania ũtonga wa mahiũ Gĩkũyũ-inĩ, Embu, Mbeere na Mĩĩrũ. Kwoguo mahiũ ma Maathai nĩ mongererekire na namba nene gatagatĩ-inĩ ka 1892 na 1905, maarĩ na ng'ombe 200,000 na mbũri 2,000,000. Nuthu ya mahiũ macio yatuunyanĩĩtwo bũrũri wa GEMM; 4) Kĩnyanjui Nũgũ, Karũri wa Gakure, Wambũgũ wa Mathangania, Wang'ombe wa Ihũũra, Gũtũ, Rũnyeje, Gĩooko wa Njega, Wangũ wa Makĩri (tũkĩgweta arĩa tũũĩ wega) tondũ matiaarĩ ngoro ya rũũrĩrĩ, maarĩ njũna-ndara cia Ngeretha—andũ a nda—nĩ maathondekire njeeci ciao cia makabuurũ cia gũteithia Ngeretha mbaara-inĩ yaao na GEMM. Ciana cia makabuurũ macio (Nderi wa Wang'ombe, Makimĩĩ, Mĩchuki, Wanjiĩ, Warũhiũ, Njiiri wa Karanja, Magũgũ na angĩ tũtarĩ na marĩĩtwa maao) nĩ cio ciacookire gũtuĩka macibũ ma ngoronia thuutha-inĩ; makĩheeo mĩcinga na thigari marikĩrie ũkoronia; 5) Athũngũ nĩ maarehire mĩrimũ—ũhere, mũthiro, mũcarĩ, mũtũng'ũ, TB, gatego, na mũrimũ wa mbĩa (plague)—

bũrũri-inĩ. Na tondũ GEMM matiaarĩ na ndaawa ya kũhũũrana na mĩrimũ ĩyo nĩ yaatambire bũrũri-inĩ na nditi nene mũno, andũ magana na magana magĩkua na arĩa matakuiire maarĩ arwaru mũno matingĩahotire mbaara.

Kũrũmanĩrĩra naũguo, thigari cia Ngeretha nĩ ciarehire ndutu Gĩkũyũ-inĩ iria ciooragire andũ aingĩ na aingĩ makĩria magĩtuĩka cionje; 6) nĩ ũndũ wa ũcangiri wa Ngeretha na ngero ya kwananga indo (mahiũ gũtahwo, mĩcĩĩ gũciinwo, makũmbĩ maarĩ na irio kũmundio mwaki, irio irĩ mĩgũnda gũtemeengwo, andũ kũũragwo maakorwo mĩgũnda-inĩ makĩrĩma) nĩ kwagĩire na ng'aragu nene—Gĩkũyũ maamĩĩtaga Ng'aragu ya Rũraaya—na nĩ yooragiire andũ aingĩ, makĩria ciana na akũũrũ; ona mahiũ nĩ maakuire namba nene. Mĩrimũ, ndutu na ng'aragu nĩ cianyuiire aanake a ita thakame makĩreemwo nĩ kũgitĩra bũrũri.

Mbũtũ cia GEMM ciahootwo 1905, ngoronia Ngeretha maaroririe mbũtũ ciao rũgũrũ; mbaara ĩgĩtaamba kuuma Rĩbutibare kinya iria-inĩ ria Rũĩgĩ (rĩa Gĩthumo), ĩkĩrigicũka nginya gwa Cuumarĩ. Mbũtũ cia Karenjinĩ ciatongoreetio nĩ Koitalel na Chermon, cia Turukana nĩ Ebel na Lowale, cia Gĩthii nĩ Moraa wa Ngiti (mũtumia), cia Aabarũia nĩ njamba cia Abukusu, na cia Cuumarĩ nĩ Mũhammedi Hassan; Njaruo na Pokoti onao maarĩ na mbũtũ ciao. Ota bũrũri-inĩ wa GEMM, mbaara ng'ongo icio yaarĩ nene, ya maithori, thakame na ikuũ—namba nene ya andũ aiitũ makĩheeheenjwo na mĩcinga, magĩthareenda. Bũrũri witũ kuuma iria-inĩ rĩa Rũkang'a kinya iria-inĩ rĩa Rũĩgĩ ũgĩkoomerwo nĩ mbarĩ ya nyakeerũ, ũgĩtuĩka waao; ũkĩbatithio *British East African Protectorate*.

Mooya bũrũri, ngoronia Ngeretha matiateeire mathaa, maambĩrĩirie gwaaka thirikaari yaao ya ũkoronia bũrũri-inĩ witũ; hendikwota ya thirikaari ĩgĩtuĩka Nairobi. Gĩĩko kĩao kĩa mbere nĩ gũthondeka njeeci ya njaguuti nyakairũ, *King's African Rifles* (KAR) na mbũtũ nyakairũ cia birithi, macibũ, makabuurũ na Makang'a cia kũrangĩra thirikaari yaao matũũra-inĩ na mataũni-inĩ. Magooti magũkindĩra mawatho ma ũkombo wa ũkoronia magĩaakwo, njeera cia gũtwarwo andũ aiitũ arĩa maaregana na ũkoronia igĩaakwo kwaũingĩ; kanitha cia ũkĩrĩcitũ na thukuru cia gũtambia ũkoronia wa meeciiria, roho na mĩtugo, igĩaakwo matũũra-inĩ na mataũni-inĩ. Mĩtugo iitũ ya kĩmerera ĩkĩhũũrwo na mawatho ma ũkoronia na ma ũkĩrĩcitũ, ĩkĩharaganio. Nyĩmbo ciitũ cia ũndũire ikĩhũũrwo marubuku; ndini iitũ, magongona maiitũ ma kũhikania, ma ituĩka na ma marua—ciothe igĩtuĩka nĩ ũcaitaani, onacio ikĩhũũrwo marubuku. Tuuge mawatho ma ũkoronia magũtũhiinyĩrĩria kĩĩmwĩrĩ na gũtwagaagia kĩĩmeciiria, kĩĩmĩtugo na kĩĩmĩtũũrĩre maarĩ nyũngũ ng'ima, no watho ũrĩa waraakaririe andũ aiitũ makĩria nĩ *Crown Lands Ordinance.* Watho ũyũ nĩguo watũtuunyire mĩgũnda na bũrũri. Mĩgũnda iitũ ĩgĩĩtwo *Crown Lands* atĩ nĩ ya thirikaari ya Ngeretha, ithuĩ tũgĩtuĩka ngombo bũrũri-inĩ witũ—atĩ tũgĩthiĩ gũceera bũrũri witũ no kinya tũkuue kĩbaandĩ na mũndũ angĩaanyitiirwo atarĩ na kĩo nĩ njeera mĩeri itaandatũ wĩra mũritũ na iboko ithaathatũ o mweri. Gũtũhiinyĩrĩria makĩria watho woigĩĩte tũcuragia kĩbaandĩ ngingo ta tũrĩ ngui, na tũrĩrutithagio wĩra na hinya—tũtakwenda kana tũkĩeendaga— mĩgũnda-inĩ ya matheteera nyakeerũ, na mũndũ oora, arege wĩra, akahĩtwo nĩ birithi na macibũ, aanyiitwo agacookio wĩra-inĩ na tuuteni— akarutithio wĩra na hinya na ndwarĩ mũcaara.

Agĩkũyũ, 1890 - 1965

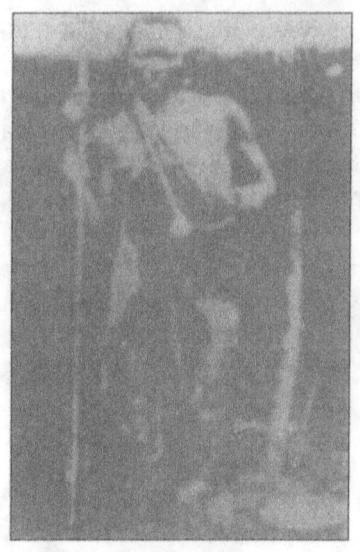

Waiyaki wa Hinga

Wambũgũ wa Mathangania

Wangũ wa makĩri

Karũri wa Gakure

Kĩnyanjui wa Gathirimũ na Kaleli, Cibũ Mũıkamba

Waiyaki wa Hinga mũcemanio-inĩ wa Ũthĩrũ, 1892.

Njeeci ya Gĩkũyũ mwaka wa 1890

Ngurario

2. Gĩkũyũ Kũng'aang'ana na ũkoronia

Ũkoronia na Ũkĩrĩcitũ

Agĩkũyũ nĩo maarĩ mũthitarĩ wa mbere wa kũregana na mawatho ma ũcangiri wa ũkoronia. Marĩ na maraakara makiuuga matirĩ hĩndĩ mageetĩkĩra gwathĩkĩra ngoronia nĩ kaba mooragwo makĩrĩrĩra rũũrĩrĩ. Kwoguo makĩaambĩrĩria gũcaria njĩra, mĩirigo na mĩaramano ya kũng'aang'ana na ngoronia na njaguuti ciao nyakairũ. Mbaara yaao ya mbere na thũngũmũ Ngeretha nĩ yaamathoomithĩtie maũndũ gĩkundi ma bata. Wambere, nĩ ya makundũrĩire ikundo makĩmenya mũcinga nĩguo gatua-ũhoro harĩ mbaara ya kĩĩrĩu—matimũ, mĩgwĩ na ngo no kinya ciongererwo mwaki wa mũcinga nĩguo ikorwo na nditi. Wakeerĩ, nĩ maathoomire na makĩmenya maahootiirwo nĩ ngoronia Ngeretha naihenya ũguo, tondũ matiaarĩ na ũiguano, ũũrũmwe na mũtongoria ũmwe wa bũrũri, na mbũtũ ciao itiaarĩ na *ujuzi* wa kũrũa mbaara ya mĩcinga, na ikĩgĩa na *ujuzi* ũcio no mũhaka aanake a ita mathoomithio *ujuzi* ũcio na mabuundithio gũtũmĩra mĩcinga na ũrĩa ĩthondekagwo. Wagatatũ, nĩ maathoomire atĩ Agĩkũyũ amwe— andũ ta aaKĩnyanjui, aaGũtũ, aaKarũri, aaWang'ombe, aaWambũgũ—nĩ thaata cia bũrũri na magĩaaga kwoyeerwo hatua no meendie rũũrĩrĩ irio cia nda Wakana, maarorire makĩona atĩ Ngeretha aarĩ na ũũgĩ mũingĩ wa maũndũ ma ndunia kũmakĩra, na ũũgĩ wake wa tekinoronji waarĩ igũrũ na waarĩ na hinya mũingĩ kũrĩ ũũgĩ wa Aago, Aarathi na Aturi. Nĩ ũndũ ũcio, nĩguo mahote kũng'aang'ana na ngoronia Ngeretha kĩĩmeeciiria, gĩĩũteti na kĩĩmbaara na mamenye thiri ciake cia tekinoronji no mũhaka rũũrĩrĩ rũmenye kwandĩka na gũthoomo; karamu na karatathi, makiuuga, nĩ cio mathaita ma mbaara ya meeciiria. Kuuma hĩndĩ ĩyo, ciana cia Gĩkũyũ igĩtiga gũthiĩ rũũru, ikĩrorio mathukuru-inĩ.

Gĩkũyũ makĩgiaana na meeciiria moorĩa makũng'aang'ana na ũkoronia, nyakeerũ—Thũngũ theteera na cia mĩceeni—no mĩgunda iitũ maatũranaga marangĩirwo na mĩcinga nĩ thigari cia ũngoronia. Tũgĩtuunywo mĩgũnda iitũ na mĩcĩĩ iitũ ĩgĩciinwo, tũgĩtindĩĩkwo hũgũrũrũ-inĩ cia mahiga. Nĩ harĩ bata kũmenya atĩ bũrũri witũ wagayaniirio maita meerĩ—gĩcunjĩ kĩmwe gĩgĩtinĩrio matheteera na kĩrĩa kĩngĩ gĩgĩtinĩrio Thũngũ mĩceeni; na cio taũni ciitũ ikĩneeo Ahĩndĩ maake nyũmba cia mbiaacara. Tiga kũhĩkĩka mũndũ wa Nyũmba, thikĩrĩria ngũtarĩrie: *Church ya Scotland* (CSM) na *Consolata*

15

Mission (CM) igĩkoomera ĩĩka magana na magana ndiicitiriti ya Nyĩrĩ; nayo *Church Missionary Society* (CMS) na CM ikĩhurĩria ithaka ĩĩka magana gĩkundi Mũrang'a na ndiiciriti ya Kĩrĩnyaga. Thĩinĩ wa Kĩambuu, tondũ wa mĩgũnda kwagĩra yatharaniirwo nĩ CSM, CM, *African Inland Church* (AIC), *Methodist Church* na *Holy Ghost.* Mbũtũ ya Amĩceeni ndĩaakuuĩĩte mĩcinga, yakuuĩĩte Bibiria na mabuku mangĩ maingĩ ma ndini ya ũkĩrĩcitũ. Mabuku macio maarĩ matharaita magũtharĩkĩra ngoro na roho, nguo cia kũhumba andũ maitho, mĩthaiga ya gũkomia toombo, ũrogi wa kuonjia meeciiria na gwĩkĩra andũ aiitũ ngoro njũru ya guoya.

Nĩ geetha wĩra wa gũtharĩkĩra ngoro, roho na meeciiria ũrutĩke, ngoronia mĩceeni, marangĩirwo nĩ thirikaari yaao, nĩ maakire makanitha na mathukuru bũrũri-inĩ wa Gĩkũyũ ituĩke nyundo cia gũkindĩra ũkoronia wa meeciiria na wa roho, thanju cia kũharagania mĩtugo iitũ ya kĩmerera. Tũkĩrutio na mĩena ĩĩrĩ: thukuru, handũ ha gũthoomithia ũũgĩ wa tekinoronji igĩtũthoomithia gĩthoomo gĩokombo—ũrĩa Ngeretha mwatũreheire *civilization*, ũrĩa twagĩrĩire gũcookeria mbarĩ ya Ngeretha ngaatho twĩnyihĩĩtie ta mũbii tondũ wa gũturuta nduma-inĩ "yokĩĩgu" na mũtondoinĩ "worimũ." Mabuku ma hicitũri marĩa twathooma maarĩ magũthaahia hicitũri iitũ. Maatwĩtaga *primitive tribes*—andũ matarĩ hicitũri kana ndini na marĩ toombo mũniini ta wa thinwa na ngoro ya nyamũ. Twoima thukuru twathiiaga kanitha, kũu na kuo tũgakora tũkorogeiirwo mũthaiga wa gũtharĩkĩra roho ciitũ, wĩtĩkio witũ, ũndũire witũ, Ngai witũ. Tũkahunjĩrio atĩ Ngai witũ, Ngai wa Gĩkũyũ na Mũũmbi, ti Ngai wa ma, nĩ Ngai wa mũhianano. Ngai wa biũ nĩ wa nyakeerũ na arĩ mwana wĩtagwo Yesũ na ndungata cĩĩtagwo Araika. Tũkeerwo ũndũire witũ nĩ wa gĩĩcaitaani na Caitaani nĩwe ngoma (Gĩĩgĩkũyũ, ngoma nĩ Aagu na Aagu). Tũgakĩhunjĩrio atĩ: Caitaani nĩ mũirũ na Ngai, Njesũ na maraika nĩ eerũ ta mbarĩ ya nyakeerũ; tũkeerwo kũrĩ thĩ ĩĩtagwo *matu-inĩ* na nĩ kuo Ngai wa Aakĩrĩcitũ aikaraga hamwe na araika aake na mwana wake Njesũ. Tũgagĩtaarĩrio na ciugo njĩkĩre cumbi atĩ Aakĩrĩcitũ maakua mathiiaga *matu-inĩ* no arĩa matarĩ Aakĩrĩcitũ mathiiaga thĩ ĩngĩ ĩĩtagwo *icua-inĩ* kũrĩa Caitaani athanaga. Arĩa makwenda gũgathiĩ *matu-inĩ* maakua, tũkahunjĩrio, no mũhaka meetĩkĩre na meetĩkie atĩ Njesũ nĩwe rũũĩ rwa roho mũtheru, meeyooge mĩtugo yaao ya kĩĩũndũire, maikie Ngai wa Gĩkũyũ na Mũũmbi kĩara-inĩ kĩa mahuti, mate marĩĩtwa maao ma Gĩĩgĩkũyũ tondũ nĩ magĩcaitaani na meenjere hicitũri yaao mbĩĩrĩra, meeyooge Ũũgĩkũyũ, mabatithio na rĩĩtwa *rĩa ithe, rĩa mwana na rĩa roho mũtheru*, meetwo marĩĩtwa ma mbarĩ ya

16

nyakeerũ, marĩĩtwa ma ũkoronia—John, James, George, Stanley, Michelle, Clinton, Jane, Nancy, Virginia, Mary, Nixon, Blair, Hitler, Jadiel, Rosemary, Anne, Joyce, Anthony, Elizabeth, Kennedy, o ũguo o ũguo. Magĩthĩĩ na mbere gũtũhunjĩrio atĩ nyĩmbo ciitũ cia kĩmerera—nduumo, kĩbaata, mũthũngũci na ingĩ—nĩ cia Caitaani, ikĩhũũrwo marubuku. Marĩĩtwa maiitũ ma Ũũgĩkũyũ na hicitũri iitũ, tũkahunjĩrio, nĩ icango cia Caitaani, tũcieenjera mbĩĩrĩra. Mũico tũgathoomithio hicitũri ya maheeni atĩ Gĩkũyũ na Mũũmbi tĩo aciari aiitũ, tuumĩĩte mũthirimo-inĩ wa Adamu na Eve (Ayahũndi) na Adamu na Eve nĩo andũ ambere kũũmbwo nĩ Ngai. Tondũ ũcio, tũkahunjĩrio: kuuga Gĩkũyũ na Mũũmbi nĩo maarĩ ambere kũũmbwo nĩ Ngai, mũndũ amenye atĩ macio nĩ meeciiria ma Caitaani. Amwe aiitũ, arĩa maarĩ (na marĩ) ngoro hũthũ na mbuthu, toombo mũniini ta wa ngi, makĩrekia Ũũgĩkũyũ witũ, Ngai witũ, bũrũri witũ, makĩrũmĩrĩra ngoronia mũmĩceeni aamonie mĩaramano ya gũthĩĩ *matu-inĩ*; ona ũmũũthĩ ũyũ marĩ o rũgendo-inĩ matongereetio nĩ mbarĩ ya nyakeerũ. Makarigwo atĩ Ngai witũ aarĩkuo ona Njesũ wa Maria atarĩ mũciare. Niingĩ-rĩ, nĩ Mũũgĩkũyũ ũrĩkũ, mũthoomu kana ũtarĩ mũthoomu, ũngĩhota kũhanda ngarari kĩrĩndĩ-inĩ oige atĩ kũhooya Ngai twerekeire Kĩrĩma-inĩ Kĩrĩnyaga nĩ ũrimũ, nĩ meehia, nĩ ũcaitaani? No mũndũ ũiyũirwo nĩ mbũcĩ cia ũkoronia toombo.

Aithiraamu meetĩkĩĩtie, ota Amĩceeni nyakeerũ, atĩ ithuĩ tũtirĩ hicitũrĩ, Ngai kana ndini, tũrĩ *kafiri*, na mĩtugo iitũ ya Ũũgĩkũyũ nĩ ya gĩceenji (kishenzi), ya Caitaani. Nao magĩũũka na Korani na mabuku mangĩ maandĩkĩĩtwo ng'aano cia mũraathi Mũhammedi na cia Ngai waao, *Allah*. Magĩaaka mĩthigiti mataũni-inĩ, makĩambĩrĩria gũtũhunjĩria atĩ gũtirĩ Ngai ũngĩ tiga *Allah*. Makiuuga Mũũgĩkũyũ ũrĩa ũkwenda gũgaathĩĩ *matu-inĩ* aakua no mũhaka atuĩke mũithiraamu—atigane na Ũũgĩkũyũ, arekie Ngai wa Gĩkũyũ na ndini ya Karĩng'a na ate rĩĩtwa rĩake rĩa Ũũgĩkũyũ, athirimũke, eetwo rĩĩtwa rĩa Kĩaraabu—Mohammed, Juma, Fatima, al-Amin, Hassan, al-Bashir, Mariamu, Nasser, Abdalla, Ali, Ahmed, o ũguo o ũguo. Ndini ya ithiraamu ndĩaahotire gũtamba na hinya bũrũri-inĩ wa Agĩkũyũ, kũndũ yeeyenjeire na hinya na nditi nĩ Mombatha; andũ a Mombatha magĩte marĩĩtwa maao, makĩooya ma Kĩaraabu. Ũguo nĩ gũtuonia atĩ ona ithuĩ Agĩkũyũ, ithuĩ mbarĩ ya Mũũmbi, tondũ tũrathiĩ tũgĩteaga mĩtugo iitũ ya Gĩĩgĩkũyũ—Ngai wa Gĩkũyũ na Mũũmbi, Ngai wa maithe maiitũ, tũkoiga nĩwe Caitaani, tũkooya Ngai wa nyakeerũ, handũ ya gũkũngũĩra aciari aiitũ Gĩkũyũ na Mũũmbi na tũmaakĩre moniumeniti Mũkũrwe-inĩ wa Nyagathanga na kũmaririkanaga, nĩ gũkũngũĩra Adamu na Eve.

Toūguo wiki, marīītwa maiitū ma kīmerera tuugaga matirī na caama, nī ma Caitaani, tūkooya ma ūkoronia, tūkameena rūthiomi rwitū twaragie gīīkoronia—mīaka 100 īgūūka tūgakorwo tūtarī na rūthiomi rwitū, rūūrīrī rwitū rūkue, tūtuīke ngombo cia Angeretha kīīmeeciiria, kīīroho, kīīmītugo, kīīmarīītwa, kīīruthiomi—tūtuīke iremerembe cia andū. Būrūri-inī witū tūharagane tondū tūtirī na ūūrūmwe wa rūthiomi rwitū, ūiguano, ūrūme na ūūmīrīru wa eendi rūūrīrī na būrūri. Andū matarī ūūrūmwe norūme, kee ngūīre, matingīhota kūgitīra atumia na ciana ciao, kūgitīra mīcii yaao kana indo ciao, kūgīa na wendo wa būrūri kana kūgīa na ngiha cioteti wa būrūri. Andū ta acio matuīkaga IDP būrūri-inī waao. Niingī, ririkaana atī kūūraga rūthiomi rwa Gīīgīkūyū na hicitūria ya Agīkūyū nī kūūraga gīcunjī kīa bata kīa hicitūria ya Kenya. Nī ma atīrī, andū matooī hicitūri yaao nī ta kīgaragaro—matirī ūūrūmwe kana ngoro ya būrūri waao; nī andū akimanu. Na ūmenye ūguo nī ma-rī, būrūri witū wa Gīkūyū nī waharaganirio nī mbūtū cia ndini na cia gīthoomo kīa ūkoronia—ūndūire witū rīu nī matangari na andū aiitū no gūtūgūga maratūgūga nī gūkundio mūthaiga wa ndini wa kūmatūruuria kīīroho na kūnyua njoohi cia kūmonjia meeciiria. Nayo mīcii iitū nī yaharaganire na ciana ciitū, nī ūndū itirī na mūrori, aciari marī baa, ciatuīkire njara-hīī barabara-inī cia Nairobi na iria ingī ciendagia mīīrī yaao nīguo cioone mangotore ma kūgūra ranji.

Harry Thuku Gūthugunda Kīama

Ngeretha makīeenjera itugī cia gūtiirīrīra ūkoronia būrūri-inī witū, Mbaara ya Mbere ya Ndunia (MMN) nī yatathūkire Rūraaya mwaka 1914. Nī ūndū twarī rungu rwa wathani wa thūngūmū Ngeretha, aanake a būrūri magītahwo, magīkururio, maroreetio kīhaaro-inī kīa mbaara, magateithie Ngeretha kūhūūrana na thū ciao Njīrīmani. Mbaara yaathirire 1918 Njīrīmani mathareenda. Aakenya ngiri mīrongo īīrī kana makīria magīkuīra mbaara-inī īyo, gīkundi kīnene gīgīcooka kīrī cionje na angī kīrūndo ona ūmūūthī matirī maamenyeka kūrīa maathiire. Arīa macookire matiaamūkīīrwo na gītīīyo gīocamba waao nī thirikaari ya ūkoronia; maaheeo mūcaara wa igoto wa mweri ūcio maakīīrwo na irumi mainūke wīra waao nī wathira. Aingī macookire matūūra-inī, arīa angī magītuīka aathūkūmi Nairobi. Kūrūmanīrīria na ūguo, mbaara yaathira Ngeretha nī maarehire Thūngū thigari iria ciaarī MMN gūūkū Kenya na makīīhe mīgūnda iitū na thuutha woguo makīambīrīria gūtangaatha ngathīīti-inī cia Rūraaya, India na South Afrika, atī Kenya nī būrūri mwega wa gūtongerwo.

18

Athũngũ na Ahĩndĩ magĩũũka kwaũingĩ bũrũri-inĩ witũ; tũgĩtuunywo mĩgũnda ĩngĩ ĩkĩheeo mbarĩ ya nyakeerũ.

Nao Ahĩndĩ makĩheeo cieeya Nairobi, Naikuru, Mombatha, Gĩthumo na mataũni-inĩ mangĩ ma bũrũri cia gwaakwa nyũmba cia mbiaacara, magĩgĩtongoroka na ithuĩ eene bũrũri no kũhiinyĩrĩrĩka nĩ ũkia, ruo rwa meeciiria na ng'aragu, na haki ciitũ cia ũmũndũ tũgĩtuunywo—tũkohwo, tũkooragwo hatarĩ gĩtũmi. No atĩrĩĩrĩ, MMN nĩ yaahingũrire andũ aiitũ maitho, makĩria aanake Agĩkũyũ arĩa maarĩ mbirarũ. Ikĩmathoomithia ũteti worũme na makĩmenya atĩ mũingĩ ũngĩnyiitana na wake ciama cioteti na cia arutiwĩra no ũtuĩke nyundo ya kũmomoora ũkoronia bũrũri-inĩ. Aanake a Gĩkũyũ arĩa maarĩ mbaara-inĩ, andũ ta aaJoseph Kang'ethe, nĩo matuĩkire itungati njamba cia mũng'eeng'ano wa wĩyathi macooka Kenya.

Mwaka wa 1920 Kenya iitũ nĩ yagarũriirwo rĩĩtwa, ĩgĩĩtwo *Kenya Colony and Protectorate*. Ĩgĩtuĩka mũgũnda wa kĩraũni kĩa biũ, tũgĩtuunywo bũrũri witũ kĩa biũ, ũkĩnengerwo Thũngũ theteera na cia mĩceeni na Ahĩndĩ, na ithuĩ tũgĩtuuo ngirimiti cia kũmarutĩra wĩra, mathangũ makwĩgirio naamo. Watho wa karabaa ũkĩrikĩo na ũkĩaaramio na mawatho mangĩ meerũ makũhiinyĩrĩria andũ aiitũ makĩhĩtũkio; borithi na njeera ikĩhingũrwo mĩrango, igĩtuĩka nĩ kuo mĩcii ya andũ aiitũ. Kuumana na bũrũri gũtuuo "colony," aanake Agĩkũyũ nĩ macemanĩrie Juuni 1921 makĩũũmba kĩama gĩĩoteti, *Kikuyu Young Assocition* (YKA), na Thuku agĩcagũrwo gũgĩtongoria. O mwaka o ũcio, rĩĩtwa rĩa kĩama nĩ rĩaceenjirio, gĩgĩĩtwo *East African Association* (EAA) nĩguo gĩtuĩke kĩama kĩa bũrũri mũgima. O kĩhiinda okĩu, andũ a Nyanza nĩ moombiire kĩama gĩĩoteti, magĩgĩĩta, *Kavirondo Young Association* (KYA), gĩkĩnyita ũtongoria wa Thuku mbaru.

Thuku aarĩ njamba nene kĩmera-inĩ kĩu na nĩ eendetwo mũno nĩ mũingĩ tondũ worũme na wendi wake wa bũrũri. Agĩcagũrwo gũtongoria EAA aarutaga wĩra gwa thirikaari (Treasury Department) na tondũ arutiwĩra a thirikaari matieetĩkĩrĩĩtio nĩ watho kũingĩra ũteti-inĩ, Thuku nĩ eetirwo wabici ya mbuuru ngoronia ĩrĩa yarũgamĩrĩire ndibatimeniti ĩo, ĩkĩmwĩra na ciugo cia kũmũira na kũmũnyarara: "Thuku nĩ ũũĩ wega watho ndwĩtĩkĩrĩtie mũrutiwĩra wa thirikaari kũingĩra ũteti wa bũrũri, rĩu ngwenda ũcagũre— wĩra kana ũteti." Thuku naake ndaarĩ kau, agĩkũrĩra ngoronia maitho, akĩmĩĩra na kĩmonimoni: "*I choose Politics. My country is more important than my job; you can fire me if you wish*" (Maina wa Kĩnyattĩ, 2008:38). Hau hau akĩbuutwo wĩra, akĩheeo ndagĩka ithaano tu oime wabici; ona mũcaara wa mweri ũcio ndaaheirwo. Wĩrutĩri, wĩyũũmia na wendi wa bũrũri ta ũcio nĩ kĩonereria kĩega na kĩa bata harĩ eendi bũrũri.

Thuku aabuutwo wĩra aambĩrĩirie mĩcemanio yoteti bũrũri-inĩ
kũmenyithia mũingĩ muoroto wa kĩama; muoroto ũcio wambĩĩtwo na
mĩtĩ ikũmi na ĩna; ĩmwe yayo nĩ ĩno: 1) kũhũũranĩra mĩcaara ya aathũkũmi
na ithaka iria ikomeirwo nĩ Thũngũ theteera na cia mĩceeni; 2) kweheria
watho wa karabaa bũrũri-inĩ; 3) kũbinga watho wa kũnyita atumia a
Gĩkũyũ na kũmarutithia wĩra na hinya; 4) gũthoomithia mũingĩ haki ciao
nĩguo magĩe no ũũmĩrĩru wa mũng'eeng'ano wa demokiraci na ngoro
ya bũrũri. Nĩ ũndũ wa kĩĩyo gĩa Thuku norũme ũtaarĩ mũhaka, kĩama nĩ
kĩagĩire na hinya mũno, gĩkĩambĩrĩria kũraramĩra thirikaari ya ũkoronia,
kũmĩtindĩka na mĩario yocamba, kũbinga na hinya cĩĩko cia kĩĩnyamũ cia
ũkoronia, gũkararia mĩoroto ya mĩceeni nyakeerũ ya kũharagania ũndũire
witũ na kũmomoora mũthingi wa wĩtĩkio wa Ngai witũ, wa ngoma ciitũ, na
wa hicitũri iitũ ya mĩaka ngiri na ngiri.

Nĩ ũndũ wa ũtongoria wa EAA wocamba, uuma na kĩhooto, andũ
aiitũ bũrũri mũgima nĩ maamũũrũrũkire kwaũingĩ maroreete kĩhaaro-inĩ
gĩoteti gwĩtia haki cia ũmũndũ waao—mũng'eeng'ano wa demokiracia
ũkĩambĩrĩria gwakana mwaki; na rĩo rĩĩtwa rĩa Thuku rĩgĩtuĩka rwĩmbo rwa
ũcamba mĩcĩĩ-inĩ ya eendi bũrũri, matũũra-inĩ na mataũni-inĩ. Ngeretha
na njaguuti ciake nyakairũ nĩ maatuurirwo mũno nĩ ũndũ wotongoria wa
Thuku wocamba—ũtongoria ũtakũũraine gũkua na kũhona—makiuuga
Thuku no mũhaka anyiitwo ahihiinywo njee, arumio ruo na kĩama gĩake
kĩhũũrwo marubuku; ũguo nĩguo gwatuĩkire. Mweri 14 wagatatũ 1922
Thuku hamwe na maobithaa eerĩ a EAA—George Mũgekenyi na Waiganjo
wa Ndotono—nĩ maanyitiirwo na makĩhingĩrwo Borithi ya Kingsway
(ũmũũthĩ ĩĩtagwo Central Police). Rĩrĩa aathũkũmi, Nairobi, maiiguire Thuku
nĩ akĩĩtio ngono nĩ thigari cia ngoronia nĩ maraakarire mũno, makĩrega wĩra
makĩrora na ya Kingsway matongoreetio nĩ njamba ya rũũrĩrĩ, Mũthoni
wa Nyanjirũ. Maakinya makĩrigicĩria borithi handũ ha mathaa 24 marĩ na
marũrũ na kĩgirĩko, makiinaga nyĩmbo cia wĩyathi na wendi wa bũrũri.

Rũũciinĩ kĩama gĩgĩtũma ũnjumbe wa andũ atatũ—Jesse Kariũki, Joseph
Kang'ethe na James Beauttah—kwa Ngabana kũmũtwarĩra maraakara na
mateta ma mũingĩ. Maatanathiĩ Mũthoni wa Nyanjirũ akĩmeera mathiĩ
meere Ngabana atĩ andũ matirauuma hau borithi Thuku atarekeetio
ona areehe thigari ngiri na ngiri; gĩkuũ nĩ kĩega kũrĩ ũkoronia. Thirikaari
ya ngoronia yoona andũ no kwongerereka marongerereka na maraakara
maao no gũcamũka maaracamũka ĩkĩrehe thigari mbirarũ cia KAR gũtei-
thĩrĩria birithi gũcookia "thaayũ". Icakũri cia KAR "ciaarĩ na mĩcinga mĩnene

20

yoiraga njirũngi ta mbura, no andũ aiitũ matiaarĩ na mathaita ma mbaara, tiga no ũcamba, ũũmĩrĩru na wendo wa bũrũri meehumbĩĩte" (Kĩnyattĩ, 1998:200).

Ũnjumbe ũrĩa watũmĩĩtwo kwa Ngabana nĩ waikarire mũno kinya andũ makĩambĩrĩria gũthethũka, maraakara maao makĩambĩrĩria gũtherũka na nditi. Atongoria a kĩama makĩgeria kũhooreria kĩrĩndĩ, Mũthoni nĩ aacomokire, arĩ na ruo na marũrũ na arigicĩirio nĩ atumia njamba cia rũũrĩrĩ, akĩĩra arũme na ciugo cia kũmanyarara: "Kaĩ guoya ũyũ wanyu ũigana atĩa? Oyaai mĩcati ĩno iitũ mũtũne thuruarĩ; kaĩ mũrĩ arũme anakũ, ndũũri ici? Mũtongoria witũ arĩ kũũrĩa theero, nĩ tũthĩĩ tũmurute. Ithuĩ nĩ ithuĩ ngoro ya bũrũri, nĩ ithuĩ hinya wa bũrũri, nĩ ithuĩ eene bũrũri ũyũ." Ngemi cia ũcamba na ũhuria-ndaka ikĩgĩa igũrũ; Mũthoni akĩĩra mũingĩ ũthĩĩ ũbuunje mĩrango ya borithi ũrute mũtongoria theero. Ciugo cia Mũthoni igĩkĩra andũ ngoro yorume, makĩambĩrĩria kwerekera mũrango-inĩ wa borithi, Mũthoni amatongoreetie. Mũng'eeng'ano ũkĩambĩrĩria, mbũtũ cia Ngeretha igĩĩkĩra mĩcinga ceeba, ikĩambĩrĩria kũratha andũ. Mũthoni, tondũ aarĩ mũthitarĩ wa mbere, nĩiwe waarĩ wa mbere kũringwo nĩ njirũngi. Akĩgwa thĩ arũmĩĩte tĩĩri na ngundi, akiuuga: "Ndaakua nĩ tĩĩri witũ, tũtikaũrekia." Akĩringwo mbũrũbũrũ ya keerĩ—aakuire akumbacĩirie tĩĩri wa bũrũri witũ. Andũ arĩa meetharire merekeire mũkaawa-inĩ Norfolk makorire metereirwo nĩ ngoronia theteera na mĩcinga, makĩrathwo matakũigwĩrwo tha, nao aarĩa moorire meerekeire ithereero makĩhĩtanwo nao nĩ icakũri cia KAR na birithi, barabara ciaiiyũire thakame na ciimba—ciimba cia andũ aiitũ, thakame iitũ. Andũ arĩa mooragirwo mũthenya ũcio maarĩ 250 na aingĩ makĩria magĩtiihio ũũru mũno, macookire gũkua thuutha. No atĩrĩĩrĩ, thakame ĩrĩa yaaitiirwo mũthenya ũcio nĩ yaameririe mbegũ ya wĩyathi, mũtĩ wa wĩyathi ũkĩambĩrĩria gũkũra na hinya na nditi. Aanake Agĩkũyũ makiuuga: arũme nĩ kwonana nganja igathira, tũtikarekia bũrũri witũ nĩ kaba gĩkuũ.

Mũrurumo wa mbũragano ĩyo ya kĩĩnyamũ wa hunjire bũrũri wa Gĩkũyũ o mũthenya ũcio, ũgĩtaamba Kenya iitũ yothe. Aanake a Gĩkũyũ a ita—kuuma Kabete, Metumi na Gaaki—matiateire mathaa, makĩyooha mathaita ma mbaara makĩerekera Nairobi. Kũhingĩrĩria mũũmbũrũrũko ũcio, thirikaari ya ngoronia ĩgĩaatha thigari cia birithi na mbirarũ irangĩre barabara ciothe Gĩkũyũ-inĩ cia gũthĩĩ Nairobi. Mĩcemanio yoothe Gĩkũyũ-inĩ na Nairobi ĩkĩhingwo, na macibũ na makabuurũ maao makĩhamurithio matuĩrie na manyiite mũndũ o wothe waarĩ na ngoro ya bũrũri kana wegeragĩrio nĩ memba wa EAA. Thĩinĩ wa Nairobi, andũ arĩa megeragĩrio nĩ arũmĩrĩri a Thuku nĩ maanyitiirwo, magĩtwarwo igooti-inĩ rĩa ngoronia rĩa maheeni, makĩohwo o mũndũ mĩeri 12 njeera nditũ. Nao Thuku, Waiganjo na Mũgekenyi magĩikio nditĩĩni. Arĩa mataanyitiirwo—Joseph Kang'ethe, Jesse Kariũki, James Beauttah, Job Mũcucu na angĩ magĩthĩĩ kwa huko; maacemanagia na hitho ũtukũ kũbanga ũrĩa mbaara ya wĩyathi ĩkũrũũo. Atongoria a *Kavirondo Young Association* matiaanyitiirwo tondũ nĩ meetĩkĩrire gũtuĩka kunda-ngũtũme a ngoronia Ngeretha. Nĩguo moonie ngoronia wathĩki waao wa gwĩcũkũmithia nĩ maaceenjirie rĩĩtwa rĩa kĩama, gĩgĩĩtwo, *Kavirondo Taxpayers Welfare Association* (KTWA) na magĩcagũra ngoronia mũmĩceeni, Archdeacon Owen, atuĩke mwene-gĩtĩ wa kĩama. KTWA ĩgĩtuĩka rũhonge rwa thirikaari ya ũkoronia, no mũingĩ wa Nyanza nĩ wareganiire na mũrũgamo wa ũngoronia wa KTWA, ũgĩthĩĩ na mbere kũng'aang'ana na thirikaari ya kĩĩnyamũ ya ũngoronia rũgongo rũu na gũkũria atongoria njamba.

Kikuyu Central Association Kũũmbwo

EAA yaahũũrwo marubuku, andũ aiitũ, matongoreetio nĩ Joseph Kang'ethe, Job Mũcucu Jesse Kariũki, George Ndegwa na James Beauttah, nĩ maacookanirie ndundu kũrĩ mwaka wa 1923 makĩiguanĩra gũthugunda kĩama kĩngĩ kĩa bũrũri wothe, *African National Congress*. Ngoronia nĩ aaregire kũmahee recenici ya kũhingũra kĩama kĩu, akĩmeera moombe kĩama gĩa Cenitũrũ tu, na maaremwo nĩ ũguo nĩ haao. Tondũ matiaarĩ na hinya ũngĩ maatigĩtie, magĩtĩkĩra, makĩũũmba *Kikuyu Central Association* (KCA); Joseph Kang'ethe arĩ mwene-gĩtĩ, Jesse Kariũki mwene-gĩtĩ mũnyiinyi naake James Beauttah mwandĩki mũnene wa kĩama. Arĩa angĩ maarĩ a ndundung'a ya KCA nĩ Job Mũcucu, James Njoroge, George Ndegwa, Gĩthendũ wa Mũkiri, Josiah Gĩcigo, Henry Gĩcũĩrĩ na Willy Jimmy Wambũgũ, Amos Wagaca, Musa Mũturi, Gĩitwa Ndimũ, Mbũgua wa Kamotho na Samuel Koina Gĩtĩbi. Mworoto wa KCA waarĩ o ũrĩa wa EAA wa kũhũũranĩra demokiracia na gũtabarĩra mũng'eeng'ano wa wĩyathi. Ndaakwĩra kĩrema njamba cia rũũrĩrĩ nĩ kĩgariũre.

Gatagatĩ ka 1924 na 1930 atongoria a KCA nĩ maarutire wĩra na hinya: 1) gũtabarĩra maũndũ ma kĩama—gũcaria mbeeca cia kĩama, kũrikuruti memba a kĩama na kũbanga mĩaramano na mĩirigo ya mũng'eeng'ano; 2) gũcookanĩrĩria andũ gĩĩũteti nĩguo mahote kũmathoomithia ũteti wa mũng'eeng'ano wa wĩyathi na kũmekĩra ngoro yocamba ya wendi wa

22

bũrũri; 3) kũhunjia ũũrũmwe rwa andũ a Kenya na bata wa kũnyitanĩra mũgogo wa wĩyathi; 4) gũthoomithia arutiwĩra haki ciao cia kĩwĩrainĩ na bata wa kũũmba ciama cia aathũkũmi; 5) kũhũũranĩra ithaka iria ciakoomeirwo nĩ Thũngũ theteera na cia mĩceeni na kũgirĩrĩria andũ aiitũ matuunywo ithaka ingĩ. Mũtĩ wa mũico waarĩ wa kũbinga na kũregana na mawatho ma ũcangiri wa ũkoronia hamwe na mworoto wa ũkoronia wa Thũngũ cia mĩceeni wa kũmomoora ũndũire wa Agĩkũyũ. Nĩguo wĩra ũcio ũrutĩke, atongoria a KCA nĩ mahingũrire honge nyiingĩ cia kĩama bũrũri-inĩ wa GEMM, Nairobi, Mombatha na Rĩbutibare.

Kenyatta Gũtũmwo kwa Ngeretha nĩ Kĩama

Mwaka wa 1926 James Beauttah, tondũ aandĩkĩĩtwo wĩra nĩ thirikaari ya ũngoronia, nĩ aahũũriirwo tũracibaa Kampala. Nĩ ũndũ ndangĩahotire kũruta wĩra wa kĩama arĩ Ũganda, atongoria a KCA nĩ maacagũrire Kamau wa Ng'engi (Jomo Kenyatta) mwandĩki mũnene wa kĩama na mũtabarĩri wa ngathĩĩti ya kĩama yeetagwo *Mũigwithania*. Kenyatta agĩtiga wĩra kwa mũthubaarĩ ya Nairobi, akĩingĩra mũng'eeng'ano-inĩ wa wĩyathi. Mwaka 1929, Kenyatta nĩ atũmiirwo Kwangeretha gũtwara memorandamu ya mateta ma kĩama kũrĩ thirikaari ya kũu; gĩtĩ kĩa mwandĩki mũnene wa kĩama gĩkĩneengerwo George Ndegwa. Memorandamu ĩyo yaarĩ na mĩtĩ mũgwanja ya bata: 1) andũ airũ meetĩkĩrio gũcagũra andũ akũmarĩrĩria Renjikoo-inĩ; 2) watho wa kĩbaandĩ na wa karabaa weherio bũrũri-inĩ; 3) arutiwĩra airũ meetĩkĩrio kũũmba ciama ciao cia kũmarĩrĩria mawĩra-inĩ na maheeo mũcaara ũiganaine na Athũngũ no Hĩndĩ; 4) ithaka iria Athũngũ matuunyĩte andũ airũ icookio; 5) Harry Thuku arekio kana atwarwo igooti-inĩ aciirithio; 6) igooti rĩa nyondo rĩeherio na watho wa kũrutithia atumia a Gĩkũyũ wĩra na hinya weherio; 7) gatiba ya kũhee andũ airũ haki cia ũmũndũ yaandĩkwo na thirikaari ya demokiracia yũũmbwo Kenya. Thirikaari ya Ngeretha nĩ yaaregire kwamũkĩra memorandamu—ĩkiuuga ĩtwarĩrwo ngoronia Ngabana, Kenya. Kenyatta aikarire Kwangeretha mĩaka ĩĩrĩ; kahiinda-inĩ kau nĩ atumire ũraata na atongoria a ciama cioomootho na memba amwe a mbuunge ya Ngeretha—arĩa thuutha-inĩ matuĩkire araata aake gĩĩũteti. Kenyatta acookire Kenya mwaka 1930 agĩkoora ũteti bũrũri-inĩ ũcaacĩĩte gũcaca, na aanake makĩina nyĩmbo cia mũng'eeng'ano—mũthĩrĩgũ, kũrũra na kanyenyenyũra. Aanake acio maarĩ injiini ya KCA na meeĩĩtaga, "Mĩtĩ ya Kenya."

23

Kũgeria kũhingĩrĩria KCA ndĩgatambie ũteti wa mũng'eeng'ano wa wĩyathi bũrũri-ini, thirikaari ya ũngoronia nĩ yahũũrire nyĩmbo cia mũng'eeng'ano marubuku, kũima KCA bameti ya mĩcemanio na kwagaagia atongoria a mũingĩ—kũmanyiita, kũmooha.

Mawatho meerũ ma tuuteni makũhiinyĩrĩria andũ aiitũ makĩongererwo bũrũri-inĩ na ũkombo wa meeciiria, roho na ngoro no wathiiaga na mbere na nditi nene bũrũri-inĩ wĩgwatanĩĩtie na ndini ya ũkĩrĩcitũ na gĩthoomo kĩa ũkoronia. Kwĩgiritania na mawatho macio ma tuuteni na ũkoronia wa ndini na gĩthoomo, Thũngũ theteera, irangĩirwo nĩ thirikaari yaao, ciaathiiaga ona mbere gũtũtuunya ithaka makĩria—ithaka iria twarĩithagia mahiũ, iria ciaarĩ mũnyũ wa ng'ombe ciitũ, ciaarĩ ithima iria twatahaga maaĩ na mĩtitũ ĩrĩa twarutaga mĩtĩ ya mĩaakwo, ngũ, ndaawa na ũũki. Harĩ ũhoro wa ithaka na ndini ya ũkĩrĩcitũ, James Beauttah 1976 eerire Maina wa Kĩnyattĩ atĩrĩĩrĩ:

Twaambĩrĩirie gũtuunywo ithaka ciitũ nĩ thũngũmũ Ngeretha Waiyaki aanyiitwo 1892 na kuuma hĩndĩ ĩyo maathiire na mbere na nditi, mwaka na mwaka, gũtũtuunya ithaka makĩria. Twateta mũmĩceeni agooka na Bibiria agatuĩra na rũrĩmĩ rũhake cukaari tũtigane na indo cia thĩ, igai riitũ rĩrĩ matu-inĩ. Twakinya matu-inĩ, agatuĩra, roho mũtheru ũgaitĩkaga ta mbura ngoro-inĩ ciitũ na Yesũ nĩ agatũhee indo ciothe iria twĩriragĩria gũũkũ thĩ. Amwe aiitũ arĩa maatururĩtio na gũtũgũgio nĩ ndini ya ũkoronia nĩ meehokire ngoronia mũmĩceeni amonie njĩra nguhĩ ya gũthiĩ matu-inĩ, magĩtigĩra mbarĩ ya nyakeerũ bũrũri. No Nĩĩ na Joseph Kang'ethe, Jesse Kariũki, Jomo Kenyatta, Job Mũcucu na kĩama giitũ gĩa KCA twoigiire karothũa na mbiri, tũgĩthĩĩ na mbere, ũtukũ na mũthenya, kwenjera mũng'eeng'ano wa wĩyathi mũthingi na kũnoora meeciiria ma aanake na airĩĩtũ noteti wa ituĩka.

Thukuru na Kanitha cia Karĩng'a

Kũgirĩrĩria ngoronia mũmĩceeni atũmĩre gĩthoomo na ndini kũroga meeciiria ma ciana cia rũũrĩrĩ na kũmomoora ũndũire wa Ũũgĩĩgĩkũyũ, Gĩkũyũ, matongoreetio nĩ KCA, nĩ maakĩre macukuru na makanitha maao nĩguo ciana nyiingĩ cia rũũrĩrĩ cioone ũũgĩ wa gĩthoomo kĩrĩ ũtiganu na kĩa ngoronia. Thukuru na kanitha icio maakire cieetagwo Karĩng'a kana Iindi. Thukuru ciathoomithagia ũhoro wa hicitũri iitũ, ũrĩa ngoronia Ngeretha ookire Kenya, noorĩa andũ maangĩĩka nĩguo meeyohore mĩnyororo ya ũkoronia. Thukuru icio ciatuĩkire manooro ma meeciiria, imũrĩ cia kũmũrĩka njĩra ya wĩyathi, itugĩ cia ũthamaki nocamba wa rũũrĩrĩ. Nayo kanitha ya Karĩng'a ĩgĩtuĩka kĩbũi gĩa kũhũũrana na ũkoronia wa ndini ya ũkĩrĩcitũ na maheeni mabuuthu marĩa mũmĩceeni nyakeerũ ahunjagĩria Agĩkũyũ. Thuutha wa gwaaka cukuru na kanitha ciao, Agĩkũyũ, matongoreetio nĩ Mbiyũ wa Koinange, nĩ maakire Korenji, *Kenya African Teachers College* (KATC), ya gũturĩnĩra aarimũ na aahunjia a Karĩng'a na gũtabarĩra karikiraamu ya thukuru cia Karĩng'a. Rwĩmbo rũũrũ rwa gũkũngũĩra KATC rwaiinagwa matũũra-inĩ na mataũni-inĩ nĩ memba a Mau Mau na mwaki mũnene wa wendo wa bũrũri:

Korenji ĩgĩaakwo ndiaarĩ mũũgĩ wa kũmenya
Nĩ Kenyatta wanjĩĩrire
Twaake nyũmba na mahiga
Comba ũinũke
Ũũi, korenji ĩgĩaakwo

Angĩ makaiina:

Mbarĩki ikĩhĩa ndiaarĩ mũũgĩ wa kũmenya
Nĩ Kenyatta wanjĩĩrire
Twaake nyũmba na mahiga
Comba ũinũke
Ũũi, Korenji ĩgĩaakwo

Tondũ wa mũng'eeng'ano ũcio wa kũgirĩrĩa ciana cia rũũrĩrĩ ithoomithio gĩĩkoronia na wa kũbinga ngoronia amĩceeni matũmĩre Bibiria na mabuku mangĩ ma maheeni ma ndini ya ũkĩrĩcitũ ta thanju cia kũharagania ũndũire wa Ũũgĩkũyũ na hicitũria ya rũũrĩrĩ, nĩ kwagĩĩre na njatũkano yoteti Gĩkũyũ-inĩ. Gĩkundi kĩa Agĩkũyũ Aakĩrĩcitũ arĩa matururĩtio nĩ gĩthoomo kĩa ũkoronia na makahĩnjio meeciiria nĩ ndini ya ũkĩrĩcitũ, makĩnyiita ngoronia mũmĩceeni na thirikaari ya ũngoronia mbaru; magĩkĩra kĩrore atĩ nĩ meetĩkĩra gũtuĩka aatiiri a ũkoronia Gĩkũyũ-inĩ. Hĩndĩ ya Mau Mau, gĩkundi gĩĩkĩ kĩa mbarĩ ya kĩrore nĩ gĩeekĩrire nguo cia ngoronia cia mbaara, gĩkĩneeo matimũ na mĩcinga gĩteithie Ngeretha kũhũũrana na mbũtũ cia wĩyathi. Gĩkundi gĩa keerĩ kĩaarĩ kĩa eendi rũũrĩrĩ na bũrũri—arĩa maabingaga ũkoronia wa ndini ya ũkĩrĩcitũ, wa gĩthoomo kĩa ũkoronia na ũkombo wa thũngũmũ Ngeretha. Gĩkundi gĩĩkĩ gĩatongeretio nĩ KCA na kĩeĩĩtaga "Gĩkũyũ Karĩng'a" na gĩakahunjia ndini ya Karĩng'a. Gwa ciugo nguhĩ, ndini ya Gĩkũyũ ĩĩtagwo Karĩng'a na Mũũgĩkũyũ wa ndini ĩno auugaga nĩ Mũkarĩng'a—akauuga gũtirĩ ngai ĩngĩ tiga Mwene-Nyaga.

Agĩkũyũ, 1890 - 1965

Kĩbaandi

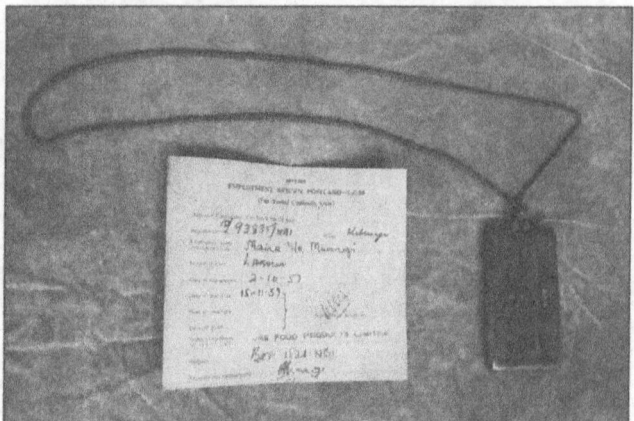

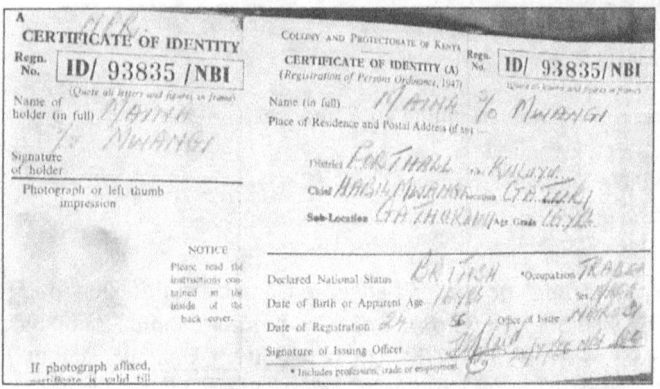

Kĩbaandi

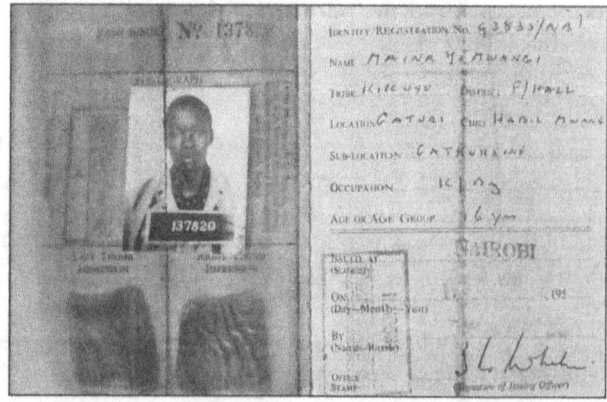

Baathibuku

26

3: Kamũingĩ Koyaga Ndĩrĩ

Ngũĩ cia Ithaka Kũrikĩra

Kuuma 1924 kinya 1949 mũng'eeng'ano wa ithaka nĩ wakirie mwaki gwakia gatagatĩ ka ngoronia Ngeretha na Agĩkũyũ. Kũgeria kũhooreria Agĩkũyũ, thirikaari ya thũkũmũ cia Ngeretha kũrĩ mwaka 1932 nĩ yathondekire kamĩĩcina ya ũtuĩria wa mũthogothogo ũcio wa ithaka. Kamĩĩcina ĩyo yeetagwo *Carter Land Commission* (CLC) na andũ arĩa maarĩ memba a CLC nĩ Thũngũ theteera na cia mĩceeni, hatiaarĩ mũndũ mũirũ. Mũtongoria wa CLC eetagwo Morris Carter watũũire arĩ ngoronia mũciirithania bũrũri-inĩ wa Tanzania na nĩ aameneete andũ airũ mũno makĩria. Ũguo nĩ kuuga CLC yaarĩ kamĩĩcina ya kũhatĩrĩria andũ airũ; ndundu ya mĩthige na hiti.

Ona kũhaana ũguo, Agĩkũyũ, matongoreetio nĩ kĩama gĩa KCA, nĩ maatwarire mateta maao ma ithaka kũrĩ CLC. Ithaka iria ciatuunyĩĩtwo andũ aiitũ Kĩambuu, Mũrang'a na Nyĩrĩ ciaarĩ nyiingĩ—ithaka ĩĩka ngiri na ngiri iria njega, nooru, irĩ maaĩ, itwamba na mĩtitũ. No Kĩambuu nĩ kuo ithaka nyiingĩ ciatuunyaniirwo. Imwe cia ithaka icio ciaarĩ cia mbarĩ ya Kĩhara (Parklands and Westlands), Bangainĩ, Mũthaiga na mũtitũ wa Karura ciaarĩ cia mbarĩ ya Mũgwe na maatuunyiirwo nĩ theteera Colonel Grogan. Gĩthaka kĩa mbarĩ ya Ngaara wa Gaitho kĩauumĩte njĩra ya bara ĩrĩa rĩu ĩĩtagwo *Forest Road*, gĩkooya Nangara, Kariokoo, Starehe na Pumwani, gĩgakinya Rũũĩ rwa Nairobi; nayo mbarĩ ya Koinange yaatuunyiirwo nuthu ya mũgũnda waao Kĩambaa. Mũthangari, Kĩrĩrĩcwa, Lavington (yeetagwo Gĩtanga), Ndagurĩti, Kareni, Mĩrĩmanĩ, Kĩrĩmanĩ, Kawangware ciaarĩ ithaka cia Agĩkũyũ. Tuuge Nairobi yothe yaarĩ gĩthaka gĩa Gĩkũyũ; mũhaka wa Agĩkũyũ na Maathai warĩ Kĩrĩma Ng'ongu.

Kamĩĩcina ya Carter yaathikĩrĩria mateta na ihooto cia Agĩkũyũ yooigiire mateta maao na ihooto ciao nĩ maheeni tondũ ithaka icio moiigaga nĩ ciao, iria ngoronia Ngeretha macookire gũcĩĩta *white highland*, ciaarĩ cia Ũũkabi na Adũrũbũ. Itua rĩu nĩ rĩatũmire Agĩkũyũ mang'athie na maraakare; makiuuga mahiinyĩrĩirie matirĩ hĩndĩ magatiga gũkinyĩra ngũndũ ciao yuuraga ĩkĩyaga. Mũing'atwo na kĩhooto, KCA ĩkĩĩra atongoria a CLC, ndacookaga no mũing'atwo na thimbũ nĩ acookaga eyoheete mathaita ma mbaara.

Mũthoomi wa ibuku rĩĩrĩ nĩ agĩrĩire kũmenya to Agĩkũyũ oiki maatuunyĩĩtwo ithaka, nĩ mĩgũnda mĩingĩ ya ndũũrĩrĩ cia Kenya yakoomeirwo na gĩthũri nĩ thũngũmũ Ngeretha. Bũrũri witũ wothe kuuma Mombatha kinya Gĩthumo warĩ rungu rwa ũkoronia wa Ngeretha; ithuĩ twarĩ ngombo ciao kinya 1963. Na ũmenye nĩguo-rĩ, ribooti ya CLC ya mũico yooigire bũrũri wa Kenya nĩ wa andũ airũ na Thũngũ na kwoguo mũndũ aikare na mĩgũnda yake na ndũũrĩrĩ cĩikarie. Mĩgũnda ĩgĩgĩĩkĩĩrwo mĩhaka kũringana na itua rĩa CLC na wendi wa theteera nyakeerũ. Nayo thirikaari ya ũkoronia ĩgĩĩkĩrũmĩra Thũngũ theteera na Thũngũ mĩceeni gĩthaka gĩothe kĩrĩa keega, kĩrĩ maaĩ na kĩnoru bũrũri-inĩ. Mĩtitũ, itwamba, werũ, njũũĩ, ithima, maria, ciothe ikĩhĩmbĩrio nĩ mbarĩ ya nyakeerũ na ikĩbatithio: *white highland, Aberdares, Lake Victoria, Thompson Falls, Mount Kenya, South Mathioya, North Mathioya,* o ũguo o ũguo. Watho ũgĩkĩĩrwo konji, gũgĩtuĩka ithaka cia *white highland* na njũũĩ, maria, irĩma, ithima, mĩtitũ na nyamũ cia mũtitũ na cia maaĩ-inĩ nĩ cia mbarĩ ya nyakeerũ kamino.

Andũ aiitũ arĩa mĩgũnda na mĩciĩ yaao yaarĩ *white highland* makĩĩrwo moohe indo ciao—ngoroko na irangi--mathaame. Makĩrutũrũrwo na mĩcinga; nyũmba na ciugũ ciao igĩciinwo, makũmbĩ maaiyũre irio makĩmundio mwaki. Mĩhaka ya mĩgunda yaao ĩkĩmomoorwo, mbĩĩrĩra igĩcimbwo ikĩharaganio, ngoma cia andũ aao irĩragĩre njĩra-inĩ ciagĩĩte gwa gũikara kana gwagũthĩĩ. Mahiũ maao magĩtahwo na arĩa mang'athirie, makĩrega kuuma mĩgũnda-inĩ yaao, makĩũũragwo; ciimba ciao igĩĩkĩrio hiti na nderi. Arĩa mataarĩ na gwagũthiĩ magĩtuĩka thikwota mĩgũnda-inĩ ĩo yaarĩ yaao—marutagĩre nyakeerũ wĩra wa chamba, wĩra wokombo. Mũcaara waarĩ kĩbaaba kĩa mũtu na kĩa mbooco o mũndũ mũthenya. Nao atumia aao magĩtuuo ndigiri cia gũtahagĩra mbarĩ ya nyakeerũ maaĩ, kũmaunĩra ngũ, kũmarerera ciana, kũmarugĩra, kũmathereria mĩciĩ na kũmahũũrĩra nguo. Kũrĩmĩra na kũgetha kahũa, macaani na mbembe, waarĩ wĩra wa atumia na ciana ciao—wĩra mũritũ wa kwonjia mũndũ ngoro, mwĩrĩ na meeciiria na kũmũnyua thakame. Nĩ marumagwo na kũhũũrwo iboko na haati nĩ nyabaara makiruta wira, na mũndũ areemwo nĩ kwambatia ibuuti akaaimwo irio mũthenya ũcio. Nĩ tũthoomire hau kabere atĩ mũndũ angĩaregire wĩra, atooroke, aahĩtagwo nĩ thigari cia ngoronia, ciamũnyiita ikamũkururia, ikamũcookia wĩra-inĩ na tuuteni.

Nĩgwakinyire handũ, nĩ ũndũ wa guoya woteti wa ũcamba wa KCA, Thũngũ theteera ikĩbuunja irĩkanĩro iria ciaiguanĩire na Agĩkũyũ thikwota; ikĩmatuunya marũa marĩa maaheetwo magũikara mĩgũnda-inĩ. Makĩmahamurithia mooime mĩgũnda ĩyo hamwe na atumia na ciana, mathiĩ mageethe ũikaro. Birithi ĩkĩrehwo, makĩrukarukwo, makĩonererio ya bara; acio magĩtuĩka agagi ta ngui itarĩ mũciĩ. Amwe aao magĩthiĩ Gĩcuka kũruta wĩra wa ngirimiti na mawĩra ma mĩciĩ—makũrugĩra Thũngũ na Ahĩndĩ, kũmahũũrĩra nguo na kũmathereria mĩciĩ—mawĩra ma gĩko. Maaheeagwo mũcaara wa rũhĩ na kũnyariirwo na njĩra ciothe; ũrĩa wang'athia birithi ĩgeetwo, akanyiitwo, akohwo kana akooragwo. Arĩa angĩ meekĩriirwo maroori hamwe na atumia na ciana, magĩtwarwo rũgũrũ Ributibare, magĩtuĩka thikwota mĩgũnda-inĩ ya Thũngũ theteera; mũcaara waarĩ kĩbaaba kĩa mũtu o mũndũ mũthenya. Angĩ magĩtwarwo Kilindini, Mombatha, kũruta wĩra meeri-inĩ; wĩra wa ngirimiti—wĩra wokombo. Maakoomaga nja ta ngĩrĩ cia mũtitũ, ona nguo kana iraatũ matiaarĩ. Aingĩ aao nĩ maakuire tondũ wa ng'aragu na mĩrĩmũ ya marĩĩria.

Athũngũ nĩ maheeirwo taitũndindi cia mĩgũnda ĩrĩa makoomeire no andũ airũ matiaheeirwo taitũndindi cia tũthaka tũrĩa matigĩirio, tũrĩa tweetagwo *native reserve*. Watho wa ũkoronia (Crown Land Ordinance) woigiire mĩgũnda ĩrĩa yaarĩ na andũ airũ yoothe nĩ ya thirikaari ya Ngeretha. Watho ũcio ũgĩthiĩ na mbere ũkoiga mũndũ mũirũ woothe bũrũri-inĩ ndarĩ gĩthaka angĩĩta gĩake, ndarĩ bũrũri angiuuga nĩ wake na ndarĩ na rũũtha rwa kũingĩra mĩgũnda-inĩ ya theteera nyakeerũ, ona kũhĩtũkĩra kuo, atarĩ na bameti; aangĩonwo kuo no arathwo akue kana anyiitwo, atwarwo igooti-inĩ rĩa ũkoronia oohwo. Hamwe na ũguo, mawatho maingĩ makwongerera ũngoronia nditi nĩ mahĩtũkirio makũhatĩrĩria andũ airũ na kũmagithia riiri, thaayũ na ũkindĩrĩku mĩtũũrĩre-inĩ na mĩikarĩre-inĩ ya maica maao bũrũri-inĩ waao. Kĩndũ kĩega bũrũri-inĩ gĩgĩtuĩka kĩa mbarĩ ya nyakeerũ; ũtonga wa bũrũri ũkeenjwo, ũgekĩrwo makonia ũgatwarĩrwo nyakeerũ; magĩgĩtongororoka, makĩnoro—nda igĩcuha, matina nĩ irĩma. Na ithuĩ eene bũrũri tũkĩhatĩrĩrio nĩ thĩĩna, ng'aragu, mĩrimũ na mawatho ma kĩĩnyamũ ma ũkoronia. Gĩkuũ gĩgĩtuĩka mũraata witũ matũũra-inĩ na mataũni-inĩ.

Atongoria a KCA nĩ maareganire mahiinyĩrĩirie na itua rĩa CLC rĩa mĩgũnda; makĩũũrĩa kamĩĩcina atĩrĩĩrĩ: "Ũũma na kĩhooto nĩ kĩĩ? Tũkũgeria igũrũ na thĩ twone nĩ twamũingata bũrũri ũyũ witũ Kenya"; kamĩĩcina no gũtheka yathekaga. Thuutha ũcio atongoria a KCA nĩ matũmire ndũmĩrĩri nyiingĩ London cia kũria thirikaari ya thũkũmũ Ngeretha yeherie watho ũcio mũũru wa CLC tondũ mũingĩ wa Kenya nĩ ũreganĩte naguo na nĩ gũkũgĩa haaro akorwo watho ũcio nĩ ũkũrutithio wĩra. Handũ hagũcookeria KCA macookio, thirikaari ya thũkũmũ, London, yaandĩkire macookio mayo

29

ngathĩĩti-inĩ magũkindĩra itua rĩa CLC. Ĩkĩanĩrĩra ĩkiuuga itua rĩu nĩ rĩo rĩa mũthia harĩ ngũĩ ya ithaka gatagatĩ-inĩ ka Agĩkũyũ na Thũngũ theteera. Na mũndũ ũrĩa ũkũregana na wamũri ũcio wa Carter, aathani a Ngeretha makiuuga meerũmĩĩte kĩnii, nĩ akwona nganga mbute; nayo KCA agĩcookia, ĩkiuuga tũtĩkarekia bũrũri witũ yuuraga ĩkĩyaga.

Matheteera, hamwe na thirikaari yaao Kenya, nĩ makũngũĩire itua rĩa CLC na magĩkeena mũno nĩ kũnyiitwo mbaru nĩ thirikaari ya mbarĩ ciao ya London. Thũngũ imwe, ta Colonel Grogan, Blundell na mbarĩ ya Delamere, ikĩambararia mũreera ikĩhũũraga gĩthũri ikiuugaga atĩ mũbango waao wa mbere ndaaya nĩ gũtua Kenya iitũ bũrũri wa nyakeerũ na kũniina Agĩkũyũ tondũ nĩo mataaraiganĩra; nĩo mareheete ũteti ũtarĩ mwega, ũteti wa haaro. Nao Agĩkũyũ makĩĩra ngoronĩa icio imenye atĩ mbarĩ ya Mũũmbi matitegagwo na ngwacĩ ta gĩkami kana gũtonyio kĩrangi ta huko. Kuuma hau Agĩkũyũ na ngoronia theteera makĩng'ethanĩra ta ndegwa igĩrĩ cia mboogo.

Nĩ ũndũ wa mũthogothogo ũcio wa ithaka na itua inungu rĩa CLC, atongoria a KCA nĩ maatuire matũme ũnjumbe wa andũ eerĩ Kwangeretha mwaka wa 1932 ũtware mateta ma ithaka kũrĩ thirikaari ya kũu. Andũ arĩa macagũrirwo nĩ Jomo Kenyatta na Gĩthendũ wa Mũkiri. Atongoria a KCA matiamenyeete Gĩthendũ ndaarĩ gwa ciuga kana gwa ciihũri, aarĩ mũndũ ũtaarĩ harĩa arũngĩĩ—mũndũ waarĩ mũturuurie nĩ gĩthoomo kĩa ũkoronia na ndini ya ũkĩrĩcitũ.

Thuku Kwendia Kĩrathimo

KCA ĩkĩbanga rũgendo rwa Kenyatta na Gĩthendũ, Thuku nĩ arekiirio mwaka o ũcio wa 1932 thuutha wa guikara nditĩĩni mĩaka ĩnaana. Nĩ ũndũ wa wĩra mwega na wocamba ũrĩa Thuku aarutĩire mũingĩ atananyiitwo, mũingĩ wa Kenya nĩ wa kũngũĩire na gĩkeno na ndũũho kũrekio gwake. Mbũri nyiingĩ igĩkua, ngũkũ ikĩrengwo ngingo, njahĩ na njũgũ ikĩrugwo, ĩgĩtemanio na nyũngũ mĩciĩ; njoohi ya kũrathima Mũthamaki wa rũũrĩrĩ ikĩrugwo ndua na ndua, mũingĩ ũgĩtuĩra mata gĩthũri, "Kũngũ Mũhamaki, mũtongoria wa Kĩrĩnyaga, Ngai wa maithe maiitũ akũrathime na akũhee hinya, ũrũme na ũũmĩrĩru, ũrute bũrũri mũtondo-inĩ wa ũkoronia."

Thuku aahurũka mweri ũmwe nĩ eetirwo nĩ atongoria a KCA mamũtaarĩrie harĩa ũteti wa bũrũri wakinyĩĩte na mamũhee wĩra kĩama-inĩ. Atongoria macookania ndundu maaheire Thuku wĩra wa gũtongoria kīama, Kang'ethe akīmweherera gītī; naake Jessie Kariūki agīthiī na mbere gūtuīka mwene-gītī mūnyiinyi wa kīama. Ūrīa atongoria a KCA mataamenyeete nī atī: Thuku nī eendeetie kīrathimo gīake arī njeera kūrī mbarī ya nyakeerū—aarī mūhuko-inī wa ngoronia matū na hīa—na nī kīo ngoronia ciamūrekirie. Wīra ūrīa aheetwo nī ngoronia oima njeera waarī wa gūthūkia kīama kīa wīyathi, kuunjuga ūtongoria wa būrūri na kūhūūrithania atongoria a KCA nīguo maharagane, kīama kīhoohe, gīkue. Kūringana na ribootī ya Beauttah 1976, hīndī īrīa atongoria maamenyire marī na hiti kīama-inī maarīaga magi. Maagīīta mūcemanio wa kīama wa naihenya, makīūūria Thuku: "Ūguo tūraigua nīguo, atī ūrī gīceerū kīa ngoronia, nī watūgarūrūkire ūkīendia būrūri ūrī nditīīni? Ngoronia akūheete mbeeca ciigana nīguo ūtuīke ngui yake? Thuku witū, kūna nī wendia rūūrīrī na būrūri irio cia nda! Witū naawe wakinya hau—uma, ūthiī kūrī araata aaku ngoronia."

Thuku aamenya kīihū nī kīaumbūrio akīambīrīria kūringa thenge, kūrūma mbimbi, kwīgwatia huuho cia Caitaani, kūrīra maithori ma mbakī. Gūtīrī mūndū wa kīama wa mūigwīrīire tha---akīing'atwo kīama-inī ta ngui īrīte irio cia mwana na rīītwa rīake rīkīeherio mūtaratara-inī wa marīītwa ma njamba cia rūūrīrī na rīkībuutwo mabuku-inī ma hicitūria ya itūīka. Korwo nī hīndī ya Mau Mau, Thuku no kīaara angīeekīriirwo mūmero. Mwendia rūūrīrī na būrūri nī mūimo nī iirī, agīrīire kūūragwo.

Ndukū ithatū itathirīte Thuku nī aaheeirwo mbeeca gīkundi nī ngoronia Ngeretha athondeke kīama gīake gīīoteti gīeetagwo *Kikuyu Provincial Association* (KPA). Mworoto wa KPA waarī wa gūteithīrīria ngoronia iharaganie mbūtū cia wīyathi, no ndīahotire, nī yaharaganire mwaki wa mbaara ya wīyathi warīrīmbūka būrūri wothe. Kuuma hīndī īyo, Thuku agīīkīra thūmbī ya ūhūmungaati, agītuīka *msaliti*—njaguutī ya ngoronia itaarī rūbutu kana rūkobe. Na ma nī kūhītīria hicitūria ya būrūri na andū a Kenya kūhee Thuku, mwendia rūūrīrī, barabara Nairobi—barabara īo īngīaheeirwo njamba ya mūingī, Mūthoni wa Nyanjirū.

Kenyatta na Gīthendū Gūtūmwo Kwangeretha

Kenyatta na Gīthendū mooheerwo mīrigo, mauumagaririo nī atongoria a KCA kinya Mombasa kūrīa mahaicagīra meeri. Rīīrī rīaarī ihiinda rīa keerī rīa Kenyatta gūtwara mateta ma mūingī kūrī thirikaari ya thūngūmū Ngeretha. Otaūrīa tuugiire hau igūrū, Gīthendū aakinya London nī auhiirwo nī

31

thũkũmũ Ngeretha na akĩhika atarĩ mũracĩrie. Makĩmũne rũthanju ahũũre kĩama kĩa wĩyathi na acambie Kenyatta magathĩĩti-inĩ ma ngoronia. Mĩeri gakundi yaathira nĩ aheeirwo tigiti nĩ araata aake thũngũmũ agĩcooka Kenya, akĩaandĩkwo wĩra wa cibũ, Njũmbĩ, Mũrang'a. Akĩheeo njaguuti na mathaita ma mbaara ahĩte njamba cia wĩyathi. Aaheeagwo ciringi 150 mweri, ona ngui ya ngoronia nĩ yaheeagwo irio cia mbeeca nyiingĩ kũrĩ mũcaara wake. Mwendia bũrũri nĩ mũrume nĩ mũingĩ, Gĩthendũ aakuire ta ngunũ werũ-inĩ.

Wabici nene ya ũkoronia, London, nĩ yaregire kwamũkĩra memorandamu ya KCA hĩndĩ ya keerĩ. Meerire Kenyatta atĩ ũguo KCA yaandĩkĩĩte nĩ maheeni—mũhuhu wa gũcambia thirikaari njega ya Ngeretha—thirikaari ya ũkĩrĩcitũ. Magĩthiĩ na mbere kwĩra Kenyatta atĩ wabici ya ũkoronia na thirikaari ya matheteera Kenya nĩ ciinyitĩĩte itua rĩa CLC rĩa mĩgũnda na mooko meerĩ na ũguo noguo gũgũtuĩka. Gũkuruhania na ũguo, wabici wa ũkoronia nĩ yaarehire mĩgigi atĩ KCA ti kĩama kĩa bũrũri, nĩ kĩama kĩa Agĩkũyũ na nĩ ũndũ ũcio Kenyatta aagĩriire kwarĩa ũhoro wa Agĩkũyũ na ma mathĩĩna maao. Kenyatta arĩ na maraakara akĩĩra mwandĩki mũnene wa ũkoronia atĩ KCA nĩ kĩama kĩa bũrũri wothe na nĩ kĩo kayũ ka mũingĩ, Kenya. Ang'athĩtie, kũringana noorĩa Beauttah eerire Maina wa Kĩnyattĩ mwaka wa 1976, Kenyatta akĩgoromokera koigi wa ũkoronia, akĩmwĩra, "Kahĩĩ gaaka niĩ ndirĩ wa riika rĩaku ũthake naanĩĩ; ndũũmĩĩtwo nĩ kĩama kĩa mũingĩ njũke njĩĩre Ngeretha atĩ maarega kũigua kĩhooto, tũkũmarutũrũra bũrũri witũ na hinya." Mwandĩki wa ũkoronia ndatumũririe kanua nĩ kũnyeeta; Kenyatta akĩoya memorandamu yake agĩthiĩ kwa andũ a ngathĩĩti arĩa maareganĩĩte na ũkoronia na ũthũkũmũ wa thirikaari yaao, akĩmĩcaabithia nĩ geetha andũ a thĩ yothe, makĩrĩa raiya a Ngeretha, mathoome, mamenye ũcangiri wa thirikaari yaao ya ũthũkũmũ. Koobi cia memorandamu nĩ ciaheeirwo cĩama cioomootho: *Anti-imperialist League, Pan-African Congress, Universal Negro Improvement Association, Soviet Union Communist Party, West African Students Association, British Communist Party* na ingĩ. Abuunge amwe a Ngeretha, arĩa maarĩ noteti womootho, andũ ta aaFenner Brockway, nĩ maateithĩrĩire gũtwara mateta ma KCA mbuunge-inĩ yaao. Kahiinda o kau, Kenyatta nĩ aingĩrire kĩama kĩa *Pan-African Congress* (PAC) kĩrĩa gĩatongoreetio nĩ W.E.B. DuBois wa United States. Memba arĩa angĩ a ndundu ya gatagatĩ ya PAC maarĩ George Padmore (Trinidad & Tobago), Peter Abraham (South Africa), Kwame Nkrumah (Ghana), T.R. Makonnen (Ethiopia) na Peter Milliard (Guyana).

Mworoto na mũtaratara wa PAC waarĩ wa gũcookanĩrĩria andũ airũ handũ maarũma, maamookĩrie gĩĩũteti, manyitane nĩguo magĩe na hinya wa kũhũũrana na mbũtũ cia ũthũkũmũ cia Rũraaya ya Rũgũrũ na cia Amerika iria ciamanyuaga thakame na igakoomera Abirika na gĩthũri.

Mwaka 1935 Kenyatta nĩ ambĩrĩirie gũthoomera Therenjo (*Anthropology*) London *University of Economics* na akĩnyiita ndingirii ya B.A. Aarĩkia mathoomo nĩ aandĩkire mabuku meerĩ ma bata: *Facing Mount Kenya* na *Kenya Bũrũri wa Ngũĩ*. Mabuku macio nĩ maatarũrire maheeni maingĩ maandĩkĩĩtwo hau kabere nĩ Thũngũ cia mĩceeni na ngathĩĩti-inĩ cia ngoronia na mabuku-inĩ ma hicitũri maandĩkĩĩtwo nĩ thũkũmũ burobetha a Rũraaya ya Rũgũrũ na Ameerika makũmenereria andũ airũ. Wakeerĩ, mabuku macio nĩ macaabũrĩire ũteti wa ũnyamũ wa Ngeretha, Kenya—ũici na ũtuunyani wa ũkoronia. Norĩĩrĩ, tondũ ũũma nĩ ũtuuraga, thũngũ theteera na cia mĩceeni, Kenya, nĩ ciaraakarire mũno nĩ maandĩko ma mabuku macio. Ĩkĩgeria kũmacambia magathĩĩti-inĩ, kanitha-inĩ na mĩcemanio-inĩ yaao yoteti. Thirikaari ya ũkoronia Kenya nayo ĩkĩmanyita mbaru, ikĩhinga mabuku macio matigathoomwo mathukuru-inĩ; no ũcio warĩ wĩra wa kũhee ngũkũ maaĩ nĩ ũndũ mabuku macio nĩ maathoomagwo na hitho cukuru-inĩ cia Karĩng'a, mĩciĩ-inĩ ya eendi bũrũri, matũũra-inĩ na mataũni-inĩ. Mabuku macio nĩ marikĩirie ũregi wa mũingĩ wa ũkoronia, magĩtuĩka kĩmeemerekia kĩa mũng'eeng'ano wa wĩyathĩ bũrũri-inĩ.

Kenyatta aathiĩ Rũraaya, atongoria a KCA nĩ maarutire wĩra mũnene wa gũcookia maciira ma ithaka iria ciatuunyanĩĩtwo ndiicitiriti ya Kĩambuu riiko, ĩndĩ igooti rĩa ngoronia nĩ rĩaregire gũthikĩrĩria maciira macio. Handũ hakũmacookeria mĩgũnda yaao, thirikaari ya ũkoronia kũrĩ mwaka 1938 nĩ yarutire watho ĩkiuuga: andũ acio maatuunyĩĩtwo ithaka Tigoni, Kĩawariũa, Kawangware, Kanyonyo, Mũthangari, Kareni, Gĩtanga, Nangara, Mũthaiga, Gĩtanga na Limuru—andũ ngiri igĩrĩ—matwarwo Olenguruoni kwa Maathai makaheeo mĩgũnda kuo. Maakinya Olenguruoni makĩheeo o mũndũ ĩĩka ithaano cia gĩthaka na makĩĩrwo nĩ ngoronia mathondeke mĩciĩ yaao kũu tondũ matigaacooka Gĩkũyũ na mariganĩĩrwo nĩ mĩgũnda ĩrĩa maatuunyiirwo Kĩambuu; matirĩ hĩndĩ magacookerio. Nĩ tũkwaria makĩria ũhoro wa mũng'eeng'ano wa Olenguruone thuutha-inĩ.

Mwaka o ũcio wa 1938 KCA nĩ yaatũmire Jesse Kariũki rũgũrũ kwa Aabarũia na kwa Njaruo akaarie na atongoria a mwena ũcio nĩguo manyiitanĩre mũng'eeng'ano wa wĩyathi. Maaria nĩ meetĩkanĩirie o rũgongo rũthondeke kĩama gĩĩoteti gĩa gũcookanĩrĩria mũingĩ na kũmathoomithia ũteti wa bũrũri. Njaruo, nĩ tũthoomire hau thuutha, maarĩ na kĩama kĩao, KTWA; Aabarũia nao magĩthondeka kĩao, magĩgĩĩta, *North Kavirondo Young Association* (NKYA). O mwaka ũcio Ikamba nĩ mathondekire kĩama gĩĩoteti gĩeetagwo, *Ũkamba Members Association* (ŨMA) gĩtongoreetio nĩ Mũindĩ wa Mbĩĩngũ. Ataita, matongoreetio nĩ Woreshi wa Mengo na Jimmy Mwambichi, onao nĩ moombire kĩama gĩĩoteti, magĩgĩĩta, *Taita Hills Association* (THA). Mwena wa Rĩbutibare mateta makũregana na itua rĩa CLC rĩa mĩgũnda na mawatho ma ũkoronia makũhiinyĩrĩria Aakenya maatwaragwo wabici-inĩ ya KCA nĩ atongoria a *Young Kispigis Association* (YKA). Nĩ ũndũ wa ũiguano wa atongoria, ũteti wa kũng'aang'ana na njangiri ngoronia na njaguuti ciao nyakairũ nĩ wambĩrĩirie gũtamba na nditi nditũ bũrũri-inĩ; Thũngũ ikĩambĩrĩria kwĩhũũga.

Gĩĩũteti KCA, ŨMA na THA ciarutaga wĩra hamwe na ciaarĩ kĩama kĩmwe tiga nĩ marĩĩtwa ma kĩĩrũũrĩrĩ. George Ndegwa nĩwe waarĩ mwandĩki mũnene wa ciama icio ithatũ; ciama icio cieĩĩtaga, *Wakikuyu, Wakamba and Wataita Association* (WWWA). Tondũ wa kuumana na ũiguano ũrĩa waarĩ ho na ngwatanirwo ya mũng'eeng'ano gatagatĩ gwa KCA, ŨMA na THA na ndindĩkaano ĩrĩa yaarĩ ho ya kũrũĩra ithaka na kũbinga ũkoronia, thirikaari ya thũkũmũ Ngeretha nĩ yahĩtũkirie mawatho maingĩ meerũ ma kũgitĩra Thũngũ theteera na magũtũhiinyĩrĩria. Mwaka wa 1932 *Crown Lands Ordinance* nĩ yongereirwo maego mangĩ. Rĩu gũgĩtuĩka atĩ mũndũ mũirũ ũrĩkũ kana ũrĩkũ ndaarĩ na rũũtha rwa kuuga atĩ aarĩ na mĩgũnda aatuunyiitwo nĩ mbarĩ wa nyakeerũ, ndaarĩ na kĩhooto ona kĩrĩkũ gĩa kũgweta kũrĩ mĩgũnda andũ airũ maatuunyiitwo nĩ ngoronia. Watho ũgĩthĩĩ na mbere kuuga atĩ Agĩkũyũ matirĩ hĩndĩ magacookerio ithaka iria mauugaga nĩ matuunyiirwo, maiganwo nĩ ithaka iria marĩ nacio kana mathiĩ makeikie ndurumo-inĩ ya rũũĩ. Na niingĩ maikarage makĩmenyaga na ngoro na toombo atĩ bũrũri wa Kenya nĩ Wathũngũ na andũ airũ, na Athũngũ nĩo marĩhiũragia mũcarica na kũgaya ũtonga wa bũrũri—nĩo thirikaari, nĩo watho, nĩo gatiba. Kwoguo, Thũngũ theteera igĩkindĩra bũrũri-inĩ, ikĩgĩa na hinya wa gũtuunya Aakenya mĩgũnda makĩria na kũũraga aregi. Andũ airũ na ciama ciao cioteti nĩ maareganire na mawatho macio ma tuuteni no tondũ matiaarĩ na njeeci yaao, mawatho macio nĩ mahĩtũkirio na magĩtuĩka njũgũma ya kũgeria kũharagania ũiguano wa mũingĩ na kũmondoorwa ũmũndũ waao.

Agīkūyū, 1890 - 1965

Joseph Kang'ethe

Jesse Kariūki

James Beauttah

Kamau wa Ng'engi, 1927

Agĩkũyũ, 1890 - 1965

Harry Thuku   *George Ndegwa*

Atongoria Kũnyiitwo na Gũikio Nditĩĩni

Mbaara ya Keerĩ ya Ndunia (MKN) yaambĩrĩĩrio 1939 nĩ thũkũmũ cia Rũraaya—Njĩrĩmaani, Italiani na Ngeretha—ĩgĩtamba thĩ yothe. Gũũkũ gwitũ watho ũkĩrutwo nĩ thirikaari ya ngoronia: tũgĩtuĩka—tũkĩendaga na tũtakwenda—nĩ tũgũteithia Ngeretha kũhũũrana na thũ ciao, Njĩrĩmaani na Itariani. Ngoronia Ngabana akĩanĩrĩra, akiuuga aanake a andũ airũ meeyumĩrie maingĩre njeeci ya ũkoronia.

Tondũ mbaara ĩyo, ota mbaara ya mbere ya ndunia, ndĩakonĩĩ andũ airũ, atongoria a KCA magĩĩta mũcemanio Nairobi, maakĩĩra aanake a bũrũri matikaingĩre mbaara-inĩ ya thũngũ na thũngũ, mbaara yaao ĩrĩ gũũkũ Kenya ya kũhũũrana na ngoronia theteera na njaguuti ciao nyakairũ. Thũ ya Agĩkũyũ na Aakenya oothe, KCA ĩkiuuga, ti Njĩrĩmaani na Itariani, nĩ Ngeretha. Thuutha wa mũcemanio ũcio, KCA nĩ yaatũmire ũnjumbe wa hitho kwa Barũũthi wa Itarii, Nairobi, gũcaria ũteithio wa kũrutũrũra Ngeretha bũrũri-inĩ hĩndĩ ya mbaara. Maataanatigana na Barũũthi nĩ maheeirwo kĩmanja kĩa mabuku mooteti. Gatagatĩ-inĩ ka mabuku macio haarĩ ibuku rĩa Hiitira rĩeetagwo *Mein Kampf* (na Gĩthũngũ, *My Life*). Norĩĩrĩ, mũkungi akorire mũcemi, Ngeretha nĩ maamenyire atĩ atongoria a KCA—Joseph Kang'ethe, Jesse Kariũki na George Ndegwa—maarĩ na mũcemanio wa hitho na Barũũthi wa Itariani. Thikũ ithatũ ciathira thirikaari ya ngoronia nĩ yaatũmire thigari iceerũ wabici nene ya KCA, Nairobi, kũhũũra birigiceeni. Mabuku moteti gĩkundi nĩ matahiirwo hamwe na bairo na rekoodi cia kĩama. Ibuku rĩa Hiitira na mũcemanio wa hitho na Barũũthi wa Itariani igĩtuĩka ũira atĩ atongoria a KCA, ŨMA na THA nĩ marateithĩrĩria thũ cia Ngeretha. Tondũ ũcio atongoria 33 a WWWA nĩ maanyitiirwo mwaka 1940, magĩtwarwo nditĩĩni Kabengũria na ciama ikĩhũũrwo marubuku; KTWA ndĩahũũrirwo marubuku tondũ yaarĩ kagui ka ngoronia. Nao atongoria a NKYA, nĩguo matikanyiitwo, makĩbuunja kĩama kĩao, magĩciina bairo na rekoodi, magĩtiiria mũrango wa wabici ya kĩama, makĩinũka. Nonagũtuĩka ũguo, mũingĩ wa ng'ongo icio cieerĩ nĩ wathiire na mbere kũng'aang'ana na mbũtũ cia ũkoronia na kũrera atongoria njamba ta Jaramogi Odinga, Achieng Oneko na angĩ. ŨMA na THA itieeyũũmĩrĩĩrie nditi ya kĩguũ kĩa mũng'eeng'ano wa wĩyathi, nĩ ciaakuire, nayo KCA ĩgĩceenjia rĩĩtwa, ĩkĩĩta *Kĩama Kĩa Ndemwa Ithatũ* (KKNI) na ĩgĩthiĩ kwa huko, ĩkĩambĩrĩria kũrĩa mĩrita ya ũkoronia.

Atongoria acio maanyiitĩĩtwo maikarire nditĩĩni mĩaka ĩna marũmithagio ruo na kũheeo irio itaarĩ harĩa irĩ—irio itaarĩ cĩĩhĩ kana cooho, irĩ mbũca, igunyũ na mũthanga na itiaakoragwo irĩ hĩu wega. Nĩ maregire kũruta wĩra njeera, makĩĩra anene a njeera oo mooheirwo ũteti, ti kũiiya kana kũragana, nĩ ũndũ ũcio wĩra matikũruta. Nayo thirikaari ya ngoronia ĩkĩruta watho mahingĩrwo korokoro-inĩ nduma-inĩ na matikaheeo irio kana maaĩ, meetĩkĩrio kwĩyooga mĩĩrĩ kana kuuma nja gwota riũa, kinya hĩndĩ ĩrĩa mageetĩkĩra kũruta wĩra. Maiikara thikũ gakundi mũndũ ũmwe waao, Jimmy Mwambichi, akĩambĩrĩria kwarunya nĩ ng'aragu, agĩĩta anene a njeera, akĩmeera wee nĩ etĩkĩra kũruta wĩra ona irio irĩ mbũcĩ, ngi na igũnyũ ndaregete. Akĩrutwo theero nduma-inĩ, agĩtwarwo wabici, akĩĩrwo akorwo nĩ akwenda kũrekio no eetĩkĩrire kũrutithania wĩra na birithi na kũnyiita thirikaari ya ngoronia mbaru maũndũ-inĩ moothe; agĩtĩkĩra gũtuĩka ngakũ. Akĩendia kĩrathimo gĩake irio cia nda. Acio angĩ maarĩ abaragu a bũrũri, makĩrega kaimana gũthereenda, makiuuga nĩ kaba gũkua kũrĩ kwendia rũũrĩrĩ, kwendia ũtongoria wa bũrũri, kwendia bũrũri irio cia nda. Maiikarire korokoro mahingĩĩrwo thikũ ikũmi, ngoronia yoona matigũthereenda, ĩkĩmahingũrĩra; matiaanacooka kwĩrwo ũhoro wa wĩra rĩĩngĩ.

4. Mwaki wa Wĩyathi Kũrĩrĩmbũka

Aanake a Gĩkũyũ Gũthĩĩ MKN

Atongoria a bũrũri marĩkia gũthaamio, ngoronia ikĩruta watho aanake Agĩkũyũ manyiitwo, matwarwo mbirarũ na hinya. Aingĩ nĩ maanyitiirwo, arĩa angĩ makĩrutĩra makĩingĩra njeeci ya ũkoronia. Handũ ha maheeo mĩcinga, tondũ wa guoya wa ngoronia atĩ Agĩkũyũ mamenya gũtũrĩkia mĩcinga nĩ makamĩtũmĩra kũhũũrana na ũkoronia Kenya, maandĩkaagwo mawĩra ma tũrani, arugi, athondekani, ndereba, makaanikaa na mawĩra ma mbagathi; mũcaara waao waarĩ kuuma ciringi 75 kinya 150. Athigari arĩa maarutaga wĩra wa mbagathi—wĩra wa kwenja bara na mbĩĩrĩra na gũkuua ciimba, mĩrigo na mbũrũbũrũ—meetagwo na Gĩkũyũ Banyaakoo (na Gĩthũngũ, *Pioneers Corps*).

Aanake aingĩ a Gĩkũyũ—aaStanley Mathenge, aaNjenũrũ Kago, aaNjenũrũ Chaina na angĩ—nĩ maathiire mabũrũri-inĩ maingĩ ma thĩ: Ethiopia, Burma, India, Mĩthiri, Palestine na Rũraaya. Kũu mbaara-inĩ nĩ macemanirie na ndũũrĩrĩ ingĩ cia Abirika na makooranagia itũmi iria ciatũmire maingire mbaara ya nyakeerũ na nyakeerũ, na kĩrĩa meerĩirwo nĩ makaheeo mbaara yaathira. Mbaara-inĩ nĩ mathoomire ũteti worĩa andũ meerutaga gũkua na kũhona makĩrũĩra wĩyathi wa bũrũri waao na makĩmenya atĩ mũcinga nĩguo gatua-ũhoro mbaara-inĩ ya wĩyathi, na andũ matooĩ gũthondeka mĩcinga na kũmenya ũrĩa ĩtũmagĩrwo nĩ ngombo cia arĩa marĩ mĩcinga. Kĩndũ kĩngĩ kĩa bata maathoomire nĩ atĩ: ũiguano, ũũrũmwe, ũũmĩrĩru, ũcamba, ũrũme na wendo mũriku wa bũrũri na rũũrĩrĩ nĩ cio hinya wa mũingĩ, hinya wa bũrũri. Nĩ mathoomire atĩ ũkoronia nĩ ũkombo mũũru wa ũnyamũ wa kũnyua andũ thakame, kũmahiinyĩrĩria kĩĩmeeciiria, kĩĩmwĩrĩ, kĩĩroho, kĩĩmĩtugo na kũmamondoora ũmũndũ waao na no kinya ũhũũranwo naguo, ũhaatwo ũikio kĩooro ona akorwo thakame ĩgũtherera ta kĩguũ bũrũri-inĩ. Gĩthoomo kĩu kĩaarĩ kĩa bata na nĩ kĩaingĩrire meeciiria-inĩ ma aanake mbirarũ a Kenya na makĩria aanake a Gĩkũyũ na gĩkĩrikĩria wendo waao wa bũrũri witũ.

Mbaara-inĩ kwarĩ mathĩĩna maingĩ: ng'aragu, ikuũ cia mũthenya o mũthenya na mĩrĩmũ ĩtaarĩ ndaawa. No kĩũndũ kĩrĩa gĩatuuraga aanake Agĩkũyũ na mbirarũ nyakairũ makĩria nĩ mũthutũkanio wa rangi wa gĩkonde (karabaa). Mũthigari mũirũ ndangĩaaheeiirwo nyoota kana etĩkĩrio gũtuĩka komanda wa njeeci. No toũguo wiki, irio cia mũthigari nyakeerũ ĩtiaakoragwo ĩrĩ ũndũ ũmwe na cia mũthigari mũirũ. Cia nyakeerũ ciarugagĩrwo riiko mwanya, irio thuranĩre na irĩ caama; cia mbirarũ nyakairũ ciaarĩ ngima na mabooga magũcamũkio mataarĩ cumbĩ, maguta kana kĩĩ—irio cia ngũrwe. Kĩrooko mbirarũ nyakeerũ ikĩnyua caai na kũndũtha mĩgate mĩhake thiagĩ, mbirarũ nyakairũ ciaheeagwo ũcũrũ ũtaarĩ cukaari kana kĩĩ tiga mbũcĩ, mahiga na mũthanga. Kũrũmĩrĩra macio, athigari a andũ airũ nĩo athambia thaani mbirarũ nyakeerũ marĩkia kũrĩa, gũthambia nguo cia mbirarũ nyakeerũ na mawĩra mangĩ maingĩ ma ũkombo; na nĩ maakũmagwo mũno na kũrumwo nĩ maobithaa nyakeerũ. Niingĩ nĩo maigagwo mũthitarĩ wa mbere mbaara-inĩ nĩguo mameendeerwo nĩ mĩcinga mĩnene ya Njĩrĩmaani.

Karabaa na maũndũ maingĩ moru meekagwo thigari njirũ nĩ thũngũ mbirarũ nĩ maathoomithirie aanake a Gĩkũyũ mũno. Makĩoona ũrĩa Athũngũ mameneete andũ airũ na ũrĩa andũ matarĩ wĩyathi, marĩ rungu rwa ũkoronia, manyararagwo na kũirwo, makoonwo ta matarĩ andũ. Nĩ ũndũ ũcio, marĩ na maraakara, nĩ maambĩrĩirie gũcemanagia na hitho gũcaria njĩra ya kũhũũrana na karabaa mbirarũ-inĩ, kwarĩrĩria ũteti wa bũrũri waao na kũbanga ũrĩa makahũũrana na ũkoronia moima mbaara-inĩ; ndundu ĩyo yaambĩrĩirie kwĩĩta "Aanake a Boote" kana Riika rĩa Boote. Thuutha-inĩ nĩ tũkwaria makĩria ũrĩa ndundu ĩno yacookire gũtuĩka kĩama kĩa hinya gĩĩoteti bũrũri-inĩ witũ.

Nĩ geetha aanake Agĩkũyũ meetĩkĩre kũingĩra mbirarũ-inĩ, thirikaari wa ngoronia nĩ yaanĩrĩĩre atĩ mbaara yaathira na Njĩrĩmaani na Itariani maahootwo, Aakenya mbirarũ nĩ makaheeo mawĩra meega thirikaari-inĩ macooka Kenya, makoombithio mbeeca cia kwambĩrĩria mbiaacara noteti wa ũkarabaa ũninwo; no mbaara yaathira 1945 ũguo tigwo gwatuĩkire. Kĩrĩa thigari njirũ ciaheeirwo nĩ mindira irĩ na mbica ya kingi wa Ngeretha; makĩĩrwo maicuurie gĩthũri-inĩ atĩ nĩguo andũ bũrũri-inĩ macioona makamahe gĩtĩĩyo na makamenye maarĩ MKN kũrũĩra kingi wa Ngeretha. Thuutha ũcio makĩheeo mũcaara wa mweri ũmwe, nguo na iraatũ iria meekĩrĩte cia mbirarũ, makĩĩrwo o kaihũ na kwao, no mamenye mathĩĩ kũrehee buunjo matũũra-inĩ na mataũni-inĩ kana gũthoomithia mũingĩ ũteti wa gũcoocera—ũteti wa kũmenithĩrĩria thirikaari—nĩ makũnyiitwo na moohwo. *"Simuliona vile tuliwakanyanga Wanjerimani na Waitaliani,"* obithaa nyakeerũ akĩmeera, *"sisi ni Wangereza hatuchezi; sasa kwendeni* na yule nyang'au ataonekana hapa ofisini akitangatanga, atashikwo mara moja" (Ribooti ya Kaggia, 1978). Handũ ha maheeo mara motũmwo nĩ kũnyararwo, gũtuuo mĩnyĩrĩ na gũikĩrio ngurukuhĩ cia irumi; matirĩ kĩndũ mainũkirie kuuma mbaara-inĩ tiga gĩkonde. Aingĩ aao, makĩria mbirarũ Agĩkũyũ, maathire kũhooya ũikaro kũrĩ andũ aao Nairobi magĩeethaga kĩaro; arĩa angĩ makĩooya mbaathi magĩcooka matũũra-inĩ kũrĩma na kũrĩithia mahiũ. Amwe aao, makĩria mwena wa Kĩambuu, makorire mĩgũnda yaao nĩ yakoomeirwo nĩ Thũngũ theteera, aciari na atumia aao makaingatwo mĩgũnda-inĩ. Kũnyitana na ũguo, kwaarĩ kĩrĩro kĩnene mĩciĩ-inĩ na matũũra-inĩ gĩa aciari arĩa ciana ciao itacookire kuuma mbaara-inĩ. Aakenya makĩria ya1000, 000 nĩ mooragĩirwo mbaara-inĩ na aingĩ magĩcooka marĩ cionje cia ndĩĩra no thirikaari ya ũkoronia ndĩaamateithirie, no nĩ yaateithirie cionje nyakeerũ.

Mbirarũ thũngũ nĩ ciatugiirwo na njĩra ya gĩtĩĩyo mũno ciacooka Kenya. Amwe makĩgaĩĩrwo mĩgũnda mĩnene white highland na makĩĩheeo mbeeca cia kwambĩrĩria ũrĩmi na ũrĩithi wa ng'ombe cia iria na cia nyama; arĩa angĩ makĩaandĩkwo mawabici-inĩ ma thirikaari, amwe magĩtuĩka maobithaa a gĩthoomo, a birithi na a mbirarũ, angĩ magĩtuĩka amĩceeni na aarimũ. Ona thigari cia Njĩrĩmaani na Itariani iria ciaarĩ mabuuthu, Kenya, ciaarekio nĩ ciaheeirwo mĩgũnda white highland, igĩtuĩka theteera. Kwaramia ũkoronia, thirikaari ya Ngeretha nĩ yareehire Athũngũ angĩ na Ahĩndĩ kĩrũndo Kenya MKN yaathira, mooke mongerere na marikĩrie nditi ya wathani wa ũkoronia—tũgĩtuunywo mĩgũnda ĩngĩ ĩrĩa mĩnoru na mĩeega, ĩkĩnengerwo Athũngũ. Ũhĩndĩ naguo ũkĩhagĩkwo gatagatĩ-inĩ gaitũ na theteera nyakeerũ na ũkĩheeo marũa magũtũnyua thakame na gũtũnyamaria na njĩra ciothe cia ũcangiri. Bũrũri-inĩ witũ tũgĩtuĩka ngĩrimiti, mbagathi, ndungata—ngombo cia ngoronia. Tũhũũrwo mburio, gũkũmwo na kũrumwo, twerĩhĩria tũkanyiitwo, tũkohwo mĩeri itaandatũ njeera nditũ.

Gũkindĩra hinya waao woteti, Thũngũ theteera nĩ ciathondekire kĩama gĩĩoteti gĩeetagwo European Electors' Union (EEU) na mworoto wakĩo wambere waarĩ wagũcookanĩrĩria mbarĩ ya nyakeerũ matuĩka mbũtũ ya kũgitĩra ũngoronia bũrũri-inĩ. Memba a kĩama kĩu nĩo maarĩ Renjikoo, thirikaari-inĩ, macamba-inĩ, mathukuru-inĩ na kanitha-inĩ. Kwoguo mũraramo waao nĩ waiguagwo mũno nĩ thirikaari ya ũkoronia, Kenya, na ũgakinyĩra thirikaari ya mbarĩ ciao London.

Gūgītuīka atīrī, nī ūndū woteti mūhiū wa Aanake a Boote, thirikaari ya ūkoronia, inyitīītwo mbaru nī atongoria a EEU na thirikaari ya Ngeretha, London, nī yaahītūkirie mawatho maingī meerū makūgeria kūhoria mwaki wa wīyathi.

Watho wa karabaa ūkīaaramio na ūkīrikīrio—gūgītuīka andū airū matingīthiī kīooro kīmwe kana mūkaawa ūmwe na mbarī nyakeerū, mathiī kanitha īmwe, thukuru īmwe kana ngaari īmwe; mahikīre kana mahikie nyakeerū. Ciooro iria Athūngū maatūmagīra, mīkaawa īrīa maarīaaga kana maakoomaga, nduka iria maagūraga indo, ciaigīītwo kībaaū hau nja kīaandīkīītwo na Kīngeretha na ndemwa nene cia rūthūūro na rūmena rwa ūkarabaa:

White only.
Africans, children and dogs are not allowed here.
White women only.
Niggers are not allowed here.

Mūndū mūirū angīaingīrire kīooro gīa Thūngū na mahītia, mūkaawa, nduka kana kanitha no kūnyiitwo anyiitagwo, akoohwo mīeri itaandatū na kūhūūrwo iboko ithaathatū o mweri. Kwarī magooti meerī būrūri-inī: igooti rīa Thūngū na Ahīndī na igooti rīa andū airū. Igooti rīa andū airū rīeetagwo *native court* na manjanji maarī Thūngū theteera; mūndū mūirū atwarwo igooti no kuohwo oohagwo. Thukuru cia andū airū cieetagwo *native schools* kana thukuru cia gīīceenji. Ng'ombe ciitū ciabatithitio na rūthūūro igeetwo *"native cows"* kana ng'ombe cia gīīceenji na igekīīrwo *"N"*maguku-inī; *"N"* īrūgamīire kiugo *"Native"*. Ngūkū, mbūri na ngui ciitū ona cio cieetagwo cia gīīceenji kana cia gīīcaitaani. Norīīrī, mawatho macio ma kīīnyamū hamwe na mīnyamario ya kwagaagio ngoro na meeciiria itiaahotire kūgirīrīria njamba cia būrūri cīībange na itabarīre mbaara ya wīyathi. Hatarī nganja rūthūūro rūu rwa ūkoronia nī wekīrire andū aiitū ngoro ya būrūri—ngoro ya kūrūīra wīyathi wa būrūri. Kwoguo, Gīkūyū-inī, Embu, Mbeere, Mīīrū na Nairobi, mūingī ūkiuumūrūrūka, ūkīambīrīria kwarīa na mūgambo ūmwe—tūkwenda tūcagūre andū aiitū mathiī Renjikoo gūtwarīrīria, tūkwenda wīyathi wa būrūri witū; nī twarega gūtuīka ngombo būrūri-inī witū. Nairobi na Mombatha, Naikuru na Gīthumo arutiwīra makīambīrīria kūng'eeng'ana na ūkoronia igaanda-inī na barabara-inī. Aathani ngoronia matiakomeire matū, nī maiguire mūgambo wa maraakara ma mūingī, makīambīrīria gwetha njīra ya kūhooreria na gūthathaya mūingī. Wabici nene ya ūkoronia, London, īkīīgīrīra Philip Mitchell thūmbī ya Ngabana na īkīmūtūma Kenya kūhoria mwaki wa wĩyathi. Rũrĩmĩ rwa Mitchell rwahakĩĩtwo mũruru wa ũũkĩ no ngoro yake yaarĩ ya nyamũ—ngoro ya ũngoronia.

Kaũ Kũũmbwo

Mitchell ooka Kenya kĩndũ kĩa mbere eekire nĩ gũcagũre Thũngũ Bicobu Beecher 1943 atuĩĩke mũrũgamĩrĩri na mwarĩrĩria wa andũ airũ Renjikoo, no Aakenya, matongoreetio nĩ KKNI, makiuuga karothũa na mbiri maangĩtĩkira Mũthũngũ atuĩke mwarĩrĩria waao Renjikoo. Makĩĩra Mitchell aakorwo nĩ akwenda thaayũ bũrũri-inĩ no mũhaka etĩkĩrie andũ airũ meecagũrĩre mũndũ wa kũmarũgamĩrĩra Renjikoo. Mitchell akĩĩra atongoria a mũingĩ na rũng'athio atĩ nĩ Bicobu Beecher ahee wĩra na arĩa mataiganĩirwo nĩ ũguo nĩ makwonanwo nao nĩ thirikaari. Gũkĩgĩa na ngucanio ya ũteti bũrũri-inĩ; mbũtũ cia wĩyathi na cia ngoronia ikĩng'ethanĩra. Mwaki wa mũng'eeng'ano ũkĩambĩrĩria gũtooga matũũra-inĩ na mataũni-inĩ.

Mwaka wa 1944 Mitchell aatĩndĩkwo mũno nĩ mbũtũ cia wĩyathi akĩeheria Beecher Renjikoo, akĩĩra andũ airũ mathuure mũndũ waao wa kũmarĩrĩria. Thirikaari ya ngoronia ĩkĩanĩrĩra bũrũri wothe, ĩkiuuga: mũndũ mũirũ ũkwenda atuĩke mwarĩrĩria wa andũ airũ Renjikoo eyuumĩrie na akorwo na gĩthoomo, nĩ ooĩ Gĩthũngũ na Kanjũ (LNC) cia bũrũri wothe nĩ ikũmwĩtĩkĩra. Gũkĩĩruta andũ atatũ: Mbiyũ wa Koinange (B.A. & M.A.), Eliud Mathu (B.A.) na Francis Khamisi (mwandĩki ngathĩĩti). Mĩtĩ yaikio nĩ Mbiyũ waciindire, Mathu agĩtuĩka namba igĩrĩ. Tondũ Mbiyũ aarĩ wa kĩama kĩa wĩyathi (KKNI), ngoronia Ngabana Mitchell aauugire ti mũndũ mwega, nĩ thũ ya thirikaari, akĩmũrega; handũ haake agĩcagũra Mathu.

Mathu aarĩ mũndũ mũhooreri; ũmwe wa andũ airũ arĩa maaturuurĩtio meeciiria nĩ gĩthoomo kĩa ũkoronia na ndini ya ũkĩrĩcitũ; arĩa ona ũmũũthĩ ũyũ matũũraga manengeraga ahiinyĩrĩria a mũingĩ ũũgĩ waao. Kwoguo, Mitchell nĩ amenyaga atĩ Mathu nĩ mũndũ ũtaarĩ harĩa arungiĩ, mũndũ ũtaarĩ na mũrũgamo mũrũmu woteti—mũndũ ũngĩthathayo atuĩke kunda-ngũtũme wa thirikaari ya ũkoronia. Na ũmenye ũguo nĩ ma-rĩ, itua rĩa Ngabana rĩa gũcagũra Mathu rĩacangĩrĩirwo mũno nĩ Thũngũ theetera na cia mĩceeni. Kũhorahoria maraakara ma andũ airũ nĩ ũndũ wa kũrega Mbiyũ, Mitchell nĩ arutiire watho atongoria a KCA, ŨMA na THA arĩa maarĩ nditĩĩni marekio kũrĩ mwaka wa 1944 na andũ airũ moombe kĩama gĩĩoteti kĩa bũrũri mũgima; kĩama kĩu magĩgĩĩta, *Kenya African Union* (KAŨ). Atongoria a Kaũ ambere mahaanaga ota Mathu, andũ mataarĩ gĩtina kana gĩthethwa; njaguuti cia ngoronia kĩĩmeeciiria. Nĩ ũndũ wa ũtongoria ũcio mũgacu—woteti wa "Yes Sir" na "Ndiyo Bwana," Kaũ ndĩaagĩĩre na mũraramo woteti wa wĩyathi kinya hĩndĩ ĩrĩa Kenyatta ooire ũtongoria wa kĩama na wa bũrũri.

Kenyatta acookire Kenya mwaka wa 1946 agĩkoora mũng'eeng'ano wa wĩyathi wakĩĩtie mwaki, naake ndaarĩire marĩĩgu, akĩingĩra mũng'eeng'ano-inĩ norũme, ũũmĩrĩru na ũcamba ũtonekeete bũrũri-inĩ witũ mbere ĩyo. Aahurũka handũ ha ciumia igĩrĩ, nĩ eetirwo nĩ atongoria a KKNI ataarĩrio harĩa ũteti wa mũng'eeng'ano wakinyĩĩte, aheeo mateta ma mũingĩ na atemeerwo njĩra ya gũtongoria mbũtũ cia wĩyathi. Maaria maiiguanĩire, Kenyatta eete Mitchell mabange mũthenya wa gũcemania maarie. Mũthenya nĩ wabangiirwo ona gũtuĩka ngoronia Ngabana nĩ aathũire Kenyatta mũno nĩ ũndũ gwatuĩkaga atĩ ũteti wa Kenyatta waarĩ "ũkomiunĩciti." Mũtĩ wa keerĩ: Kenyatta orie Ngabana kana no eetĩkĩre kũhee kĩama gĩa KCA marũa makũrutĩra mũingĩ wĩra. Mũtĩ wa mũico: Kenyatta eere Mitchell no eende kũingĩra Renjikoo angĩheeo kamweke atuĩke mwarĩrĩria wa keerĩ wa andũ airũ.

Mũthenya wa kwona Ngabana wakinya, Kenyatta, Joseph Kang'ethe, Jesse Kariũki, James Beauttah na George Ndegwa nĩ maathiire wabici ya Ngabana, magĩkoora Mitchell na aandĩkĩ a ngathĩĩti nyakeerũ mameetereire. Mwaka wa 1976 Beauttah eerire mwandĩki wa ibuku rĩĩrĩ atĩ, maakinya, Kenyatta nĩ aaheire Mitchell itũmi cia kwenda moonane, no macookio ma Mitchell maiyũire matharaũ na mĩnyũrũri. Mitchell akĩĩra Kenyatta, KCA nĩ yaahũũriirwo marubuku nĩ thirikaari ndĩrĩ hĩndĩ ĩngĩriũkio na mũndũ ũrĩa ũngĩgeria kũmĩriũkia no kũnyiitwo angĩnyiitwo aikio korokoro-inĩ. Arĩ na mang'urĩ kiuga kĩgima, Mitchell akĩĩra Kenyatta atĩ thirikaari nĩ yũũĩ KCA ndĩrĩ yaakua, ĩtũũire rungu na nĩ ĩkoragwo na mĩcemanio ya hitho matũũra-inĩ na mũciĩ wa Nairobi. Kenyatta agĩkũrĩra Mitchell maitho, akĩmũũria, "Akorwo thirikaari nĩ yũũĩ KCA ndĩrĩ yaakua-rĩ na nĩ koragwo na mĩcemanio ya hitho-rĩ, nĩ kĩĩ kĩgiragia thirikaari ĩnyite arĩa maratongoria mĩcemanio ĩo?" Mitchell akĩroora Kenyatta na maitho ma rũthũũro, akĩmwĩra na ciugo cia kũmũira, "ũcio nĩ wĩra wa birithi no ũngĩkorwo nĩ ũũĩ kũrĩa ĩcemanagia no ũmenyithie birithi." Mũtĩ wa mũico: Mitchell akĩmenyithia Kenyatta atĩ ndareendekana Renjikoo no akorwo nĩ akwenda gũtuĩka mwarĩrĩria wa andũ airũ aingĩre Kanjũ (LNC) ya Kĩambuu kana atuĩke cibũ Gatũndũ. Mitchell aarĩkia kwarĩa akĩrũũgama, akĩĩra Kenyatta na matharaũ, "Akorwo nduma na ũndũ ũngĩ, nĩĩ ndĩna wĩra mũingĩ; thĩĩ na wega." Kenyatta, kũringana na ribooti ya Beauttah, akĩgoromokera Ngabana, akĩmwĩra, "Njiinũ na matharaũ tiga; nĩĩ nĩ nĩĩ mũtongoria wa andũ airũ bũrũri ũyũ, kwaũguo nĩ njagĩrĩire kũheeo gĩtĩĩyo; mũcemanio ti mũthiru ũtaiguĩte macookio makwa." Mitchell ang'athĩtie agĩĩkara thĩ; akĩĩrwo nĩ Kenyatta, "Ndĩreenda ũthikĩrĩrie na matũ meerĩ, nĩĩ mworoto wakwa ona rĩrĩa ndĩraarĩ Rũraaya ti wa gũteithĩrĩria ngoronia agie na hinya wa kũnyua andũ a Kenya thakame, nĩ wa gũtongoria andũ a Kenya moime mũtondo-inĩ wa ũkoronia, mooe wĩyathi waao na ithaka iria mũkoomeire macookerio. Ngabana, hiihi nĩ ũriganĩirwo atĩ bũrũri ũyũ nĩ witũ, ithuĩ andũ airũ, inyuĩ nyakeerũ mũrĩ ageni;" Mitchell ndacookeirie Kenyatta nĩ gĩkundo kĩa maraakara kĩahatĩte mũmero.

Mĩario ya Kenyatta na Mitchell yaarĩ ngathĩĩti-inĩ cia ngoronia kĩrooko gĩĩkĩ kĩngĩ no nĩ yeekĩrĩtwo cumbĩ mũno nĩ aandĩkĩ a ngathĩĩti. Icigo imwe cia ngathĩĩti ciaandĩkĩĩtwo ũrĩa Kenyatta araragĩria Ngabana nocamba na rũng'athio; matheteera mathooma ngathĩĩti makĩambararia mũreera, makiuuga Kenyatta anyiitwo atwarwo nditĩĩni; Mitchell ndaamathikĩrĩirie.

Kenyatta Gũtongoria Kaũ

Atongoria a KKNI moiima wabici ya Mitchell nĩ macookanirie ndundu nĩguo meethe njĩra ĩrĩa Kenyatta akũingĩrĩra ũteti-inĩ wa bũrũri. Mũico-inĩ wa mĩario yaao maatuire Kenyatta aingĩre Kaũ, anyiite ũtongoria wa kĩama, akĩgarũranie kĩgie na mũraramo wa wĩyathi na arutũrũre njaguuti cia ngoronia kĩama-inĩ; ũguo nĩguo gwatuĩkire. Kenyatta aatonyiire Kaũ mweri wa Juuni 1947 na agĩcagũrwo koigi wa kĩama na mũtongoria wa bũrũri. Hendikwota ya kĩama yaarĩ Kĩburi house. Hamwe na ũguo, Kenyatta nĩ aateithagia Mbiyũ wa Koinange gũtongoria KATC, yaakĩĩtwo Gĩthũngũri, Kĩambuu, na mbeeca cia mũingĩ. Wĩra mũnene wa KATC, nĩ tũthoomire hau kabere, waarĩ wa gũturĩni aarimũ a cukuru cia Karĩng'a, gũthondeka kariikiramu ya thukuru icio nĩguo ihote kũng'aang'ana na ũkoronia wa meeciiria na kwaramia gĩthoomo gĩa Karĩng'a gĩtuĩke kĩmũrĩ kĩa wĩyathi, nyundo ya gũkindĩra wĩyũũmia wa mũingĩ.

Kuuma mwaka 1947 KATC nĩyo yaatuĩkire hendikwota ya mũng'eeng'ano wa wĩyathi; ciama ciothe iria cianyiitanĩire mbaara ya wĩyathi ciacemanagia kũu. Itongoreetio nĩ KKNI nĩ ciathondekire ndundung'a ya hitho yeetagwo *Kĩambaa Parliament* na yaacemanagia na hitho mũciĩ gwa Koinange wa Mbiyũ, Kĩambaa. Kenyatta, Jesse Kariũki, Joseph Kang'ethe, John Koinange,

George Ndegwa, Mbiyũ wa Koinange na atongoria a ciama cia arutiwĩra—
Fred Kubai, Bildad Kaggia, Mwangi wa Macaria na James Beauttah—maarĩ
memba a ndundu ĩyo.

Ndundu ĩyo yaathondekeetwo ĩtuĩke injiini ya ngaari ya wĩyathi; mũndũ
wothe ũrĩa wacagũragwo kũingĩra *Ndundung'a ya Kĩambaa Parliament*
(NKP) akooragwo eerutĩire, gũkua na kũhona, kũrũĩra wĩyathi wa bũrũri,
na nĩ aheeagwo muuma, akehĩta atĩ ndarĩ hĩndĩ akeendia bũrũri irio cia
nda, kana aumbũre hitho cia kĩama kĩa wĩyathi kũrĩ ngoronia nyakeerũ na
ndungata ciao nyakairũ, agũtũũra ahũũranagĩra wĩyathi wa bũrũri kinya
agaakua; muuma ũcio weetagwo *Muuma wa Tĩĩri*. Nditi ya NKP yaarikĩrio
na ĩkongererwo ngiha nĩ kĩama kĩa Aanake a Boote na ciama cia arutiwĩra
iria ciatongoreetio nĩ Cege wa Kĩbacia, Fred Kubai, Makhan Singh, Bildad
Kaggia, Cege wa Kĩbũrũ, Mwangi wa Mũgo, Mwangi wa Macaria na
angĩ. Atongoria aingĩ a ciama cia arutiwĩra maarĩ atongoria a honge cia
Kaũ mataũni-inĩ na angĩ maarĩ memba a kawaida a Kaũ. Matũũra-inĩ ma
Cenitũrũ, kaũ yaanyitĩĩtwo mbaru nĩ ndini ya Karĩng'a, aarimũ a thukuru
cia Karĩng'a, aanake na mũingĩ wa atumia.

Kũrũmanĩrĩra na ũguo, Kenyatta ooya ũtongoria wa kĩama kĩa bũrũri
aambĩrĩirie gũgĩthegeeya, gũkĩhuhĩrĩria, kinya gĩkĩrĩrĩmbũka mwaki wa
wĩyathi, ũgĩtaamba bũrũri wothe. Honge nyiingĩ cia kĩama ikĩhingũrwo
mataũni-inĩ na matũũra-inĩ, andũ aingĩ magĩtuĩka arũmĩrĩri a Kaũ na
ũtongoria wa Kenyatta. Mĩcemanio-inĩ ya Kaũ, Kenyatta araagia cararũku
arĩ norũme nocamba. Akeera andũ airũ matigetigĩre Thũngũ kana
kũmeetĩkĩria mamanyue thakame, mamanyariire, mamaikie kaara iniũrũ
kana mamatue ndigiri ciao. "Mũthũngũ akũrehere gĩthũri," Kenyatta akeera
mũingĩ, "mũringe rũhaati rwa nyee nĩguo amenya atĩ nĩ mũgeni bũrũri-
inĩ—nĩ gũũka mookire bũrũri-inĩ witũ na gĩthũri na nokinya tũmarutũrũre
kuo. Hinya witũ," Kenyatta akaririkania mũingĩ, "nĩ ũiguano witũ, ũũrũmwe
witũ, ũũmĩrĩru witũ, ngwatanĩro iitũ na wendi wa bũrũri witũ." Kaingĩ na
kaingĩ mĩcemanio-inĩ nĩ aririkaanagia mũingĩ atĩ "ithuĩ nĩ ithuĩ aingĩ bũrũri
nĩ ũndũ ũcio hinya witũ ũrĩ namba-inĩ na tũngĩũtũmĩra wega, tũiguane na
tũnyitane ta gĩkwa na mũkũngũgũ gũtirĩ mũndũ ũngĩhota gũtwenyenyia.
Ithuĩ tũrĩ a nyina ũmwe, thakame imwe, rũrĩra rũmwe, rũũrĩrĩ rũmwe—nĩ
ithuĩ ngoro ya bũrũri ũyũ."

Orĩngĩ na rĩngĩ nĩ eeraga mũingĩ atĩ wĩyathi ndwĩtagio nĩ ithaayo,
igũũta, iguoya kana andũ matebangĩte na matarĩ na kĩama kĩao gĩĩoteti.

Ũici, ũmaraaya, ũnyui njoohi, rũmena rwa gĩĩkabira, ũkoroku wa mbeeca, kwaga ngoro ya bũrũri, nĩ ngũki cia kũhĩnjia mũng'eeng'ano na nokinya ihũũranwo na cio ũtukũ na mũthenya. Aangĩkorwo Aakenya nĩ makwenda kũrũĩra ithaka ciao na wĩyathi waao, Kenyatta akanĩrĩra mĩcemanio-inĩ, nokinya aingĩ meyuumĩrie ngoro na mwĩrĩ, toombo na thakame, maingĩre Kaũ kwa ũingĩ—matuĩke itungati cia kĩama na ngewerani cia bũrũri, na niingĩ no mũhaka mathoome ngathĩĩti nĩguo mamenye ũteti wa ngoronia, mĩbango na mĩoroto yake ya mbere ndaaya. Gĩthoomo, Kenyatta akanĩrĩra mĩcemanio-inĩ, nĩ kĩo kĩmũrĩ kĩa maũndũ moothe, caabi cia kũhingũra mũrango wa wĩyathi. Mũthingi woteti wa Kenyatta na Kaũ waakĩĩtwo na ngiha ciorũme cia KKNI na cia ũũmĩrĩru wa atongoria a ciama cia aathũkũmi.

Tũtagũcookera ũrĩa twandĩkĩte hau thuutha, Kenyatta nĩ arutiire wĩra wa hinya na wa bata wa gũcookanĩrĩria bũrũri, kũnyitithania ndũũrĩrĩ cia Kenya na kũrikĩria mũng'eeng'ano wa wĩyathi gatagatĩ-inĩ ka mwaka 1947 na 1952. Nĩ ũndũ wa kĩĩyo gĩake na mũraramo wake worũme, kĩama nĩ kĩagĩĩre na hinya ng'ongo ciothe cia bũrũri, gĩgĩtuĩka kĩama kĩa mũingĩ wothe Kenya. Narĩo rĩĩtwa rĩake rĩgĩtamba ta mwaki wa werũ bũrũri wothe, rĩgĩtuĩka ngogoyo yocamba na ũũmĩrĩru wa mũingĩ. Nyĩmbo cia gũkumia Kenyatta, cia kũgooca njamba cia bũrũri, cia gwĩtia wĩyathi, cia guĩkĩra mũingĩ ngoro ya wendo wa bũrũri, igĩtuungwo ikainagwo norume na maraakara mocamba mĩcemanio-inĩ yoteti, cukuru-inĩ na kanitha-inĩ cia Karĩng'a, mataũni-inĩ, matũũra-inĩ na mĩciĩ-inĩ ya eendi bũrũri—ikaiinwo na mwaki nĩ atumia magĩthĩĩ iteega, gũtaha maaĩ, makĩrĩma, makiuna ngũ. Tondũ wa mwaki ũrĩa Kenyatta aareheete ũteti-inĩ, ũcamba na ũrũme, atongoria a arutiwĩra mataũni-inĩ na a Kaũ matũũra-inĩ, a kanitha cia lindi na a thukuru cia Karing'a nĩ makĩguutũkire, makĩambĩrĩria kwaria norũme ta Kenyatta, gwĩtia wĩyathi na hinya nohuria-ndaka. Ngoro ya wendo wa bũrũri witũ ĩkĩrikĩra, ĩgĩtaamba kuuma iria rĩa Rũkang'a kinya rĩa Rũĩgĩ.

Norĩĩrĩ, ona gũtuĩka ũhunjia woteti wa Kenyatta nĩ wahingũrire andũ airũ maitho na ũkĩmahee ũũmĩrĩru wa ũregi wathani wa ũkoronia, atongoria amwe a Kaũ arĩa mataarĩ na ngoro nyũmũ ya wendo wa bũrũri—andũ ta Tom Mbotela, Ofafa, Mũchohi Gĩkonyo, Francis Khamisi, James Gĩchũrũ, Joseph Katithi na angĩ—nĩ maambĩrĩirie kuura maaĩ itina, makooigaga Kenyatta nĩ agũtũma manyiitwo, matwarwo nditĩĩni; angĩ makoigaga nĩegũtũma mawatho ma ũkoronia maũhiinyanĩrĩria mongererwo nditi. Magĩĩkĩĩra Kenyatta athĩĩ kahoora na eetĩkĩre kĩama kĩrutithanie wĩra na thirikaari ya ngoronia; Kenyatta nĩ areegire kũmathikĩrĩria. Kwoguo, andũ amwe ta aaJames Gĩchũrũ makiuuma kĩama-inĩ, makĩringa mũrĩmo ũrĩa ũngĩ wa ngoronia na makĩheeo wĩra wa kũhĩtĩrĩria kĩguũ kĩa wĩyathi. Mbotela, Ofafa na Mũchohi magĩtuĩka maitho na matũ ma thirikaari ya ũkoronia thĩinĩ wa mũng'eeng'ano-inĩ wa wĩyathi. Ũngĩamonire makĩaaria kĩmonimoni meekĩrĩte tai cia maheeni na nda ikinyĩĩte mũrĩmo wa rũũĩ, ndũngĩeciririe nĩ mĩgarũ, ngakũ, eendia andũ.

Ũteti wa Kenyatta wa ũũmĩrĩru nĩ wahahũrire thirikaari ya ngoronia. Macibũ nyakairũ na makabuurũ aao makĩronja, makiuuga ũteti wa Kenyatta nĩ ũragiria marute wĩra wa thirikaari. Ngoronia Amĩceeni nao makĩnegena, makiuuga ũteti wa Kenyatta wa ũkomiuniciti nĩ ũragiria ndini ya ũkĩrĩcitũ itaambe bũrũri-inĩ, nĩ ahĩtwo na njĩra ciothe. Matheteera, macurĩtie gĩkabu kĩa rũthũũro ngingo, makiuuga atĩ Kenyatta nĩ akũmaitĩra gĩtoero, nĩ agũthũkia bũrũri, nĩ akũmomoora *bustani* ya ũkoronia noteti wa ũkomiunĩciti nĩ areengwo rũhĩa kana atwarwo "matu-inĩ" na njirũngi. Renjikoo na mĩcemanio-inĩ yaao yoteti, kanitha-inĩ na mawabici-inĩ ma thirikaari, matheteera meehũũraga ithũri makooiga, Kenyatta eeke atĩa kana atĩa, Kenya nĩ bũrũri waao magũrire na thakame na matikoima kuo yuuraga ĩkĩyaga, magũtũũra maathaga andũ airũ makĩeendaga na matakwenda. O hĩndĩ ĩyo nĩ maambĩrĩirie gũthondeka njeeci yaao yeetagwo *Kenya Regiment* na kwĩbuundithia gũtũmĩra mĩcinga. Aingĩ aao maarĩ *Kenya Police Reserve* na watho wa ũngoronia nĩ wamaheete hinya wa kũũraga mũndũ mũirũ ũrĩa wonekaga arĩ na ngũrũ cioteti; arĩa angĩ maarĩ manjanji, makomanda ma mbũtũ cia *King's African Rifles*, mapicii, mandithii na mandiũũ, memba ya Renjikoo, anene a birithi, a njeera na a gĩthoomo. Tondũ ũcio matheteera maarĩ na hinya mũingĩ bũrũri-inĩ na thirikaari-inĩ; mũgambo waao waarĩ watho.

Mũng'eeng'ano Olenguruoni

Rĩrĩa tũkwandĩka hicitũri ya mũng'eeng'ano wa ithaka na wĩyathi tũtirĩ hĩndĩ tũngĩaga kũgweta ũcamba na ũũmĩrĩru wa Agĩkũyũ arĩa maatwarĩĩtwo Olenguruoni ithaka ciao Kĩambuu ciahĩmbĩrĩrio nĩ mbarĩ ya nyakeerũ. Otaũrĩa tũthoomire hau kabere, Agĩkũyũ 2,000 maatwariirwo Olenguruoni mwaka wa 1939 na makĩheeo o mũndũ ĩĩka ithaano cia mĩgũnda na magĩaaka mĩcĩĩ yaao, no kĩrĩa matwaheetwo nĩ taitũndindi cia mĩgũnda na mũtĩ ũcio nĩguo ũkũrehe thĩina thuutha-inĩ. Wĩtĩkio na wĩhoko waao waarĩ atĩ ithaka icio maaheetwo Olenguruoni nĩ kũrĩhwo maarĩhĩtwo ithaka iria maatuunyĩĩtwo na gĩthũri Kĩambuu. Thuutha wa Agĩkũyũ acio gwaka mĩciĩ na kũrĩma na kũhanda irio, Ndiũũ ngoronia ũrĩa warũgamĩrĩire rũgongo rũu nĩ ookire kũmamenyithia atĩ mĩgũnda ĩyo tĩ yaao biũ nĩ ya thirikaari na ĩrĩ rungu wa watho wa *Native Settlement Area* (NSA) na kwoguo no mũhaka marũmĩrĩre mũbango na mũtaratara wa ngirigaca wa kũhanda irio na wa kwenja mĩtaro nĩguo kĩguũ gĩtigakuwe tĩĩri. Agĩkũyũ makĩng'athia, makĩĩra Ndiũũ ngoronia matiũũĩ mũbango wa NSA na matigwĩtĩkania na watho wa ngirigaca; oo tĩ ngombo cia thirikaari. Magĩthiĩ na mbere kwĩra Ndiũũ ngoronia, akorwo mĩgũnda ĩyo ya Olenguruoni tĩ ya gũkũranio na ĩrĩa maatuunyĩĩtwo nĩ theteera nyakeerũ Kĩambuu, matirĩ hĩndĩ magatiga gũkinyĩra mĩgũnda yaao ya Kĩambuu. Ngoronia Ndiũũ akĩmeera nĩ akũmenyithia thirikaari maraakara maao norĩa mareenda, no akiuuga erũmĩte kĩni atĩ watho wa mĩhandĩre ya irio na wa kwenja mĩtaro no mũhaka ũhiingio norũmĩrĩĩrwo; Agĩkũyũ makĩmwĩra nĩ maaĩ arahũũra na ndĩrĩ.

Nĩ ũndũ matarĩ ndundu mahũũragwo na njũgũna ĩmwe, Aregi a Olenguruoni, matongoreetio nĩ mũthuuri njamba, Koina wa Gĩtĩbi memba wa KCA, nĩ maacemanirie na hitho kũbanga ũrĩa mangĩcookanĩrĩria andũ nĩguo magĩe na ũiguano, hinya, ũcamba na ũũmĩrĩru wa kũregana na mawatho ma ũkoronia. Maatereta nĩ meetĩkanĩrĩire na makĩĩguanĩra atĩ andũ mangĩheeo muuma wa kũrũĩra tĩĩri na ithaka ciao no manyiitane na magĩe na ũrũme na ũũrũmwe. Athuuri ataano arĩa mooĩ gũtabarĩra muuma nĩ macagũriirwo marute wĩra ũcio; muuma ũcio nĩ ũrĩa wathondekeetwo nĩ KCA weetagwo *Muuma wa Tĩĩri*. Andũ magĩkĩheeo muuma, no atumia na ciana matiaheeirwo tondũ ihiinda rĩu Agĩkũyũ nĩ meetĩkĩtie muuma nĩ ũũragaga na nĩ ũndũ ũcio kũhee atumia na ciana muuma nĩ kũũraga rũũrĩrĩ. Hatarĩ nganja muuma ũcio nĩ wahotire kũnyitithania Aregi a Olenguruoni na kũrikĩa ũregi na ũũmĩrĩru waao.

No atĩrĩĩrĩ, thaata ĩmwe ya bũrũri nĩ yaathiire kwa Ndiũũ ngoronia na hitho kũmũtaarĩria ũrĩa Agĩkũyũ maanyuĩte muuma wa kũregana na mawatho ma ũkoronia. Agĩkunyĩra Ndiũũ atĩ angĩenda kũbuunja wĩtĩkio na ũiguano wa Aregi no amahee *Muuma wa Thenge* wa gũthambia Muuma wa Tĩĩri, na arĩa makũrega maheeo na hinya kana manyiitwo mathitangwo nĩ kũnyua muuma wa hitho woregi wa ũngoronia. Kwoguo Ndiũũ ngoronia akĩgĩĩra athuuri Agĩkũyũ igooti-inĩ Naikuru mooke maringithie andũ thenge; athuuri acio maarĩ nyaguuti cia thirikaari ya ngoronia. Tondũ Aregi nĩ mauugĩĩte matinyuĩte muuma nĩ maathiire kwaũingĩ kũnyua muuma wa thenge nĩguo moonie ngoronia atĩ nĩ wĩra wa kũhee ngũkũ maaĩ araruta.

Ndiũũ ndaamenyaga Koina na atongoria acio angĩ nĩ maathondekeete na hitho muuma ũngĩ waarĩ na hinya kũrĩ wa thenge na makabanga atĩ mũndũ arĩkia kũringa thenge agathiĩ ĩmwe kwa ĩmwe kũnyua muuma ũcio ũngĩ wa gũthambia thaahu wa muuma wa thenge. Tondũ wa ũrĩa muuma ũcio wa keerĩ waarĩ na mĩhĩtwa ya hinya nĩ wekĩrire Aregi a Olenguruoni mwaki woteti na ũkĩũmia ngoro ciao; makĩnyiitana na hinya ta Rũũĩ rwa Thagana rũrorete iria-inĩ rĩa Rũkang'a.

Mũng'eeng'ano wa Aregi a Olenguruoni nĩ wathiire na mbere handũ ha mĩaka mũgwanja; mwaka wa 1947 Ndiũũ nĩ aribootire kũrĩ thirikaari atĩ Agĩkũyũ a Olenguruoni maarĩ na ngoro nyũmũ na ũteti mũrũrũ na mangĩheeo kamweke mahoota gũthũkia a Maathai a Olenguruoni na ũteti ũcio. Mwaka o ũcio thirikaari ĩkĩruta watho Agĩkũyũ mathaamio Olenguruoni na ĩkĩmahee ihiinda rĩa mĩeri ĩtatũ moohe indo ciao na meendie mahiũ maao. Aregi makiuuga a matiroima Olenguruoni no mangĩcookerio mĩgũnda ĩrĩa maatuunyiitwo no moime Olenguruoni macooke kwao Gĩkũyũ; naake Ndiũũ akĩmeera gũcooka Gĩkũyũ mariganĩrwo na niingĩ mamenye thirikaari ĩrĩ na hinya nohoti wa kũmarutũrũra Olenguruoni. Thuutha wa mĩeri ĩtatũ yaathira, Ndiũũ agĩcooka Olenguruoni na thigari cia birithi gĩkundi, andũ 50, arĩa meeciiragĩrio nĩo atongoria, makĩnyiitwo, magĩthitangĩrwo gũikara Olenguruoni matarĩ na bameti na gũtongoria mũng'eeng'ano; magĩtwarwo igooti-inĩ rĩa ngoronia, Naikuru.

Ciira wambĩrĩria, kũringana na hicitũria ya kanua, Aregi makiuuga matiramenya kĩrĩa maanyitĩĩrwo tondũ mararutirwo mĩcii yaao maraathitangwo atĩ matirarĩ na marũa magũikara Olenguruoni. "Nĩ watho ũrĩkũ," makĩũũria njanji nyakeerũ, "uugĩĩte mũndũ no mũhaka akorwo na marũa magũikara mũcii wake? Olenguruoni nĩ gwitũ—nĩ ithaka ciitũ ĩrĩa twaheirwo nĩ thirikaari twatuunywo ithaka ciitũ Gĩkũyũ-inĩ nĩ theteera nyakeerũ." Ciira nĩ warehire ũteti mũhiũ bũrũri-inĩ na andũ aingĩ hamwe na atongoria a Kaũ nĩ maathiire igooti-inĩ kũũthikĩrĩria. Kenyatta, Koinange wa Mbiyũ na Eliud Mathu nĩ maarutire ũira wa gũtetera Aregi; no njanji ngoronia nĩ areganire na ũũma na kĩhooto, akĩooha andũ acio 50, hamwe na Koina, o mũndũ mĩeri itaandatũ wĩra mũritũ. Maatanauma igooti-inĩ makĩĩra ngoronia njanji amooha na gĩthũri. Makiuuga mahiinyĩrĩirie atĩ matigathĩkĩra watho wa ũkoronia na mũng'eeng'ano nĩ ũũgũthiĩ na mbere marĩ njeera ona marĩkia kĩohwo, njanji ndaatumũrire kanua. Maarutwo igooti-inĩ magĩkĩĩrwo bĩĩngũ, magĩtwarwo njeera kũrĩa marutithagio wĩra mũritũ—wĩra wa gwatũra mahiga na ibũi na kũmakuua—na makaheeo irio irĩa na mũthanga, igunyũ na ngi; kũhũũrwo na mĩtĩ ya mathanwa maru na cĩĩgokoora, kũhũũrwo haati cia nyee na kũrumwo irumi nungu. Nĩ maanyariiragwo mũno no maarĩ njamba cia rũũrĩrĩ, gũtirĩ waao weendirie bũrũri. Mũthenya ũrĩa moimire njeera maatũngiirwo na ngemi, ndũũho na nyĩmbo cia eendi rũũrĩrĩ: "Kũngũ njamba cia rũũrĩrĩ," mũingĩ ũkĩanĩrĩra, "ithuĩ tũrĩ mbarĩ ya Mũũmbi tũticookaga na thuutha ona ĩngiuura ya mbembe, marurumĩ na heni. Bũrũri ũyũ nĩ witũ, witũ, tũtikaũrekia. Nĩ kaba gĩkuũ kũrĩ gũtuĩka ngombo bururi-inĩ witũ". Maaikara thikũ ithaano nĩ maaheeirwo muuma wa gatatũ wa kũrikĩria makĩria wendi waao wa rũũrĩrĩ.

Mweri wa ikũmi na ĩmwe1949 thirikaari ya ũkoronia nĩ yarutire watho Aregi a Olenguruoni marutwo kuo na mĩcinga, maithori na thakame matwarwo nditĩĩni werũ-inĩ Yatta, Ikamba. Thigari cia birithi na cia mbirarũ irĩ na mathaita ma mbaara ĩkĩrehwo ũtukũ Olenguruoni andũ marĩ tooro; ikĩhamurithio ibuunje nyũmba, inyite andũ othe na arĩa makũgeria kũũra kana kũregana na watho marathwo. Gĩcanjama kĩa wanangi, waganu na ũũragani gĩgĩtemanio Olenguruoni na nyũngũ. Andũ—arũme, atumia na ciana—makĩrutwo manyũmba na mbaara nene, magĩcookanĩrĩrio handũ hamwe kĩwanja-inĩ gĩa cukuru; makĩraara marangĩirwo ũtukũ mũgima. Kĩrooko, nyũmba ikĩmundio mwaki hamwe na makũmbĩ, ciugũ na mbĩĩrĩra ikĩmomoorwo, ng'ombe na mbũri igĩtahwo, igĩcookanĩrĩrio hamwe, ikĩrangĩrwo na mĩcinga; irio ciaarĩ mĩgũnda igĩtemeengwo, atumia na ciana cia airĩĩtu makĩgwatwo nĩ njangiri thigari. Kĩũria nĩ gĩĩkĩ: Wanangi, waganu na ũũragani ũcio wa ũcangiri ũgĩthiĩ na mbere-rĩ, kaĩ Ngai aarĩha? Nĩ tooro aarĩ kana hiihi nĩ rukũ aathĩĩte?

Mũthenya wa keerĩ, kĩrooko tene maroori ma birithi gĩkundi magĩũũka marĩ na thigari kĩrũndo. Ngoronia mũnene wa birithi akĩanĩrĩra, akiuga andũ mehaarĩrie nĩ magũthiĩ rũgendo na arĩa makũrega, mareehe buunjo, nĩ makuona *cha mtemo kuni*. Andũ makĩhamurithio maare raini ĩmwe na cio icakũri ikĩmarigicĩria. Hicitũri ya gũtambio na kanua ĩtuĩraga atĩ matanaingĩra maroori, Mũbĩa nyakeerũ, arangĩirwo nĩ mbirarũ igĩrĩ, nĩ ookire anyitĩĩte Bibiria na guoko kworĩo na mũhuko wa mũhothi na kũu kũngĩ. Akĩĩra andũ, maataarĩte kĩndũ kana kũnyua maaĩ handũ ha thikũ igĩrĩ na maararaga nja heho-inĩ, "mũtanaingĩra ngaari njĩtĩkĩriai ndĩmũhooere nĩguo mũthiĩ kũu mũratwarwo na thaayũ na kĩrathimo kĩa Buana Yesũ, mwathani witũ. Yesũ eendeete andũ oothe, makĩria arĩa mamwĩtĩkĩĩtie na kũmũgooca—acio nĩo magaathĩĩ matu-inĩ mũico wa thĩ wakinya." Mũbĩa arĩkia kwaria, mũthũũri ti Koina akĩmũũria ang'athĩtie:

Nyũmba ciitũ igĩciinwo, mĩthiithũ na mĩhoko ya Olenguruoni ikĩmomoorwo-rĩ, kaĩ Yesũ ũcio ũroiga nĩ atwendeete ararĩha? Ithuĩ tũũĩ Ngai ũmwe, Ngai wa Gĩkũyũ na Mũũmbi, Ngai wa Ndemi na Mathathi—Ngai wa Kĩrĩnyaga. Ũcio nĩwe Ngai witũ, nĩwe twĩtĩkĩtie; nĩwe ũgũtũtongoria na atũgiitĩre rũgendo-inĩ rũũrũ rwa ruo, maithori na thakame.

Mũbĩa: Nĩ njũũĩ mũrĩ na maraakara nĩ ũndũ wa mĩcĩĩ yanyu gũciinwo, irio iraarĩ mĩgũnda gũtemeengwo, ng'ombe na mbũri gũtahwo, kũrutũrũrwo mĩgũnda-inĩ yanyu na mbaara nene, hau harĩ ruo. No macio nĩ maũndũ ma gũũkũ thĩ, marekiei mwoe Yesũ. Yesũ nĩwe ngo yanyu kahiinda-inĩ gaka ga thĩĩna na maithori; nĩwe gĩthima kĩa muoyo ũtagathira, nĩwe njĩra ya gũthĩĩ matu-inĩ. Wĩyathi, mbeeca, mĩgũnda, ithaka, mahiũ, bũrũri—icio ciothe itirĩ bata, kĩrĩa kĩrĩ bata nĩ kĩrathimo kĩa Yesũ. Oyaai kĩrathimo kĩa Yesũ mũtigane na mĩgũnda, mahiũ, bũrũri na wĩyathi. Maraakara marehagwo nĩ Caitaani, mũtigetĩkĩrie Caitaani ooke gatagatĩ kanyu na Yesũ; ĩrai Caitaani oime ngoro-inĩ cianyu. Mwathani aroogooco.

Koina: Maraakara magũtuunywo ithaka na bũrũri; kũnyariirwo na kũũragwo, atumia aiitũ kũgwatwo nĩ thigari cianyu, macio na mo nĩ ma Caitaani? Tanjĩĩra ũndũ ũngĩ: andũ kũrũĩra wĩyathi wa bũrũri waao nĩ mahĩtia marĩkũ? Nĩ meehia? Nĩ thahu? Wee na theteera na Caitaani ngũrani nĩ ĩrĩkũ? Thĩĩ ũkahooere arĩa magũgũtũmĩte, tigana na ithuĩ. Ona twatwarwo kũ kana kũ, tũthĩĩnio na tũũragwo, tũtigatiga kũrũĩra bũrũri witũ, wĩyathi witũ. Twaakua, ciana ciitũ nĩ ikarĩkia mbaara ĩno ya ithaka na wĩyathi. Ngeretha ona angĩeyenjera irima na erigicĩrie na itugĩ cia cuuma, tũkũmũruta irima rĩu, tũkũũre itugĩ icio, tũmũingate bũrũri witũ. Ithuĩ nĩ ithuĩ Nyũmba ya Mũũmbi tũrĩ kuuga ũndũ tũticookaga na thuutha.

Mũbĩa: Ndaamwĩra atĩrĩĩrĩ, njĩra nĩ igĩrĩ: njĩra ya matu-inĩ na njĩra ya Caitaani. Ũhoro nĩ ndaamũhee, cagũrai.

Koina: Njĩra nĩ igĩrĩ: njĩra ya wĩyathi na njĩra ya ũkombo. Ithuĩ twacagũra njĩra ya wĩyathi kana gĩkuũ; nĩ kĩ kĩngĩ kĩrĩ riiri na kĩrĩ mũrĩo ta kũrũĩra wĩyathi wa bũrũri witũ?

Mũbĩa: Nĩ wega, niĩ nĩ ndaathĩĩ. Hiihi mũhothi nĩ mũkũruta?

Koina ndamũcookeirie nĩ kũng'ũrĩka.

Mũbĩa aathiĩ andũ makĩhamurithio maingĩre ngaari, mbaara ĩrĩa moonire makĩingĩra yaarĩ ndũrũ—atumia makiuunangwo magũrũ na mooko na iteende cia mĩcinga na aacũũcũ na aaguuka maanyugutagwo maroori-inĩ ta ngonia cia mbooco; ona ciana itiaaiguĩrĩirwo tha. Maroori-inĩ kwahaanaga ta gĩthĩnjĩro kĩa ng'ombe—thakame ya andũ aiitũ, thakame iitũ, ĩgĩtherera na ruo ta kĩguũ kĩa mbura ya gathaano. Andũ othe maabokeerwo maroori, ngoronia komanda, aumĩtie mũrera ta huko ya njamba, nĩ amamenyithirie atĩ nĩ mabuuthu na matwarwo nditĩĩni Yatta; ngaari igĩkinywo maguta cierekeire Yatta. Ũndũ wa ũcamba nĩ atĩ Aregi matiamaakire kana makiinaina ngoro nĩ guoya. Kuuma Olenguruoni kinya Yatta no nyĩmbo cia mũng'eeng'ano mainaga—nyĩmbo cia wĩyathi wa bũrũri witũ Kenya, nyĩmbo ciocamba na wĩyũũmia. Kũrĩa gwothe mahĩtũkagĩra—Naikuru, Girigiri, Naibaca, Nairobi, Rũirũ, Thĩka—maatũngagwo na ngemi nĩ itungati cia bũrũri, makeerwo thiĩ nocamba njamba cia rũũrĩrĩ, nao makeera andũ, tigwoi na wega Nyũmba iitũ, twatwarwo Yatta, mahiga mairũ, kwoheerwo ithaka. Nyĩmbo icio maiinaga cia mũng'eeng'ano ciaandĩkĩĩtwo na maraakara, maithori na thakame, na nĩ cio ciahingũrire njĩra ya wĩyathi. Tathikĩrĩria gĩcunjĩ gĩĩkĩ:

> Kĩrĩro kĩnene kĩarĩ Rĩnguruo
> Tũgĩcokereeria indo igĩteagwo
> Tweragwo haraka narua na ihenya
> Kaĩ mũrigĩtwo mũrĩ mabuuthu
>
> Mbarĩ ya nyakeerũ menyai atĩrĩ
> Mũratuohera ithaka ciaarĩ ciitũ
> Tũgũtũũra Kenya tene na tene
> Twatigĩirwo nĩ Mũũmbi na Gĩkũyũ

Rwĩmbo rũngĩ:

> Ciana cia Rĩnguruoni nĩ cieyoneire
> Mbũri na ng'ombe ciakĩĩrwo ciugũ
> Batĩrĩ aarĩ mũira Rĩnguruoni ĩkĩũnũhwo
> Mĩthiithũ na mĩĩhoko ya Rĩnguruoni
>
> Ciana cia thukuru nĩ ciatigirwo
> Hau thukuru-inĩ manyina na maithe
> Othe makĩnyiitwo magĩtwarwo Yatta

Narĩa angĩ Naikuru kwoherwo ithaka

Mwarimũ Kaurugo nĩ anyitiirwo
Akĩĩra mũthigari ndingĩtiga ciana
Ta ciana cia ngoriai
Akorwo nĩ mũkwenda ngorai thukuru-inĩ
Tũthĩĩ twĩ ithuothe

Bũrũri wa Yatta warĩ werũ wa mahiga, riũa ĩnene, nyamũ cia thĩ, hiti na
mĩthige, mboogo na ngatia, tũng'aurũ na mĩrimũ mĩingĩ ya ngi. Ng'aragu
na mĩrimũ nĩ cio cianinire andũ. Ciana igĩkua kwaũingĩ; atumia aingĩ
makĩhuna na arĩa angĩ makĩrũgamĩra. Thibitaarĩ, ndagĩtaarĩ, ndaawa,
gũtiaarĩ. Mathĩĩna maingĩ makũrũmithio ruo rwa mwĩrĩ, meeciiria na
ngoro makĩongererwo ng'aragu, mĩrĩmũ na wĩra mũritũ. Ũũmĩrĩru, wĩtĩkio
na wendani ciaarĩ ngo ya ũregani na ũkoronia. Thikĩrĩria rwĩmbo rũũrũ:

Wendani ũrĩa ndoonire
Wa ciana na atumia
Mbooco yagwa thĩ makenyũrana
Maithori maitĩkire ma ciana na atumia
Tondũ menjaga ciooro na hinya

Maithori maitĩkire twaniina thikũ ithatũ
Twona ciana ikĩrĩranĩra
Mũirĩĩtu ũmwe nĩ akuire
Nĩ ũndũ wa kũhũhita
Tondũ wa kũrĩa nyama cia mboogo

Thimu nĩ yahũũriirwo yuumĩte Gĩthũngũri
Ya Jomo amenye nĩ twakinyire
Na ithuĩ nĩ twacookire kĩeha kĩrĩa twĩ nakĩo
Kĩa Josibaini rĩrĩa athikagwo

Aregi maarutwo Olenguruoni, mĩgũnda yaao yaaneirwo theetera nyakeerũ
na mahiũ maao makĩeendio nĩ thirikaari ya ngoronia. Norĩĩrĩ, hatirĩ nganja
mũng'eeng'ano wa Olenguruoni nĩ gĩcunjĩ kĩa bata kĩa hicitũri ya ũregani
wa ũthũkũmũ na ũkoronia, wĩyũũmia na ũcamba wa mũingĩ wa Kenya
handũ warũũma.

5. Njūkīrĩria Caitaani Ĩno, Njūkīrĩria

Kĩama Kĩa Boote na Mĩtaro

Mũng'eeng'ano wauuma Olenguruoni watuthũkiire Mũrang'a ũtongoreetio nĩ Kĩama Kĩa Boote (KKB). Kĩama gĩĩkĩ gĩathondekeetwo 1947 nĩ aanake a Gĩkũyũ arĩa moimĩte MKN. Atongoria amwe a KKB maarĩ Stanley Mathenge, Isaac Gathanju, Eliud Mũtonyi, Mwangi wa Nyaga, Warũhiũ wa Itote, Ndibũi wa Wairũri, Kahinga wa Wacanga, Ngarĩ wa Kĩgera, Wamũtĩ wa Mũhũngi, Henry Gathigira, Gĩthaiga wa Thinwa na Domenic Gatũ. Kahinga wa Wacanga nĩwe wacagũrirwo mwandĩki mũnene wa KKB naake Stanley Mathenge mwene-gĩtĩ. Memba a KKB meeĩĩtaga, "Aanake a 40". Makauuga ithuĩ nĩ ithuĩ kĩenyũ kĩa Ngai; nĩ ithuĩ hinya wa bũrũri.

KKB yaathondekeetwo nĩguo yongerere mũingĩ nditi ya kũng'aang'ana na ũkoronia matũũra-inĩ na mataũni-inĩ. Gakaara wa Wanjaũ tondũ aarĩ memba wa KBB eerire Maina wa Kĩnyattĩ 1980 atĩ mũcemanio-inĩ wa KKB wa mbere waarĩ Kariokoo thoko-inĩ na Mathenge nĩwe waarĩ wa mbere kwaria, akĩĩra mũingĩ: "Ithuĩ aanake a 40 nĩ twĩrutĩte, gũkua na kũhona, kũhũũrana na ngoronia na njaguuti ciake nyakairũ na gũtongoria bũrũri uume mũtondo-inĩ wa ũkoronia, wĩyathe. Kwoguo mũndũ ũrĩa ũkũgeria kũhingĩrĩria wĩyathi witũ no kũmonoria tũkũmonoria; ithuĩ tũrĩ mbũtũ ya Aregi na tũtĩtĩgagĩra gĩkuũ." Otoorĩa tũigwire hau kabere, aanake a Gĩkũyũ moima mbaara-inĩ nĩ maraakaririo nĩ watho wa mũthutũkanio wa rangi wa gĩkonde na mawatho maingĩ ma tuuteni marĩa maahĩtũkĩtio hĩndĩ ya mbaara nĩ thirikaari ya ũkoronia makũmamĩrĩria andũ airũ, kũmanyua thakame, kũmaheeheenja ũmũndũ waao. Mũno makĩria nĩ maang'ũrĩkirio nĩ watho wa hinya wa kwenjithia atumia a Gĩkũyũ mĩtaro mĩgũnda-inĩ yaao na makĩaria cararũku; makiuuga matingĩtĩkĩra na matingetĩkĩra atumia magaagio matũũra-inĩ nĩ njangiri njaguuti cia ũkoronia, watho wa mĩtaro no mũhaka ũthengio kana maũthengie na hinya.

Mũrang'a na Nyĩrĩ nĩ kuo kĩama gĩaakĩĩtie mwaki gwakia gĩkĩng'aang'ana na njaguuti nyakairũ cia ngoronia iria cienjithagia atumia mĩtaro na hinya, makanyiitwo na makoohwo marega kwenja mĩtaro. Nĩ geetha thirikaari ya ngoronia yoone na maitho atĩ atumia a Mũrang'a nĩ marega kwenja mĩtaro rĩngĩ, kũruta wĩra wa ũkombo-rĩ, mũcemanio mũnene nĩ weetirwo Mũrang'a taũni nĩ atongoria a KKB na a Kaũ mwaka wa 1947. Atongoria a Kaũ na a KKB arĩa mookĩĩte mũcemanio ũcio nĩ Jomo Kenyatta, James Beauttah, Mwangi wa Macaria, Jesse Kariũki, Eliud Mũtonyi, Isaac Maina Gathanju, Joseph Kang'ethe, Bildad Kaggia, Stanley Mathenge, Paul Kĩgondu na angĩ. Thirikaari ya ngoronia nĩ yaatũmĩte andũ makũmĩarĩria mũcemanio-inĩ—Ndithii, macibũ, maobithaa a ngirigaca na mbũtũ ya birithi ya kũmarangĩra. Mũcemanio wokĩĩtwo nĩ andũ makĩria ya ngiri ikũmi kuuma rũgongo rwa Metumi, no atumia nĩo maarĩ aingĩ na nĩo maarĩ mũthitarĩ wa mbere.

Mũndũ ũrĩa wahingũrire mũcemanio nĩ James Beauttah, Mwene-Gĩtĩ wa Kaũ rũhonge rwa Mũrang'a. Aageithia mũingĩ akĩũũria ang'athĩtie: "Ndĩroona tũrigicĩirio nĩ thigari irĩ na mĩcinga, kaĩ hiihi ngoronia ĩreeciiria tũkĩĩte haaro? Ithuĩ tũkĩĩte na thaayũ tũkuuĩĩte rũhiũ rwa kĩhooto, no kĩhooto kĩngĩrema tũguĩkĩra mĩcinga ciande tũhũũrane na ngui ici cia Ngeretha; ithuĩ ũkombo nĩ twarega, tũkwenda wĩyathi witũ na ithaka ciitũ tũcokerio." Thuutha ũcio Beauttah akiuuga, "Atumia aiitũ matigũcooka kwenja mĩtaro, gũũkĩragio ngware ya kagoro nĩ macibũ, mahendimeni, makang'a na ngirigaca ta marĩ ngombo cia thirikaari; ũcio nĩ twarega. Kuuma ũmũũthĩ nĩ twauuga na tũtikaugũũkwo, nĩ twarega kwenja mĩtaro—nĩ twarega ki" (Beauttah, 1976). Ngemi cia ũũrũmwe na ũcamba ikĩiyũra kĩhaaro. Mũndũ wa keerĩ gũthamaka nĩ Wambũi wa Richard; aarũũgama, akĩĩra Kenyatta:

Jomo, tũkwenda wĩre Ndithii na nyaguuti ciake—macibũ, mahendimeni, makabuurũ, birithi na mangirigaca—ithuĩ tũtirĩ ngombo twenjithagio mĩtaro na hinya, tũgokĩrio ngũriũriũ ona tũtongithĩtie ciana. Ĩra Ndithii, tondũ arĩ haaha, nĩ twarega na nĩ twarega kwenja mĩtaro—nĩ twarega gũtuĩka ngombo cia thirikaari. Nĩ ngĩ-rĩ, Ndithii nĩwe ũtũheeaga irio kana nguo, nĩ oĩ kũrĩma kana kũhanda, nĩ oĩ irigũ rĩrĩ ikũũrũ kana hĩndĩ ĩrĩa mbembe na mbooco irutagwo mĩgũnda. Ithuĩ ona nyakeerũ atanakoomera bũrũri ũyũ witũ nĩ twarĩmaga na tũkamenyerera tĩĩri ndũgakuo nĩ kĩguũ. Kwoguo-rĩ, ũhoro worĩmi tũtingĩonio nĩ mũndũ ũtindaga wabici ekĩrĩte tai, thogithi na iraatũ—kĩhĩĩ kĩroimire cukuru mũthenya ũngĩ (ribooti ya Beauttah, 1976).

Atongoria acio angĩ maaririe na hinya na maraakara marũrũ ta Beauttah na Wambũi; njaguuti cia ngoronia nĩ ciagiririo kwaria nĩ mũingĩ. Kenyatta nĩwe waarĩ wa mũthia kwaria. Aathĩi kĩhengere-inĩ gĩa kwarĩria, ngemi na hĩĩ ikĩamũkĩra ngeithi ciake cia wendo wa bũrũri. Mũingĩ ndwanyitĩkaga nĩ ngemi, ndũũho na gĩkeno. Harĩ mũingĩ Kenyatta aarĩ hinya waao, kayũ kao—aarĩ irigithathi rĩa bũrũri, gĩthima gĩa kũnyuuo nĩ njamba cia rũũrĩrĩ; Ngai wagũtongoria mũngeeng'ano wa wĩyathi. Handũ ha Kenyatta kũrikĩria mĩario ya maraakara ya arĩa maarĩtie mbere, aambĩrĩirie gũthoomithia mũingĩ bata na wega wa soil conservation na ũrĩa ĩgĩteithĩrĩria kũgiria tĩĩri ũkuuo nĩ kĩguũ. Ona gũtuĩka ũguo oigaga waarĩ ma, mũingĩ, nĩ ũndũ wa maraakara ma kũrutithio wĩra na hinya, gũkũmwo na kũrumwo, ndwamũthikĩrĩirie, ũkĩambĩrĩria kũng'otha, kũng'ũrĩka, kũroonja. Andũ amwe mũingĩ-inĩ makĩĩra Kenyatta akorwo ndarĩ na ũndũ ũngĩ wa kuuga aikare thĩ na akorwo nĩ Ngabana ũmũtũmĩte, athĩĩ amwĩre andũ a Mũrang'a ti ngombo menjithagio mĩtaro na hinya nĩ thigari irĩ na mĩcinga na macibũ marĩ na ngobia irĩ na iraũni cia mabaati. Angĩ makĩanĩrĩra, makiuuga matikwenda gũthoomithia bata na wega wa soil conservation, ti thukuru maagũũkĩĩte. Kenyatta oona ũrĩa mũingĩ ũraakarĩte akĩgarũrĩra mĩario, akĩambĩrĩria kũrarama: akiuuga we nĩ areganĩte na watho wa ũkoronia wa kwenjithia atumia mĩtaro na tuuteni, kũmanyita na kũmooha maarega kwenja mĩtaro. Kuuma ũmũũthi, Kenyatta akĩaanĩrĩra, Kaũ yooiga atumia matigacooke kwenja mĩtaro na matigacooke kwagaagio matũũra-inĩ, kũnyiitwo kana kuohwo. Mũcemanio warĩkirie na itua atĩ atumia matigũcooka kwenjithio mĩtaro na hinya na wĩra wa kwenja mĩtaro ũtigĩrwo eene mĩgũnda. Atumia macooka matũũra-inĩ maanĩrĩire na mũgambo ũmwe: makiuuga matikeenja mĩtaro hĩndĩ ĩngĩ na akorwo Ndithii nĩ akwenda mĩtaro yenjwo, menja na mũka, macibũ, mahendimeni, birithi, mangirigaca na ngabana na mũka.

Nĩ ũndũ wa ũcamba wa aanake a 40, ũũmĩrĩru na ũiguano wa atumia, wĩra wa hinya wa kwenjithia atumia mĩtaro nĩ wathirire Gĩkũyũ-inĩ. Gĩũteti, mũng'eeng'ano wa ũregi wa mawatho ma ũkoronia, ota mũng'eeng'ano wa Aregi a Olenguruoni, nĩ wahingũrire ndirica ĩngĩ ya kũrũĩra wĩyathi wa bũrũri witũ.

Mũrimũ wa Ng'ombe

Mwaka 1950 thirikaari ya ngoronia nĩ yaanĩrĩire kũrĩ na mũrimũ wa ng'ombe bũrũri-inĩ. Kũgirĩrĩria mũrimũ ũtambe bũrũri mũgima, thirikaari ĩkiuuga, ng'ombe ciothe no mũhaka itheecwo. Agĩkũyũ maatiaregire ng'ombe ciao itheecwo, no rĩrĩa ng'ombe ciaambĩrĩirie gũtheecwo, nyiingĩ ciacio igĩkua tondũ ciatheecagwo na ndaawa ngĩru gĩthimo, no Agĩkũyũ meetĩkĩĩtie atĩ ciaatheecwo na ciindano mwĩkĩre thumu. Hĩndĩ ĩyo nĩ rĩo andũ mooigiire, "Yũũkaii andũ aiitũ, haaha harĩ ũndũ, ngoronia Ngeretha arĩ na mũbango wa kũniina ng'ombe Gĩkũyũ-inĩ, tũthĩĩne, tũtuĩke ngombo ciake." Mũrang'a na Nyĩrĩ andũ makiuumũrũrũka, makĩrũrũng'ana ing'ang'a-inĩ, makiuuga nĩ maarega ng'ombe ciao iria itigarĩte itheecwo. Mĩcemanio wa ũregi ng'ombe itheecwo ĩkĩambwo Mũrang'a na Nyĩrĩ. Atongoria a Kaũ na a KKB makĩĩra andũ mathĩĩ matũũra-inĩ maao mabuunje ciaga iria ciahingagĩrwo ng'ombe igĩtheecwo na moona njaguuti cia ngoronia, atheeci a ng'ombe marutũrũre matũũra-inĩ na mabanga na mbuu yuugwo nĩguo rũgongo rũgima rũmenye atĩ arogi ng'ombe marĩ itũũra-rĩna; ũguo nĩguo gwatuĩkire.

Mũrang'a, ota hĩndĩ ya ũregi wa mĩtaro, nĩ kuo mũng'eeng'ano wa ũregi wa ng'ombe itheecwo wacacĩĩte. Ciaga iria ciahingagĩrwo ng'ombe igĩtheecwo ĩkĩbuunjagwo, mbaaũ igĩciinwo na ndaawa ĩgĩĩtwo; njaguuti cia ngoronia iria ciatheecaga ng'ombe ikĩhĩtwo rũgongo rũgima, aingĩ aao magunirwo nĩ kũũra. Gũkĩanĩrĩrwo matũũra-inĩ atĩ mũndũ ũrĩa ũkũhee njaguuti icio handũ ha gũkooma, irio kana maaĩ ma kũnyua, nyũmba yake nĩ kũmundio mwaki naake eethe gwagũthĩĩ. Aregi aingĩ nĩ maanyitiirwo nĩ thigari cia ngoronia magĩtwarwo igooti-inĩ, makĩbaiino; arĩa meeciiragirio nĩ atongoria makĩohwo mĩeri ĩtaandatũ njeera nditũ. Mbaara ndiicitiriti ya Mũrang'a ikĩneneha; andũ aingĩ makĩruta ng'ombe ciao mĩciĩ magĩĩtwara rũriĩ, mĩtitũ-inĩ na ngurumo-inĩ cia njũũĩ, kũihitha. Thirikaari ya ngoronia nayo ĩkĩĩrũma kĩni, ikĩhamurithia macibũ, mahendimeni na anene a birithi manyiite andũ arĩa mararega ng'ombe ciao itheecwo na ng'ombe ciao itahwo, itwarwo gĩtheecero na hinya. Kũnyiitwo kana kuohwo, andũ Mũrang'a makiuuga matigũtwara ng'ombe ciao gĩthĩnjĩro na nĩ maregana wa watho ũcio mũũru wa ũkoronia; mũng'eeng'ano ũkĩnene, ũkĩhiũha. Andũ mĩciĩ-inĩ na matũũra-inĩ makĩooha matharaita ma mbaara, macibũ na mahendimeni makĩonio rũkũngũ nĩ aanake a 40.

Marĩ na maraakara, andũ a Mũrang'a nĩ matumire mandamano magĩthĩĩ Mũrang'a taũni kũbinga watho wa gũtheeca ng'ombe ciao na thumu. Atumia—ota hĩndĩ ya kũbinga mĩtaro—nĩo maarĩ aingĩ, nĩo maarĩ mũhari wa mbere. Maakinya taũni, kũringana na ribooti ya James Beauttah (1976) na ya Wanguĩ wa Kĩnyattĩ (1978), makorire meetereiirwo nĩ atongoria a Kaũ na njamba cia KKB na arutiwĩra a taũni. Taũni ya Mũrang'a yahaanaga ta mũtitũ wa andũ. Othe makĩnyiitana, magĩtũma mũirigo merekeire mawabici-inĩ ma thirikaari; makĩrigicĩria wabici ya

Ndithii na makiuuga matirauma hau matoneete Ndithii nĩguo mamũne memorandamu ya mateta maao. Ndagĩka ikũmi itathirĩte, karani nyakairũ akiuma nja, akĩĩra mũingĩ atĩ Buana Ndithii arĩ na wĩra mũingĩ, ndangĩoneka; mooke rũũciũ; atongoria makĩĩra karani andũ matirauma hau matoneete Ndithii. Makĩũũria karani, "Ndithii nĩ wĩra wagũciarithania araruta atĩ ndangĩũtiga? Thĩĩ ũmwĩre haaha tũtirauma tũtamũneete memorandamu." Karani akĩrigwo nĩ wa kuuga, agĩcooka wabici; ndagĩka igĩrĩ niingĩ nĩwe ũyũ aimbĩtie iromo nĩ maraakara. Andũ makĩũũrania: "niingĩ nĩ kĩĩ acookia tondũ atambũrũkĩtie iromo igakinya mũrĩmo ũrĩa ũngĩ wa Mathioya?" Agĩthiĩ kũhingũra kanua aarie, akĩĩrwo mĩario yake ndĩreendwo, athĩĩ eere Ndithii ooke; agĩthĩĩ ang'athĩtie, agĩtiga andũ makĩĩna nyĩmbo cia mũng'eeng'ano na ũcamba na ũhuria-ndaka:

Ithuĩ tũtikarekia bũrũri witũ
Ona twathĩĩnio kana tũũragwo
Kenya nĩ bũrũri witũ, witũ
Twatigĩirwo nĩ Ndemi na Mathathi

Kahiinda gatarĩ cooho Ndithii agĩcomooka arangĩirwo nĩ thigari nyakairũ. Karani akĩĩra andũ marũgamĩre Mũthũngũ, andũ makĩng'athia. Atumia arĩa maarĩ mũhari wa mbere makĩũũria karani nyakairũ: "Tũramũrũgamĩra arĩ ũũ?" Naake karani agĩcookia, "ũcio nĩ watho." Andũ matiarũgamire naake ngoronia Ndithii ndatindanĩire. Thuutha ũcio, Ndithii, aimbĩtie mĩromo ta mũndũ mũmunye huuyo na ngũũri, akĩĩra atongoria meere andũ mainũke tondũ matirĩ na bameti ya mandamano, akĩmahee ndagĩka mĩrongo itatũ tu maharagania mandamano. Atongoria matiaarĩ na guoya, makĩĩra Ndithii andũ matirĩ kũndũ marathĩĩ atetĩkĩrĩte kũigua mateta maao, ũrĩa akwenda gwĩka eeke. Ndithii agĩcooka wabici ang'athĩtie ta iria ciaarĩ gwa Thiaka; ndagĩka mĩrongo itatũ ciathira, Ndithii agĩcooka na icakũri nyakairũ cia birithi roori igĩrĩ irĩ na mĩcinga, mĩtĩ ya mathanwa na ngobia cia cuuma; andũ makĩambĩrĩria kwĩhũũga. James Beauttah akĩĩra andũ matikoore kana manyiitwo nĩ ngoro njũru ya guoya "tondũ ti kũũiya tũĩĩte kana kũũragana"; ciugo cia Beauttah igĩkĩra andũ ngiha cia ũũmĩrĩru. Ndithii akĩĩra atongoria a mũingĩ amahee ndagika ithaano tu maharaganie mandamano; ndagika ithaano ciaathira, akĩhamurithia icakũri iharaganie andũ na inyite arĩa makũng'athia, mũng'aang'ano ũkĩambĩrĩria; atongoria makĩnyiitwo, makĩhingĩrwo borithi na mandamano makĩharaganio na mbaara nene ya thakame. Thuutha ũcio atumia marĩ na marũrũ makĩrũrũng'ana taũni mũkũyũ-inĩ, magĩtuma mũtongoro magĩthiĩ borithi, makĩmĩrigicĩria, makiuuga meekinyĩire matirooima hau atongoria aao matarekeetio; makĩambĩrĩria kũiina nyĩmbo cia mũng'eeng'ano na hinya nocamba. Obithaa nyakeerũ wa birithi akĩruta watho atumia marutũrũrwo borithi na hinya; birithi nyakairũ itaarĩ na ngoro ya ũmũndũ kana ya bũrũri ikĩmarutũrũra na mĩtĩ ya mathanwa; amwe makiuunangwo magũrũ na mooko, na makĩria ya atumia 500 makĩnyiitwo, magĩtwarwo igooti-inĩ rĩa ũkoronia mũthenya ũyũ ũngĩ, makĩbaiinwo o mũndũ ciringi 60 kana mĩeri itatũ njeera. Atongoria moohirwo o mũndũ mĩaka ĩĩrĩ wĩra mũritũ. Ona kũhaana ũguo, mũng'eeng'ano woregi wa ng'ombe ciũũragwo norogi nĩ wathiire na mbere kinya thirikaari ya ngoronia ĩkĩhũũma, ĩkĩoya mooko igũrũ. Ũciindi ũcio ũgĩkĩra mũingĩ ũrũme makĩria wa kũng'aang'ana na ũkoronia na ũkĩaaramia mũng'eeng'ano wa mbaara ya wĩyathi kuuma Mombatha kinya Gĩthumo; matũũra-inĩ na mataũni-inĩ no nyĩmbo cia wĩyathi.

Kũgeria kũgirĩrĩria mũng'eeng'ano wa wĩyathi ũtherera, ũtaambe, warame, ngoronia akĩambĩrĩria gwaaka kambĩ cia mbirarũ na birithi, kũreehe ndege cia mbaara, ibaarũ, mĩcinga mĩnene na aagĩita thigari iceerũ kĩrũndo bũrũri-inĩ wa GEMM. Atongoria aingĩ makĩingĩrĩrĩrwo igeeyo, makĩnyiitwo, makĩohagwo; arĩa aingĩ magĩthiĩ na mbere nocamba na hitho kũbanga na gũtabarĩra mũng'eeng'ano wa wĩyathi.

Arutiwĩra Nĩo Hinya wa Bũrũri

Ciama cia arutiwĩra ciaambĩrĩirie kũũmbwo mbere ya MKN. Mũgomo wa mbere wa aathũkũmi gũũkũ Kenya watuthũkiire Mombatha mwaka wa 1939 na watongereetio nĩ *Dock Workers' Trade Union* (DWTU). Arutiwĩra meeri-inĩ meendaga mongererwo mũcaara ũiganane na wa arutiwĩra Ahĩndĩ na Athũngũ, mũthutũkanio wa rangi wa gĩkonde weeherio wĩra-inĩ na bũrũri-inĩ na mathĩĩna mangĩ makonĩĩ mũrutĩre wa wĩra marorwo. Ngoronia nĩ ciaaregire gũthikĩrĩria mateta ma arutiwĩra, makĩreehe birithi ibuunje mũgomo na inyiite atongoria. Mũgomo wa buunjwo, thirikaari ya ngoronia nĩ yahũũrire DWTU marubuku. Mwaka wa 1946 nĩ gwathondekiirwo kĩama kĩngĩ kĩa arutiwĩra Mombatha, gĩeetagwo *African Workers' Union* (AWU) na gĩatongereetio nĩ Cege wa Kĩbacia. Cege eetĩkĩtie atĩ arutiwĩra mangĩĩbanga, mekĩĩrwo mwaki wa ũregi wa ũkoronia na ũũmĩrĩru wa wendo wa bũrũri na moombe kĩama kĩa arutiwĩra gĩakũmanyitithania bũrũri mũgima no matuĩke mbũtũ ya hinya ya kũrũĩra wĩyathi wa bũrũri; Cege oombire AWU na mworoto ũcio.

Mwaka wa 1947 Cege nĩ eetire mũgomo wa arutiwĩra a meeri-inĩ tondũ wa ũrĩa manyamaragio na kũnyariirwo nĩ ngoronia iria ciarũgamĩrĩire wĩra Kilindini. Mateta ma arutiwĩra airũ maarĩ mana: 1) mũcaara waao ũiganane na wa arutiwĩra Ahĩndĩ na Athũngũ; 2) Karabaa ĩniinwo wĩra-inĩ na bũrũriinĩ; 3) arutiwĩra airũ maakĩrwo nyũmba njega ciagũikara; 4) arutiwĩra airũ maheeagwo mathaa ma ranji na marutage wĩra mathaa manaana ta arutiwĩra Ahĩndĩ na Athũngũ. Atongoria a AWU mooigiire mahiinyĩrĩirie atĩ mũgomo ũũgũthĩĩ na mbere kinya mateta ma arutiwĩra mahiingio. Mũgomo waniina kiumia kĩmwe, Cege na atongoria acio angĩ a AWU nĩ meetĩrwo nĩ ngoronia anene a Kilindini materete. Maatereta ngoronia nĩ matĩkĩriire kũhiingia maũndũ mamwe marĩa arutiwĩra meendaga na makĩmongerera mũcaara. Ũciindi ũcio wakũngũĩirwo mũno nĩ aathũkũmi Mombatha na ũgĩtũgĩria ũtongoria wa Cege bũrũri-inĩ. Rĩĩtwa rĩa Cege rĩgĩtuĩka rwĩmbo rwocamba rwa aathũkũmi Kenya. Thuutha ũcio Cege nĩ ambĩrĩirie gũthiũrũrũka bũrũri akĩhingũraga honge cia kĩama na kũgeria kũhatũra arutiwĩra kũrĩa mahiihinyĩrĩirio nĩ mawatho ma ũkoronia, kũmathoomithia ũteti wa bũrũri na haki cia arutiwĩra. Arĩ o hau nĩ eetirwo nĩ arutiwĩra ya kambuni ya nyama cia ngũrwe, *Uplands Bacon Factory*, yaarĩ Limuru ooke arĩrie Thũngũ yene kambuni nĩguo ĩtĩkĩre kũmongerera mũcaara na ĩtige kũmanyariira kĩĩwĩra. Nĩ athiire na makĩaria na ngoronia yene kambuni no matiaigwithaniirie. Mũthenya ũyũ ũngĩ, Cege nĩ eetire mũcemanio wa arutiwĩra a kambuni ĩyo, akĩmeera akorwo nĩ makwenda mateta maao mahiingio no magomire. Arutiwĩra magĩtĩkĩra na magĩcagũra kamĩtĩ ya gũtongoria mũgomo, makĩgoma. Gatagatĩ-inĩ ka ngucanio ĩyo, ngoronia yene kambuni nĩ yeetirie ũteithio kũrĩ thirikaari yaao; makĩreehe birithi nyakairũ gĩkundi irĩ na mĩcinga itongoreetio nĩ komanda nyakeerũ. Ciakinya ikĩrigicĩria arutiwĩra, ikamahamurithia maniine mũgomo na macooke wĩrainĩ kana moone ũũru; gũkĩgia na mũng'eeng'ano wa ngarari. Gacũngĩrĩrio koohoro, thigari igĩtũrĩkia mbũrũbũrũ cierekeire harĩa arutiwĩra maikaire, ikĩũũraga andũ atatũ na aingĩ magĩtihio ũũru mũno, macookire gũkua thuutha; eerĩ ya acio mooragiirwo maarĩ aanake a nyina ũmwe. Thuutha ũcio, arutiwĩra arĩa meeciiragĩrio nĩo atongoria a mũgomo makĩbuutwo wĩra na magĩtuunywo mũcaara wa mweri ũcio; acio angĩ magĩcooka wĩra na maraakara na magirĩko. Ndukũ ithatũ itathirĩte Cege naake akĩnyiitwo, agĩikio nditĩĩni na AWU ĩkĩhũũrwo marubuku. Cege aikarire nditĩĩni kuuma mwaka wa 1947 kinya 1960—mĩaka 13 anyariiragwo nĩ ngoronia cia njeera no ndathereendire; ngoro yake yoombĩĩtwo na cuuma na kagoto.

Cege oohwo, ũtongoria wa ciama cia aathũkũmi woiirwo nĩ Fred Kubai, Makhan Singh, Bildad Kaggia, Willie George Kamũmbũ, Mwangi wa Macaria na Cege wa Kĩbũrũ. Andũ aya nĩo macookanirie ndundu, magĩtĩkanĩria macookanĩrĩrie ciama cia arutiwĩra, mathondeke kĩama kĩmwe kĩa bũrũri—maagĩĩtire *East African Trade Union Congress* (EATUC), Fred Kubai arĩ mwene-gĩtĩ naake Makhan Singh mwandĩki mũnene. Ũũrũmwe wa arutiwĩra na mũraramo wa EATUC nĩ wainanirie mũthingi wa ũkoronia, ũkĩrikĩria wĩyũũmia wa aathũkũmi na ũkĩaaramia ũteti wa wĩyathi bũrũri-inĩ. Thirikaari ya ngoronia nĩ yathoomire wega muoroto wa EATUC, ĩkĩmenya atĩ arutiwĩra mangĩcookanĩrĩrio, manyiitane bũrũri mũgima gũtirĩ kĩrĩma matangĩhaica, rũũĩ matangĩringa, kĩhinga matangĩingĩra. Kwoguo nĩ yaaregire kũhee EATUC marũa ma kũruta wĩra wa mũingĩ, ĩkĩgwatia atĩ EATUC nĩ kĩama kĩa ũkomiunĩciti na kĩngĩheeo mweke no gĩthũkie arutiwĩra noteti mũrũrũ wa ũkomiunĩciti. Atongoria a EATUC nĩ mareganire na itua rĩu, makiuuga muoroto wa ngoronia nĩ kũguoithia arutiwĩra, magĩthiĩ na mbere na ũtongoria wa kĩama—kĩama gĩgĩtamba bũrũri-inĩ, gĩkĩambĩrĩria kũrarama ta mũrũũthi. Ũteti mũkaari wa EATUC nĩ warehire ũgarũrũku woteti bũrũri-inĩ: ũgĩtema njĩra njerũ ya mũng'eeng'ano, ũgĩkũria atongoria eethĩ a arutiwĩra matooĩ gĩkuũ nĩ kĩ na ũgĩthoomithia aathũkũmi, makĩmenya atĩ oo nĩo hinya wa bũrũri.

Norĩĩrĩ, hinya mũingĩ na ũrũme woteti wa EATUC wauumanĩre na aanake arĩa mooimĩte MKN, tondũ mooka maingĩrire ciama cia arutiwĩra, makĩambĩrĩria gũitongoria na gũthoomithia aathũkũmi haki cia ũmũndũ na kũhũũrana na guoya ũrĩa watindĩkĩrĩirio arutiwĩra mataũni nĩ mbũtũ cia ũkoronia kinya ũkarĩa ũrũme waao, ũkamoocia meeciiria maao na ũgathũgũna ũmũndũ waao, nginya aingĩ aao makeagĩra bata, magatuĩka maremerembe ma andũ makũnyuagwo thakame nĩ mbarĩ ya nyakeerũ mahooreire ta ngui munye maego.

Nĩ ũndũ wa kĩĩyo gĩa Kubai na Makhan Singh, ũcamba na ũũmĩrĩru wa Aanake a Boote, kĩama kĩa EATUC nĩ kĩahotire gũcookanĩrĩria arutiwĩra bũrũri-inĩ, makĩgia na hinya na ũrũme wa kũhũũranĩra haki ciao na magĩtuĩka itinga rĩa kwenjera itugĩ cia wĩyathi marĩma na gũtegũra mĩtego ĩrĩa yaigĩĩtwo njĩra-inĩ ya wĩyathi nĩ ngoronia. Mweri 15 wa keerĩ 1950, EATUC nĩ yeetire mũcemanio wa arutiwĩra Pumwani, Nairobi, wa kũririkania arutiwĩra atĩ nĩo maarĩ mũthitarĩ wa mbere wa kũhũũranĩra wĩyathi na tondũ ũcio ũũrũmwe na ũiguano, ũũmĩrĩru na ũrũme waao nĩ cio ngiha cia mũng'eeng'ano wa wĩyathi. Kenya, makĩĩrwo, ĩgũtũũra ũkombo-inĩ wa nyakeerũ mangĩtĩkĩra maharaganio nĩ ahiinyirĩria ngoronia kana mamarekererie maitĩrĩrie ũũrũmwe waao magigi na mabuunje EATUC. Kubai nĩwe waririe thuutha, eerire mũingĩ wa arutiwĩra atĩ wĩyathi wa Kenya no mũhaka ũneaanwo handũ ha mĩaka itatũ na akorwo ti ũguo mbaara nĩ ĩkwoneka. Akiuuga atarĩ na guoya atĩ EATUC yahee Ngeretha mĩaka itatũ tu meeciirie wega kana nĩ wĩyathi makũneeana kana nĩ mbaara makwenda. Ciugo cia Kubai nĩ ciahahũrire Ngeretha, kwoguo nĩ maambĩrĩĩrie gũthondeka mũbango wa hitho wa kũnyita Kubai na Makhan Singh, kũbuunjania EATUC.na kũharagania ũũrũmwe wa aathũkũmi.

O hĩndĩ ĩrĩa mũbango warĩ igũrũ wa kũnyita atongoria aathũkũmi, thirikaari ya ngoronia nĩ yaanĩrĩire atĩ Nairobi taũni nĩ ĩkwambatĩrio ĩtuĩke "city" kũrĩ mweri 30 wa gatatũ 1950, na Duke wa Gloucester wa mbarĩ ya kingi wa Ngeretha nĩwe ũracagũrirwo nĩ kingi ooke arute wĩra ũcio. Thirikaari ya ngoronia ĩkiuuga tondũ Duke wa Gloucester nĩ mũndũ wa bata na nĩ thakame ya kingi akwenda agatũũngwo na ndũũho na ikeeno na andũ magathiĩ kwaũingĩ mũthenya ũcio akabatithia Nairobi mamũkũngũĩre. Arutiwĩra Nairobi makĩĩrwo nĩ ngoronia ngabana magooka na atumia aao na ciana tondũ Duke nĩ akahee ciana theremeende na mũkabe wa mũtu wa mbembe o mũrũtiwĩra. Atongoria a Kaũ na a ciama cia arutiwĩra nĩ maatũmĩĩrwo marũa makeerwo mageekinyia taũnihooru gũkũngũĩra Duke, marĩanĩre na manyuanĩre.

Mũbango wa kwambatĩria taũni ya Nairobi ĩtuĩke "city" ndwakenirie Agĩkũyũ. Aingĩ mooiigaga gĩĩko kĩu nĩ gĩa kwonania biũũ kwa biũũ nyakeerũ aarĩ na mũbango mũhithe wa gũtua bũrũri witũ wake. Nairobi yaatuĩka "city," makiuuga, nĩ ĩkwaramio, inyite taũni ya Kĩambuu, Limuru na Rũirũ, kũreehwo Comba (Athũngũ na Ahĩndĩ) ũheeo tũmĩgũnda tũrĩa Agĩkũyũ maatigĩĩrio Kĩambuu nĩ matheteera nyakeerũ. Mũbango ũcio nĩ warehire mĩario ya maraakara bũrũri-inĩ wa Gĩkũyũ; no ĩyo yaarĩ mĩario tondũ andũ matiarũrũnganire ing'ang'a-inĩ moonanie maraakara ma ũregi wa mũbango ũcio. Kĩama gĩathikagĩrĩria ũrĩa andũ marooiga nĩ kĩa arutiwĩra. Mweri inya wa gatatũ 1950 atongoria a EATUC nĩ meetire mũcemanio wa arutiwĩra Karoreinĩ, Nairobi, kwarĩrĩria mũbango ũcio wa kũbatithia Nairobi. Mũcemanio watuiire atongoria a EATUC matigathiĩ taũnihooru kũrĩanĩra na Duke kana EATUC inyitanĩre na mũbango ũcio wa thũkũmũ; arutiwĩra nao makĩĩrwo nĩ atongoria matigathiĩ gũkũngũĩra Duke mũthenya ũcio, maikare mĩcii yaao kwonia thirikaari ya ngoronia na thĩ yothe maraakara maao makũhĩĩnyĩrĩrio nĩ thũkũmũ. Kubai, kũringana noorĩa eerire mwandĩki wa ibuku rĩĩrĩ mwaka wa 1976, nĩwe waarĩ wa mbere kwarĩria mũingĩ wa arutiwĩra, na aameerire ũũ:

Nĩ gĩkeno kĩrĩkũ gĩgũtũma tũthiĩ gũkũngũĩra Duke twaririkaana bũrũri ũyũ ndũrĩ demokiraci, ndũrĩ wĩyathi, na ithuĩ arutiwĩra tũheeagwo mũcaara wa igoto na kũrumwo na gũkũũmwo tũkĩruta wĩra; nyũmba cia gũkooma tũtirĩ, tũkoomaga nja ta nyamũ cia mũtitũ, nguo na iraatũ tũtirĩ, ciana ciitũ ithiaga njaga, irio nĩ ngima na maaĩ mahiũ ma cumbĩ na wĩra tũrutithagio ta ngombo. Nĩ twarega kũnyiitanĩra na arĩa maratũhiinyĩrĩria, arĩa maratũnyua thakame, magakoomera ithaka ciitũ, bũrũri witũ, wĩyathi witũ. Tũtigũthiĩ kũnyita Duke ũgeni, kũmũkũngũĩra na kũmũmumunya, ithuĩ tũtirĩ mathangũ makwĩgiragio naamo.

Makhan Singh nĩwe warĩ wa keerĩ kwaria; kee twĩĩrwo nĩ Kubai ũrĩa eerire mũingĩ wa aathũkũmũ:

Ithuĩ arutiwĩra nĩ twarega ũraata wa mũrĩano; ũraata wa kĩgunyũ na kĩarĩkĩ. Nĩ ũndũ ũcio nĩ twarega theremeende na mĩtu ya Duke wa Gloucester, nĩ atwarĩre mũka. Ithuĩ tũkwenda mũcaara witũ ũiganane na mũcaara wa arutiwĩra Athũngũ na Ahĩndĩ, arĩmi andũ airũ meetĩkĩrio kũhanda kahũa na macaani, ciana ciitũ iheeo mweke wa gĩthoomo ta cia Athũngũ na Ahĩndĩ, na karabaa yeeherio mawĩra-inĩ na bũrũri-inĩ; bũrũri witũ wĩyathe. Ithuĩ arutiwĩra nĩ ithuĩ hinya wa bũrũri, kwoguo nĩ twoiga ithuothe, kaniini na kanene, tũtigathiĩ gũkũngũĩra Duke; akorwo arĩ na bata na ithuĩ nĩ ooke gũtũceera mĩtaa-inĩ kũrĩa tũikaraga kana eete mũcemanio kamũkũnji.

Matanarĩkia mũcemanio atongoria a EATUC nĩ maanĩrĩire cararũku atĩ mũndũ mũirũ arĩ ũũ kana ũũ—arĩ mũtongoria wa Kaũ kana wa EATUC, wa Kanjũ kana wa Renjikoo—ũũgathiĩ gũtũũnga Duke wa Gloucester kĩhaaro-inĩ kĩa ndege kana athiĩ gwĩcũkũmithia kũrĩ Duke na ngoronia icio ingĩ mũthenya ũcio wa mweri 30 nĩ akoona maraakara ma aathũkũmi.

Mũthenya ũyũ ũngĩ mweri 5 Ndundung'a ya Kaũ nĩ yaacemanirie kwarĩrĩria mũrũgamo wa EATUC, no Kenyatta ndaarĩ ho. Amwe arĩa maarĩ mũcemanio ũcio nĩ Tom Mbotela, Mũchohi wa Gĩkonyo, Joseph Katithi na Ambrose Ofafa. Maaria nĩ mareganire na mũrũgamo wa

kĩama kĩa arutiwĩra, magĩĩtĩkanĩria Kaũ nĩ ĩgaathiĩ taũnihooru gũkũngũ-
ĩra Nairobi ĩgĩtuĩka "city" na nĩ makarĩanĩra na manyuanĩre na mũgeni
wa gĩtĩĩyo, Duke wa Gloucester. Maarĩkia mũcemanio nĩ meetire
aandĩki a ngathĩĩti mamataarĩrie mũrũgamo wa Kaũ wa mũthenya ũcio
wa mweri 30; Mbotela nĩwe waririe na aandĩki a ngathĩĩti. Kũringana
noorĩa James Beauttah aribooteire mwandĩki wa ibuku rĩĩrĩ kũrĩ mwaka
wa 1979, Mboteta, akĩaaria na mwĩtotoro, eerire aandĩki ya ngathĩĩti
atĩrĩĩrĩ: mũrũgamo wa atongoria a EATUC nĩwe arutiwĩra no wa Kaũ nĩ wa
bũrũri mũgima nĩ ũndũ ũcio aakũũria mũingĩ wa bũrũri ũgooka kwaũingĩ
taũnihooru gũkũngũĩra Duke wa Gloucester, na tondũ Duke nĩ akamahee
theremeende na mũtu, onao mamũreehere macungwa, meeru na ngũkũ
nĩguo oone andũ a Kenya nĩ ataana. Aandĩki a ngathĩĩti ya *Daily Chronicle*
nĩ maathiire Gatũndũ mũthenya ũyũ ũngĩ kũmenya kana Kenyatta nĩ
aanyiitĩĩte mbaru mũrũgamo wa ndundu ya gatagatĩ ya Kaũ. Kenyatta, arĩ
na mang'ũrĩ, akiuuga nĩ areganĩte na itua rĩu na Tom Mbotela ndaraarĩ
na rũũtha rwa gwĩta mũcemanio wa ndundu ya gatagatĩ ya Kaũ atorĩtie
Mwene-Gĩtĩ. Agĩthiĩ na mbere kuuga nĩ agwĩta mũcemanio wa naihenya
wa Ndundung'a ya Kaũ maarĩrĩrie ũhoro ũcio makĩria. Kenyatta nĩ eetire
mũcemanio, no maariana matũ, Mbotela na acio angĩ nĩ maahotire
kũgarũra Kenyatta ngoro, akĩmanyita mbaru. Mũcemanio ũtathirĩte,
Mbotela, Ofafa na Mũchohi nĩ mamenyithirie Kenyatta nĩ maacagũrĩĩtwo
nĩ Ngabana gũthiĩ kĩhaaro kĩa ndege gũtũũnga Duke wa Gloucester na nĩ
makaheeo mweke wa kwarĩria andũ Duke arĩĩkia kwaria. Ndundung'a ya
Kaũ nĩ yetĩkĩririe Mbotela, Mũchohi na Ofafa marute wĩra ũcio ona gũtuĩka
waarĩ wĩra wa gwĩcũkũmithania harĩ mbarĩ ya nyakeerũ, wĩra wa kũrikĩria
ũngoronia bũrũri-inĩ.

Kenyatta ndaathiire kũnyita Duke wa Gloucester ũgeni tondũ atongoria
aingĩ a honge cia Kaũ nĩ maareganire na *musimamo* wa Ndundung'a ya
Kaũ. Harĩ ũhoro ũcio, keei twĩtĩkĩrie James Beauttah atũtaarĩrie mũrũgamo
wa rũhonge rwa Kaũ, Mũrang'a:

> Ithuĩ rũhonge rwa Kaũ Mũrang'a nĩ twareganire na mũrũgamo
> wa Ndundung'a ya Kaũ wa kũnyita Duke wa Gloucester
> ũgeni, tũkĩnyita kĩama kĩa arutiwĩra mbaru. No ũndũ
> ũrĩa watũmaakirie makĩria nĩ kũnyita marũa kuuma Kaũ
> hendikwota magatũmenyithia atĩ Kĩnyatta na Mbotela nĩ
> magathiĩ taũnihooru kũnyita Duke ũgeni na rĩĩtwa rĩa kĩama.
> Tweetire mũcemanio wa rũhonge naihenya, ũgĩcagũra

Paul Kĩgondu, Joseph Kang'ethe na Nĩĩ tũtware mateta ma rũhonge rwa Mũrang'a kũrĩ Kĩnyatta, Gatũndũ. Twakinya twakorire Kĩnyatta mũgũnda akĩrĩma, aatwona agĩtiga kũrĩma agĩtũtwara mũciĩ; akiuuga tũthondekeerwo caai. Twanyua caai, Kĩnyatta agĩtũreehere njoohi ya mĩratina nyanja ĩmwe, tũkĩmwĩra njoohi ĩnyuagwo wĩra wathire, agĩĩta mũtumia eeherie njoohi; tũkĩambĩrĩria mĩario.

Twaria Kĩnyatta nĩ areegire kũhee kĩama kĩa arutiwĩra mũtĩ, akiuuga Kubai na Makhan Singh nĩ nema kũhĩa, ũteti waao nĩ wa gũcoocera, wa kũhĩtĩthia arutiwĩra na no maharaganie Kaũ mangĩaga kũhĩtĩrĩrio. Kĩndũ twamwĩrire kĩngĩreehe mĩgigi kĩama-inĩ na mbaara gatagatĩ-inĩ ga Kaũ na EATUC nĩwe gũthiĩ kũnyita Duke wa Gloucester ũgeni na rĩĩtwa rĩa mũingĩ wa Kenya. Twamũtindĩka na mĩario, kinya tũkĩmũkinyia rũthingo-inĩ, nĩ eetĩkĩrire wooni wĩtũ, ndaathiire.

Mũbango wa kũbatithia Nairobi wathiire otaũrĩa wabangĩĩtwo ona gũtuĩka arutiwĩra aingĩ a Nairobi matiathiire gũkũngũĩra na gũtũhĩrĩra Duke wa Gloucester; ngoronia matiakenirio nĩ rũng'athio rũu rwa arutiwĩra. Mbotela, Mũchohi na Ofafa, Ngabana na makanjũra nyakeerũ nĩo manyitire Duke wa Gloucester ũgeni, makĩrĩanĩra na makĩnyuanĩra, magĩcooka makĩmũceeria bũrũri-inĩ oone ũthaka na riiri wa bũrũri witũ. Thiku ithatũ Duke ainũka, atongoria a EATUC nĩ macemanirie na hitho kũbanga mũbango wa kwonoria Mbotela, Ofafa na Mũchohi. Domenic Gatũ, Wamũti wa Mũhũngi na Fred Kubai nĩo maheeirwo wĩra ũcio. Mũchohi nĩ arathirwo no aarĩ na mũnyaka tondũ ndakuire; Mbotela and Ofafa macookire kũũragwo thuutha nĩ Mau Mau; naake Mũchohi akĩheeo thigari nĩ thirikaari ya ngoronia cia kũmũrangĩra ũtukũ na mũthenya. Hĩndĩ ya mbaara ya Mau Mau, Mũchohi aarĩ raini ya mbere ya kũnyita mbũtũ cia Ngeretha mbaru ikiũũraga itungati cia wĩyathi, ciana na atumia matũũra-inĩ.

Thirikaari ya ngoronia nĩ yarutire wĩra na hinya wa gũtuĩria arĩa meendeete kũũraga kanjũra Mũchohi. Nĩ yaagĩire na bahati nĩ ũndũ mũndũ ũmwe, John Mũngai, wa ndundung'a ya EATUC nĩ eetĩkĩrire gũtuĩka gĩcerũ kĩa ngoronia thĩinĩ wa kĩama kĩa arutiwĩra na gĩa Kaũ; nĩwe waumbũrĩire thirikaari ya ũkoronia ũrĩa mũbango wa kũũraga Mũchohi wabangĩĩtwo na akĩheeana marĩĩtwa ma aarĩa maheetwo wĩra ũcio nĩ kĩama; aarĩ kĩgui kĩa ũkoronia gĩtaarĩ mũting'oe. Kwoguo, Wamũtĩ na Gatũ nĩ maanyitiirwo na magĩthitangĩĩrwo kũgeria kũũraga Mũchohi na mũcinga; Kubai ndaanyitiirwo kahiinda-inĩ kau.

Mweri 16 wa Gataano, 1950 thirikaari ya ngoronia r˜yaatũmire birithi nyakeerũ gĩkundi kũhũũra birigiceeni wabici ya kĩama kĩa arutiwĩra, magĩĩkuua bairo na rekoodi na kĩama gĩkĩĩhũũrwo marubuku. Makhan Singh na Kubai makoriirwo wabici makĩnyiitwo, magĩthitangĩrwo gũtongoria kĩama gĩtaarĩ marũa.

Aathũkũmi Nairobi mamenya atongoria aao marĩ korokoro-inĩ makĩrega wĩra na makĩrũrũng'ana kamũkũnji, makiuuga nĩ makũgoma na matikagomoka akorwo atongoria aao matikũrekio; nao aathani ngoronia maagiatha thigari ibuunjania mũgomo. Arutiwĩra matietigĩrire mĩcinga ya birithi na ibaarũ, makĩgoma bũrũri mũgima; Nairobi nĩ kuo mũgoomo warũrĩte. Kamĩtĩ ya gũtongoria mũgomo yaathondekeirwo Kamũkũnji na yaarĩ ya andũ ikũmi na eerĩ— Cege wa Kĩbũrũ, Mwangi wa Macaria, J.J.Simon, Mũregi Karanja, Rahab Njeeri, Tumbũ wa Kamau, Njeeri wa Mũnyũi, Isaac Macaria, Bildad Kaggia, Pio Gama Pinto, Jarnal Singh Liddar na hũmungaati John Mũngai. Cege wa Kĩbũrũ na Mwangi wa Macaria nĩo macagũriirwo gũtongoria kĩama, Kubai na Makhan Singh maanyiitwo. Kamĩtĩ ya mũgomo yeerire thirikaari ya ngoronia arutiwĩra magaacooka wĩra-inĩ mahingĩrio maũndũ mana: 1) atongoria a arutiwĩra, Kubai na Makhan Singh, nokinya marekio na kĩama kĩa EATUC kĩheeo marũa makũrutĩra aathukumi wĩra; 2) mũcaara wa arutiwĩra andũ airũ no mũhaka ũiganane na wa arutiwĩra Ahĩndĩ na Athũngũ; 3) watho wa karabaa weherio mawĩra-inĩ na bũrũri-inĩ; 4) mawatho ma ũkoronia nokinya meherio, bũrũri wĩyathe. Thirikaari ya ngoronia yaatwarĩĩrwo memorandamu ya mateta ma arutiwĩra ĩkĩringa kanua, ĩkĩĩra atongoria a arutiwĩra gũtirĩ ũndũ mangĩarĩrĩria nao arutiwĩra matacooketo mawira-inĩ; atongoria arutiwĩra makĩĩgua ta mangĩmeria ndĩrĩ na mũthĩ, makiuuga mekinyiire mũgomo nĩ ũũgũthiĩ na mbere.

Kũgeria kũbuunja mũgomo, thirikaari nĩ yaagerire gũtũmĩra hinya— kũhũũra aagomi na mĩtĩ ya mathanwa na iteende cia mĩcinga, no ndĩahotire kũharagania ũũrũmwe na ũrũme wa arutiwĩra, mũgomo ũkĩũmbũra rũkũngũ. Ũcio wareema ĩkĩambĩrĩria kũnyita na kuoha atongoria. Makhan Singh na Kubai, handũ ha gũikara thikũ ikũmi na inya birithi, nĩ matwariirwo igooti rĩa ũkoronia magĩtuĩrwo baiini. Makhan Singh aaruta baiini eekĩrirwo mũtũngi agĩtwarwo Lokitaung nditĩĩni, acookaga kũrekio mwaka wa 1961. Naake Kubai aaruta baiini anyitĩirwo mũrango-inĩ wa igooti, agĩkundĩĩkwo bĩĩngũ, agĩkururio agĩcookio igooti agĩthitangĩrwo kũgeria kũũraga

Mũchohi. Tondũ wa gũtongoria mũgomo, Cege wa Kĩbũrũ akĩohwo mĩeri ikũmi, Jarnal Singh Liddar mĩeri ĩtaandatũ na Mwangi wa Macaria mĩeri 12. Mwangi arĩĩkia kĩoho anyitĩirwo mũrango-inĩ wa njeera agĩtwarwo nditĩĩni Marsabit kũrũmio ruo makĩria kinya mwaka wa 1961. Domenic Gatũ, Wamũtĩ wa Mũhũngi na Fred Kubai maatwarwo igooti-inĩ, Gatũ, tondũ nĩwe wanyitiirwo na bathitora ĩrĩa yatũũmĩirwo kũratha Mũchohi, akĩohwo mĩaka mũgwanja njeera nditũ, Wamũti mĩeri ĩtaandatũ, naake Kubai akĩrekio ũira wa kũmuoha waga. John Mũngai naake nĩ aarigire mũrĩmo ũrĩa ũngĩ wa thũ, agĩtuĩka hũmungaati iria cieekagĩra tũkonia.

Kũnyiitwo, kuohwo kana kũũragwo, mũgomo nĩ wathiire na mbere handũ ha ciumia igĩrĩ. Thuutha mũtheri, thirikaari ya ngoronia nĩ yeetĩkĩrire kwaria na atongoria a arutiwĩra arĩa mataanyitiirwo. Maaria, ahiinyanĩrĩria ngoronia nĩ meetĩkĩrire kwongerera kĩrung'u harĩa mũcaara wa arutiwĩra, no nĩ maaregire kwarĩrĩria mĩtĩ ĩyo ĩngĩ ĩtatũ arutiwĩra matacookeete mawĩra-inĩ; maacooka mawĩra-inĩ ũcio ũgĩkinya hau. Mũgomo wathira, thirikaari ya ũcangiri wa ũkoronia nĩ yaageririe kweheria atongoria omootho kĩama-inĩ kĩa arutiwĩra na njĩra ya kũmanyita na kũmooha. Amwe nĩ maanyitiirwo magĩĩtwarwo igooti rĩa maheeni, magĩthitangĩrwo kwaga ibandi na kaandi cia wĩra, makĩohwo. Angĩ makĩigĩrĩĩrwo igeenyo atĩ nĩ maakomiunĩciti magĩtwarwo nditĩĩni; arĩa matanyitiirwo magĩthiĩ marima kwĩhitha—aingĩ aao nĩo macookire gũtuĩka atongoria a Mau Mau.

Cege wa Kĩbacia (AWF)

Makhan Singh (EATUC)

Fred Kubai (EATUC)

Bildad Kaggia (EATUC)

Mwangi wa Macaria (EATUC)

Cege wa Kĩbũrũ (EATUC)

Willie George (EATUC)

J. B. Kali (EATUC)

Domenic Gatũ (EATUC)

6: Muuma Noteti wa Bũrũri

Ũiguano na Ũũrũmwe

Muuma wa mũng'eeng'ano wa ũregani na ũkoronia waambĩrĩirio kũheeanwo nĩ KCA na muuma ũcio wanyuagwo nĩ memba a kĩama na hitho nene Gĩtũmi kĩnene kĩa muuma ũcio kĩaarĩ gĩa kũrikia ngwatanĩro na ũiguano wa atongoria, gũkindĩra mũthingi wa kĩama kĩa wĩyathi. Gatagatĩ ka 1946 na 1950 Muuma wa Tĩĩri nĩ waambĩrĩirio gũtambio na hitho bũrũri-inĩ wa GEMM, Nairobi, na Rĩbutibare kũrĩa Agĩkũyũ, Aembu, Ambeere na Amĩĩrũ marutaga wĩra wa thikwota. Nĩ tũgwetire hau thuutha atĩ memba a NKP macagũrĩtwo kuuma atongoria a thukuru na kanitha cia Karĩng'a, ciama-inĩ cia arutiwĩra, cia mariika na mbarĩ, cia ahũũri mbiaacara Agĩkũyũ na kĩama-inĩ kĩa 40 na gĩa Kaũ.

Kwambĩrĩria mwaka wa 1950 nĩ kwagĩire na ngarari na ngucanio cia ũtabarĩri na mũtaratara wa mũbango wa kũheeana muuma. Atongoria amwe a Kaũ arĩa maarĩ noteti mũrũrũ hamwe na atongoria a ciama cia arutiwĩra na a KKB nĩ maambĩrĩirie kũgĩa na njiriiri na njika na ũtongoria wa Kenyatta na Kaũ ũrĩa guo ũtaarĩ na mũbango mũrũmu, njĩra kana mũtaratara wa kũbambana na njangiri kaboca cia ũkoronia. Harĩ ũhoro wa muuma, atongoria omootho meendaga andũ oothe bũrũri-inĩ wa GEMM na Ikamba maheeo muuma nĩguo magie na ngiha cia ũregi wa ũkoronia na wĩyũũmia mabambano-inĩ. Wĩtĩkio waao waarĩ atĩ no mũhaka mũingĩ wa Kenya ũmenyithio ũtakũhithwo atĩ thũngũmũ Ngeretha ndarĩ hĩndĩ akoiima Kenya na thaayũ, akaarutwo bũrũri na mĩcinga na thakame, na kwoguo mbũtũ cia kũhũranĩra wĩyathi nokinya ciũũmbwo, mathaita ma mbaara meethwo, igaanda cia gũtura mĩcinga ciaakwo, mbeeca cia kũrũithia mbaara imaathwo, cĩĩhitho cia itungati ithondekwo, aanake na airĩĩtu matwarwo turĩinĩng'i, mabuundithio gũtũmĩra mĩtũũma (mĩcinga) na mũrũũire wa mbaara ya wĩyathi, mathoomithio mũrũgamo wa kĩama na gĩtumi kĩa mbaara, na makĩria mataarĩrio thũ cia wĩyathi nĩaa. Matakũhithwo mamenyithio mbaara nĩ kũũragwo kana kũũragana, na mbegũ ya wĩyathi ĩkũragio na thithino na thakame ya eendi bũrũri.

Mũtĩ wa keerĩ: atongoria omootho matiakeenaga nĩ ũrĩa muuma wa ũregi wa ũkoronia waheeanagwo—atĩ mũndũ arega kũnyua muuma agatiganwo naake. Meetĩkĩtie atĩ Mũũgĩkũyũ, Mũũembu, Mũũmbeere,

Mũũmĩĩrũ na Mũikamba owothe no mũhaka aheeo muuma wa kũrũĩra wĩyathi na ũrĩa warega aheeo na hinya, no aarega biũũ eekĩrwo mũhindo ngingo—akururio, eeherio njĩra-inĩ ya wĩyathi tondũ nĩ thaata ya bũrũri. Niingĩ nĩ meendaga muuma ũtambio bũrũri-inĩ, ndũũrĩrĩ ciothe cia Kenya ciingĩrio kĩama-inĩ kĩa mbaara ya wĩyathi na atumia maheeo muuma na matuĩke memba a kĩama kĩa mbaara hamwe na ciana nene cia ihĩĩ. Mũtĩ wa gatatũ: Kaũ ĩtige mũhũyũko, ĩrũnge ũteti wayo werekerio njĩra ya mbaara ya wĩyathi na atongoria arĩa maarĩ noteti wa ũkoronia, arĩa maatindaga marũmĩrĩire ngoronia ta tũgui, meeherio kĩama-inĩ. Naake Kenyatta atongorie mũng'eeng'ano wa wĩyathi na ũthamaki wocamba, ũteti wa kũhũhũtĩka na wa gũthaitha ngoronia Ngeretha atige, na amenye kũna atĩ gũtirĩ andũ marĩ maaheeo wĩyathi nĩ ngoronia na gĩĩtĩrĩra, wĩyathi nĩ kũrũĩrwo ũrũagĩrwo, ũkooyo na hinya.

Mĩtĩ ĩyo ĩtatũ nĩ yaaciirĩirwo mũno nĩ NKP, no atongoria a NKP arĩa maarĩ aingĩ, Kenyatta arĩ ũmwe waao, nĩ maaregire kũgwatanĩra na aarĩa maaragia ũteti wa mbaara. Kenyatta mũno eetĩkĩtie atĩ thũkũmũ Ngeretha agĩtindĩkwo na kĩhooto, ũũma, thaayũ na ũteti wa gatiba, no arekie bũrũri, ooye mburungo ciake, acooke Rũraaya. No ũcio waarĩ mwĩĩro wa ngoro, mĩtũhũhĩko yoteti mũgandu. Kĩũria: Kaĩ Kenyatta atoonaga ũrĩa nyakeerũ meeyenjeire bũrũri-inĩ, ũrĩa maanyariira na kũũraga andũ aiitũ na gũtirĩ waao wanyitagwo tondũ birithi, njeeci na njeera ciaarĩ ciao, manjanji na magooti maarĩ mwena waao na thirikaari yaarĩ yaao? Kũna Kenyatta ndoonaga cĩĩko cia kĩĩnyamũ iria ciatindĩkĩrĩirio andũ aiitũ nĩ thirikaari ya ũngoronia? Ndaathoomaga ngathĩĩti akoona ũrĩa Thũngũ theteera meeyaataga na gwĩtotora, makauugaga atĩ bũrũri witũ nĩ waao na matikoima kuo no marutũrũriirwo na mĩcinga na thakame? Kweri ndoonaga ũrĩa andũ maaheeheenjeetwo mwĩrĩ na meeciiria, ngoro na roho, nĩ mawatho ma ũkoronia ma ũcangiri?

NKP yaaga kũiguanĩra mũtaratara wa kũhũũranĩra wĩyathi nĩ kwagĩĩre na njatũkaano kĩama-inĩ; arĩa meetĩkĩtie Ngeretha akarutwo bũrũri na mbaara nĩ moimire NKP magĩthondeka ndundu ĩngĩ ya hitho Nairobi ya gũtabarĩra muuma na kũbanga njĩra njeerũ ya mũng'eeng'ano wa wĩyathi. Ndundu ĩyo maamĩtiire "Muhimu" na nĩyo thuutha-inĩ yeetirwo Ndundung'a ya Mau Mau kana na kĩĩngenũ, *Mau Mau Central Committee*; nakĩo kĩama kĩrĩ gĩothe gĩgĩĩtwo Mau Mau. Atongoria a Mau Mau maarĩ andũ eethĩ na aingĩ aao moiimĩte MKN na maarĩ memba a KKB. Marĩĩtwa mamwe maao nĩ Fred Kubai, Bildad Kaggia, Eliud Mũtonyi, James Njoroge,

Isaac Maina Gathanju, Hiram Kĩnyerũ, Kanyeki Watheka, John Mbiyũ wa Koinange, Charles Mũnyua Wambaa, Willie George Kamũmbũ, J.D.Kali, Stanley Mathenge, Enoch Mwangi, Gĩcoohi wa Gĩthua na angĩ. Mĩĩrũ yarũgamĩrĩirwo nĩ andũ eerĩ no tũtirĩ na marĩĩtwa maao.

Kĩama kĩa Mau Mau kĩeeyamba nĩ gĩacagũrire Eliud Mũtonyi atuĩke mwene-gĩtĩ na Isaac Maina wa Gathanju, mwandĩki mũnene wa kĩama. Stanley Mathenge na Enoch Mwangi makĩtheeo wĩra wa kũũmba njeeci ya wĩyathi na mbũtũ ya ngewerani ya kũrangĩra mĩcemanio ya hitho ya Mau Mau, kũreehe andũ muuma-inĩ na kũheeheenja thũ cia wĩyathi. Thuutha-inĩ njeeci ya Mau Mau yeetiirwo *Kenya Land and Freedom Army* na Gĩĩgĩkũyũ ĩgĩĩtwo, "Njeeci ya Ithaka na Wĩyathi Kenya" (NIWK). Stanley Mathenge nĩwe wacagũrirwo komanda mũnene wa KLFA; Enoch Mwangi mũnyiinyi wake. Naake Gĩcoohi wa Gĩthua agĩcagũrwo njanji mũnene wa igooti rĩa ituĩka (na kĩĩngenũ, *Mau Mau High Court*). Kubai na Kaggia nĩo maarĩ maitho ma kĩama; naake John Mbiyũ wa Koinange mũtabarĩri na mũheeani muuma. Nĩwe wandĩkire mĩhĩtwa ya muuma wa Mau Mau na kũbuundithia memba arĩa macagũrĩĩtwo nĩ kĩama kuuma ndiicitiriti matuĩke aaheeani a muuma, mawaitha magũtabarĩra muuma wa wĩyathi na kũũheeana.

Atongoria oteti womootho moima NKP nĩ yaang'othire, ĩgĩcooka kĩharagana; ũtongoria wa kũheeana muuma na ũteti wa rungu ũkĩoyo nĩ kĩama kĩa Mau Mau. Muuma ũrĩa Mau Mau yaambĩrĩirie kũheeana waarĩ na hinya makĩria kũrĩ ũrĩa waheeagwo andũ nĩ atongoria a NKP; weetagwo "Muuma wa Ũiguano na Ũũrũmwe". Mĩhĩtwa ya guo nĩ yaingĩraga andũ thakame-inĩ, ngoro-inĩ, roho-inĩ—ĩgakindĩra ũiguano, ũũrũmwe na wĩtĩkio wa arũmĩrĩri a kĩama, ĩkomia ngoro cia itungati ta igera cia cuuma na ĩkarikĩria wendo waao wa bũrũri. Mũnyui wa Muuma wa Ũiguano na Ũũrũmwe, na nĩguo muuma wa mbere wa Mau Mau, eehĩtaga akauuga:

Nĩĩ Ng'ania wa Ng'ania:

Ndoiga na ma ndĩ mbere wa bũrũri witũ Kenya nĩ ndaatuĩka mũrũmĩrĩri wa ma wa kĩama gĩĩkĩ kĩa ũiguano wa Gĩkũyũ na Mũũmbi na Aakenya oothe, na no kĩo gĩĩtagwo Mau Mau. Ndoiga hiinyĩrĩirie nĩ ndĩrutĩte kũrũĩra tĩĩri witũ na bũrũri witũ Kenya ũrĩa twatuunyiirwo nĩ mbarĩ ya nyakeerũ. Ndoiga nũmĩtie ndĩ mbere ya Ngai wa Kĩrĩnyaga, mbere ya Gĩkũyũ na Mũũmbi, ya Ndemi na Mathathi, ya Mwangi na Maina, na nũngamĩte mbere ya kĩama gĩĩkĩ gĩa kũrũĩra ithaka na wĩyathi nĩ ndĩathĩkagĩra atongoria a kĩama gĩĩkĩ kĩa ũiguano na nĩ ndĩrutithanagĩa wĩra na arũĩri wĩyathi na ndikahũũra itarũ mũiko ndĩmatiganĩrie.

Ndoiga na ma, nyitiite tĩĩri wa bũrũri witũ na guoko kwomootho na mabanga na guoko kwoorio nĩ ndĩrutaga maruta marĩa ndĩĩragwo ndute nĩ kĩama itarĩ na nganja, njiriiri kana njika; niingĩ ndeehĩta na muuma ũyũ na thakame ya ũcamba ya mwendi rũũrĩrĩ nĩ ndĩthiaga o harĩa hoothe ingĩĩrwo thĩĩ ngatungate kĩama o ihinda rĩothe rĩrĩa ingĩĩtwo— kũrĩ mbura kana gũtarĩ, mũthenya kana ũtukũ.

Ndoiga na ma, mbere ya atongoria a kĩama gĩĩkĩ gĩa ituĩka ndirĩ hĩndĩ ngeendia rũũrĩrĩ, nyendie bũrũri irio cia nda kana nyumbũre hitho ya muuma ũyũ kũrĩ thũ, nĩ kaba ngue. Na ingĩgatũmwo ngoorage thũ ya kĩama gĩĩkĩ, ona akorwo nĩ mũrũ wa maitũ kana mwarĩ wa maitũ, awa kana maitũ, ndĩgacooka na thuutha. Ingĩgeetio kĩongo kĩa mbarĩ ya nyakeerũ nĩ ngakĩreheere atongoria a kĩama. Nĩ njũũĩ thũ ciitũ nĩ ngoronia nyakeerũ na nja- guuti ciao nyakairũ, na nĩ njĩtĩkĩĩtie atĩ mũtĩ wa wĩyathi ũkũragio na thakame ya njamba cia rũũrĩrĩ.

Ingĩgeetio thakame yakwa nĩ kĩama nĩ ngamĩneeana itakũhiindahiinda. Hinya wakwa, ngoro yakwa na indo ciakwa ciothe ndainengera kĩama.

Mũthia-inĩ nĩ ndoiga ndĩhotoreete mũcibi wa muuma ũyũ wa ũcamba na kĩhooto ingĩkaaga kũhingia mĩhĩtwa ĩyo, ndorĩyo nĩ muuma ũyũ, andũ aiitũ manjũrage; mwĩrĩ wakwa ũkĩrio hiti mũtitũ.

Andũ maanyua muuma, tondũ maaunyuaga marĩ gĩkundi, maatwaragwo nyumba ĩngĩ kũheeo kĩrĩra gĩĩoteti na gũtaarĩrio muoroto wa kĩama. Thuutha ũcio nĩ maataaragwo makeerwo ũrĩa gĩthoomo kĩrĩ bata na tondũ ũcio makeerwo mũciari agerie mũno oone mwana wake nĩ arathooma. "Twarĩkia mbaara ya mĩcinga na twoya wĩyathi," makamenyithio, "mbaara ĩrĩa ĩngĩ tũkũrũa nĩ ya tũramu tondũ gĩthoomo nĩ kĩo kĩhingũro kĩa maũndũ moothe." Ĩĩ rwĩmbo rwa gũthoomithia memba a Mau Mau bata wa gĩthoomo raiinagwo atĩa?

Ciana cia andũ airũ ciaga ũũgĩ
Mũthũngũ ndarĩ hĩndĩ eetanga
Mũhĩndĩ ndakoorwo nĩ tooro agĩciiria
Ciana cia andũ airũ ikagunwo nĩ kĩ.

Bata wa itimũ nĩ mũthiru
Rĩu ũtigaire wa tũramu
Nĩ amu mathi marĩa me matukũ maya
Mbaara yaao nĩ ya tũramu

Aciari mũtũhe tũramu
Twatharĩkwo tũkoimoimira
Tũtangĩre njamba ciitũ cia Gĩkũyũ
Wathi wa kũũra wendaga ũngĩ

Mau Mau yaarĩ na ndundu cia hitho matũũra-inĩ na mataũni-inĩ iria ciatwaragwo andũ marĩkia kũnyua Muuma wa Ũiguano kũmathoomithia gĩtũmi gĩa kũnyua muuma, kũmataarĩria mawatho ma kĩama noorĩa memba wa Mau Mau aagĩrĩire gũikara na kwĩnyita mĩtugo-inĩ yake. Makĩria moguo, ndundu icio ciathoomithagia memba ũrĩa haarĩ bata ndũũrĩrĩ njirũ cia Kenya kũnyitanĩra mũng'eeng'ano wa wĩyathi nĩguo ikorwo na nditi ya kũrutũrũra ngoronia bũrũri. Ikamathoomithia atĩ andũ airũ oothe a Kenya nĩ mbarĩ ĩmwe, rũrĩra rũmwe, na Kenya nĩ bũrũri witũ tũrĩ ithuothe kuuma iria-inĩ rĩa Mombatha kinya rĩa Gĩthumo. Wa mũico ĩkamataarĩria ũrĩa haarĩ bata mũũmemba wa Mau Mau kwenda bũrũri na mũingĩ wa kenya, kũgĩa norume, ũũmĩrĩru na ũcamba

Mau Mau yaakĩĩtwo ta ngathi: Ndundung'a ya Mau Mau ya Itũũra (NMMI) nĩyo yaarĩ mũthingi wa kĩama na yaarĩ ya andũ ikũmi neerĩ; kuuma hau tũgooka Ndundung'a ya Rokiconi, twoima Rokiconi tũgooka Ndundung'a ya Ndiviiconi, twoima Ndiviiconi tũkambata Ndundung'a ya Ndiicitiriti na kuuma Ndiicitiriti tũgooka Ndundung'a ya Jimbo. Kũhingĩrĩria nĩ Ndundung'a ya Mau Mau (NMM), na kĩĩngenũ, *Mau Mau Central Committee* (MMCC). NMM nĩyo yaarĩ kĩongo gĩa kĩama, maitho na matũ na yaarĩ ya andũ ikũmi neerĩ. Mbaara yaambĩrĩria 1952, NMM nĩ yaceenjirio rĩĩtwa ĩgĩĩtwo *Kenya War Council* (KWC), na Gĩĩgĩkũyũ, Kĩama Kĩa Mbaara Kenya (KKMK).

Matũũra-inĩ na mataũni-inĩ, Mau Mau nĩ yaarĩ na magooti ma ituĩka na njanji agũciirithia memba arĩa maunaga watho wa kĩama. Kwarĩ magooti

75

ma matũũra, ma mĩtaa mataũni; igooti rĩa Rokiconi na rĩa Ndiviiconi na Ndiicitiriti. Igooti rĩrĩa rĩaarĩ inene rĩaarĩ Nairobi na rĩeetagwo na Gĩthũngũ, *Mau Mau High Court (MMHC)*; Gĩcoohi wa Gĩthua nĩwe waarĩ *Chief Justice*.

Igooti rĩa Mau Mau nĩ rĩaheetwo hinya mũingĩ nĩ kĩama wa kwona atĩ mawatho ma kĩama nĩ mararũmĩrĩĩrwo nĩ memba, na njanji aarĩ na hinya wa gũtuĩra mũndũ kĩnyonga angĩakorirwo nĩ eendetie hitho cia kĩama kũrĩ thũ kana nĩ gĩceerũ kĩa ngoronia; rĩmwe igooti nĩ rĩarutaga watho, njũnandara ya ngoronia irathwo mũthenya barigici. Mũndũ angĩeciirĩrio atĩ nĩ wa mĩtheece ĩĩrĩ ta thambara—kũgũrũ kũmwe kũrĩ kĩama-inĩ kĩa Mau Mau na kuo kũu kũngĩ kũrĩ nyũngũ-inĩ ya ũkoronia—nĩ aanyiitagwo akaigwo njeera rũmande nĩguo ũhoro wake ũtwĩrio makĩria. Bahati, Mathare, Pumwani na Shauri Moyo nĩ kuo njeera cia Mau Mau ciaarĩ.

Rĩĩtwa "Mau Mau" Rĩomire Kũũ?

Mweri wa Gataano 1950 camba-inĩ ya theteera yeetagwo S.V.Aitchison, Naibaca, arutiwĩra 39 nĩ maanyitiirwo macukĩĩtwo nĩ nyabaara Njĩhia wa Kĩnũthia atĩ nĩ moombĩĩte kĩama kĩa hitho gĩa kũingata mbarĩ ya nyakeerũ Kenya. Kĩama kĩu, Njĩhia agĩtaarĩria, nĩ kĩaheeaga andũ muuma wa ũregani na thirikaari ya ũkoronia. Andũ ikũmi na kenda—arũme 15 na atumia 4—nĩ macagũrirwo atĩ nĩo atongoria; acio angĩ 20 makĩrekio. Acio maacagũriirwo nĩ maahũũriirwo mũno makĩhũũngwo mahũri nĩ Thũngũ birithi nĩguo meetĩkĩre kumbũra hitho cia kĩama. Andũ 18 makiuuga o matiũũĩ ũhoro ta ũcio, matirĩ na kĩama na gũtirĩ mũndũ maaheete muuma. Ĩndĩ Magrougi ole Kodogoya (Maathai-Gĩkũyũ) nĩ eetĩkĩrire, akiuuga nĩ aanyuuĩte muuma wa kũrũũra ithaka na wĩyathi wa bũrũri wake. Oorio rĩĩtwa rĩa kĩama akĩrega kumbũra; oorio marĩĩtwa ma atongoria a kĩama na mĩhĩtwa ya muuma akiuuga ndangĩumbũra hitho cia kĩama. Nĩ anyaririirwo mũno—thakame yake yathereraga ta kĩguũ theero nonĩ areegire noohoro; akĩmeera mamũũrage.

Maatwarwo igooti-inĩ, njanji na burociikiuta maarĩ ngoronia theteera, thigari iria ciamarangĩraga ciaarĩ mbarĩ ya nyakairũ na mũtabuta wa ciira aarĩ wa mbarĩ ya Mũũmbi, weetagwo Permanis Kĩritũ. Ciira wambĩrĩria, Magrougi agĩĩtwo kĩhengere-inĩ gĩa gũciirĩra nĩ burociikiuta. Akĩirwo nĩ burociikiuta ooe Bibiria eehĩte na rĩĩtwa rĩa "ithe na rĩa mwana na rĩa roho mũtheru" nĩ akwaria ma. Akiuuga ang'athĩtie wee tĩ mũkĩrĩcitũ, etĩkĩtie Ngai wa Gĩkũyũ na Mũũmbi—Ngai wa Kĩrĩnyaga. Burociikiuta ndaakenirio nĩ macookio ma Magrougi; arĩ na ũrũrũ wa maraakara akĩanĩrĩra igooti-inĩ:

"Ngai nĩ ũmwe—Ngai wa Ibrahim na Jacob, Ngai Yesũ." Naake Magrougi ndaarĩ rĩmwe ikũmbe, akĩng'ethera ngoronia burociikiuta, akĩmwĩra, "Ngai nĩ eerĩ, Ngai wa nyakeerũ na Ngai wa Gĩkũyũ na Mũũmbi; Ngai wa andũ airũ." Kuuma hau gũkĩgĩa na mũgucanio wa ngarari igooti-inĩ. Njanji akiuuga ũhoro wa Ngai na ndini ũtiganwo naguo, ciira ũthĩĩ na mbere; burociikiuta akĩrenga mũreera, akĩambĩrĩria ciira.

Hĩndĩ ya ciira ũyũ, Kĩhĩĩka wa Kĩmani aarutaga wĩra wa mbiaacara ya kwendia makara Naibaca na nĩ aathiire igooti-inĩ gũthikĩrĩria ciira. Kũrĩ 1985 nĩ ataarĩirie Maina wa Kĩnyattĩ, marĩ njeera Kamĩtĩ mooheetwo nĩ ndigitĩta Moi, ũrĩa Magrougi aaciirire nocamba. Tathikĩrĩria:

Burociikiuta: Magrougi, bairo-inĩ ici cia birithi nĩ wĩtĩkĩrĩte ũrĩ memba wa kĩama kĩa hitho kĩrĩa kĩrĩ na mũbango wa ũcangiri wa kũingata Athũngũ bũrũri-inĩ ũyũ na hinya na nĩ ũnyuĩte muuma wa kũrikĩria muoroto ũcio wa kĩama; ũguo nĩ ma?

Magrougi: Ĩĩ nĩma. Kũnyua muuma woregi wa ũkombo—muuma wa kũrũĩra ithaka ciitũ iria mũkoomeire na gĩthũri—mahĩtia marĩ ha? Ĩĩ inyuĩ mũtinyuĩĩte muuma wa gũtũtuunya bũrũri witũ; mũgatũtua ngombo cianyu.

Burociikiuta: Ndĩkwenda ũreehe ũteti igooti-nĩ; ndĩreenda wĩĩre igooti rĩĩrĩ ũrĩa watonyiire kĩama-inĩ, nũũ wa kũheeire muuma na mwarĩ naũ naũ mũkĩnyua muuma.

Magrougi: Kĩama giitũ nĩ gĩakũrũĩra ithaka iria mwatũtuunyiire na wĩyathi wa bũrũri wĩtũ, nĩ kĩama kĩa hitho tondũ ũcio ona ingĩkĩĩrwo mũhĩndo ngingo kana ngarangwo na maguta ndĩ muoyo ndirĩ hĩndĩ ingiumbũra hitho cia kĩama kũrĩ thũ ciitũ; muuma ũrĩa ndaanyuire ndũnjĩtĩkĩrĩĩtie.

Burociikiuta: (acuhĩtie iromo nĩ maraakara). Magrougi, ndĩkwenda ũtue igooti rĩĩrĩ kĩhaaro gĩĩoteti; watho wa thirikaari ndwĩtĩkĩrĩĩtie andũ mathondeke kĩama matarĩ na recenici kana kũnyua muuma wa magigi ũrĩ na muoroto mũnungu wa gũthũkia bũrũri, kũu nĩ kuuna watho. Tutigwĩtĩkĩria gakundi ka njangiri kũharagania thirikaari, gũcookia bũrũri nduma; ũcio nĩ twarega. Nĩ maita maiigana mũũkwenda mwĩĩrwo atĩ ithuĩ Athũngũ na ciana ciitũ tũtikoiima bũrũri ũyũ na tũgũtũũra tũmwathaga mĩndĩ na mĩndĩ. Ndĩreenda wĩĩre igooti rĩĩtwa rĩa kĩama kĩu kĩanyu kĩa hitho, umbũre marĩĩtwa maatongoria na ũtaarĩrie mĩhĩtwa ya muuma na muoroto wa kĩama wa mbere ndaaya.

Magrougi: Ndingĩkwĩra maũndũ *mau* ndeerirwo ndikooige nĩ kĩama, nĩ hitho iitũ. Niingĩ wee ũrĩ thũ iitũ; nĩ inyuĩ mwatũtuunyiire bũrũri na hinya, mũgĩtũtua ngombo cianyu. Bũrũri ũyũ nĩ witũ, twatigĩirwo nĩ aagu na aagu, tũtikaũrekia.

Burociikiuta. Nĩ maũndũ marĩkũ weerirwo ndũkoige nĩ kĩama? Ririkaana ũrĩ igooti-inĩ, ndũrĩ mũcemanio-inĩ woteti.

Magrougi: Maũndũ *"mau mau"* ndeerirwo nĩ hitho ya kĩama. Ndakwĩra atĩrĩĩrĩ hĩndĩ ya keerĩ, nĩ maaĩ ũrahũũra na ndĩrĩ, niĩ ndirĩ hĩndĩ ingiumbũra hitho cia kĩama kũrĩ thũ ona ingĩikio mwaki-inĩ ndĩ njaga kana neengwo ngingo na thoo. Mũgwĩciiria nĩ tũkeenaga rĩrĩa mũhĩmbĩirie ũtonga na ũteti wa bũrũri, mũgatwandĩka mawĩra ma kũhuura ironda ngi, kũiriga ngiri na gũtega huko—mawĩra ma ngirimiti—na mũcaara nĩ wa rũhĩ na bũrũri nĩ witũ.

Burociikiuta: Ndĩreenda nyiite ũrĩa wauuga wega; woiiga rĩĩtwa rĩa kĩama kĩanyu kĩa hitho nĩ *Mau Mau*, ũguo nĩguo ũrooiga? Ndĩreenda ũcookie *"ĩĩ"* kana *"aaca"*.

Handũ ha mũtabuta gũtaarĩria ũrĩa burociikiuta ooragia nĩ areemirwo gũtabuta Gĩthũngũ wega, akĩhĩtithia Magrougi. Aamwĩrire atĩ burociikiuta areenda kũmenya kana nĩ agũcookia ciũria iria aramũria na ndakwenda rũgano; akwenda acookie *"ĩĩ"* kana *"aaca"*. Magrougi akĩĩra mũtabuta: *"Mwĩre ndoiga ĩĩ, ndikũmũhe hitho cia kĩama giitũ."* Burociikiuta akĩĩra njanji akeneete, *"Ũguo nĩguo ngwĩciiragia, rĩĩtwa rĩa kĩama gĩĩkĩ kĩa ũcangiri nĩ "Mau Mau."* Burociikiuta ndooririe Magrougi kĩũria kĩngĩ, eetire Nyabaara Njĩhia arute ũira; ciira ũgĩthiĩ na mbere, thaa inyaanya njanji agĩtua ciira, akĩoha aathitangwo o mũndũ mĩaka mũgwanja njeera nditũ.

Rũũciinĩ rũũrũ rũngĩ ngathĩĩti cia ngoronia ikĩanĩrĩra atĩ kũrĩ kĩama kĩa hitho Kenya gĩĩtagwo "Mau Mau" na mworoto wakĩo nĩ kũingata Ngeretha Kenya na njĩra ya haaro. Igĩthiĩ na mbere gũtaarĩria atĩ kũingĩra kĩama kĩu mũndũ no mũhaka anyue muuma wa ũregani na mawatho ma ũkoronia na oone nĩ ooraga Thũngũ theteera ĩmwe. Kameeme ka BBC nako gakĩamũkĩria ũhoro ũcio, gakĩũũtambia bũrũri wa Ngeretha wothe, Rũraaya ng'ima, Ameerika na thĩ yothe. BBC ĩgĩgĩtaarĩria atĩ Mau Mau nĩ kĩama kĩa njangiri na gĩtongoreetio nĩ Jomo Kenyatta na atongoria angĩ a Kaũ.

Ũguo nĩguo rĩĩtwa "Mau Mau" rĩatonyereirio ũteti-inĩ wa mũng'eeng'ano wa wĩyathi. Norĩĩrĩ, nĩ rĩaacookire rĩkĩoyo nĩ mũingĩ wa Kenya, rĩgĩthambio na thakame ya njamba cia bũrũri, rĩkĩmatio na mũruru wa ũregi wa ũkoronia, rĩkĩgĩa na caama wa wĩyathi, rĩgĩtuĩka rĩĩtwa rĩa riiri, rĩa hinya— rĩĩtwa rĩa ũcamba wa mũingĩ wa Kenya handũ warũũma. Nĩ hicitũria ya bũrũri. Na ciugo nguhĩ, rĩatuĩkire gĩthima gĩa kũnyuagwo nĩ njamba cia bũrũri.

Nyabaara Njĩhia nĩ aaheeanĩĩte ũhoro mũingĩ wa hitho cia kĩama arĩ kwa birithi na igooti-inĩ rĩrĩa arutaga ũira kũhiinyĩrĩria arĩa aanyitithĩtie. Kwoguo-rĩ birithi nĩ maamenyire maũndũ ma kĩama makonĩĩ mĩhĩtwa ya muuma na makĩmenya atĩ nĩ Dedan Mũgo wa Kĩmani kuuma Kĩambuu nĩiwe wathĩĩte Naibaca kũheeana muuma na gũthoomithia arutiwĩra muoroto wa kĩama. Dedan nĩ aanyitiirwo thuutha ũcio, aarega kũhe birithi ũhoro wa kĩama, agĩtwarwo igooti-inĩ Kĩambuu, akĩohwo mĩaka mũgwanja wĩra mũritũ; arekio akĩnyitĩĩrwo mũrango-inĩ wa njeera, agĩkururio, agĩikio nditĩĩni; aarekirio mwaka wa 1961. Dedan Mũgo arĩ njeera, itungati cia Mau Mau nĩ ciatungire rwĩmbo rwa kũmũririkanaga na rwaiinagwo ũũ:

Mũraata wa andũ airũ Dedan Mũgo
Wathaamirio Kenya nĩ ũndũ wa andũ airũ
Ndũire ndetagĩra tĩĩrĩ wa andũ airũ
Na ndikaũtiga tene na tene

Kenyatta arĩ mbere Koinange thuutha
Mbiyũ arĩ mwena-inĩ mũrĩĩthi mwega

Thuutha wa Dedan Mũgo kuohwo thirikaari ya ngoronia nĩ yahũũrire kĩama kĩa Mau Mau marubuku o mwaka ũcio wa 1950 na ĩkĩambĩrĩria kũhĩta, kũnyita na kuoha andũ arĩa meeciiragio maarĩ noteti wa Mau Mau; ĩndĩ thũkũmũ itiahotire kũhingĩrĩria rũhuho rwa wĩyathi rũhurutane.

Midia cia Kũmeemerekia Ũteti wa Ituĩka

Nĩ geetha kĩama gĩa ituĩka kĩhote gũtamba na kũmeemerekia ũteti wa ituĩka, kũhũũrana na burobaganda ya thũ, mĩhuhu na maheeni, no mũhaka kĩgĩe na ngathĩĩti ĩrĩthoomagwo nĩ mũingĩ na itungati cia kĩama, kameeme ka hitho ga kwanagĩrĩra mũrũgamo wa ituĩka kũrĩ mũingĩ na kũhee mũingĩ kĩrĩra gĩĩoteti, gũthoomithia mũingĩ ũteti womootho na mũtaratara wa kĩama. Ngathĩĩti ĩyo nokinya yaandĩkwo na rũthiomi rũrĩa andũ aingĩ— arutiwĩra na arĩmi anyinyi maragia matũũra-inĩ na mataũni-inĩ, yaandĩkwo na ciugo hũthũ, ciugo cirarĩrĩmbũka mwaki wa wĩyathi. Rũthiomi rwa ageni—tuuge ta Gĩthũngũ na ngathĩĩti cia arĩa mahiinyagĩrĩria mũingĩ ta *Daily Nation* na *Standard* nĩ ngo cia kũgitĩra ndoonga iria ciathanaga, midia cia kũrikia ũkoronia wa meeciiria na wa roho, nyundo cia gũkindĩra ũthũkũmũ bũrũri-inĩ.

Nĩ kũrĩ bata andũ arĩa maraandĩka ngathĩĩti ya ituĩka makorwo nĩ itungati cia kĩama nanĩ mooĩ mũrũgamo na mũtaratara wa kĩama, na makĩria makamenya ũrĩa mũingĩ ũreenda bũrũri waao ũikare na kũrĩa werekeire na mabata ma mũingĩ momũũthĩ na ma rũũciũ nĩ marĩ kũ. Niingĩ nokinya mathĩĩ kũrĩ mũingĩ, mamenyane, marĩanĩre, mahee mũingĩ kĩrĩra gĩĩoteti wa kĩama; mathikĩrĩrie mathĩĩna na mabata maao makĩĩwĩra-inĩ na ma kĩĩmũcĩĩ, makuue mathĩĩna na mabata macio, mathĩĩ namo wabici ya ngathĩĩti ya kĩama, mamacunge, mamekĩre ngathĩĩti-inĩ nĩguo mathoomwo nĩ itungati na bũrũri mũgima. Niingĩ ngathĩĩti ya ituĩka no mũhaka yaandĩkwo na ciugo ithimindĩĩtwo na kagoto ka ũcamba na ũũmĩrĩru wa ũtongoria wa ituĩka, ciugo nyũmũ cia wĩtĩkio wa kĩama atĩ ona ingĩtemwo na kanyũi itingĩtemeeka, ciugo nyambe na ng'anangũ cia cuuma.

Gĩtũmi kĩrĩa gĩaatũmire Mau Mau ĩtaambe na hinya ta mbura ya themithũ matũũra-inĩ na mataũni-inĩ, igaanda-inĩ kũrĩa aathũkũmi marutaaga wĩra, macamba-inĩ ma Thũngũ theteera kũrĩa andũ aiitũ maarĩ thikwota, nĩ tondũ yaarĩ na midia cia kũmeemerekia mũrũgamo wayo. Midia ya mbere yaarĩ ngathĩĩti ciarutagwo nĩ atongoria a NMM—andũ ta Kaggia, Isaac Maina Gathanju, Stanley Mathenge na itungati cia Mau Mau ta Henry Mworia ũrĩa waandĩkaga, *Mũmenyereri*; Mũrage wa Wokabi, *Mũthamaki*; Cege wa Kabogoco, *Wĩyathi*; Mathenge wa Waciira, *Gĩkũyũ na Mũmbi*; Mwai wa Koigi, *Mwaranĩria*; Griggory Mbiti, *Mũgambo wa Embu*; Paul Ngei, *Waaya wa Mũkamba*, na Gakaara wa Njaũ, *Waigwa-Atĩa*; Isaac Gathanju, *Wĩhũũge* na *Mũramati*. Bildad Kaggia, *Inooro Ria Gĩkũyũ* na *Afrika Mpya*. Ngathĩĩti icio ciaandĩkagwo na ũrũrũ wa ũregani na ũkoronia; ciaarĩ aarimũ agũthoomithia mũingĩ kĩrĩra gĩĩoteti wa mũng'eeng'ano, haki cia arutiwĩra andũ airũ, na mworoto wa Mau Mau. Maũndũ maingĩ ma kĩama tondũ maarĩ ma hitho maandĩkagwo ngathĩĩti-inĩ icio na thimo na ndaĩ atĩ ona ngoronia na hũmungaati matingĩahotire gũkundũra ikundo rĩa ciugo icio cia hitho. Ngathĩĩti-inĩ icio, aarũi a mbaara ya ituĩka meetagwo "Ihĩĩ cia mũtitũ," "itungati" kana "Mĩrani." Mũndũ ũtaanyuĩĩte muuma eeragwo ti "mũruu," ageetwo "nyenje," "ngũngũni," "ndaa," "thuuya," "ngũhaa," "ngakũ" kana "hiti ĩtarĩ mũting'eo." Thigari nyakairũ cia birithi igeetwo "magũrũ mairũ" kana "icakũri". Hũmungaati "thaata cia bũrũri"; GSU "warũrũngana" na Thũngũ igeetwo "thũkũmũ," "thũngũmũ," "kabuurũ" kana "ngoronia." Mũcinga weetagwo "mũtũũma" kana "mũtĩ;" bathitora, "kamwaki" na mbũrũbũrũ, "makara" kana "njirũngi," o ũguo o ũguo.

Tondũ ngathĩĩti icio ciaandĩkagwo na rũthiomi rwitũ, ikaandĩkwo na ciugo hũthũ iria ciatũmagĩrwo nĩ arĩmi na arutiwĩra na ciaandĩkagwo nĩ eendi bũrũri—itungati cia Mau Mau—nĩ ciagũragwo mũno nĩ ũndũ ciaarĩ na caama wa wĩyathi, ona andũ matooĩ gũthoomo ta aacũũcũ na aaguuka nĩ maigũraga, magathiĩ nacio gũthomeerwo nĩ arĩa mooĩ gũthooma matũũra-inĩ. Ngathĩĩti icio ciatuĩkire manooro makũnoora hiũ cia wĩyathi, imũrĩ cia kũmũrĩkĩra andũ njĩra ya wĩyathi, thanju cia gũcookanĩrĩria ũiguano na ũũrũmwe wa mũingĩ, ihaaro cia kwanĩrĩra mworoto wa kĩama, matingatinga ma gũkindĩra wĩyũũmia wa mũingĩ.

Midia ya keerĩ ya kũhunjia ũiguano wa mũingĩ na ũregi wa ũkoronia nĩ nyĩmbo cia wĩyathi iria ciainagwo mĩciĩ-inĩ ya arũmĩrĩri a Mau Mau, matũũra-inĩ, mataũni-inĩ, mawĩra-inĩ; mathukuru-inĩ na makanitha-inĩ ma Karĩng'a na mĩcemanio-inĩ ya Kaũ. Ikainwo nĩ atumia makĩrĩma, magĩthiĩ rũũĩ, magĩthiĩ itenga, makiuna ngũ. Nyiingĩ cia nyĩmbo icio ciatuungagwo nĩ itungati cia Mau Mau matũũra-inĩ na mataũni-inĩ, mĩtitũ-inĩ, mathukuru-inĩ na makanitha ma Karĩng'a, njeera na nd;tĩĩni. Ingĩ ciatuungagwo nĩ memba a kawaida a Mau Mau—mũndũ wothe wanyuĩĩte muuma wa Mau Mau na akeerutĩra kũnengera kĩama gĩa ituĩka thakame yake ya ngoro nĩ etĩkĩrĩtio gũtuunga rwĩmbo rwa kũrikia na kwaramia mworoto wa kĩama. Mabuku ma nyĩmbo icio marutagwo nĩ *Gakaara Book Service* na *Mũmenyereri Press* na magũragwo ta mĩgate mĩhiũ barabara-inĩ cia Nairobi, Naikuru, Mũrang'a, Nyĩrĩ, Embu, Mĩĩrũ na taũni ingĩ iria ciaarĩ na memba aingĩ a Mau Mau. Nyĩmbo icio ciaarĩ mathaita makwarahũra andũ meeciiria; kũmacookanĩrĩria nĩguo matuĩke nyundo ya kũmomoora rũgiri rwa mahiga rwa ũkombo wa ũkoronia. Kũmataarĩria mworoto na mũrũgamo wa kĩama na kũmamenyithia thũ cia wĩyathi nĩaa.

Hamwe na gũtuunga nyĩmbo, itungati cia Mau Mau nĩ ciaandĩkaga maratathi (na kĩĩgenũ *Leaflets*) maarĩ noteti wa ituĩka na mworoto wa Mau Mau wa mbere ndaaya. Maratathi macio mahurunyagwo na hitho nene mũciĩ-inĩ wa Nairobi na mataũni-inĩ ma Cenitũrũ na ma Naikuru ndiitiriti na macamba-inĩ ma matheteera kũrĩ memba a Mau Mau marutaga wĩra wa thikwota. Marebeta na mabuku ma ituĩka magũkumia atongoria a mũng'eeng'ano, magwĩkĩra mũingĩ mwaki wa kũrũĩra wĩyathi nĩ maandĩkagwo nĩ wabici ya ituĩka, makeenderio mũingĩ. Mamwe ma mabuku macio nĩ: *Kenya nĩ Bũrũri Witũ, Tĩĩri nĩguo Nyina Witũ, Kenya nĩ Yakwa, Mĩĩkarĩre ya Thikwota, Kĩenyũ kĩa Ngai na Ithaka, Wĩyathi wa Andũ Airũ, Ithaka Ciaarĩ Ciitũ, Kamũingĩ Koyaga Ndĩrĩ, Mageria Nomo Mahoota, Wĩtĩkio wa Gĩkũyũ, Ngoro ya Mũũgĩkũyũ* na mangĩ. Mabuku ma Kenyatta na Mbiyũ nĩ mongereire nditi mbaara-inĩ ya meeciiria. Noririkaana, mabuku maingĩ ma ituĩka mathoomagĩrwo rungu rwa gĩtaanda na ngwatĩra kana werũ-inĩ mũndũ akĩrĩĩthia, na maigagwo theegi nyũngũ-inĩ tondũ maarĩ mahũũre marubuku nĩ thirikaari ya thũkũmũ. Mũndũ kũnyiitwo na ibuku ihũũre marubuku yaarĩ mbaara nene na mĩaka gĩkundi njeera wĩra mũritũ kana gũikio nditĩĩni mĩaka ĩtaarĩ ithaabu. Angĩ nĩ kũũragwo mooragagwo.

Midia ya gatatũ ya gũtambia kĩama gĩa ituĩka nĩ Muuma wa Ũiguano ũrĩa waheeagwo Mũũkenya owothe ũrĩa werutĩte, gũkua na kũhona, kũrũĩra wĩyathi wa bũrũri witũ. Andũ aingĩ—Agĩkũyũ, Aembu, Amĩĩrũ, Ambeere, Aikamba na Maathai—nĩ mauumĩrire kĩhaaro kĩa mbaara, makĩheeo muuma wa ũiguano magĩtuĩka arũmĩrĩri omĩrĩru a kĩama kĩa wĩyathi. Kĩndũ kĩmwe kĩa bata muuma weekire mataũni-inĩ na matũũra-inĩ nĩ gũcookanĩrĩria memba a Mau Mau, makĩaambĩrĩria kũmenyana, kwaria na rũthiomi rwa ituĩka, kũrutithania wĩra wa kĩama marĩ hamwe na kũreehe mbarĩ ciao na araata aao kĩama-inĩ. Nĩ ũndũ wa ũiguano, wĩtĩkio, ngoro ya bũrũri na kĩĩyo, Mau Mau nĩ yaatambire bũrũri-inĩ wa GEMM na nditi; igĩtuĩka rũũĩ rũratherera rumĩte Kĩrĩnyaga rũrĩ na nditi itangĩahingĩrĩrĩkire. Kuumana na nditi ĩo, mũingĩ wa bũrũri ũgĩtuĩka mũtitũ wa kwĩhithwo nĩ itungati, iria rĩa gũthambĩrwo nĩ njamba cia rũũrĩrĩ, ciauuma kũrĩa guothe ciacangarũrũkaga ikĩrũĩra wĩyathi.

Kaũ na Mau Mau

Gatagatĩ-inĩ ka 1950 na 1952 kwarĩ ciama igĩrĩ tu cia kũrũĩra wĩyathi Kenya: Mau Mau na Kaũ. Kĩama Kĩa Boote nĩ kĩaharaganire, atongoria akĩo makĩĩngĩra Mau Mau na ciama cia arutiwĩra; na kĩo gĩa KKNI, na rĩĩtwa rĩngĩ nĩ kĩo KCA, nĩ kĩahohire; memba amwe a KKNI maingĩrire Kaũ na arĩa angĩ Mau Mau Kaũ yatongoreetio nĩ Kenyatta na Mau Mau nĩ Kaggia, Kubai, Eliud Mũtonyi, Stanley Mathenge na Isaac Maina wa Gathanju. Ona kũhaana ũguo, atongoria a Mau Mau maarĩ memba a Kaũ na memba aingĩ a Kaũ maarĩ arũmĩrĩri a Mau Mau. Kenyatta, Mbiyũ na atongoria aingĩ a Ndundung'a ya Kaũ matiaarĩ ũtongoria-inĩ wa Mau Mau. Atongoria amwe a Kaũ ta Mbotela, Ofafa, Mũchohi Gĩkonyo, James Gĩchũrũ, John Mũngai, Joseph Katithi, maarĩ njũna-ndara cia ngoronia na thuutha-inĩ makĩringa mũrĩmo ũrĩa ũngĩ, magĩtuĩka athigani a thirikaari ya ngoronia; makĩambĩrĩria kũreehe mĩgigi mũng'eeng'ano-inĩ wa wĩyathi. Hau nĩ ho ngucanio ya Kaũ na Mau Mau yaambĩrĩirie kũrikĩra, kwarama.

Thĩinĩ wa Kaũ, itungati cia Mau Mau nĩ cio ciaarĩ ũtongoria-inĩ wa honge cia Kaũ, na Kaggia na Kubai maarĩ a Ndundu ya Gatagati ya Kaũ na magatongoria rũhonge rwa Kaũ, Nairobi. Kuuma hau Mau Mau nĩyo yaarĩ na ũtongoria wa ciama cia arutiwĩra, na mĩtaa-inĩ Nairobi nĩ yathondekeete ndundung'a cia ituĩka. Tondũ worĩa Kenyatta atindĩkĩĩtwo nĩ kĩama kĩa Mau Mau na kĩa arutiwĩra, na andũ bũrũri-inĩ nĩ manogeetio nĩ ũteti wa mũhũyũko wa gatiba, atongoria a Kaũ, nĩguo moonie mũingĩ no makinyĩrĩĩte wĩyathi, kũrĩ mweri wa kenda 1950 nĩ maatũmire anjumbe eerĩ—Mbiyũ wa Koinange na Achieng Oneko—gũtwara memorandamu ya gwĩtia wĩyathi wabici-inĩ nene ya ũkoronia, London. Mũno meendaga thirikaari ya thũkũmũ Ngeretha ĩthondeke mũcemanio wa kũbanga mũthenya ũrĩa Kenya ĩkeyatha. Mwandĩki mũnene wa ũkoronia ona ndooire memorandamu kana eetĩkĩre maikare thĩ maarie; ameerire na rũthũũro ndaarameetĩĩte tondũ ũcio ndaarĩ na mathaa ma kũmoona. Akĩmeera, ta maarĩ ciana cia thukuru, macooke Kenya rĩrĩa akabatario nĩo nĩ akamatũmanĩra na maremwo nĩ ũguo mathiĩ makeikie iria-inĩ.

Achieng nĩ acookire Kenya, Mbiyũ agĩtigwo nĩguo agerie gũtindĩka memorandamu mbuunge-inĩ ya Ngeretha, no ndaahotire. Acooka, Achieng nĩ aheire Ndundung'a ya Kaũ ũrĩa matuuagwo mĩnyĩrĩ, gũcinũrwo, kwarĩrio na ngũrũ na kũimwo gĩtĩĩyo nĩ mwandĩki wa ũkoronia handũ ha kũnyiitwo ũgeni. Akiuuga rũgendo rwake rwa London nĩ rũramũthoomithirie atĩ thirikaari ya Ngeretha ndĩrĩ hĩndĩ ĩkarekia bũrũri witũ no irutũrũrirwo na mbaara ya mĩcinga. Kaggia na Kubai nĩ maheeire Achieng mũtĩ, no Kenyatta ndeetĩkanirie na Achieng, aathiire na mbere kwaria na Ngeretha, kũmoonia na kũmamenyithia atĩ maarega kũheeana wĩyathi na njĩra ya gatiba kũrĩ mbũtũ ingĩ ciĩharĩirie kwooya wĩyathi na hinya; Ngeretha no gũtheka mathekaga, makauuga Kenyatta nĩ kũroota araroota. Thuutha-inĩ rĩrĩa moonire rũũĩ rwa wĩyathi no kũiyũra rũraiyũra na Mau Mau nĩ yuumĩte nja ya wathani wa ũkoronia, ĩkambĩrĩria gwaaka thirikaari yaayo mataũni-inĩ na matũũra-inĩ, makĩhũũga; magĩĩta Kenyatta, makĩmũthaitha eetĩkĩre marutithanie wĩra na Kaũ gwa kahiinda nĩguo magirĩrĩria thakame ĩĩtĩke bũrũri, Kenyatta nĩ eetĩkĩrire. Kenyatta o ũrĩa weerĩte Ngabana Mitchell na akeehĩta na rĩĩtwa rĩa Gĩkũyũ na Mũũmbi atĩ ndarĩ hĩndĩ akanyitanĩra ũteti wa bũrũri na thirikaari ya ngoronia mũthenya kana ũtukũ.

Mweri wa Kanaana 1952 ngoronia Ndithii wa Kĩambuu nĩ athondekire mũcemanio mũnene Kĩambuu taũni wa kũhũũra, kũmenereria na gũcambia Mau Mau. Makĩria yoguo, Ndithii eendaga andũ a ndiicitĩriti ya Kĩambuu manyiite thirikaari ya ngoronia mbaru nĩguo ĩgĩe na nditi ya kũharagania mbũtũ cia wĩyathi rũgongo rũu. Andũ arĩa matongoreetie mũcemanio ũcio nĩ macibũ a ndiicitĩriti, na Kenyatta, Koinange wa Mbiyũ, James Gĩchũrũ, Harry Thuku, maarĩ ho na nĩ maathondekeeirwo mathaa makwaria. Andũ aingĩ nĩ mookĩĩte mũcemanio nĩ ũndũ kameeme ka ngoronia nĩ kaanĩrĩire na ngathĩĩti ĩkaandĩka atĩ Kenyatta nĩ agakorwo mũcemanio-inĩ na nĩ akaaria. Andũ aingĩ, na makĩria memba a Mau Mau, mooranagia na mang'ũrĩko: "Kenyatta arathiĩ mũcemanio wa ngaati nĩ kĩ—mũcemanio ũthondekeetwo na ũkarugĩrwo nĩ ngoronia?" Atongoria a NMM gũtirĩ waao wathiire mũcemanio; nĩ maraakarĩte mũno na makang'ũrĩka nĩ Kenyatta gwĩtĩkĩra aingĩrio mũcemanio wa kũhũũra kĩama gĩa ituĩka. Mũthenya ũcio wa mũcemanio wa ngoronia, atongoria a NMM nĩ macemanirie, magĩtĩkanĩria atĩ mũndũ wothe arĩ ũũ kana ũũ (ona Kenyatta) ũkũgeria kũbinga kĩama gĩa ituĩka no mũhaka anyiitwo, atwarwo igooti-inĩ rĩa Mau Mau, akorwo na mahĩtia eekĩrwo kĩaara mũmero, na arĩa maacurĩtie mĩcinga ya ngoronia ciande matikaheeo kahiinda, marathwo. Itungati iria ciaheetwo wĩra wa kũheeheenja thũ cia wĩyathi nĩ ciaathirwo irute wĩra wacio itakũhiinda—iũrũte itarĩ na tha.

Mũcemanio waambĩrĩirie thaa inyaanya. Cibũ Warũhiũ, ũrĩa waarĩ ndungata nene ya ngoronia Kĩambuu, nĩwe waarĩ wa mbere kwaria no ndaarekiirwo arĩkia mĩario yake nĩ kugĩrĩrio na kũrumwo nĩ mũingĩ ũrĩa wokĩĩte mũcemanio; agĩĩkara thĩ. Macibũ macio mangĩ, hamwe na James Gĩchũrũ na Harry Thuku, nĩ maheeirwo kahiinda maarie no mĩario yaao ndĩakenirie mũingĩ, makiuugĩrĩrio, magĩĩkara thĩ. Mĩario yaakenirie mũingĩ na ĩkĩraakaria ngoronia nĩ ya Koinange wa Mbiyũ tondũ aaririe rũthiomi rwa Mau Mau. Kenyatta aarũgama kwaria, kũringana na ngathĩĩti ya *Wĩhũũge* ya tarĩki 30, mweri wa kanaana 1952, aambĩrĩrie kũhee andũ gĩtũmi gĩa gũũka mũcemanio wa ũngoronia. Akiuuga aroonire nĩ wega eekinyie mũcemanio nĩguo oonie mũingĩ na thirikaari atĩ, Kaũ yaragia cararũku na ndĩtĩkanĩĩtie noteti wa gũtũmĩra mabanga na matimũ, kana ĩkanyitanĩra na arĩa marooiga wĩyathi ndũngĩoneka na thaayũ, ũngĩoneka na mbaara.

"Ithuī atongoria a Kaū," Kenyatta akīguruma, "twaragia mūthenya barigici, tūkaaria cararūku, nī geetha Ngeretha mamenye nī tūkwenda wīyathi, nī tūkwenda matūhee mūthenya tūikare thī nao twarīrīrie mūthenya na mweri ūrīa makarekia būrūri witū, twīyathe. Ūyū nī būrūri witū, nī twarega gūtuīka ngombo cia mbarī ya nyakeerū.

Ndīraigua matheteera matiindaga magītotora, kwīyaata na kwīhūūra gīthūri atī matikoiima gūūkū Kenya na magūtūūra matwathaga; nī meerwo nī mūndū mūūgī atī kahiinda nī karīkinya tūmoohere mīrigo, tūmatindīke, kaihwa na gacūkūrū, kinya iria-inī rīa Mombatha, tūmaingīrie meeri macooke kwao. Nao Ahīndī nokinya matūmenyithie na cīīko kana marī mwena witū kana mwena wa mbarī ya nyakeerū na mamenye būrūri ūyū nī witū, kwao nī India." Kenyatta nī aririe kahiinda karaaya no ndaararamaga toorīa araramaga mīcemanio-inī ya Kaū; aarūūmaga akīhuhaga. Gatūrū koohoro, aanīrīire akiuuga, "Tūkīīte mūcemanio ūyū tūrī athuuri a Kīambuu gūcaria nyamū īno īreetwo Mau Mau, twamīoona, twīte aanake mamīūūrage...Nī ndiūūī Mau Mau nī kī, ndiūūī nī nyamū ya mūthemba ūrīkū...Mau Mau īroothiī na mīri-inī ya mīkoong'oe." Ciugo icio cia hinya ūguo itemanītio njaga mūcemanio-inī wahiinyīrīria mūingī, mūcemanio wa ūkoronia, mūcemanio wa ngaati, nī ciatuurire atongoria a Mau Mau na itungati harīa harī ruo, na niingī ciaarī ūira mūiganu atī Kenyatta aaga kūhītīrīrio na njīra ciothe nī akūrutithania wīra na thū cia wīyathi.

Thuutha wa mūcemanio ūcio wa Ndithii, Harry Thuku, agitīirwo nī birtihi ya ngoronia, nī eetire mūcemanio wa kīama gīake, *Kikuyu Provincial Association*, taūni ya Kīambuu gūtaara memba a kīama (aingī aao maarī kunda-ngūtūme a ngoronia). Aameerire matikanyue muuma wa Mau Mau kana manyiitanīre ūteti wa būrūri na Mau Mau tondū nī kīama kīa imaramari, nī mooe hiū, matimū na mīcinga mateithīrīrie Ngeretha kūhūūrana na mbūtū cia Mau Mau. Amemba a kīama kīu, Thuku amatongoreetie, macookire gūtuīka hūmungaati ndūrū mbaara ya wīyathi yatuthūka; makīheeo mīcinga nī ngoronia moorage arūīri wīyathi, atumia na ciana matūūra-inī.

Kenyatta Gūtūmanīrwo nī Mau Mau

Ciumia igīrī ciathira Kenyatta nī atūmanīirwo nī atongoria a NMM ooke wabici ya Mau Mau ya hitho Kīburi house, Nairobi, maarie. Stanley Mathenge na Enoch Mwangi nīo maatwarire ndūmīrīri icio. Magīkombora teegithi ya Maina wa Kahuumbī (gītungati kīa Mau Mau) īkīgīīra Kenyatta,

Gatũndũ. Akinya wabici-inĩ akorire eetereirwo nĩ atongoria Mau Mau—Fred Kubai, Bildad Kaggia, Isaac Mwangi wa Gathanju, Eliud Mũtonyi na angĩ. Mathenge na Enoch Mwangi onao maarĩ memba a NMM. Haarĩ bathitora hau meetha-inĩ; rĩrĩa Kenyatta amĩoonire akĩira gĩthithi. Maanyua caai na maarĩa ciathiire ciathererire, magĩikarĩra ndeto njũng'wa.

Atongoria a NMM nĩ mamenyithirie Kenyatta nĩ maraakarĩtio nĩwe nĩ ũndũ wa gwĩtĩkĩra gũthĩĩ mũcemanio wa ngoronia Kĩambuu wa kũhũũra Mau Mau; makĩmwĩra nĩ matuurĩtwo nĩ mĩario ĩrĩa araririe ya kũmenereria na kũnyararithia kĩama kĩa mbaara ya wĩyathi, na niingĩ makĩmũririkania atĩ nĩ akoreetwo agĩtũmĩra mĩcemanio ya Kaũ kũbinga mworoto wa Mau Mau. Akĩirwo atakũhithwo maũndũ macio areeka na kũrega kũnyitanĩra ũteti na Mau Mau no matũme eekĩrwo kĩaara mũmero kana aringwo na mbũrũbũrũ nĩ Mau Mau. Nĩ aririkanirio atĩ mworoto wa Mau Mau nĩ kũrutũrũra ngoronia Ngeretha bũrũri-inĩ na mĩcinga na thakame na andũ airũ arĩa makũnyiita Ngeretha mbaru no kũrengwo makũrenga na njirũngi. Kaingĩ mĩario-inĩ nĩ mageragia kwonia Kenyatta atĩ Ngeretha aarĩ na mũbango wa gũtua Kenya iitũ bũrũri wake, ndarĩ hĩndĩ ageetĩkĩra bũrũri wĩyathe no aingatiirwo na haaro. Nĩ mageririe kũmũtaarĩrĩria na kũmwonia atĩ gũtirĩ bũrũri ona ũrĩkũ ũrĩ ndunia ĩno iitũ ũrĩ wacookeirio wĩyathi nĩ thũkũmũ na gĩitĩrĩra, wĩyathi nĩ kũrũĩrwo ũrũagĩrwo, ũgatuunyanwo na hinya na ngoronia ikaingatwo, bũrũri ũkeyatha.

Atongoria a NMM ona mageria kwonia Kenyatta atĩ ũtongoria wake waarĩ na mageca na raini ĩrĩa Kaũ yaagereete yaarĩ ya kũrikĩria ũkoronia, Kenyatta aikirie cuka ciande, akĩambĩrĩria gũikĩria atongoria a NMM mooko. Macũngĩrĩrio, Kenyatta nĩ areegire kũnyiitanĩra mũng'eeng'ano wa wĩyathi na Mau Mau; akĩira atongoria a NMM atĩ ũguo meeciirĩĩtie na makabanga nĩ ũgũtũma Ngeretha omie ngoro, anyiite atongoria na ahũũre ciama cioteti na cia arutiwĩra marubuku, atũmĩre mĩcinga na mboomu kũũraga atumia na ciana matũũra-inĩ. Akĩmeera atĩ mataaro make nĩ matigane na mũbango wa mbaara, mathondeeke rũhonge rwa andũ eethĩ (*Youth League*) thĩinĩ wa Kaũ na meetĩkĩre kũnyita mbaru mworoto na mũbango wa Kaũ wa kũhũũranĩra wĩyathi na ngo ya gatiba. Ũguo nĩ kuuga meetĩkĩre kũrutithania wĩra wa wĩyathi na Kaũ na thirikaari ya ngoronia kinya hĩndĩ ĩrĩa thũkũmũ cia Ngeretha igeetĩkĩra kwandĩka gatiba ya wĩyathi ona akorwo nĩ mĩaka iigana ĩgũũka. Kubai arĩ na mang'ũrĩ agĩkũũrĩra Kenyatta maitho, akĩmwĩra:

Jomo, ũratũũria tũrekie mũrũgamo witũ wa wĩyathi, twĩtĩkĩre kũrutithania wĩra na thirikaari ya ũkoronia ĩrĩa ĩtatũheeaga gĩtĩĩyo, yaandĩkaga magathĩĩti-inĩ, mabuku-inĩ na bairo-inĩ na ĩkanĩrĩra kameeme-inĩ na kanitha-inĩ atĩ ithuĩ tũrĩ nyamũ, tũtirĩ andũ; thirikaari ĩrĩa ĩrutĩte watho wa ũkarabaa wa gũtũhiinyĩrĩria, watho wa tũkuuage kĩbandi ta ngui, thirikaari ĩtĩkĩrĩtie njangiri cia Thũngũ kũgwata atumia aiitũ na hinya na kĩmaruthia wĩra na hinya—ĩyo nĩyo thirikaari ũreenda tũrutithanie wĩra nayo? Aaca, nĩ twarega. Gũtirĩ ũraata ũngĩkorwo ho gatagatĩ-inĩ ka andũ aiitũ na ngoronia, gatagatĩ-inĩ ka wĩyathi na ũkombo. Ithuĩ na kĩama giitũ, na nĩ kĩo kĩrĩ na andũ aingĩ bũrũri-inĩ, nĩ twĩrutĩire kũmomoora wathani wa kĩĩnyamũ wa ũkoronia, twoye wĩyathi witũ. Aakenya arĩa makũnyiita ngoronia mbaru nĩ thũ cia bũrũri, thũ cia Mau Mau; tũkũmarenga magũrũ na njirũngi; no arĩa marĩ mwena wa bũrũri na wĩyathi nĩ araata a Mau Mau. Mũrũgamo wĩtũ, wĩtĩkio wĩtũ, nĩ ũcio: ũwĩtĩkĩre kana ũũrege (Ribooti ya Kaggia, 1977).

Kaggia atagũtũmĩra ciugo nditũ ta Kubai eerire Kenyatta:

Jomo, nĩ njũũĩ nĩ ũthoomaga ngathĩĩti-inĩ na mabuku-inĩ ũteti na mũng'eeng'ano wa wĩyathi wa mabũrũri maingĩ ma thĩ. Nĩ ũũĩ andũ a Chaina, Korea, Vietnam na rĩu Kiuba moete mĩcinga marutũrũre thũkũmũ cia Rũraaya ya rũgũrũ na cia Ameerika mabũrũri-inĩ maao; meetĩkĩtie toorĩa Mau Mau ĩtĩkĩtie atĩ wĩyathi ndũrutagĩrwo andũ na kĩĩhũri nĩ ngoronia, nĩ kũrũĩrwo ũrũagĩrwo. Ũbuuthi ũcio wa twandĩkĩrwo gatiba ya wĩyathi nĩ thũ ciitũ, wa tũtindage wabici yaarĩa makoomeire bũrũri witũ tũkĩmathaitha tũturĩtie ndu matũhe wĩyathi, matũcokeria ithaka, meherie watho wa ũkarabaa, nĩ ũnogetie andũ aiitũ. Makwenda Mau Mau ĩmatongorie na ithuĩ tũtiracooka na thuutha. Tathĩĩ mĩtaa-inĩ Nairobi— Kariokoo, Bahati, Kamũkũnji, Maceengo, Mathare, Shauri Moyo, Karoreinĩ—wone mbũtũ cia Mau Mau icurĩtie mĩcinga ciande na ũthikĩrĩrie nyĩmbo iraiinwo nĩ aathũkũmi cia ũregi ũkoronia; nyĩmbo cia wĩyathi. Matũũra-inĩ Gĩkũyũ, Embu, Mĩĩrũ na Mbeere nĩ tũthondekeete njeeci cia kũrũĩra wĩyathi, mĩcinga na njirũngi tũrĩ na kĩhũmba, igaanda cia gũtura mĩcinga na mbũrũbũrũ nĩ iraakwo; ithuĩ nĩ twĩharĩirie. Kaũ yeenda gũtigwo mũrimo ũrĩa ũngĩ—mũrĩmo wa ũkoronia— ũcio nĩ wĩra waku, Kĩnyatta. No ndaakwĩra atĩrĩĩrĩ, atongoria a Kaũ maigĩrĩra mĩcinga ya ngoronia ciande gũtirĩ waao ũkũhonoka, tũkũhe mĩĩrĩ yaao nderi na hiti. Nĩ ũroona bathitora ĩno, tũmĩigĩrĩire hau meetha-inĩ nĩguo ũmĩoone, ũmenye atĩ ithuĩ ũteti wa mũhũyũko wa gatiba nĩ ũratũnogirie (Kaggia, 1977).

Ngarari na ngucanio mĩario-inĩ ciathiire na mbere handũ ha mathaa matatũ, no atĩrĩĩrĩ, Kenyatta ndaakinyũkirie ikinya, akĩrega, mwĩrĩ na ngoro, kũnyitanĩra na atongoria a NMM. No aatindĩkwo mũno nĩ eetĩkĩrire mĩtĩ ĩno: 1) gũkaanja mĩcemanio ĩrĩa abangĩirwo nĩ ngoronia ya kũhũũra Mau Mau; 2) kwona atongoria a Kaũ matiratũmĩra mĩcemanio ya kĩama kũhũũra Mau Mau; 3) kũingata atongoria arĩa maramenyeka nĩ njaguuti cia ngoronia kĩama-inĩ gĩa Kaũ; 4) akũnje mooko, areeke kĩguũ kĩa wĩyathi kiune igiri. Ataanauma wabici nĩ amenyithirio na ciugo nguhĩ nĩ Kaggia atĩ aregana na mĩtĩ ĩyo ĩna meetĩkanĩria, athiĩ na mbere kũhũũra Mau Mau, kũhoria mwaki wa wĩyathi, nĩ akuona kĩbaata gĩũke. Ang'athĩtie akĩgoromekera Kaggia, akĩmwĩra: "Kaggia, nguca ũrĩ mũraata wakwa no ngũthugumĩre kanua. Ngwĩciiria wee nĩ ũũĩ wega ndĩkuuaga ũndũ ndiugũũkagwo ona ingĩrũmwo kaara. Kĩndũ kĩrĩa thũire nĩ mũndũ kũndindikĩrĩria ũhoro karakara. Hiihi nĩ mũriganĩirwo atĩ mũrĩ ciana ciakwa cioteti; nĩ niĩ ndĩmũrereete, ngamũthoomithĩa hicitũri ya bũrũri ũyũ witũ na ngamũhee kĩrĩra gĩĩoteti kinya mũgakinya hau mũkinyĩte. Rĩu ũrĩa mũreeka nĩ toorĩa kĩhĩĩ kĩng'athagĩria ithe gĩgĩciiria atĩ ndooĩ ũrĩa areeka. Menyererai mũtigaite mũkĩonoria" (Ribooti ya Kaggia, 1977).

Kenyatta oima wabici ya ituĩka aakorire teegithi oĩrĩa yaamũreheete ĩmwetereire, akĩingĩra; Mathenge na Enoch makĩmumagaria, makĩona nĩ akinya mũciĩ na thaayũ. Kuuma ihiinda rĩu Kenyatta agĩkunya gũtũ; akĩreka Mau Mau ĩtemeere mũingĩ njĩra ya wĩyathi, akĩbuunja ũthoni ũrĩa maarĩ naguo na ngoronia na agĩkaanja mĩcemanio ĩrĩa aabangĩirwo nĩ thirikaari ya ngoronia.

Kuumana na gũkaanja mĩcemanio ĩyo ya kũbinga Mau Mau, thirikaari ya ngoronia yauugire ũcio waarĩ ũira mũiganu atĩ Kenyatta kũna aarĩ memba na mũtongoria wa Mau Mau. Ngathĩĩti cia ũkoronia igĩtaambia burobaganda ĩyo, ikĩhaka rĩĩtwa rĩa Kenyatta magigi; kameeme ka ngoronia, BBC, na wabici nene ya ũkoronia, London, ikĩanĩrĩra ndunia yothe atĩ Kenyatta nĩwe kĩongo kĩa Mau Mau, nĩwe ũthondekeete mũbango wa ũcangiri wa kũingata mbarĩ ya nyakeerũ bũrũri. Rĩĩtwa rĩa Mau Mau narĩo rĩkĩhakwo mai makĩria. Ngathĩĩti cia thũkũmũ gũũkũ Kenya, kanitha na thukuru cia Thũngũ amĩceeni, ikĩanĩrĩra atĩ Mau Mau nĩ kĩama kĩa anyua thakame ya andũ, kĩama kĩa mĩkora, mĩitũ na imaramari—kĩama kĩrĩ na mũbango wa gũcookia Kenya nduma-inĩ ya ũcaitaani. Nao matheteera nyakeerũ, arĩa maanyuaga maguta mootonga wa bũrũri matuikarĩire gĩthũri, makiumĩra kĩhaaro kĩa mbaara hamwe na njaguuti ciao nyakairũ, makiuuga Kenyatta nĩ mũtongoria wa ooragani, nĩ mũtongoria wa nduma, nĩ mũkomiuniciti, nĩ anyiitwo areengwo rũhĩa. Kenyatta ona ageria gũkaana na kũrega ti mũtongoria wa Mau Mau, atongoragia Kaũ, thirikaari ya ngoronia ndĩamwĩtĩkirie. Nĩ ũndũ ũcio, wabici nene ya ũkoronia, London, ĩkĩandĩka andũ gĩkundi (aathomi arĩa mendagia ũũgĩ waao kũrĩ thũkũmũ cia ndunia), Wakarũĩgĩ (L.S.B. Leakey) arĩ ũmwe waao, akwenja ũira wa maheeni wa kwohania Kenyatta na Mau Mau na wa kũhaka mũng'eeng'ano wa wĩyathi thakame ya ũcangiri. Nakuo gũũkũ Kenya, thirikaari ya ngoronia ĩgĩthondeeka kamĩtĩ, ĩtongoreetio nĩ Harry Thuku, Tom Mbotela, Ofafa, James Gĩchũrũ, Tom Mboya, B.A. Ohanga, Mũchohi wa Gĩkonyo, Cibũ Warũhiũ, Njiiri wa Karanja, na Nderi wa Wang'ombe, ya kũmĩoongerera meeciiria ma kũhũũrana na Mau Mau. Ndoogo ya mbaara ya wĩyathi ĩkĩambĩrĩria gũtooga bũrũri-inĩ.

Kuuga na Gwĩka

Mũcemanio wa hitho wa atongoria a NMM na Kenyatta, ona gũtuĩka nĩ wabuunjire ũiguano wa Kaũ na Mau Mau, nĩ warehire ũgarũrũku mũnene, mwega na wa bata ũteti-inĩ wa bũrũri. Ũgarũrũku ũcio wahaanaga ũũ: 1) ũtongoria wa mũng'eeng'ano wa wĩyathi rĩu waarĩ mooko-inĩ ma NMM, honge cia Kaũ bũrũri-inĩ wa GEMM, Nairobi na ndiicitiriti ya Naikuru ciatongoreetio nĩ itungati cia Mau Mau, aarimũ a thukuru cia Karĩng'a na aahunjia a makanitha ma Karĩng'a maarĩ atongoria a Mau Mau matũũra-inĩ. Mabuku marĩa maathoomagwo thukuru cia Karĩng'a maandĩkĩĩtwo na karamu gatuune ka Mau Mau, kĩrĩra kĩrĩa kĩaheeanagwo kanitha cia Karĩng'a kĩarugĩĩtwo na nyũngũ ya ũregi wa ũkoronia na kĩaarĩ na mũrĩo tondũ wa gwĩkĩrwo mũtutu wa wĩyathi; nyĩmbo iria ciaaiinagwo cukuru na kanitha cia Karĩng'a na mĩcĩĩ ya memba a Mau Mau ciatungĩĩtwo na ngogoyo ya ituĩka. Na niingĩ, KATC yaarĩ kĩbũi gĩa gũkindĩra na kũrikĩria mĩhĩtwa ya Mau Mau na wĩtĩkio, kĩgaanda gĩa gũtura ngoro cia cuuma cia itungati cia kĩama kĩa wĩyathi, mũgũnda wa kũhandwo mbegũ cia wĩyathi; inooro rĩa kũnoora meeciiria ma ũtongoria wa Mau Mau wa mbere ndaaya; 2) magooti ma ituĩka nĩ maambiirwo Cenitũrũ, Nairobi na Rĩbutibare magũciirithia andũ arĩa makuuna watho wa Mau Mau na arĩa meecũkũmithagia kũrĩ mbarĩ ya nyakeerũ. Tondũ Mau Mau ndĩaarĩ na njeera, aahĩtia matuagĩrwo kũhũũrwo iboko kana magatocwo, magacooka makaheeo muuma wa kũũmia wĩtĩkio waao. Arĩa magarũrũkĩĩte magatuĩka njaguuti cia nyakeerũ matuagĩrwo gĩkuũ manyiitwo; 3) Stanley Mathenge nĩ acagũrirwo nĩ NMM Komanda na Koigi wa mbũtũ cia Mau Mau cia mũtitũ-inĩ, naake Enoch Mwangi agĩtuuo Koigi wa njeeci ya Mau Mau, Nairobi. Eerĩ makĩĩrwo nĩ NMM mathagathage mbũtũ ciao tondũ mbaara ya wĩyathi ĩrĩ hakuhĩ gũtũrĩka. Mbere ya mũcemanio wa Kenyatta na NMM, kũrĩ mweri wa Juuni 1952, Mathenge na mbũtũ ya andũ 300 nĩ maingĩrĩte mũtitũ wa Nyandarwa gũtabarĩra ũrĩa mbaara ĩkũrũũo; naake Warũhiũ wa Itote kũrĩ mweri wa kanaana agĩtongoria mbũtũ ĩngĩ ya wĩyathi ĩkĩĩngĩra Kĩrĩĩnyaga. Njeeci ya Nairobi yaheeirwo wĩra wa birithi—wakũnyiita memba arĩa mauuna watho wa Mau Mau na kũmaatwara igooti rĩa ituĩka. Kũniina arĩa maabinga na gũthigana ituĩka, gũtwara arũmĩrĩri a kĩama kĩa wĩyathi muuma-inĩ na kũrangĩra muuma ũkĩnyuuo, gwetha na kũgũra indo cia mbaara, gũturĩni aarũi a mbaara na kwona nĩ maheeo muuma wa keerĩ weetagwo Muuma wa Batũũni (nĩguo Muuma wa Mbaara) na kũmaumagaria kinya maingĩre mũtitũ; 4) NMM nĩ yarutire watho wa kweheria na njĩra ya kũũraga Aakenya arĩa meyumĩrĩtie gũteithĩrĩria mbũtũ cia Ngeretha ihũũre Mau Mau. Watho wa keerĩ woigiite atĩ: Agĩkũyũ, Aembu, Amĩĩrũ na Ambeere arĩa makũrega kũnyua Muuma wa Ũiguano manyiitwo, maheeo muuma na hinya na arĩa makũreehe buunjo, marege muuma, meekĩrwo mũhindo ngingo; 5) nĩ ũndũ wa kĩĩyo gĩa itungati cia Mau Mau, muuma nĩ waambĩrĩirie gũtaamba Maathai-inĩ, Ikamba, Rĩbuti-bare, Gĩthii, Samia kwa Aabarũia na kambĩ-inĩ cia mbirarũ cia ngoronia, njeera na birithi; 6) thigari cia birithi, njeera na mbirarũ iria cianyuĩte muuma wa Mau Mau na ikeerutĩra kũhũũranĩra wĩyathi nĩ ciaheeirwo wĩra nĩ NMM wa gũcaria mĩcinga, mbũrũbũrũ, ngurunĩĩti—mathaita o moothe magũtũmĩrwo nĩ njeeci ya ituĩka. Obithaa a mbirarũ na birithi arĩa maanyuĩte muuma wa Mau Mau maaheetwo wĩra wa gũthigana—gũthikagĩrĩria ũrĩa anene a Ngeretha a mbaara marabanga, kũiiya bairo iria ciakonainĩ noohoro wa mbaara na ũteti wa bũrũri makairehe wabici ya kĩama, na kũhee NMM marĩĩtwa ma iceerũ nyakairũ cia thirikaari iria ciageragia gũtonya kĩama kĩa wĩyathi na hitho nĩguo imenye mĩbango ya ituĩka na marĩĩtwa maatongoria; 7) NMM nĩ yathondekire njeeci ya iceerũ ya memba a Mau Mau (Agĩkũyũ, Aembu, Ambeere, Amĩĩrũ na Aikamba) arĩa marutaaga wĩra mawabici-inĩ ma thirikaari. Wĩra waao waarĩ wa kũiiya bairo cia thirikaari cioteti na iria ciaarĩ na mũbango wa mbaara na kũmenya marĩĩtwa ma arutiwĩra andũ airũ arĩa mateithagĩrĩria ngoronia kĩĩmeeciiria nĩguo mahote kũhĩtĩrĩria ituĩka. Wĩra ũngĩ maaheetwo nĩ kũiiya mĩcinga ya thũ mawabici-inĩ na kũrutaga mũhothi wa gũteithĩrĩria mbaara ya wĩyathi. Amwe maarĩ thirikaari-inĩ ya ngoronia maarĩ aarũi a mbaara; marutaaga wĩra mũthenya, ũtukũ makeeyoha mathaita ma mbaara, magathĩĩ kũhĩta thũ cia wĩyathi mĩtaa-inĩ; 8) matũũra-inĩ Gĩkũyũ-inĩ, Mĩĩrũ, Embu na Mbeere Mau Mau nĩ yeebangĩte, o itũũra rĩaarĩ na atongoria arĩa maarĩ maitho na matũ ma kĩama na gĩkundi gĩa atumia kĩrĩa gĩaatabaragĩra na kũbanga ũrĩa irio, ndaawa, nguo na indo ingĩ igũkinyĩra ihĩĩ cia mũtitũ. Thĩinĩ wa Nairobi o mũtaa waarĩ na atongoria maacagũrĩĩtwo nĩ kĩama moone mawatho ma Mau Mau nĩ mararũmĩrĩĩrwo na thũ cia wĩyathi nĩ ndware mbĩĩrĩra; (9) Mũũmau-mau angĩoniirwo ndararumĩrĩra mũhari wa kĩama, nĩ arateretha, nĩ eetagwo nĩ atongoria a Mau Mau a itũũra rĩake amataarĩrie gĩtũmi kĩrĩa kĩratũma arigoe wĩra-inĩ wa kĩama. Angĩaremiirwo nĩ kũheeana gĩtũmi kĩiganu nĩ aigagĩrwo gĩtungati na hitho gĩa gũtuĩria mĩtugo yaake—nĩaa araata aake, nĩ wĩra ũrĩkũ arutaga, nĩ ahikanĩtie, nĩ ateithagia mũtumia na ciana, nĩ aheenanagia, nĩ arutaga mũhothi wa kĩama atakũringa kanua, nĩ anyuaga njoohi, nĩ athiiaga na maraaya, arĩ ũraata na thigari cia ngoronia na maũndũ maingĩ ta macio; 10) memba a Mau Mau nĩ maagirĩtio nĩ watho kũnyua njoohi na thigara, kũheenania, kũhũũra ũmaraaya, gũtharia, kũgwata atumia, kũhũũra atumia aao kana gũtuma ũraata na thigari cia ngoronia. Mũndũ angĩanyitiirwo na ihĩtia rĩmwe rĩa macio, nĩ aanyiitagwo, agatwarwo igooti-inĩ rĩa kĩama. Mũtĩ wa mũico: Kaũ yaarega kũnyitanĩra mbaara ya wĩyathi na mbũtũ cia Mau Mau, yaakũnjire mũting'oe ĩgĩcooka wabici gũkomereria mathayo kũrĩa yaarutũrũriirwo nĩ mbũtũ cia ngoronia na mĩcinga na thakame mbaara ya wĩyathi yacarĩĩka.

Kuumana na mĩbango ya NMM ya kũgeria gũtaambia mũng'eeng'ano wa wĩyathi bũrũri mũgima, kwenjera mĩgarũ na hũmungaati mbĩĩrĩra na arĩa angĩ meekĩrĩĩte nguo cia ngoronia cia mbaara na magacuria mĩcinga ya thũ ciande, gũciina nyũmba Mũrang'a na Nyĩrĩ cia aacukani, kũratha birithi na mbirarũ mataũni-inĩ na kũmaatuunya mĩcinga, thirikaari ya ngoronia nĩ ya gutũkire, ĩkĩambĩrĩria kũbanga mĩbango mĩerũ ya kũgeria kũmunya Mau Mau ruoya rwa gĩtitiira. Wambere, Ngabana Mitchell nĩ aceenjirio, gũkĩreehwo Ngabana wa mbaara weetagwo Evelyn Baring.

Wakeerĩ, mbũtũ cia Ngeretha irĩ na mĩcinga mĩnene na ibaarũ na ndege cia mbaara ikĩambĩrĩria kũreehwo bũrũri-inĩ kwaũingĩ; birithi ikĩheeo hinya wa kũrũgamia ngaari, makĩria mbaathi, ikaruta Agĩkũyũ, Aembu, Ambeere na Amĩĩrũ ikamekĩra ngaari cia birithi ikamatwara borithi kũhũũngwo mahũri. Matũũra-inĩ na mataũni-inĩ andũ, makĩria a rũũrĩrĩ rwa GEMM, makĩnyiitwo kwaũingĩ hatarĩ gĩtũmi kĩĩganu, makanyariirwo, makoohwo, magaaikio nditĩĩni, kana makooragwo; nao atumia na ciana cia airĩĩtu makagwatwo nĩ njangiri thigari cia ngoronia. Kambĩ cia kũhũũngĩra andũ a Mau Mau mahũri igĩaakwo ndiicitiriti cia bũrũri wa GEMM, Ikamba, Nairobi na Rĩbutibare. Nditĩkaano ya mbũtũ cia Mau Mau na cia Ngeretha barabara-inĩ Nairobi, Gĩkũyũ-inĩ, Embu, Mbeere na Mĩĩrũ, igĩthingithia bũrũri, no kĩrĩa gĩateng'ũrire ũrogi na nyũngũ nĩ gĩkuũ gĩa Cibũ Warũhiũ. Tarĩki 7 mweri wa ikũmi 1952, Cibũ Warũhiũ, ũrĩa waarĩ njaguuti nene ya thũkũmũ Ngeretha, Kĩambuu, nĩ arekirio na njirũngi mũthenya barigici nĩ mĩrani ya Mau Mau. Njamba iria ciaheetwo wĩra ũcio nĩ NMM nĩ Gathukĩ wa Mĩgwĩ wa itũũra rĩa Ũthĩrũ, Kĩambuu, na Wawerũ wa Kamũũndia kuuma itũũra rĩa Kahuro, Ũthaya, Nyĩrĩ. Kũrathwo kwa Warũhiũ kwarĩ njĩra ĩmwe ya kuuga atĩ mũndũ owothe, nyakairũ kana nyakeerũ, ũkũgeria kũhĩtĩrĩria mbũtũ cia wĩyathi nĩ gĩkuũ areetha. O mweri o ũcio Cibũ Nderi wa Wang'ombe, naake waarĩ ndungata nene ya ngoronia, Nyĩrĩ, nĩ aatumbũriirwo nĩ njamba cia wĩyathi. Gũtuĩkaga Kĩmaathi nĩwe watongoreetie mũtharĩko ũcio.

Kũũragwo kwa Warũhiũ na Nderi nĩ kwahahũrire thirikaari ya njangiri nyakeerũ; kwoguo kũrĩ tarĩki 20 mweri wa ikũmi 1952, Baring nĩ aanĩrĩire na kameeme, akiuuga Mau Mau ndĩgwĩtĩkĩrio ĩhagũre thirikaari. Kũgirĩrĩria ũndũ ta ũcio ndũgekĩke, Baring nĩ eekĩrire watho wa mwĩhũũgo bũrũri-inĩ. Na ciugo nguhĩ, Ngabana nĩ mbaara aanĩrĩire ya kũhũũra mbũtũ cia wĩyathi. Na ũmenye nĩiguo-rĩ, Ngabana aheeire birithi na mbirarũ rũũtha rwa kũũraga mũndũ mũirũ owothe weciiragĩrio nĩ wa Mau Mau kana ũrĩa wang'athia, agĩĩkĩra kaabiũ bũrũri wa GEMM, Nairobi, Naikũrũ, na akihinga mĩcemanio yoteti bũrũri mũgima. Nĩ aarutiire watho atongoria a Kaũ, a ciama cia arutiwĩra na a thukuru cia Karĩng'a, hamwe na atongoria a makanitha ma lindi na ma Karĩng'a, manyiitwo. Ngathĩĩti cia ituĩka ikĩhũũrwo marubuku na aandĩki a ngathĩĩti icio makĩnyiitwo. Thukuru ciothe cia Karĩng'a na kanitha hamwe na KATC ikĩhingwo na watho wa tuuteni, aarimũ na arutwo makĩnyiitwo. To ũcio wiki, mandereba ma teegithi—Nahashon Itatĩ, Mwangi wa Baarũ, Karũũru wa Mũrebu, Gacangi wa Gĩkaru, Ndibui wa Wawerũ, Mbũrũ wa Njoroge, Mũtahi wa Kĩbiri, Mũirũ wa Kĩnoga, Ngarĩ wa Kĩgeca na Maina wa Kahuumbĩ—arĩa matuĩkaga nĩo maakuaga atongoria a Mau Mau na magatũmĩra ngaari ciao gũtwara andũ muuma-inĩ na arĩa angĩ meeciiragio nĩ aheeani a muuma nĩ maanyitiirwo mũthenya ũcio watho wa mwĩhũũgo wanĩrĩirwo. Mũngũrũrio ũcio wa kũnyita atongoria a bũrũri weetagwo *Operation Jock Scott*. Andũ arĩa maatahirwo nĩ *Operation Jock Scott* hamwe na Kenyatta na Koinange wa Mbiyũ maarĩ 200—arũme 198 na atumia eerĩ (Rebecca Njeeri na Sera Serai). Aingĩ aao matwariirwo nditĩĩni handũ hetagwo Senya, Kajiado; maiikara thikũ ithatũ magĩcagũrwo, makĩigwo ikundi igĩrĩ—gĩkundi kĩmwe gĩgĩtwarwo nditĩĩni Marsabit; na kĩu kĩngĩ gĩgĩtwarwo nditĩĩni gĩcigĩrĩra-inĩ Manda. Kenyatta, Bildad Kaggia, Fred Kubai, Paul Ngei, Kũng'ũ wa Karũmba na Achieng Oneko makĩĩrwo nĩo atongoria a kĩama kĩa Mau Mau, magĩkĩĩrwo mabĩĩngũ mooko na macegera magũrũ, magĩĩkio ndege ya mbirarũ, magĩtwarwo igooti-inĩ Kabengũria, magĩthitangwo na mahĩtia magũtabarĩra na gũtongoria Mau Mau. Kenyatta, Kaggia, Kubai, Karũmba na Ngei makĩohwo o mũndũ mĩaka mũgwanja njeera nditũ; Achieng akĩrekio. Auuma mũrango-inĩ wa igooti akĩnyiitwo, agĩikio ndege ya mbirarũ agĩtwarwo nditĩĩni gĩcigĩrĩra-inĩ Manda. Mũthenya ũyũ ũngĩ thirikaari ya ngoronia ĩkĩhũũra kĩama gĩa Kaũ marubuku—bairo na rekoodi cia kĩama igĩtahwo na arĩa maarutaga wĩra wabici-inĩ ya kĩama makĩnyiitwo na wabici ĩgĩkĩrwo konji nĩ ngoronia. W.W.W. Awori, ũrĩa woeete ũtongoria wa Kaũ Kenyatta aanyiitwo, ndaanyitiirwo—aarĩ gĩceerũ kĩa ngoronia kĩama-inĩ no atongoria matiaamenyaga.

Mũngũrũrio wa *Operation Jock Scott* nĩ watahire andũ arĩa moneete haraaya gĩĩũteti, arĩa maarĩ njamba cia rũũrĩrĩ na maarĩ noteti wa ũregi wa ũkoronia na gĩthoomo kĩa igũrũ—atongoria a Kaũ na a Mau Mau. Angĩ maarĩ aandĩki a ngathĩĩti cia ituĩka, aandĩki mabuku ma ituĩka, atuungi a nyĩmbo cia wĩyathi na marebeta ma ituĩka; angĩ ta Kubai, Kaggia, Isaac Mwangi Gathanju, Eliud Mutonyi, J.D. Kali maarĩ atongoria a NMM. Agĩkũyũ a mbiaacara, atongu na maateithagia kĩama kĩa wĩyathi na mbeeca na nyumba cia gwĩkĩrwo mĩcemanio ya hitho na kũrarwo nĩ itungati cioima mũtitũ, aingĩ aao nĩ maanyitiirwo na mawĩra maao ma mbiaacara makĩharaganio nĩ njangiri nyakeerũ. Atongoria a thukuru na kanitha cia Karĩng'a na lindi onao nĩ maanyitiirwo. Kweherio gwa atongoria acio, aarĩ aingĩ aao maarĩ mũthitarĩ wa mbere mbaara-inĩ ya wĩyathi, ona akorwo gũtiaharaganirie ituĩka nĩ gwatururire ũtongoria wa Mau Mau gwa kahiinda. Nĩ tuuge na ciugo nguhĩ atĩ *Operation Jock Scott* nĩ yaaringire kĩama kĩa wĩyathi iringa ĩnene makĩria mwena-inĩ wa ũtongoria, kĩrĩra, ũũgĩ na aidioronji.

Bildad Kaggia andĩkĩĩte ibuku-inĩ rĩake, *Roots of Freedom 1921-1963*, atĩ atongoria a NMM nĩ mooĩ wega thirikaari ya ngoronia yaarĩ na mũbango wa kũnyita atongoria a Kaũ na a Mau Mau mũthenya ũcio wa mweri 20 no gũtirĩ waao wathiire kwĩhitha kana kũingĩra mũtitũ ateithĩrĩrie Mathenge gũcookanĩrĩria mbũtũ cia wĩyathi ohamwe na kũreehe hendikwota ya ituĩka mũtitũ. Oothe matieeringithirie, maikarire ũguo ta andũ aroge, magĩeeterera thigari cia ngoronia ciũũke imatahe ta ndaahi. Amwe aao nĩ maanyitiirwo na arĩa angĩ mataanyitiirwo mũthenya ũcio, handũ ha gũthiĩ mũtitũ, magĩthiĩ kwĩhitha mĩtaa-inĩ Nairobi na mataũni-inĩ mangĩ kũrĩa maacookire kũmunywo na mbaara nene nĩ mbũtũ cia ũngoronia. Oothe atongoria a NMM, tiga Stanley Mathenge, nĩ maanyitiirwo gatagatĩ-inĩ kwa mwaka 1952 na 1954. Nĩ ũndũ ũcio, wĩra wa gũcookanĩrĩria na gũtongoria njeeci ya wĩyathi watigĩirwo komanda a mbaara—Mathenge, Ihũũra, Kĩmaathi, Gĩtaũ Matenjagwo, Warũhiũ wa Itote, Macaria wa Kĩmeemia, Mbaria wa Kaniũ, Njenũrũ Kago, Mwangi Toto, Kariũki Chotara, Bamũinge, Mwariama na angĩ. Wĩra ũcio ndwarĩ mũhũthũ harĩ aanake mataarĩ noteti mũrikĩru ta wa Kaggia na Kubai, na niingĩ matiaarĩ memba a NMM, maarĩ thigari.

Itua rĩa NMM rĩa ũregi wa gũthiĩ mũtitũ gũtongoria mbũtũ cia wĩyathi nĩ rĩarehire ũgarũrũku ũtongoria-inĩ wa kĩama gĩa ituĩka. Wambere, Mathenge, Warũhiũ, Kĩmaathi, Mbaria, Njenũrũ Kago, Njenũrũ Matenjagwo, Njenũrũ Ihũũra, Macaria wa Kĩmeemia, Mwangi Toto, Mwangi Enoch, Njenũrũ Tanganyika, Nyoro wa Kĩragũ, Kariũki Chotara, Baimungĩ, Mwariama na angĩ nĩo matuĩkire atongoria a Mau Mau na makomanda a njeeci cia wĩyathi. Tondũ wocamba waao ũmũũthĩ nĩo marĩ igweta mabuku-inĩ ma hicitũri ya bũrũri, matũũra-inĩ na mataũni-inĩ. Aingĩ aao nĩo matuĩkire kĩroro gĩa kwĩroragwo na kĩo nĩ njiarwo. Kaggia, Kubai, Eliud Mũtonyi na Isaac Maina wa Gathanju arĩa maarĩ itugĩ cia cuuma cia gatagatĩ cia kĩama gĩa ituĩka makĩaga igweta kana rĩĩtwa thĩinĩ wa njeeci ya wĩyathi na ũtongoria-inĩ wa Mau Mau. Wakeerĩ, tondũ atongoria a NMM nĩo maarĩ noteti wa ituĩka, nĩo maarĩ na gĩthoomo kĩa igũrũ na mooĩ mworoto na mũrũgamo wa Mau Mau, ũregi waao wa kwaga gũthiĩ na njeeci yaao mũtitũ na kũmĩtongoria nĩ watũũmire ũtongoria wa kĩama kĩa wĩyathi ũgĩe na mageca maingĩ ma aidioronji na makĩria ũgĩkundeeria mũrũgamo na mworoto wa ituĩka wa mbere ndaaya.

Korwo nĩ maatwarire hendikwota ya ituĩka Nyandarwa na matongorie mbũtũ cia wĩyathi, ũmũũthĩ ũyũ tũngĩinaga rwĩmbo rwao toorĩa andũ a Kiuuba makumagia Fidel Castro na Che Guevara na a Abirika ya mũhuro magakumia Mandela.

Atĩrĩirĩ, kĩama gĩa ituĩka kĩgĩaga andũ meerutĩire na athoomu (na Gĩthũngũ andũ acio metagwo *organic revotionary intellectuals*) akũmũrĩka na kĩmurĩ gĩa gĩthoomo kĩomootho njĩra ĩrĩa kĩama gĩkũgera na kĩrorete, agũtũmĩra karamu ta mũcinga kũrikĩria na kwaramia mũrũgamo wa kĩama na aidioronji, agũthoomithia memba a kĩama, itungati na thigari cia ituĩka mworoto wa mbaara, kũmamenyithia araata a mũingĩ nĩaa na thũ ciao nĩaa, na kwandĩka gatiba ya ituĩka, kĩama kĩu nĩ kĩhĩnjaga kĩĩmeeciiria, kĩĩmũbango-inĩ, kĩaidioronji-inĩ, mworoto na mũtaratara wa kĩo ũgakundeera, ituĩka rĩgathaata kana rĩkahooha.

95

Dedan Kĩmaathi, 1950

Dedan Kĩmaathi (ũrĩo) na araata aake, 1950

Josiah Mwangi Kariũki ooragirwo nĩ thirikaari ya Kenyatta, 1975

Kenyatta mũcemanio-inĩ Kĩrigiti 1952

7: Tũkũrũa Kinya Mũndũ wa Mũthia

Kĩmaathi Kũingĩra Nyandarwa

Thũkũmũ Ngeretha maanĩrĩra mbaara kĩama kĩa Mau Mau nĩ kĩebangire nĩguo gĩkoorwo na nditi ya kũng'aang'ana na maitha. Mũbango ũcio wambĩĩtwo na mĩtĩ ĩno: wambere, NMM nĩ yaambatĩrio ĩgĩĩtwo na Gĩthũngũ, *Kenya War Council* (KWC), ĩkĩaramio na atongoria eerũ magĩcagũrwo. Aingĩ atongoria acio marutiirwo ndundu-inĩ yeetagwo na Gĩthũngũ, *Group of Thirty* (na Gĩkũyũ, Ndundu ya Andũ Mĩrongo Ĩtatũ) ĩrĩa yaarĩ mũthitarĩ wa keerĩ ũtongoria-inĩ wa Mau Mau. Wĩra mũnene wa KWC waarĩ wa gũtongoria ũrũi wa mbaara ya wĩyathi, gũcookanĩrĩria mbũtũ cia mbaara na kũibanga, kwona thigari cia kũrũa nĩ ciathiĩ turĩining'i kũbuundithio gũtũmĩra mĩcinga na kũrũmio kĩrĩra gĩĩoteti wa bũrũri itanathiĩ mbara-inĩ, na kwona ndiicitiriti o ndiicitiriti (Gĩkũyũ, Embu, Mbeere, Mĩĩrũ, Nairobi, Laikibia na Naikuru) nĩ iraruta aanake agũthiĩ mũtĩtũ, mbeeca na indo ĩrĩa ingĩ cieendekaanaga mũtĩtũ. Wĩra ũngĩ waarĩ wa kwona atĩ aanake aria macagũrĩĩtwo gũthiĩ mũtĩtũ nĩ maheeo Muuma wa Batũũni tondũ gũtirĩ mũndũ wathiaga mũtĩtũ mbaara atanyuĩte miuuma ĩĩrĩ: Muuma wa Ũiguano na Muuma wa Batũũni. Muuma wa Ũiguano waarĩ wa kũingĩra kĩama kĩa Mau Mau na Muuma wa Batũũni waarĩ wa kũingĩra njeeci ya Mau Mau. Gwetha mathaita ma mbaara na kũmaatha mbeeca cia kũrũithia mbaara onaguo waarĩ wĩra KWC. Pio Gama Pinto atananyiitwo na gũikio nditĩĩni aarĩ na gakundi gaake kohĩndĩ kaheetwo wĩra wa gũcarĩria kĩama gĩa ituĩka mathaita ma mbaara na mbeeca. Pinto aarĩ memba wa Mau Mau.

Mũtĩ wa keerĩ, Hendikwota ya kĩama gĩa ituĩka nĩ yaarutirwo Kĩburi House ĩgĩtwarwo Mathare kũraaya na maitho ma ngui cia ngoronia. Mathare nokuo igooti inene rĩa Mau Mau rĩakĩĩtwo na kĩhaaro gĩa gũturĩnĩra aarũi kĩaarĩ o kuo. Gũtirĩ thũ yaaingĩraga Mathare ikoima kuo ĩrĩ muoyo. Mũtĩ wa gatũ, Ndithemba 1952 Dedan Kĩmaathi, mwandĩki mũnene wa rũhonge rwa Kaũ Nyahururu na mũheeani muuma wa Mau Mau rũgongo rũu, nĩ aathirwo nĩ KWC aingĩre Nyandarwa gũteithĩrĩrie Mathenge ũtongoria-inĩ wa njeeci. Kĩmaathi aingĩrire Nyandarwa na andũ atatũ: ariũ a nyina eerĩ, Wagura na Wambararia na Ngũthira wahĩkĩtie mwarĩ wa nyina na Kĩmaathi; thuutha ũcio naake mũtumia wa Kĩmaathi, Mũkami, akĩmarũmĩrĩra. Mũkami aiikarire Nyandarwa mwaka ũmwe,

97

agĩcooka agĩtũmwo Nairobi nĩ kĩama kũruta wĩra wa mũingĩ. Nĩ acookire akĩnyiitwo nĩ thũ, agĩĩkio nditĩĩni, Kamĩtĩ. Wagura na Ngũthira mooragĩĩrwo ita-inĩ mwaka wa 1954, naake Wambararia akĩnyiitwo, kũhonokia muoyo wake agĩthareenda; aahe ngoronia ũhoro ũrĩa meendaga, na makĩria ũrĩa Kĩmaathi agĩĩkio ngono, handũ ya kũrekio agĩĩkio nditĩĩni, aakuĩrĩire nditĩĩni—akĩũũragwo nĩ ahingĩrwo acio angĩ aamenyeka nĩ thareenda.

Mũtĩ wa kana, Kĩmaathi aakinya mbucii ya Kariainĩ, ĩrĩa yaarĩ hendikwota ya njeeci ya wĩyathi, Nyandarwa, akorire Mathenge arĩ na mbũtũ ya andũ ngiri ithatũ cia magana mataano. Wĩra ũrĩa Mathenge aaheire Kĩmaathi waarĩ wa karani wa mbaara na akĩmũtua namba igĩrĩ ũtongoria-inĩ wa njeeci. Wĩra wa Kĩmaathi waarĩ kũiga bairo cia kĩama kĩa mbaara, kwandĩkaga ribooti ya ũrĩa mbaara ĩrathĩĩ na mbere na kwandĩkagĩra atongoria a KWC Nairobi kũmataarĩria ũrĩa mbaara ĩrarũo na kũmamenyithia mathĩĩna ma aarũi na indo iria cieendekanaga mũtitũ. Wĩra ũngĩ aheetwo nĩ gũthiiaga kambĩ cia aarũi kũmarĩria nĩguo matigaakue ngoro, kũmeekĩra ũrũme na ũũmĩrĩru na kũmataarĩria gĩtũmi kĩa mbaara. Wĩra ũcio Kĩmaathi aheeirwo nĩ watũmire amenyeke mũno nĩ ihĩĩ cia mũtitũ, imwende na imũhe gĩtĩĩyo tondũ wa ũteti wake wocamba. Kũringana naguo, wĩra ũcio nĩ watũmire Kĩmaathi amenyeke bũrũri-inĩ witũ, Abirika na thĩ yothe.

Mũtĩ wa gataano, KWC nĩ yarutire watho atongoria a Kaũ, makanjũra na ambuunge a Renjikoo andũ airũ, atongoria a ciama cia arutiwĩra na a ndini ya ũkĩrĩcitũ arĩa manyitĩĩte ngoronia mooko mooragwo hamwe na arĩa mehumbĩte nguo cia mbaara cia thũ—macibũ, mahendimeni, birithi na mbiraru. Thaata cia bũrũri ta Tom Mbotela, Ambrose Ofafa, Cibũ Hinga wa Kĩambuu na angĩ nĩ mooragirwo nĩ mĩrani ya Mau Mau. Cibũ Njiiri wa Karanja aarĩ ũmwe wa arĩa macagũrĩĩtwo maniinwo no ndaanyitĩkire tondũ nĩ arangĩirwo mũthenya notukũ nĩ batũũni ya njeeci ya Ngeretha. Mũtĩ wa gataandatũ, njeeci ya ituĩka ya Nairobi nĩ yaacookanĩrĩirio na ĩkĩbangwo mũtaa kwa mũtaa—o mũtaa waarĩ na komanda. Wĩra wa komanda wa mũtaa na njaama yake waarĩ wa kũheehenja thũ cia ituĩka, kwona memba a kĩama nĩ mararuta mũhothi wa mbeeca o mweri na nĩ mararũmĩrĩra mawatho ma kĩama na mĩtugo yaao nĩ ya eendi bũrũri. Mũtĩ wa mũthia, Ndundung'a cia Mau Mau cia ndiicitiriti nĩ ciathondekeiirwo Cenitũrũ na Rĩbutibare na kũheeo wĩra wa gũtongoria kĩama kĩa mbaara. Wĩra wa atongoria a ndiicitiriti waarĩ wa kũbanga mbũtũ cia mbaara cia ndiicitiriti, kwona mawatho ma Mau Mau nĩ maraarũmĩrĩrwo na itũũra o itũũra rĩrĩ na kamĩtĩ ya Mau Mau ya gũtabarĩra na kũbanga ũrĩa irio, ribooti na indo ingĩ iria cieendekanaga mũtitũ nĩ ciatwarwo na maũndũ moothe makonainĩĩ na mbaara ya ituĩka ndiicitiriti ĩyo. O ndiicitiriti nĩ yaarĩ na igooti rĩa Mau Mau.

Nĩ ũndũ wa ũtongoria mũrũmu na mũrũngarũ, ũiguano na ũũrũmwe wa memba a Mau Mau, njeeci ya ituĩka nĩ yeyenjeire bũrũriinĩ wa GEMM—mĩtitũ-inĩ, irĩma-inĩ, ngurumo-inĩ cia njũũĩ, ngurunga-inĩ cia mĩtitũ, matũũra-inĩ na mataũni-inĩ. Ndiicitiriti o ndiicitiriti yaarĩ na komanda wa gũtongoria njeeci ya wĩyathi. Nakuo matũũra-inĩ nĩ kwarĩ na thigari cia Mau Mau; o itũũra rĩaarĩ na thigari cia Mau Mau no mũndũ ũtaarĩ wa ndundung'a ya Mau Mau ya itũũra ndangĩamenyire thigari icio tondũ ciaarĩ andũ a kawaida, arĩmi na aarĩithi. Mbũtũ cia matũũra ciathondekeetwo kũruta wĩra ũyũ: 1) kũheehenja thũ cia wĩyathi; 2) kwona memba mararũmĩrĩĩra mawatho ma kĩama gĩa ituĩka; 3) kũhee andũ muuma wa ituĩka; 4) kũũngania mũhothi wa mbeeca, irio, nguo na indo ingĩ iria cieendekanaga mbaara-inĩ; 5) gũcaria matharaita ma mbaara na njĩra ya kũgũra kũrĩ thigari cia ngoronia. Mĩcinga mĩingĩ yaatuunyagwo thigari cia thũ hamwe na mbũrũbũrũ.

Atongoria a Mau Mau makĩĩbanga na gũtabarĩra ũrĩa mbaara ikũrũũo, ngoronia Ngeretha matiaarĩ tooro. Nĩ twonire hau thuutha atĩ Ngeretha nĩ maambĩrĩirie kũreehe thigari kĩrũndo, ibaarũ na ndege cia mbaara bũrũriinĩ witũ. Thigari nyiingĩ cia mbirarũ ciarutĩĩtwo Biriteni na iria ingĩ Australia, New Zealand, Canada, South Africa, South Rhodesia (Zimbabwe), North Rhodesia (Zambia), Nyasaland (Malawi), Tanganyika (Tanzania) na Uganda. Gũũkũ Kenya thirikaari ya ngoronia nĩ yathondekeete njeeci ikundi cia kũhũũrana na KLFA; marĩĩtwa macio nĩ maya: 1) *King's African Rifles* (KAR) yoombĩĩtwo kuuma ndũũrĩrĩ ciothe cia Kenya na nyakeerũ nĩo maarĩ makomanda; 2) *Kenya Regiment* yaarĩ njeeci ya Thũngũ theteera; 3) Birithi ya kawaida yoombĩĩtwo kuuma ndũũrĩrĩ njirũ, Athungu, Araabu na Ahĩndĩ; 4) *Kenya Police Reserve* (KPR) yaarĩ mbũtũ ya Thũngũ theteera na Ũhĩndĩ, 5) *Tribal Police* yoombĩĩtwo kuuma ndũũrĩrĩ njirũ no komanda maarĩ mbarĩ ya nyakeerũ; 6) Warũrũngana (GSU) yoombĩĩtwo kuuma ndũũrĩrĩ njirũ cia aarĩĩthi kuuma Rĩbutibare na Cumaarĩ; 7) CID na *Special Branch*: mbũtũ ĩno yoombĩĩtwo kuuma ndũũrĩrĩ njirũ, nyakeerũ, Ũhĩndĩ na Araabu na komanda maarĩ nyakeerũ; 8) Hũmungaati: mbũtũ ĩno yaarĩ ikundi inya, gĩkundi kĩmwe kĩaarĩ matũũra-inĩ ma Cenitũrũ na kĩoombĩĩtwo kuuma ndũũrĩrĩ cia GEMM na Ikamba; gĩkundi gĩa keerĩ kĩaarĩ Ributibare na kĩoombĩĩtwo kuuma ndũrĩrĩ cia Maathai, Karenjini na GEMM. Gĩa gatatũ kĩaarĩ mataũni-inĩ na kĩoombĩĩtwo kuuma ndũũrĩrĩ njirũ, Ũhĩndĩ na Thũngũ. Gĩkundi gĩa kana kĩaarĩ kambĩ cia nditĩĩni, wĩra wa kĩo waarĩ wa kũhũũnga Mau Mau mahũũri; 9) Tai-Tai (na rĩĩtwa rĩngĩ nĩ ngakũ): mbũtũ ĩno yaarĩ ya aathoomi—tũrani nyakairũ tũrĩa twarutaga wĩra mawabici-inĩ ma thirikaari ya ngoronia mataũni, tweetagwo na kĩmonimoni "native clerks" na aarimũ arĩa mathoomithagia cukuru cia thirikaari na cia mĩceeni. Nĩ andũ mataarĩ gwa ciuga kana gwa ciihũri; mahaanaga ta andũ maateng'ũkĩirwo nĩ nyũngũ ĩkĩruga ũkombo wa ũkoronia; 10) Tũkonia: mbũtũ ĩno yoombĩĩtwo kuuma Agĩkũyũ, Aembu, Ambeere, Amĩĩrũ, Maathai na Ikamba arĩa magarũrũkĩĩte, magathereende, magatuĩka aacukani. Toombo waao waarĩ mũnyiinyi na waiyũirwo nĩ igunyũ cia ũkoronia— maarĩ gĩko, magigi. Tondũ wa guoya wa kũũragwo nĩ Mau Mau, aacukani (tũkonia) acio meekĩĩraga kanjũ ya ngonia yooimĩĩte kĩongo kinya magũrũ na yaarĩ na tũrima maitho-inĩ twakũmahootithia gũcagũra memba a Mau Mau hĩndĩ ya mũngũrũrio. Mũndũ angĩamenyekire nĩ gakonia agĩĩragwo gwake mũciĩ ũtukũ nĩ itungati cia Mau Mau, agekĩrwo kĩaara mũmero. No ũcio ũngĩaremire aacunganagwo naake agĩthĩĩ wĩra kĩrooko kana akiuuma wĩra agacurũrio na njirũngi. Gĩkundi kĩngĩ gĩa thaata cia bũrũri thĩĩni wa Cenitũrũ na Ikamba kĩaarĩ kĩa macibũ, mahendimeni, tũrani tũrĩa twarutagĩra ngoronia wĩra mawabici-inĩ ma ndiicitiriti, matũũra-inĩ na marokiconi-inĩ, maobithaa ngirigaca, atongoria ma kanitha na gĩkundi kĩnene kĩa Aakĩrĩcitiano a kawaida. Andũ aya nĩ arĩa maturuurĩtio toombo nĩ gĩthoomo kĩa ũkoronia na ndini ya ũkĩrĩcitũ; makameena bũrũri waao na rũũrĩrĩ rwao na makeemena, magatuĩka njaguuti cia ngoronia kamino. Hamwe na ũkingitaru wa meeciiria, guoya na wĩrĩrĩri, andũ aya nĩ meetĩkĩĩtie kũna atĩ Mau Mau ndĩrĩ hĩndĩ ĩngĩng'aũra wathani wa ũkoronia Kenya; na niingĩ tondũ nĩ meenyararĩte na makanyarara andũ airũ na magatua mũthũngũ ngai waao, mooigaga atĩ Aakenya matingĩhota gũtongoria bũrũri mũthũngũ atamanyitĩĩte guoko. Andũ arĩa mendagia rũũrĩrĩ rwao nĩ ũndũ wa nda nĩ thaata cia bũrũri, takataka wa hicitũria, nĩ kaba matangĩaciarirwo.

Mbaara ya Wĩyathi Gũtathũka

Gĩkũyũ-inĩ nĩ kuo hũmungaati ciambĩrĩirie kũũragwo na nyũmba ciao igaciinwo. Thuutha ũcio kambĩ cia hũmungaati na birithi ikĩambĩrĩria gũtharĩkĩrwo ũtukũ na mũthenya nĩ mbũtũ cia Mau Mau. Kambĩ ya borithi Gaturi, Mũrang'a, nĩyo yaarĩ ya mbere gũtharĩkĩrwo kũrĩ mweri wa ikũmi na ĩmwe mwaka 1952; birithi iria ciamĩrangĩire itiarũire, ciekĩrire ndiira ciande, kambĩ igĩciinwo.

O mweri o ũcio, mbũtũ ya Mau Mau nĩ yaatharĩkĩire kambĩ ya hũmungaati Gĩthũngũri, Kĩambuu; hũmungaati ithaathatũ ikĩũũragwo na komanda waao, Cibũ Hinga, akĩrathwo no ndaakuire; kambĩ igĩtigwo ĩgĩtooga. Mũthenya ũyũ ũngĩ, njamba cia Mau Mau cĩĩkĩrĩĩte nguo cia ũndagĩtaarĩ igĩthiĩ thibitaarĩ Kĩambuu taũni kũniinũkia Cibũ Hinga. Maakorire akoomeete gĩtaanda-inĩ, makĩmũũria: "Wee nĩwe Cibũ Hinga?" Akiuuga: "Ĩĩ nĩ nĩĩ." Ũmwe waao akĩruta bathitora kĩnena, akĩmũratha mbũrũbũrũ ithatũ cia gĩthũri, andũ oothe thibitaarĩ ng'ima hamwe na mandagĩtaarĩ magĩthara; magĩtiga Hinga agĩikia thari. Kũrũmanĩrĩra na ũcamba ũcio, kũrĩ mweri 2 wa gatatũ, 1953 mbũtũ ya Mau Mau ĩtongoreetio nĩ Kanaarĩ Kamwamba (Ngũgĩ wa Gakere) nĩ yaatharĩkĩire borithi ya Ngarĩndare yaarĩ gatagatĩ-inĩ ga Ithiũrũ na Mĩĩrũ. Thigari gĩkundi nĩ igĩtaaganio, iria ingĩ igĩthara; kambĩ ĩkĩmundio mwaki.

Nairobi, aacukani maakoragwo nyũmba ciao ũtukũ, makanyiitwo, mageekĩrwo ngaari magatwarwo Mathare, maakinya mageekĩrwo mũhindo ngingo, maakua mageekĩrwo ngonia magaikio Rũũĩ rwa Nairobi kana ciimba igatwarĩrwo hiti mũtitũ wa Ng'ongu. Mũndũ angĩaremire kũnyiitĩĩka arathagwo mũthenya barigici; angĩ matũmagĩrwo marũa nĩ Mau Mau marĩ na thaĩni ya Kĩmaathi makeerwo ciongo ciao nĩ irĩgĩĩrwo maathiĩ na mbere na mĩtugo ya ũhũmungaati; maarega gũceenji mĩtugo yaao, kũnyita Mau Mau mbaru, magatũmĩĩrwo njaama ya ita, makonorio.

Mũtharĩko wa Lari na Naibaca

Tarĩki 10 mweri wa gatatũ 1953 thirikaari ya ngoronia nĩ yeetire mũcemanio itũũra rĩa Lari, Kĩambuu, kũmenyithia andũ atĩ maanyua muuma wa Mau Mau nĩ makwoonanwo nao. Cibũ Luka wa Kahangara na Ndiũũ nyakeerũ nĩo macagũrĩĩtwo kwarĩria andũ. Cibũ Luka aarĩ kĩgitĩ kĩnene kĩa ngoronia na nĩ aheetwo hinya wa kũũraga Agĩkũyũ arĩa maatuĩkaga nĩ atongoria na memba a Mau Mau. Ti andũ aingĩ maatwaragwo kambĩ ya Cibũ Luka makoima kuo marĩ muoyo. Atumia mahũũngagwo mahũri marĩ njaga, makagwatwo magacooka mageekĩrwo mĩcuba ciino-inĩ ciao; angĩ makareengwo nyondo kana ciaara cia mooko magacooka makooragwo. Arũme nĩ kũhakũrwo mahakũragwo maaga kumbũra muuma, thuutha ũcio makooragwo. Cĩĩko icio cia ũnyamũ nĩ ciakinyĩire atongoria a Mau

Mau a ndiicitiriti, maacemania magītua kambī ya Luka ītharīkīrwo nī itungati cia Mau Mau, Luka na njaguuti ciake mataganio na kambī īciinwo.

Mweri 15 atongoria a Mau Mau a ndiicitiriti nī maathiire hendikwota ya KWC, Nairobi, kūbanga mūbango mūrūmu wa gūtharīkīra Kambī ya Luka. Aarūi a Mau Mau 350 nī macagūrirwo matharīkīre kambī na moone atī Luka na ooragani acio angī gūtirī ūkaiinia gūtū rīngī. Mweri 21 thaa ithatū cia ūtukū nīrio mbūtū ya Mau Mau yaakinyire kambī ya Luka na īkīmīrigicīria; mbaara īkīambīrīria, thaa īmwe ītathirīte mbūtū cia ngoronia igīthereenda, ikīneana mīcinga yaao. Hūmungaati iria ciooragirwo mūtharīkīro-inī ūcīo ciaarī mīrongo mūgwanja hamwe na Cibū Luka. Mwena wa Mau Mau no mūndū ūmwe tu woragirwo. Maatanathiī nī maciinire kambī na magīītiga irataathi rīaarī na maandīkwo makūmenyithia andū a Lari na būrūri mūgima gītūmi kīa mūtharīko ūcio. Nokuhī, maandīkwo macio mooigīīte ūū:

Ithuī tūnyuīte muuma wa kūrūīra wīyathi tondū ūcio, arīa makūnyita ngoronia nyakeerū mbaru nokinya tūmoorage marī itaanda-inī ciao na atumia aao na ciana ciao na indo ciao tūcianange. Mūndū owothe ūkūregana na ūrīa kīama kīa wīyathi gītuīte na agathiī na mbere kūnyita Ngeretha mbaru tūkūmūnyita tūmūhakūre, tūmūrute maitho tūcooke tūmūreenge kīongo, mooko na magūrū tuone kana Ngeretha nī makūmūriūkia. Kūūragwo kwa Luka nī kwonania atī arīa makūrūgama gatagatī-inī ka būrūri na wīyathi tūkūmarenga na njirūngi tūtarī na tha.

Tūtikaiga matharaita thī kinya būrūri witū wīyathe.
Ūyū nīguo mūrūgamo witū.

Nī ithuī Kīama kīa Mbaara ya Wīyathi
Kenya War Council
Hendikwota, Nairobi.

Mūthenya ūyū ūngī Ngeretha na njaguuti ciao nyakairū nī maarookire itūūra-inī rīa Lari marī na maraakara, mīcinga, ibaarū, mabanga na matimū, kwīrīhīria. Thakame ya andū aiitū ītukanīīte na maithori yaathereraga ta kīguū tīīri-inī witū mūnoru. Andū mataarī gīthimi—ciana, atumia na arūme—makīūūragwo, nyūmba rūgongo rūgima igīciinwo, ng'ombe gīkundi kīnene igītemeengwo magūrū, iria ingī magana na magana hamwe na mbūri igītahwo, imwe igītuīka nyama cia mbirarū nyakeerū na nyakairū, iria ingī ikīgayanwo nī hūmungaatī. Irio ciaarī mīgūnda ikīanagwo na makūmbī maaiyūire irio makīgwatio mwaki, ciana igaikio rūrīrīmbī-inī rwa mwaki, atumia makagwatwo magacooka magaaikio mwaki-inī. Arūme makahakūrwo, magatūrīkio maitho, makaunangwo magūrū na mooko magacooka makooragwo. Arume arīa matooragirwo aingi aao nī kūnyiitwo maanyitiirwo magītwarwo igootī-inī rīa maheeni rīa ngoronia magītuīrwo gīkuū. Gīcanjama kīu kīa ūūragani na wanangi gīathiire na mbere handū ha kiumia kīmwe. Kīūria nī gīīkī: andū no mooke itūūra-inī moorage ciana ciitū na atumia aiitū, maciine mīcīī na makūmbī, matemeenge irio irī mīgūnda na mahiū na gūtīrī waao ūngīnyiitwo atwarwo igootī-inī? Ūcio nīguo ūkīrīcitiano na ūthitaraabu ūrīa Ngeretha matūinagīra nī matūreeheire? Ngeretha na mbūtū ciao maarī njangiri, mīitū, ooragani. Tondū ūcio arīa matūthoomithagia na magatūhunjīria atī Ngeretha mookīīte Kenya gūtūreehe *"civilization"* na ndini ya ūkīrīcitū, toombo waao ūiyūire tūnguyū twa mūrimū wa ūkoronia.

Thuutha wa mbūtū cia ūkoronia kūūraga andū makīria ya magana 600, gūciina mīcīī ya arīmi na gūtemeenga ng'ombe, thirikaari ya ngoronia nī yaanīrīire na kameeme atī mūito ūcio wa Lari ūreekirwo nī "imaramari" cia Mau Mau. Ūhoro ūcio wa maheeni ūkīamūkīrwo nī BBC, *East African Standard* na ngathīīti nyiingī cia ūkoronia, ūgītambio ndunia yothe. Kanitha-inī na cukuru-inī cia mīceeni gūūkū Kenya gūkīanīrīrwo atī mūito wa Lari nī wakwonania atī Mau Mau nī kīama kīa mīitū na njangiri—kīama kīrī na meeciiria ma ūcaitaani. Thineema cia maheeni cia kwonania memba a Mau Mau makīnyua thakame ya andū na ciongo cia andū igīthondeekwo nī ataraamu a thineema Holly-wood, USA; mabuku maingī maakīandīkwo nī maburobetha thūkūmū maiyuire maheeni, rūthūūro na mūhuhu mūnungu, magūcambia Mau Mau na kūnyita mbaru ūcangiri kaboca wa thūngūmū Ngeretha. Rīītwa rīa Mau Mau rīkīhūūrwo na tūramu, ndini na mīcinga, rīgīitīrīrio magigi, rīkīhakwo thakame ya ūcangiri, nīguo rītuīke rīītwa rīa imaramari. Tondū kīama kīa Mau Mau gītiaarī na midia (ngathīīti kana kameeme) ya kūhūūrana na burobaganda ya thūkūmū Ngeretha, andū aingī gūūkū gwitū Kenya, Abirika na mabūrūri maingī ma ndunia, makīria a Rūraaya ya Rūgūrū na Ameerika, nī meetīkaniirie na mūhuhu mūbuuthu wa thūkūmū Ngeretha atī Mau Mau gītiaarī kīama kīa wīyathi kīaarī kīama gīocangiri; otoorīa rīu tūranīrīīrwo ūtukū na mūthenya nī kameeme ka BBC na ngathīīti cia thūkūmū cia Ameerika tūkeerwo atī *Hamas*—kīama kīa wīyathi kīa Palestine—nī kīama gīa *"terrorists"* na aingĩ aiitũ gũũkũ Kenya, nĩ ũndũ wa kũhinja meeciiria na kwaga mũrũgamo mũrũmu woteti, makameria maheeni macio, na thuutha ũcio magatuĩka tũmeeme twa thũkũmũ cia Ameerika twa gũtambia maheeni macio magathĩĩti-inĩ, kameeme-inĩ, tiivii-inĩ, makanitha-inĩ, mathukuru-inĩ na mayunibaciiti-inĩ.

Mũtharĩko ũngĩ mũnene wa mbũtũ cia Mau Mau waarĩ taũni ya Naibaca o mweri ũcio wa gatatũ. Mbũtũ ya Mau Mau kuuma Mũrang'a, ĩtongoreetio nĩ Njenũrũ Mbaria wa Kaniũ, nĩ yaatharĩkĩire kambĩ ya borithi ya Naibaca ũtukũ. Birithi handũ ha kũrũũa igĩthara, borithi ĩkĩnyiitwo nĩ thigari cia wĩyathi; andũ mĩrongo ĩna arĩa maarĩ korokoro-inĩ makĩhingũrĩrwo. Thuutha ũcio mbũtũ ya Mau Mau ĩgĩtharĩkĩra njeera ya Naibaca, thigari cia njeera ona cio itiaarĩ na ngiha cia kũrũũa, ikĩũũra, njeera ĩkinyiitwo. Oohwo 250 makĩhingũrĩrwo magĩtukanĩrwo na arĩa angĩ maahingũrĩirwo borithi. Mathaita marĩa matuunyaniirwo borithi na njeera maarĩ maya: mĩcinga ya buundũki 47, Bebeta 18, mbũrũbũrũ 3,780 na ngunia cia irio na yunibomu cia thigari cia njeera na cia birithi mĩhuko kĩrũndo. Mũtharĩko-inĩ ũcio hakuire mũrũĩri ũmwe wa wĩyathi, Maina wa Thiong'o; mwena wa ngoronia nĩ birithi eerĩ maakuire, maacuhũrirwo gĩthuguu-inĩ nĩ Mau Mau na njirũngi.

Maatanathiĩ, Komanda Mbaria nĩ aarĩirie andũ arĩa mahingũrĩirwo borithi na njeera, akĩmeera,

> Rĩu tondũ nĩ twarĩkia kũmũruta korokoro-inĩ, ngwenda mũndũ ũrĩa wĩrutiire gũthiĩ na ithuĩ mũtitũ ooe mũcinga haaha atũrumĩrĩre tũkarũĩre wĩyathi wa bũrũri witũ, naake ũrĩa ũkwenda kũinũka ooe magũrũ ainũke; ithuĩ tũtirĩ na ũũru naake. No ngwenda kũmenyithia arĩa makũinũka ũũ: mwathiĩ gũtwendia kũrĩ thũkũmũ tondũ wa nda kana guoya, kana mũingĩre hũmungaati mwambirĩrie kũũraga andũ aiitũ no njirũngi tũkũmũreenga na cio. Mũndũ wothe mũirũ ũrĩa ũkũnyiita ngoronia mbaru kana aumbũre hitho ciitũ cia mbaara kũrĩ thũ nyakeerũ na njaguuti ciake nyakairũ no kinya akue; ũguo nĩguo muuma uugĩĩte, nĩguo bũrũri ũroiga (Ribooti ya Mbaria, 1979).

Andũ makĩria ya nuthu (Agĩkũyũ, Aembu, Ambeere na Amĩĩrũ) nĩ meerutire makĩingĩra njeeci ya wĩyathi, acio angĩ makĩĩrwo o mũndũ athiĩ na njĩra yake. Irio na nguo iria ciatuunyanĩĩtwo cieekĩriirwo roori igĩtwarwo mbucii ya Kariainĩ hamwe na mĩcinga na mbũrũbũrũ.

Komanda Mbaria na itungati ciake maakũũra, thigari cia thũ (birithi, mbirarũ na hũmungaati) nĩ ciarehiirwo taũni ya Naibaca, ikĩmĩrigĩcĩria, ikĩambĩrĩria mũngũrũrio na ũrũrũ mũingĩ wa ũcangiri. Arutiwĩra, arĩmi, andũ a mbiaacara, atumia na ciana, namba nene makĩũũragwo atĩ nĩ a Mau Mau; ciimba igĩikio iria-inĩ ĩrĩo nĩ ing'angi. Arĩa meeciiragio nĩ atongoria a Mau Mau kana itungati cia kĩama kĩa wĩyathi maambaga kũhũũrwo mbaara ya thakame, maarega kũheeana ũhoro makoohwo magũrũ na mooko magaaikio iria-inĩ marĩ muoyo. Mũngũrũrio ũcio wa ũcangiri waarĩ wa thikũ ithatũ, ngoronia makiuuma kuo matigire maciina mĩciĩ, kũiiya indo matuka-inĩ na gũtaha ng'ombe magana na magana. Ciimba iria itaikirio iria-inĩ ciatigĩirwo ngi, ngui, hiti, mĩthige na nderi—taũni yahaana ta gĩthĩnjĩro kĩa ngũrwe.

Itharĩko rĩa Naibaca nĩ rĩahahũrire ngoronia theteera na rĩkĩinainia mũthingi wa ũkoronia. Ngabana Baring akĩaandĩkĩra anene aake London marũa makũmeetia thigari ingĩ na mathaita mangĩ ma mbaara, aameerire atĩ, Kenya ti *Emergency* kũrĩ nĩ mbaara ya mbũtũ cia Mau Mau na cia thirikaari na ti mbaara hũthũ tondũ Mau Mau ĩhaana nyamũ ya iria-inĩ ĩĩtagwo *hydra* ĩrĩ ciongo mũhari, watinia kĩmwe kĩrĩa kĩngĩ gĩkoimĩra. Ngabana nĩ areheeirwo thigari ingĩ magana gĩkundi, ndege na ibaarũ, no itiaahotire kũhingĩrĩria mbũtũ cia Mau Mau, mbaara ĩkĩrikĩra na kĩrũũra.

Kongomano ya Gĩthũgĩ

Kũringana na ribooti ya Mbaria (1979), atongoria a Mau Mau a mbaara mũtitũ-inĩ nĩ macemanirie mbucii ya Gĩthũgĩ, Nyandarwa, tarĩki 30 mweri wa gatatũ 1953 kũbanga mũtaratara wa mbaara na gũkũngũĩra Mbaria na mbũtũ yake tondũ wa ũcamba na ũciindi waao Naibaca. Atongoria arĩa mookĩĩte kongomano maarĩ 250 hamwe na Stanley Mathenge, Dedan Kĩmaathi, Enoch Mwangi, Njenũrũ Chaina, Mũraaya wa Mbuthia, Gĩtaũ Matenjagwo, Kĩmbo wa Mũtukũ, Gakure wa Karũri, Mbaria wa Kaniũ na Macaria wa Kĩmeemia. Ĩno nĩyo yaarĩ kongomano ya mbere ya atongoria a mbaara ya wĩyathi. Maarĩa ranji, Kĩmaathi nĩ aacaguriirwo ahingũre kongomano na eerire njaama ya mbaara ya wĩyathi ũũ:

Nyũmba iitũ:

Muoroto mũnene wa Ngeretha nĩ kũmomoora mũng'eeng'ano ũyũ witũ wa wĩyathi, no Ngeretha na njaguuti ciake nyakairũ nĩ magĩrĩire kũmenya atĩ ithuĩ nĩ twĩrutĩĩte gũkua na kũhona kũrũĩra wĩyathi wa bũrũri witũ, na nĩ ũndũ ũcio gũtirĩ mũndũ ũngĩhota kũhinga njĩra ya gũkinyĩra wĩyathi witũ. Ngeretha nĩ meerwo nĩ mũndũ mũũgĩ atĩ ithuĩ tũtikaiga mĩcinga thĩ bũrũri witũ ũtarĩ na wĩyathi; twaakua ciana ciitũ nĩ ikarĩkia mbaara ĩno ya ithaka na wĩyathi (Ribooti ya Mbaria, 1979).

Nĩ aathiire na mbere kũmenyithia atongoria atĩ ũũrũmwe na ũiguano wa andũ a Kenya kuuma Mombatha kinya Gĩthumo nĩguo mũthingi wa mũng'eeng'ano wa ithaka na wĩyathi; tondũ ũcio wĩra mũnene na wa bata wa kĩama kĩa wĩyathi nĩ kũgeria kũreehe ndũũrĩrĩ icio ingĩ cia Kenya mũng'eeng'ano-inĩ nĩguo mbaara ya wĩyathi yaarame na ĩtambe bũrũri mũgima. Arĩa angĩ maaririe nĩ Mwangi, Mbaria na Macaria; Mathenge nĩwe waririe thuutha, na aauugire ũũ: "Hatirĩ na nganya atĩ ũciindi witũ Lari na Naibaca nĩ ũinainĩĩtie Ngeretha. Rĩu nĩ mooĩ atĩ ithuĩ tũtirathaka na nĩ twĩharĩirie kũhũũranĩra wĩyathi wa bũrũri witũ kana tũkuĩre kĩhaaro-inĩ kĩa mbaara. Kũna ũciindi witũ Lari na Naibaca ũgũtũũra ũririkanagwo nĩ njiarwo na njiarwo" (Mbaria, 1979). Aathiire na mbere kũririkania atongoria atĩ gũtirĩ mũng'eeng'ano wa wĩyathi ũngĩhota kũrutũrũra thũkũmũ bũrũri ũtarĩ na mũtaratara mũrumu na mworoto wambĩĩtwo na ng'anangũ cia cuuma. Mathenge akĩrĩkia mĩario yake auugire, "Twaga kũhĩta Ngeretha na njĩra ciothe na mĩena yothe nĩ magũtũmĩra rũhiũ rwa ũkabira kũharagania ũiguano wa mũingĩ wa Kenya, macookanĩrĩrie thaata cia bũrũri—maihee matimũ, mabanga na mĩcinga, itharĩkĩre mbũtũ cia wĩyathi. Nokinya twĩrutanĩrie, igũrũ na thĩ, twone ndũũrĩrĩ ciothe cia Kenya nĩ inyitĩĩte Mau Mau mbaru na irĩ na mbũtũ cia mbaara gũũkũ Nyandarwa, Kĩrĩnyaga na Nairobi" (Mbaria, 1979).

Atongoria nĩ meetĩkanĩirie maũndũ gĩkundi: 1) njeeci ya wĩyathi yongererwo andũ, yaramio na mathaita ma mbaara mamaathwo; 2) atongoria atumia matũũra-inĩ no mũhaka maheeo Muuma wa Batũũni wa kũrikĩria ũcamba na kĩĩyo kĩao; 3) mbũtũ cia mbaara mũtitũ-inĩ icookanĩrĩrio ciothe, ciũũmbe njeeci ĩmwe ĩtongoreetio nĩ Mathenge; 4) kũũmbwo kamĩtĩ ya mbaara mũtitũ ya andũ ikũmi neerĩ ya kũbanga na gũtabarĩra mũbango wa mbaara. Kamĩtĩ ĩyo ĩĩtwo *Supreme War Council* (SWC); 5) mũbango wa irio na indo iria ingĩ irendekana mũtitũ nokinya ũbangwo na ũtabarĩrwo na njĩra ya hitho na nũmu. O itũũra o itũũra no nginya rĩkorwo na kamĩtĩ ya kwona wĩra ũyũ nĩ ũrarutwo na njĩra nũngarũ, yocamba na ũũmĩrĩru; 6) hendikwota ya njeeci ya wĩyathi nĩ mbucii ya Kariainĩ, Nyandarwa, na Mathenge nĩwe Koigi na Cibũ Komanda wa njeeci ya wĩyathi, Kenya.

Agĩkũyũ, 1890 - 1965

SWC yaathondekwo, Mathenge nĩwe wacagũrirwo mwene-gĩtĩ na mũnyiinyi wake Mbaria wa Kaniũ, Kĩmaathi akĩheeo gĩtĩ kĩa mwandĩki mũnene naake Mũraaya wa Mbuthia agĩtuĩka mũnyiinyi wake.

SWC yaarĩ maitho na matũ ma Mau Mau mũtitũ-inĩ na wĩra waao mũnene waarĩ wa gũcookanĩrĩria mbũtũ cia wĩyathi mũtitũ-inĩ, gũcagũra komanda agũtongoria mbũtũ cia ng'ongo, gũthiiaga kambĩ cia itungati kwona ũrĩa mbaara ĩrathiĩ na mbere, kũhee aarũi kĩrĩra gĩĩoteti na kwona mawatho ma kĩama nĩ mararũmĩrĩrwo. Wĩra ũngĩ wa SWC waarĩ wa kwandĩkĩra KWC hendikwota ribooti ya makũmamenyithia ũrĩa mbaara ĩrathiĩ na mbere na kũmũtaarĩria mathĩĩna marĩa marathĩĩnia itungati mũtitũ. Wĩra mũingĩ wa SWC warutagwo nĩ Kĩmaathi na Mũraaya nanoo maaheetwo wĩra wa kũbanga na gũtabarĩra kongomano ya keerĩ ya aarũi mũtitũ-inĩ.

Matanarĩkia kongomano, atongoria a SWC nĩ maheeirwo wĩra wa gũthiĩ kambĩ cia aarũi kũmataarĩria ũrĩa kĩama kĩa mbaara mũtitũ gĩaatua na kĩabanga. Mathenge na njaama ya andũ atatũ magĩtũmwo taũni Nyĩrĩ, Mweiga, Nyanyuki, Ũthaya na Ndaragwa. Naake Kĩmaathi na njaama yake ya andũ ana Mũrang'a, Kĩambuu na Naroko, Macaria wa Kĩmeemia na njaama ya andũ atatũ Rĩbutibare, na Gĩtaũ Matenjagwo Thĩka na kwahooteka athiĩ Ikamba. Warũhiũ Itote aathirwo athiĩ Kĩrĩnyaga eete mũcemanio warũi amataarĩrie ũrĩa kongomano ya Gĩthũgĩ yaatua na mamenyithie kũũmbwo gwa SWC na mworoto wayo. Naake Enoch Mwangi aathirwo athiĩ Gĩcuka acookanĩrĩrie mbũtũ cia mbaara na mbũtũ o mbũtũ icagũrĩrwo komanda. Wĩra ũngĩ njeeci ya Nairobi yaheeirwo nĩ SWC nĩ wa gũcaria mathaita ma mbaara, kũmaatha mbeeca cia kũrũithia mbaara kũrĩ arutiwĩra na andũ a mbiaacara, kũmimiinda thũ cia wĩyathi, kuona aanake nĩ mathiĩ tũrĩining'i ya mbirarũ matanatũmwo mũtitũ na kũnyitanĩra mbaara na mbũtũ cia ndiicitiriti ya Kĩambuu na ya Naroko.

Mbaria aarĩ ũmwe wa njaama ya Kĩmaathi ya gũthiĩ Mũrang'a, Kĩambuu na Naroko, nĩ tũmwĩtĩkĩrie atũtaarĩrie ũhoro wa rũgendo rũu:

Twauumire Gĩthũgĩ kĩrooko twaria burikibaciiti tũkĩeerekera mbucii ya Njenũrũ Ihũũra, twakinya nĩ twatugirwo wega na wendo mũnene wa bũrũri witũ. Mbucii ya Ihũũra yaarĩ Rwathia na yaarĩ itungati 325—arũme 260 na atumia 65. Thaa inya mũthenya ũyũ ũngĩ, Njenũrũ Ihũũra akĩhingũra mũcemanio na mĩario mĩkuhĩ, agĩcooka agĩĩta Kĩmaathi aarĩrie mbũtũ. Kĩmaathi eerire aarũi marũe na hinya, ũcamba na

107

ũũmĩrĩru kinya moone nĩ marutũrũra mbũtũ cia Ngeretha Mũrang'a na nĩ maheehenje thaata cia bũrũri hatarĩ na tha. Nĩ aamaririkanirie atĩ mbegũ ya wĩyathi ĩkũragio na maithori na thakame ya eendi bũrũri. Kĩmaathi arĩĩkia gũtaarĩria aarũi ũrĩa Kongomano ya Gĩthũgĩ ĩratuire na kũmamenyithia kũũmbwo gwa SWC na wĩra wayo nĩ twaheire mbũtũ ya Ihũũra mbũrũbũrũ gĩkundi, buundũki ithaano na kĩhũmba kĩa nguo cia thigari cia borithi na cia njeera iria twatuunyanĩĩte Naibaca, tũgĩcooka tũgĩkũũra twerekeire mbucii ya Njenũrũ Kago.

Mbucii ya Njenũrũ Kago yaarĩ ya itungati 850—arũme 600 na atumia 250 na yeetagwo Iratĩ. Kĩmaathi na njaama yake maakinyire mbucii ya Kago ũtukũ, magĩĩkoora Kago na mbũtũ yake makĩiina nyĩmbo cia wĩyathi na hĩnya na ũcamba; thaa ithaano mũthenya ũyũ ũngĩ aarũi makĩrũrũngana kĩĩhaaro, mũcemanio ũkĩambĩrĩria. Njenũrũ Kago aahingũra mũcemanio, agĩĩta Kĩmaathi aarie. Kĩmaathi, kũringana na ribooti ya Mbaria (1979), aaririe na hinya na ũcamba. Akĩrĩkia mĩario yake akĩĩra aarũi mamenye nĩo mbũtũ ya wĩyathi na mangĩhootwo nĩ bũrũri wahootwo na kũhootwo nĩ kuuga andũ airũ mathiĩ na mbere kũnyuuo thakame nĩ ngoronia. Aathiire na mbere kũmeera atĩ "mũndũ ũrĩa ũkũgeria kũhingĩrĩria mũng'eeng'ano wa wĩyathi ndakaiguirwo tha, nĩ areengwo na njirũngi kana eekĩrwo mũhindo ngingo acuririo mũtĩ-inĩ ũrĩa ũrĩ hakuhĩ." Akĩmaririkania atĩ, "thũ cia wĩyathi nĩ igĩrĩ: ngoronia Ngeretha na njaguuti ciao nyakairũ." Thuutha wa mĩario ya Kĩmaathi, Mbaria agĩtaarĩria ũrĩa mũcemanio wa Gĩthũgĩ ũratuire, agĩcooka akĩhee Kago mbũrũbũrũ gĩkundi, buundũki ithaano, Bebeta igĩrĩ na kĩhũmba kĩa nguo cia thigari cia birithi na cia njeera. Atongoria a SWC mooima hau maathiire mbucii ya Mũraaya wa mbuthi na ya Gakure wa Karũri, na kuo kũu Kĩmaathi na Mbaria makĩaria nocamba na makĩmahee mbũrũbũrũ gĩkundi, mĩcinga na yuniboomu ya thigari cia njeera na cia birithi. Nĩ maathiire mbucii iria nene cia aarũi Mũrang'a no matiaahotire gũthiĩ Kĩambuu na Naroko tondũ mwena ũcio thirikaari yaahaanaga ta nguiya; magĩcooka mbucii ya Gĩthũgĩ kwandika ribooti ya rũgendo rwao.

Naake Mathenge acooka Kariainĩ hendikwota nĩ eetire mũcemanio wa aarũi akĩmataarĩria kũũmbwo gwa SWC na muoroto wayo. Auuma hau agĩthiĩ Mweiga, Nyĩrĩ taũni, Nyanyuki na ndaragwa. Njenũrũ Chaina, Enoch Mwangi, Gĩtaũ Matenjagwo na Kĩmeemia nĩ maakinyiirie ndũmĩrĩri cia SWC kũrĩ aarũi arĩa maarĩ thĩ ya ũtongoria waao. Kiumia gĩa keerĩ kĩa mweri wa Juuni 1953 atongoria a SWC nĩ macemanirie mbucii ya Gĩthũgĩ no Mathenge ndaahotire gũkorwo ho tondũ aarĩ mbucii ya Mweiga kũhingũra hendikwota ya kĩama kĩa mbaara rũgongo rũu. Mũcemanio weetĩĩtwo kwarĩrĩria maũndũ maya: 1) rĩĩtwa rĩa njeeci ya wĩyathi; 2) beendera ya Mau Mau; 3) mũhũũri wa kĩama; 4) kũbanga mũthenya wa kongomano ya keerĩ. Maariana matũ meetĩĩkanĩirie: rĩĩtwa rĩa njeeci nĩ *Kenya Land and Freedom Army* (KLFA), beendera ĩkorwo ĩrĩ nduune na gatagatĩ harĩ na njata njeerũ, mũhũũri ũthondeekwo na wandĩkwo: Kenya *Land and Freedom Army, Nyandarwa Headquarters*. Mũico nĩ macagũrire kamĩtĩ ya andũ ataano, ĩtongoreetio nĩ Kĩmaathi, ya gũtabarĩra kongomano na magĩĩtĩkanĩria atĩ ĩgakorwo ĩrĩ ya thikũ inya kwambĩrĩria tarĩki 16 mweri wa Kanaana na ĩgakorwo mbucii ya Mwathe, Nyandarwa. Kamĩtĩ ya ũtabariri kongomano yaatigiirwo mbucii ya Gĩthũgĩ, atongoria acio angĩ magĩcooka mbucii ciao kũrũithia mbaara.

109

*Kĩmaathi na mũrũ wa nyina
Wambararia 1953*

*Gakure wa Karũri, Njenũrũ Gĩtau
Matenjagwo na Njenũrũ Kago, 1953*

*Kuuma ũmootho: Njenũrũ Matenjagwo (namba3), muthia Njenũrũ Ihũũra
anyitĩĩte beendera ya KLFA, 1953*

*Njenũrũ Kago aarathirwo kĩeero
makĩrua na thũ cĩa wĩyathi 1954,
akinyĩtwo. Handũ ha mamũtware
thibitaarĩ makĩmũcina arĩ muoyo.*

8. Rŭkŭngŭ Rwa Mbaara

Ithuĩ Mau MauTŭtĩĩtigĩrĩĩte Gĩkuŭ

Gatagatĩ-inĩ ka mweri wa Kana na wa Kenda 1953 mbaara ya wĩyathi nĩ yaambĩrĩirie kŭrikĩra, ĩgĩtaamba na nditi nene bŭrŭri wa GEMM, Nairobi, Naroko, Naikuru na Ikamba. Mweri wa Kana 1953 mbŭtŭ ya Njenŭrŭ Kago nĩ yaatharĩkĩire kambĩ ya hŭmungaati, Rwathia, Mŭrang'a. Hŭmungaati ikŭmi nĩ ciooragiirwo, iria ingĩ ikĩŭŭra; kambĩ ĩkĩnyiitwo. Buundŭki 14 na mbŭrŭbŭrŭ mathandŭkŭ matatŭ nĩ ciatuunyaniirwo na kambĩ ĩgĩciinwo.

Thuutha ŭcio, mweri inya wa Gataano mbŭtŭ ya Njenŭrŭ Ihŭŭra nĩ yaatharĩkĩire batarioni ya thŭ Rwathia, ĩkĩŭŭraga Thŭngŭ David White wa *Kenya Regiment* na birithi nyakairŭ mŭgwanja. O kiumia kiŭ, Njenŭrŭ Kago agĩtharĩkĩĩra kambĩ ya mbirarŭ hakuhĩ na Priory Forest Station, Tuthŭ; Thŭngŭ mbirarŭ inya cia *Kenya Regiment* na nyakairŭ ithaathatŭ cia KAR ikĩŭŭragwo, icio ingĩ igĩtŭrĩkia mŭtitŭ; mŭtharĩko-inĩ ŭcio gŭtirĩ thigari ya wĩyathi yooragiirwo. Bebeta 4, buundŭki 14 na mbŭrŭbŭrŭ kĩrŭndo nĩ ciaanyitiirwo, kambĩ ĩkĩmundio mwaki. Mweri ikŭmi wa Gataano, mathaa mahwaĩ-inĩ, mbŭtŭ ya Kago nĩ yatharĩkĩire kambĩ ya hŭmungaati ya Kĩndenderŭ. Handŭ ha kŭrŭa thŭ igĩthareenda; mĩcinga gĩkundi ikĩnyiitwo hamwe na njirŭngi kĩrŭndo na kambĩ ĩkĩmundio mwaki. Thŭ iria ciaanyitiirwo, Kago akĩruta watho irathwo; mwena wa KLFA gŭtirĩ mŭndŭ wakuire. Kwĩrĩhĩria, thirikaari ya ngoronia nĩ yaathondeekire mŭngŭrŭrio weetagwo *Operation Buttercup* wa kŭgeria kŭrutŭrŭra mbŭtŭ cia KLFA mŭtitŭ; mareemwo nĩ kŭingĩra Nyandarwa maacookereire andŭ matŭŭra-inĩ, makĩŭŭraga andŭ namba nene—aingĩ aao maarĩ ciana, atumia na aaguuka—magĩciina mĩciĩ, magĩtemeenga irio iria ciaarĩ mĩgŭnda na magĩtaha mahiŭ. Ng'ombe imwe ikĩgaĩrwo hŭmungaati na icio ingĩ igĩtuĩka nyama cia mbirarŭ nyakeerŭ na nyakairŭ. Arŭme gĩkundi nĩ maanyitiirwo magitwarwo igooti-inĩ rĩa ngoronia magĩtuĩrwo gĩkuŭ. Ĩndĩ cĩĩko icio cia kĩĩnyamŭ, cia ŭcangiri, itiahotire kŭhingĩrĩria mbŭtŭ cia wĩyathi kana kĩgirĩrĩria atumia na airĩĩtu itungati matware irio mŭtitŭ.

Juuni 20 Kĩmaathi na Mbaria nĩ maabangire mŭbango wa gŭtharĩkĩra kambĩ ya hŭmungaati ya Ndakainĩ, Kandara. Mŭbango ŭcio wa cooreetwo ŭŭ: 1) Njenŭrŭ Matenjagwo na mbŭtŭ ya andŭ 100 mahinge na marangĩre barabara ya gŭŭka Ndakainĩ; 2) Mbaria na itungati 150 matharĩkĩre kambĩ ya Kĩarŭtara kŭgirĩrĩria hŭmungaati cia Kĩarŭtara gŭŭka gŭteithia

Ndakainĩ; 3) Itungati 75 itongoreetio ni Njenũrũ Ihũũra itharĩkĩre kambĩ ya hũmungaati ya Mbogĩtĩ nĩguo matikoone mwanya wa gũũka gũteithia Ndakainĩ; 4) Njenũrũ Kago na itungati 150 macambũrĩre kambĩ ya Ndakainĩ. Kĩarũtara, Mbogĩtĩ na Ndakainĩ nĩ ciagũire, ikĩnyiitwo nĩ mbũtũ cia wĩyathi. Hũmungaati kĩrũndo ikĩũũragwo na mĩcinga makĩria ya mĩrongo ĩtaano ikĩnyiitwo na mbũrũbũrũ itaarĩ ithaabu; kambĩ ciothe ithatũ ciaatigiirwo igĩtooga. Gĩcunjĩ gĩĩkĩ kĩrĩ haaha mũhuro nĩ kĩa rwĩmbo rũrĩa rwatuungirwo nĩ njamba cia Ndaka-inĩ:

Njamba icio twatũma Ndaka-inĩ
Nĩ Kĩmaathi marĩ Mbaria
Nĩ matharĩkĩire na hinya
Nginya atongoria magĩkena

Njeeri mũirĩtu wa Kariara
Na Njooki mũirĩtu wa Ĩyĩgo
Nĩo acio mũkuona mbica-inĩ
Magĩtũngatira rũũrĩrĩ

Kũrũmanĩrĩra na mũtharĩko wa Ndakainĩ, mbũtũ ya Njenũrũ Kago kũrĩ Juuni 23 nĩ eehithĩire thigari cia Ngeretha 500 ngurumo-inĩ ya Rũũĩ rwa Thĩka hakuhĩ na taũni. Maarũire kuuma mathaa ma kĩrooko kinya ikiria mbuu; yaarĩ mbaara ndũrũ no gũtirĩ mwena wa ciindire. Mbaara yooiima Thĩka yatuthũkĩire gatagatĩ ga itũũra rĩa Thuita na taũni ya Kĩariainĩ kũrĩ mweri 31 wa Juraĩ, 1953. Mbũtũ ya KLFA ĩtongoreetio nĩ Komanda Nyooro wa Kĩragũ nĩ yaatharĩkĩire ngaari ya thũ, ĩkĩũũraga Ndiũũ Jerome Kĩhoori, Cibũ James Kĩirũ na thigari cia birithi ikũmi na ĩmwe. Kĩhoori na Kĩirũ maarĩ igui cia ngoronia; andũ arĩa mooragĩĩte Kangĩma na Kĩharũ matirĩ ithaabu. Gĩkuũ kĩao kĩaarĩ ũciindi mũnene wa mbũtũ cia wĩyathi na andũ a Kĩharũ na Kangĩma nĩ makũngũĩire ũciindi ũcio; magĩtuĩra mata gĩthũri nĩ ũndũ wa kwehererio tũũtũ icio. Rũũciinĩ rũũrũ rũngĩ, mbũtũ cia ngoronia irĩ na mĩcinga, mabanga na matimũ nĩ ciookire na marũrũ maingĩ gũcaria Nyooro na mbũtũ yake, maaga kwoneka ikĩĩruta marũrũ macio na gũciina matũũra, kũũraga andũ kĩũndũtho. Mũndũ mũrũme wothe watũnganagwo naake no kũũragwo ooragagwo; angĩ, ona mataarĩ mũtharĩkĩrwo-inĩ ũcio, makĩnyiitwo magathitangĩrwo kũũraga Kĩirũ na Ndiũũ Kĩhĩĩ (Kĩhoori eetagwo Ndiũũ Kĩhĩĩ tondũ ndaarĩ mũruu) magĩtuĩrwo gĩkuũ. Kĩhoori ooragwo, John Mĩchũki nĩwe wambatĩirio ndebe, akĩheeo gĩtĩ kĩa Ndiũũ, njaguuti na mathaita ma mbaara oorage mbũtũ cia wĩyathi, atumia na ciana—aarĩ mũũragani magigi. Andũ arĩa ooragire na aakĩũũragithia ti mĩrongo nĩ magana; eetagwo Kĩmeendero Mĩchũkĩ kana John wa Mahũri.

Thuutha wa Kĩhoori na Kĩirũ kũũragwo, mbũtũ cia KLFA Mũrang'a— itongoreetio nĩ Matenjagwo, Kago, Ihũũra na Nyooro—nĩ ciatharĩkĩire kambĩ nyiingĩ cia hũmungaati na birithi—Kĩrĩra, Iciici, Mũnunga, Kĩgumo, Kisukioni, Nyakĩhũra, Chomo, Gacharage-inĩ na Mũrarandia nĩ ciamomoriirwo nĩ mbũtũ cia KLFA na hũmungaati na birithi nyiingĩ ikĩũũragwo. Thuutha wa gũtharĩkĩra kambĩ ya Gacharageinĩ, Kago nĩ atharĩkĩire nduka cia thũ itũũra ria Gakuya. Tondũ kambĩ ya hũmungaati ndĩaarĩ haraihu na nduka, Kago eerire hũmungaati atĩrĩĩrĩ: "Ndĩreenda mũmenye atĩ nĩ mbũtũ ya Kago yeekinyia; tũkĩĩte kũgĩra irio itwarĩĩrwo aaruĩri wĩyathi mũtitũ. Akorwo nĩ mũkwenda thaayũ mũtikageria kuuma kambĩ nginya tũrĩkie wĩra witũ na tũthĩĩ; ũrĩa ũkũgeria kuuma ndakaarĩa cia rũũciũ; nĩĩ njĩĩtagwo Njenũrũ Kago, komanda wa mbũtũ cia wĩyathi Mũranga." Gũtirĩ waao woimire, maakũnjire mĩtĩng'oe makĩhiingĩra manyũmba maao; mbũtũ ya Kago ĩkĩbuunja matuka ĩgĩkuua irio, nguo na indo ingĩ iria cieendekanaga mũtitũ. Tũtarĩ na njiriiri no tuuge atĩ mwaka wa1953 KLFA nĩyo yatawaraga Mũrang'a.

Rũgongo rwa Nyĩrĩ mbaara yaakĩĩtie mwaki gwakia ta Mũrang'a; mbũtũ cia thũ ciatindĩkĩĩtwo na nditi nene. Tathikĩrĩria tũgũtaarĩrie: kũrĩ mweri 3 wa Gataano mbũtũ ya KLFA nĩ yaatharĩkĩire kambĩ ya hũmungaati ya Gĩtumbĩro, Teetũ. Hũmungaati 19 ikĩũũragwo, no ũmwe woonire mweke wa kũũra; buundũki 15 na mbũrũbũrũ gĩkundi ikĩnyiitwo na kambĩ ĩkĩmundio mwaki. Mũtharĩko wa kambĩ ya Gĩtumbĩro warũmĩrĩirwo nĩ mbaara ndũrũ gatagatĩ-inĩ ka KLFA na mbirarũ ya ngoronia; mbaara ĩyo yarũagĩrwo Ihurĩrio, Ũthaya. Thigari ithatũ cia KAR nĩ ciooragiirwo, icio ingĩ cioona mbaara nĩ ĩrundire igĩthara na ngaari ciao; mwena wa KLFA gũtirĩ mũndũ wakuire. Kwĩrĩhĩria, mbũtũ cia thũ ikĩrooko Gĩtumbĩro ngware-inĩ kũũraga andũ, nyũmba rũgongo rũgima ikĩmũndio mwaki na ng'ombe magana igĩtahwo. Thakame ya ciana na atumia—thakame iitũ— yathereraga tĩĩri-inĩ ta kĩguũ kĩa mbura ya njahĩ.

Kambĩ ya thũ Ũthaya nĩyo yaarĩ hendikwota ya thũ rũgongo rũu na yaarĩ na thigari (mbirarũ, hũmungaati na birithi) makĩria ya 30. Indo ciothe cia mbaara rũgongo rũu ciaigagwo kambĩ ĩyo na aarũi a Mau Mau na atongoria a Mau Mau matũũra-inĩ maanyiitwo maarehagwo kambĩ Yothaya na gũtirĩ woimaga kuo arĩ muoyo. Kwoguo, atongoria a SWC nĩ maacemanire Kariainĩ hendikwota kũbanga ũrĩa magũtharĩkĩra kambĩ ĩyo. Mathenge nĩwe wacagũrirwo gũtongoria mũtharĩko ũcio, akĩheeo itungati na mathaita ma mbaara. Mũbango wahaana ũũ: 1) Mathenge na itungati 400 matharĩkĩre kambĩ Yothaya; 2) Itungati120 itharĩkĩre kambĩ ya hũmungaati ya Kairũthĩ kũmahĩtĩrĩria gũũka Ũthaya gũteithĩrĩria; 3) itungati100 itharĩkĩre kambĩ ya hũmungaati ya Ihurĩrio kũmahingĩrĩria gũũka gũteithia kambĩ ya Ũthaya. Mũtharĩko wa kambĩ icio ithatũ wabangĩĩtwo wambĩrĩrie thaa mũgwanja na nuthu ũtukũ. Kairũthĩ na Ihurĩrio nĩ cianyitiirwo nĩ mbũtũ cia KLFA, hũmungaati 32 ikĩũũragwo na mwena wa Mau Mau itungati 8 igĩkua; kambĩ cieerĩ igĩciinwo na mĩcinga makĩria ya 20 ĩgĩtuunyanwo na mbũrũbũrũ kĩrũndo.

Mathenge atanakinya kambĩ ya thũ Ũthaya nĩ abangire itungati. Itungati 100 igĩtũmwo kũhinga na kũrangĩra bara ya kuuma taũni ya Nyĩrĩ na ingĩ 100 igĩtũmwo kũrangĩra bara ya kuuma taũni ya Kĩarainĩ; Mathenge agĩtongoria itungati 200 gũtharĩkĩra kambĩ Yothaya. Marĩ kĩromeeta ĩmwe kuuma kambĩ, kũringana na ribooti ya Njenũrũ Mbaria (1976), Mathenge nĩ acookanĩrĩirie aarũi, akĩmeera,

Njaama ya ita:

Ithuĩ tũrĩ Nyũmba ya Mũũmbi na gũtirĩ mũndũ twĩtigĩrĩte, tũtiuuraga maaĩ itina kana gũcooka na thuutha tũrĩkuuga ũndũ, tondũ ũcio ndĩreenda mũrũe na hinya, ũcamba na ũũmĩrĩru kinya tũmomoore kambĩ yooragani. Twaingĩra thĩinĩ wa kambĩ mũrute wĩra kĩhinyio, mũtĩkaiguĩre ngui ici cia ngoronia tha—ciothe no mũhaka ciũũragwo na kambĩ ĩciinwo; ũguo nĩguo muuma wa Mau Mau uugĩĩte. Tũgĩcooka Nyandarwa mũtitũ, mũndũ wothe haaha ũrĩ na banga akorwo na mũcinga wake. Ririkaanai atĩ tũrarũira wĩyathi wa bũrũri witũ tondũ ũcio tũgĩkua tũgũtũũra tũririkanagwo nĩ njiarwo na njiarwo na marĩĩtwa maiitũ matũũre marĩ hicitũri ya bũrũri witũ. Kaĩ kũrĩ kĩndũ kĩa bata na kĩrĩ riiri takũrũĩra wĩyathi wa bũrũri.

Rĩu nĩ tũthiĩ, Ngai wa Kĩrĩnyaga arĩ mbere.

Maakinyire Ũthaya kambĩ-inĩ thaa mũgwanja na nuthu na mbura nene, makĩmĩrigicĩria, mbaara ĩkĩambĩrĩria. Ona gũtuĩka Mathenge na mbũtũ yake nĩ maarũire na hinya nocamba handũ ha mathaa meerĩ matiahotire kũingĩra kambĩ. Mathenge oona hatirĩ mweke wa kũingĩrĩra na andũ aake no kũũragwo marooragwo nĩ mĩcinga ya ngoronia, agĩcookanĩrĩria arĩa maatigarĩte, magĩkuua arĩa maarathĩtwo no matiakuĩte, magĩkũũra meerekeire Nyandarwa hendikwota; mbũra noyauuraga ya marurumĩ na heni.

Aarũi a KLFA arĩa mooragirwo mũtharĩko-inĩ ũcio maarĩ 16 na angĩ 16, tondũ matiooĩ gũthambĩra, magĩtwarwo nĩ Gura makĩringa nĩ ũndũ nĩ rwaiyũrĩte kinya rũgacuhũra mĩgogo na mĩaatũ. Mwena wa thũ gũtiaribootiirwo nĩ andũ aiigana maakuire. Gũtuĩkaga mbũtũ yacooka hendikwota, Njenũrũ Mathenge, tondũ wa maraakara makũhootwo na ruo rwa kĩeha rwa aarũi arĩa mooragĩirwo matharĩkĩro-inĩ, aikarire thĩ akĩaambĩrĩria kũgirĩka.

Mweri wa Gataano na wa Gataandatũ mbũtũ cia KLFA, Nyĩrĩ, nĩ ciahũũrire na igicina kambĩ cia borithi igĩrĩ: Gĩakanja na Ihũrũrũ, na cia hũmungaati inyaanya: Ihwage, Mũrũgũrũ, Ngũnjiiri, Kĩrĩmũkũyũ, Kĩamarĩgo, Icarũ Cirũ, Icũgũ, Mũitwo Nahinga na Kĩgumo. No mbaara ĩrĩa yaarĩ nene yacarĩkire mweri wa Juraĩ hakuhĩ na Raka Swamp. Mbaara ĩno yaarũirwo thikũ igĩrĩ, mbũtũ ya KLFA yoona nĩ ĩkũhootwo ĩgĩkũũra ikiria nyoni. Aarũi a wĩyathi ataano nĩ mooragiirwo; mwena wa ngoronia gũtiaribootiirwo nĩ andũ aiigana mooragiirwo. O mweri ũcio mbũtũ ya KLFA ĩtongoreetio nĩ Njenũrũ Chaina nĩ yaatharĩkĩire kambĩ ya hũmungaati ya Kĩanjogu, ĩkĩmĩnyita; hũmungaati iria ciahonokire nĩ iria ciaguniirwo nĩ gwĩthara. Mĩcinga mũgwanya nĩ yaanyitiirwo na mbũrũbũrũ itaarĩ ithaabu; kambĩ yatigiirwo ĩgĩtooga. Ruoro rũgĩtema mbũtũ cia thũ— birithi, hũmungaati, warũrũngana na mbirarũ—ciaarĩ Kĩanjogu; ũcangiri wa ũkoronia ũgĩteemanio na nyũngũ itũũra. Andũ makĩũũragwo, mĩcĩĩ igĩciinwo hamwe na makũmbĩ, irio irĩ mĩgũnda igĩtemeengwo, ng'ombe na mbũri ĩgĩtahwo rũgongo rũgima.

Ihindi rĩĩrĩ rĩa mweri wa Kana na wa Kenda gũtiaarĩ mbaara nene Kĩambuu ta Mũrang'a na Nyĩrĩ. Gĩtũmi nĩ ũndũ Kĩambuu gũtirĩ mĩtitũ mĩnene ya kwĩhithwo nĩ mbũtũ cia mbaara na kũnyitana na ũguo thirikaari ya ngoronia nĩ yaaitĩĩte birithi na mbirarũ kagoto Kĩambuu cia kũgitĩra Thũngũ theteera. Nĩ ũndũ wa gĩtũmi kĩu, mbũtũ cia KLFA Kĩambuu ciambagĩĩtwo ikundi cia andũ aniini ta ikũmi ũguo na mbaara yaao yaarĩ ya kwĩhithĩra thũ, makamaringa magacooka magakũũra; na Gĩthũngũ mbaara ya mũthemba ũcio ĩĩtagwo *hit-and-run warfare*. Ota Mũrang'a na Nyĩrĩ, thigari cia ngoronia ingĩatharĩkĩirwo nĩ KLFA Kĩambuu, mbũtũ cia ũkoronia ciarookaga matũũra-inĩ ngũriũrio kũũraga andũ, gũcina mĩcĩĩ na gũtaha mahiũ. Marũa maya marĩ haaha mũhuro, maagũtaarĩria ũcangiri wa thirikaari ya ngoronia, maatũmĩirwo Mbiyũ wa Koinange, London, nĩ ndundu ya gatagatĩ ya Mau Mau ya ndiicitiriti ya Kĩambuu kũrĩ mweri 15 wa kenda 1953.

Kũrĩ Mbiyũ,

Marũa maya nĩ magũgũtaarĩria ũrĩa maũndũ mahaana gũũkũ Kenya kuuma watho wa mwĩhũũgo wekĩrwo nĩ thirikaari ya ngoronia. Tondũ ũthooma ngathĩĩti cia ũkoronia ndũgĩmenya ũrĩa maũndũ mahaana gũũkũ nĩ ũndũ ngathĩĩti icio ciandĩkaga maheeni na mĩhuhu. Kwaria ma, maũndũ ti meega gũũkũ Gĩkũyũ-inĩ; andũ aingĩ—arũme, atumia na ciana—nĩ mooragĩĩtwo tondũ wa kũrega kũnyitanĩra na thirikaari ya ngoronia kũhũũra Mau Mau, aingĩ a nyũmba iitũ manyitĩĩte kĩama kĩa wĩyathi mbaru.

Kuumana na mũtharĩko wa Lari andũ magana na magana gũũkũ Kĩambuu nĩ moraagĩĩtwo, mĩcĩĩ iitũ ĩgaciinwo, ng'ombe ciitũ igatahwo na irio irĩ mĩgunda igatemeengwo na rũthũũro rwa ũkoronia. Ĩndĩ atumia nĩo mararũmio ruo makĩria, maraagwatwo nĩ njangiri cia ngoronia, makahũũrwo mbaara ya thakame, magacooka makooragwo atĩ nĩo maaratwarĩra Mau Mau irio mũtitũ. Ngeretha na njaguuti ciake nyakairũ nĩ meharĩirie gũtũniina.

Tondũ nĩwe maitho na matũ maiitũ kũu Rũraaya na nĩ tũũĩ nĩ wĩrutĩire kũhũũranĩra wĩyathi wa bũrũri witũ, nĩ wendeete andũ aiitũ na bũrũri witũ, tũkwenda ũmenyithie thĩ yothe atĩ tũrooragwo nĩ thũkũmũ Ngeretha nĩ ũndũ wa kũregana na mawatho ma ũcangiri wa ũkoronia; ithuĩ tũreenda bũrũri witũ wĩyathe. Aandĩkĩĩra cĩama iria ihũũranaga na ũthũkũmũ wa thĩ—cĩama ta *Kenya Committee for Democracy Rights for Kenya Africans, Pan-African Congress, Anti-imperialist League* na ingĩ—imenyithie mworoto wa Mau Mau na ũciũũrie inyiite Mau Mau na andũ a Kenya mbaru mbaara-inĩ ĩno iitũ ya wĩyathi.

Tũkĩrĩĩkia marũa maya tũkwenda ũmenye atĩ ithuĩ tũkũrũĩra wĩyathi witũ kinya mũndũ wa mũico tondũ nĩ tũũĩ atĩ hicitũri, kĩhooto na ũũma irĩ mwena witũ.

Ngai wa Kĩrĩnyaga akũrathime.

Thaai.

(Marũa maya mataũrĩĩtwo kuuma ibuku-inĩ rĩa Maina wa Kĩnyattĩ, *History of Resistance in Kenya, Nairobi 2008, b.166).*

Ota ndiicitiriti ya Kĩambuu, mbaara ya wĩyathi Embu, Mbeere na Mĩĩrũ ndĩaarĩ na mũrurumo taya Mũrang'a na Nyĩrĩ gatagati-inĩ ka mweri wa Kana na wa kenda 1953. Kahiinda-inĩ kau mbũtũ cia KLFA cia Embu na Mĩĩrũ wĩra wacio mũnene waarĩ wa kũheeheenja thaata cia bũrũri, gũcina mĩciĩ yaao na kũmomoora kambĩ cia macibũ. Mbaara nene rũgongo rũũrũ yaarũiirwo Kĩrũgũaya mweri 24 wa kenda 1953 na yatongoreetio nĩ Komanda Benson Njoogu. Mbaara-inĩ ĩyo mbũtũ ya KLFA nĩ yaanyiitire kambĩ ya hũmungaati ya Kĩgumo na ĩkĩũũraga hũmungaati kĩrũndo na ĩgĩcina kambĩ. Ndiũũ nyakeerũ weetagwo Nightingale waarĩ komanda wa mbũtũ cia ngoronia nĩeetharire na ngaari, agĩthĩĩ Embu taũni kũgĩĩra thigari cia KAR na cia Kenya Regiment. Maakorire meehithĩĩrwo nĩ KLFA, mbaara ikĩambĩrĩria, moona nĩ makũniinwo magĩthara o mũndũ na njĩra yake, magĩĩtiga ciimba cia andũ aao ithaano. Mũthenya ũyũ ũngĩ, mbũtũ cia ũkoronia ciarookire Kĩrũgũaya ngware-inĩ kwĩrĩhĩria. Itaambĩrĩirie mũtharĩko, ngoronia Nightingale nĩ arutiire watho, agĩcĩĩra,

> Ndĩreenda mũtũmĩre mĩcinga yanyu mũtarĩ na tha, ũũragai andũ aingĩ otaũrĩa mwahota, mũciina nyũmba ciao na mũmomoore mĩthĩĩthũ na mĩĩhoko yaao; mweka ũguo nĩ ngũkena. Aya ti andũ nĩ nyamũ, mooragei ota ũrĩa mũngĩũũra mbĩa kana nyamũ ya thĩ. Mwanoga nĩ kũmooraga na mĩcinga, tũmĩrai mĩthiita. Ũguo nĩguo ndamũhamurithia, rĩu rutaii wĩra wanyu (Maina wa Kĩnyattĩ, 2008:167).

Gĩcanjama kĩu kĩa wanangi, waganu na ũũragani gĩathiire na mbere mũthenya mũgimi, gũgĩtũka thakame ya andũ aiitũ, thakame iitũ, yaathereraga ta kĩguũ tĩĩri-inĩ. Mĩciĩ rũgongo rũgima ĩkĩmundio mwaki, makũmbĩ magĩciinwo, mahiũ magĩtahwo, irio ciaarĩ mĩgũnda igĩtemeengwo na atumia makĩgwatwo hamwe na ciana cia airĩĩtu. Cĩĩko icio cia ũcangiri ciaarĩ cia kũguoithia andũ aiitũ, maingĩrwo nĩ ngoro thũku ya guoya, meetigire; marekie beendera ya wĩyathi. No andũ aiitũ nĩ meerutĩire makauuga: tũkũrũĩra wĩyathi kinya itaata rĩa mũico rĩa thakame ya rũũrĩrĩ.

Mbaara Rĩbutibare yaarĩ ndiicitiriti ithatũ: Naikuru, Laikibia na Naroko. Mbũtũ cia wĩyathi cia Naroko ciatongereetio nĩ Njenũrũ Kirito Ole Kisio agĩteithĩrĩrio nĩ Meeja Mundet ole Ngabien na Ole Kibati. Mbucii ya Meeja Mundet yaarĩ hakuhĩ na mũhaka wa Kenya na Tanzania, nayo ya Ole Kibati yaarĩ rũgongo rwa Melili. Mwaka wa 1953 mbũtũ cia KLFA Maathai-inĩ itiaarĩ na hinya nĩ hĩndĩ cieethegeaga tondũ ũcio kĩhiinda kĩu gũtiaarĩ mbaara nene yaarũirwo Maathai. Ndiicitiriti ya Naikuru ndĩrĩ mĩtitũ mĩnene na mĩtumanu ĩngĩhithwo nĩ mbũtũ cia mbaara na niingĩ, ota ndiicitiriti ya Kĩambuu, matheteera maarĩ nyũngũ ng'ima na maarĩ na njeeci ciao na makongererwo nditi nĩ thigari cia KAR. No toũguo wiki, Mũthũngũ wothe ndiicitiriti ya Naikuru na ya Laikibia aarĩ birithi na aarĩ na marũa makũũraga mũndũ mũirũ ũrĩa eeciiragĩria nĩ wa Mau Mau. Nĩ ũndũ wa gĩtũmi kĩu, mbũtũ cia KLFA Naikuru na Laikibia ciabangĩĩtwo, ota Kĩambuu, ikundi cia andũ ikũmi na ciaarũaga mbaara ya kwĩhithanĩra, kũringa thũ na gũkũũra. Wĩra ũngĩ wa bata mbũtũ cia KLFA Naikuru ciaheetwo nĩ gũtaha ng'ombe cia theteera na kũireehe Nyandarwa irĩoyo nĩ njeeci ya ituĩka, kũũraga theteera, gũcina nyũmba ciao na kũheeheenja thaata cia bũrũri.

Ikamba maambĩrĩirie kũnyua muuma wa wĩyathi o mwaka wa 1951 na maarĩ na atongoria thĩinĩ wa NMM. Kwoguo mbaara ya wĩyathi ĩkĩambĩrĩria nĩ gĩkundi kĩnene gĩa Ikamba kĩanyuuĩte muuma, ĩndĩ ũrĩa atongoria a Ikamba maatahooteete gwĩka nĩ gũthondeka njeeci ya Mau Mau Ikamba-inĩ, no ona gũtuĩka ũguo itungati cia Mau Mau Ikamba-inĩ nĩ ciageragia kũheeheenja thaata cia bũrũri. Juuni 20, 1953 ngoronia Ndithii Hardy wa ndiicitiriti ya Maacakũ nĩ anĩrĩire akĩĩra Ikamba atĩ maanyiita Mau Mau mbaru nĩ makwona ngwacĩ gwĩkĩra—manyiitwo moohwo kana matwarwo nditĩĩni. Kũrĩ Juuni 25 ndundu ya gatagatĩ ya Mau Mau, Maacakũ, nĩ yaandĩkĩire ngoronia Ndithii marũa, ĩkĩmwĩra amenye atĩ Mau Mau Mau ti mũndũ ũmwe kana eerĩ, nĩ kĩama kĩa wĩyathi kĩa bũrũri wothe na kwoguo kũnyita mũndũ ũmwe kana eerĩ kana iigana gũtingĩũũraga Mau Mau nĩ ũndũ Mau Mau nĩ mũingĩ wa Kenya. Marũa magĩthiĩ na mbere kũmwĩra atĩ ũcangiri wa ũkoronia, maheeni na mĩhuhu, itirĩ hĩndĩ ingĩhota kũhingĩrĩria rũũĩ rwa wĩyathi. Ndithii anyiita marũa macio atũmire thigari cia birithi matũũra-inĩ kũhĩtĩrĩria Mau Mau ndĩgatambe Ikamba. Andũ aarĩa meeciiragio nĩ a Mau Mau makĩnyiitwo, amwe magĩĩkio nditĩĩni, arĩa angĩ magĩtwarwo igooti-inĩ rĩa maheeni, magĩkoora njanji nyakeerũ wa maheeni, magĩtuĩrwo kũũragwo. Na kuo Gĩtui, Cibũ Kasina wa Ndoo, waarĩ njaguuti nene ya ngoronia, akorirwo gwake mũciĩ ngware-inĩ nĩ

118

itungati igĩrĩ cia Mau Mau ciĩkĩrĩĩte nguo cia birithi; handũ ha kũũragwo akĩreengwo mooko meerĩ. Magĩtereta na mũraata wake Thũngũ Carson, Kasina amwĩrire atĩrĩĩrĩ:

Watho wa mwĩhũũgo wekĩrwo mweri wa ikũmi 1952 Ikamba eerĩ nĩ maatũmiirwo nĩ kĩama kĩa Mau Mau kuuma Kĩambuu mooke manjũrage. Mbere ĩyo nĩ ndaatũmĩĩrwo marũa maita meerĩ. Marũa ma mbere maarĩ makũngaania kũnyita thirikaari mbaru na gũthĩĩnia andũ matũũra-inĩ, no ndaathĩĩ na mbere, Mau Mau nĩ kũgĩĩra kĩongo gĩakwa. Marũa ma keerĩ meekĩrĩĩtwo ciringi ikũmi na makanjĩĩra: "Tũmĩĩra mbeeca icio ũtanakua." Ndaatharĩkĩĩrwo kĩrooko mweri 22 wa ikũmi 1953. Makĩnyiita, makĩnjooha na mĩhĩndo makĩnenga mooko meerĩ na banga (Carson, 1953:39; Maina wa Kĩnyattĩ, 2008: 168)

Ũteti na Mbaara Nairobi

Nĩ ũndũ Nairobi kwarĩ thirikaari nyiingĩ na ndũũrĩrĩ nyiingĩ cia Kenya itianyuuĩte muuma wa wĩyathi na itiacookanĩrĩrio gĩĩoteti, mbaara Nairobi yaarũagĩrwo rungu na hitho nene mũno. Tondũ wa ũguo, KLFA Nairobi yaagayanĩtio ikundi ithatũ: Gĩkundi kĩa mbere kĩaheetwo wĩra wa kũmeendera thaata cia bũrũri na thũ nyakeerũ, Ahĩndĩ na Araabu. Gĩa keerĩ wĩra wakĩo waarĩ wa gwetha mathaita ma mbaara, gũturĩĩni na kũbuundithia aanake gũtũmĩra mĩcinga na kwona mawatho ma Mau Mau nĩ mararũmĩrĩrwo; na gĩa gatatũ kĩaheetwo wĩra wa gũcaria ndaawa. Makĩria andũ arĩa maarĩ gĩkundi-inĩ gĩĩkĩ aingĩ maarutaga wĩra thibitaarĩ cia thirikaari. Gĩkundi gĩa kana wĩra wakĩo waarĩ kũmaatha mbeeca cia mbaara. Mbeeca imwe ciatuunyanagwo beengi na matuka-inĩ ma ndoonga cia Ahĩndĩ na Araabu. Gĩcunjĩ kĩnene kĩa mbeeca ciagũteithia mbaara ya wĩyathi kĩarutagwo nĩ arutiwĩra na arĩmi Agĩkũyũ, Amĩĩrũ, Ambeere, Aembu, Aikamba na Maathai arĩa maarĩ memba a Mau Mau.

Mweri wa Keerĩ 1977 Njenũrũ Enoch Mwangi eerire Maina wa Kĩnyattĩ atĩ kũrĩ mweri 20 wa Juuni 1953 nĩ eetire mũcemanio wa atongoria a KLFA Nairobi wa kũbanga ũrĩa mbaara ĩkũrũũo. Maaria nĩ meetĩkanĩĩrie mĩtĩ ĩno: mũtĩ wa mbere waarĩ kũbanga mũtaratara wa mawatho ma kĩama, na nĩ mo maya: 1) gũtirĩ mũrũi wagĩrĩire kũhee mũndũ o wothe ona mũrũi ũngĩ hitho cia gĩkundi kĩrĩa arĩ kana kwĩra mũndũ atĩ nĩ mũũthigari wa KLFA; 2) hitho cia kĩama no mũhaka ihithwo na igitĩrwo na njĩra ciothe. Nĩ kaba mũndũ akue kũrĩ kumbũra hitho cia kĩama kũrĩ thũ; 3) gũtirĩ mũrũi wagĩrĩirwo gũkorwo na mũcinga ataheetwo rũũtha nĩ komanda wake; mĩcinga yothe, mbũrũbũrũ na ngũrunĩĩti nokinya ihithwo rungu rwa thĩ kũraihu na maitho na mooko ma thũ cia wĩyathi.

Mũcinga ũrĩkuaagwo rĩrĩa mũndũ aheeo wĩra; 4) gũtirĩ mũrũi wĩtĩkĩrĩĩtio kuuma gĩkundi gĩake kĩa mbaara athĩĩ kĩngĩ ataheetwo rũũtha nĩ komanda wake; gwĩka ũguo nĩ kuuna watho; 5) no mũhaka mũrũi atuĩke ngamini, mũhoreri, mũndũ wendeete andũ na bũrũri wake na ũrĩ ngoro ya cuuma atĩ ona angĩhiihiinyo heeke kana nyondo ndangĩthareende; 6) gũtirĩ mũrũi wagĩrĩire kũiiya mũingĩ kana kwonia mũingĩ nda; 7) kwaria maheeni, gwĩtotora na kũng'athia nĩ kuuna watho wa kĩama, nĩ mahĩtia mangĩtũma mũndũ aingatwo kĩama-inĩ kana eekĩrwo mũkanda ngingo; 8) mũndũ angĩrega kũruta wĩra ũrĩa aheetwo nĩ komanda wake kana arute wĩra ũcio na matharau nokinya anyiitwo atwarwo igooti-inĩ rĩa Mau Mau. Iguoya na igũũta nĩ thũ cia kĩama, nĩ thaata cia bũrũri; 9) ngorobano, kũrumana kana kũrũa kĩama-inĩ, kana mũndũ kwooya mũcinga arathe mũndũ ũngĩ nĩ maraakara, nĩ kuuna watho wa kĩama; 10) thũ ciitũ nĩ thũkũmũ Ngeretha na njaguuti ciao nyakairũ; 11) kũgwata mũtumia kana mwana wa mũirĩĩtu nĩ mahĩtia mangĩtũma mũndũ eekĩrwo kĩaara mũmero. Hĩndĩ ĩno ya mbaara no mũhaka tũgiitĩre atumia a bũrũri na ciana ciao; 12) mũrũi angĩrathĩrwo mbaara-inĩ ndagatiganĩrio nĩ aateithĩrĩrio, ĩndĩ angĩkorwo nĩ mũraathe ũũru mũno ndangĩhota gũthiĩ nokinya aniinũkio ndakanyiitwo nĩ thigari cia ũkoronia arĩ muoyo athĩĩ akarũmithio ruo na hiihi tondũ wa ruo aambĩrĩrie kwĩranĩra mĩaatũ ya kĩama; 13) mbaara ĩno ĩno ndĩrĩ mabuuthu, mũndũ anyiita thũ ndakamĩhe kahinda nĩ amĩonorie; 14) ithuĩ tũtirĩ imaramari kana iitoi, tũrĩ aarũĩri wĩyathi; Ngeretha nĩo iitoi, nĩo njangiri iria irooraga andũ aiitũ; 15) ũcamba, ũũmĩrĩru, wĩyũũmia, ũthũũro wa ũkoronia na wendo mũnene wa bũrũri nĩ cio hinya witũ, hinya wa KLFA. Tũngĩgera makinya ma Mathathi, Ndemi na Iregi na tũnyuĩre gĩkombe kĩrĩa Waiyaki wa Hinga aanyuĩrĩire gĩocamba na tũgie na ũũmĩrĩru na ũrũme ta wa Mũthoni wa Nyanjirũ tũtingĩhootwo nĩ Ngeretha.

Mũtĩ wa keerĩ, atongoria meetĩkanĩirie atĩ tondũ aanake na airĩĩtu nĩ merutĩire kwaũingĩ gũthiĩ mũtitũ, no mũhaka iwanja ingĩ njeerũ cia turĩĩning'i ihingũrwo na nyũmba icario cia gũikarwo nĩ arĩa marĩ turĩĩning'i na mbeeca cia irio mamaathĩrwo. Gathariainĩ nĩ kĩo kĩaarĩ kĩhaaro kĩnene gĩa turĩĩning'i na kĩarũngamĩrĩirwo nĩ Meeja Mũcina. Iwanja iria ingĩ cia KLFA ciaarĩ Bahati, Shauri Moyo, Mathare, Dandora, Buru Buru, Mamberainĩ na Karũimbangi. Mũtitũ wa Karura, mĩciĩ-inĩ ya arutiwĩra arĩa maarĩ memba a kĩama kĩa wĩyathi, nĩ kuo thibitaarĩ ya KLFA yaarĩ na kĩgaanda gĩa gũturĩra mĩcinga.

Naguo mũtĩ wa gatatũ, atongoria marĩrĩirie ũrĩa KLFA ĩgũcambũrĩra Kĩama Kĩa Moscow (na kĩĩngenũ, Moscow Society) na gĩa *Torch Bearers Society* (TBS). Ciama ici cieerĩ ciathondekeetwo nĩ ngoronia na atongoria a hũmungaati andũ ta Wanyũtũ wa Wawerũ, Harry Thuku, David Warũhiũ, Simon Warũhiũ, James Gĩchũrũ, Parmanas Kĩrĩtũ, L.S.B. Leakey na angĩ. Muoroto wa ciama icio waarĩ kũharagania mbũtũ cia wĩyathi. Mũcemanio wa atongoria a KLFA watuire atĩ ciama icio cieerĩ nĩ hataarĩ na nĩ ciagĩrĩire kũmomoorwo na memba aacio mamiimiindwo. Memba aingĩ a ciama icio nĩ maanyiitirwo nĩ Mau Mau, magĩtwarwo igooti rĩa Mau Mau magĩtuirwo gĩkuũ; arĩa mahonokire ta Thuku, David Warũhiũ, Simon Warũhiũ, James Gĩchũrũ na Wanyũtũ maarangagĩrwo mũthenya notukũ nĩ thigari cia ngoronia. Kĩama kĩngĩ gĩathondekeetwo nĩ ngoronia gĩa kũhĩtĩrĩria mbũtũ cia wĩyathi nĩ *Maendeleo ya Wanawake* (MYW). Kĩoombĩĩtwo nĩ ngoronia na kĩarutithanagia wĩra na kanitha cia ũkoronia matũũra-inĩ na mataũni-inĩ. Kĩama kĩa Moscow na kĩa TBS nĩ ciaheeheenjirwo nĩ KLFA no MYW ndĩrĩ yaakua, rĩu yatuĩkire kĩama kĩa ndoonga iria itawaaraga bũrũri witũ na gũtũnyua thakame itiirĩrĩirwo nĩ thũkũmũ cia Ngeretha na cia Ameerika. Hĩndĩ ya wathani wa gĩthũri wa ndigitĩta Moi, MYW yaarĩ rũhonge rwa Kanũ. Mũtĩ wa kana, atongoria a KLFA Nairobi maatuire atĩ andũ arĩa mbiaacara ciao irĩ mĩtaa-inĩ ya andũ airũ—Ribaroori, Bangani, Gĩkoomba, Kariokoo, Nangara na kũngĩ—no mũhaka marĩhage Mau Mau igooti (protection tax) o mweri na arĩa makũrega mathaame. O mweri itungati cia Mau Mau nĩ ciatũmagwo matuka-inĩ kũgĩĩra mbeeca icio. Mũndũ wa mbiaacara angĩaregire kũruta igooti rĩa Mau Mau, atũmagĩrwo marũa nĩ KWC, akeerwo:

Kũrĩ Ng'ania,

Ũmũũthĩ nĩ Juuni 10, 1953 na ndũrĩ ũrarĩha igooti rĩa mweri ũcio ũrathirire. Tũkwenda tũkũmenyithie atĩ nĩ tũgooka kũiĩra mbeeca icio rũũciũ thaa inya no wakorwo ndũkũrĩha igooti woohe mĩrigo ũthaame kana ũthĩĩ ũkariboote borithi naawe wethe irima rĩa kwĩhitha. Nĩ ngwiciiria nĩ ũũĩ ithuĩ tũtithaakaga na wĩra witũ.

Andũ aingĩ a mbiaacara nĩ meetĩkĩrire kũheeaga Mau Mau mbeeca omweri, arĩa mang'othaga, makarega kũrĩha igooti, maakoragwo matuka-inĩ makaruta na hinya. Andũ angĩ meetagio mũhothi nĩ Ambuunge airũ a Renjikoo. Meeriirwo na marũa maaga kũruta nĩ magũtinio magũrũ na njirũngi na ũrĩa ũgũthĩĩ kũriboota kwa borithi eethe bũrũri wa gũthaamĩra, oothe nĩ meetĩkĩrire kũruta mũhothi o mweri. Hĩndĩ ĩmwe Eliud Mathu nĩ aceereirwo nĩ kũneeana mũhothi, akorirwo gwake mũciĩ nĩ itungati ithaano cia KLFA ĩtongoreetio nĩ Kariũki Chotara. Mathu akĩĩrwo nĩ Kariũki aheeane gĩtũmi gĩa kũrega kũruta mũhothi wa gũteithĩrĩria mbaara ya wĩyathi. Arĩĩkia kwaria akĩĩrwo matireenda ng'aano cia marimũ, mareenda mbeeca cia mĩeri ĩĩrĩ kana akorwo ti ũguo auume mwamũtware igooti-inĩ rĩa Mau Mau Mathare; Mathu ndaacookirie, akĩruta mbeeca. Ĩndĩ ona aaruta, Kariũki eerire mũtumia wa Mathu ahagĩre maaĩ ma caai nĩ manyootĩ. Caai ũkĩhĩa Mathu na mũtumia makĩheeo muuma wa wĩyathi. Itungati itaanauma, Kariũki akĩĩra Mathu na mũtumia wake atĩ mangĩgaceererwo nĩ kũruta mũhothi rĩngĩ kana mathĩĩ borithi kũriboota nĩ maheeo muuma makarĩha na ciongo ciao.

Mũtĩ wa mũthia, atongoria nĩ meetĩkanĩirie matharĩkĩre kĩama kĩerũ kĩa arutiwĩra kĩoombĩtwo nĩ ngoronia na njaguuti ciao nyakairũ. Nĩ tũgũthoomeete na hau thuutha atĩ kĩama kĩa arutiwĩra, EATUC, nĩ kĩahũũriirwo marubuku kũrĩ mwaka wa 1950 nĩ thirikaari ya ngoronia na atongoria makĩnyiitwo, magĩikio nditĩĩni; aingĩ a atongoria acio maarĩ a Mau Mau. Kũgeria kweheria arutiwĩra mũng'eeng'ano-inĩ wa wĩyathi, ngoronia nĩ maabangire marĩ na gakundi ga thaata cia bũrũri moombe kĩama kĩngĩ kĩa arutiwĩra gĩĩkũnyiita thirikaari ya ũkoronia mbaru. Kĩama kĩrĩa kĩoombiirwo gĩeetirwo *Kenya Federation of Registered Trade Union* (KFRTU) na gĩatongoreetio nĩ njũna-ndara ithatũ: Mũregi wa Karanja, mwene-gĩtĩ, Aggrey Minya, mwandĩki mũnene, naake Tom Mboya mwandĩki mũnyiinyi. KFRTU yoombwo o ũguo atongoria maambĩrĩirie gũtharĩkĩra Mau Mau na mĩario—kwĩĩra aathũkũmi ũrĩa ĩrĩ njũru, ũrĩa harĩ mahĩtia kũnyitithania ciama cia arutiwĩra noteti wa Mau Mau wa gũtũmĩra hinya. Mĩcemanio-inĩ ya arutiwĩra, ngathĩĩti-inĩ cia ngoronia na kameeme-inĩ, atongoria a KFRTU maanagĩrĩra atĩ arutiwĩra matikaingĩre Mau Mau tondũ nĩ kĩama kĩa imaramari na mĩitũ. Juraĩ 1953 ngoronia Ngeretha nĩ magũrĩire Minya tigiti ya gũthĩĩ Brussels, Belgium, kwarĩria kongomano ya arutiwĩra yeetagwo *International Confederation of Free Trade* (ICFTU) yaathondekeetwo nĩ thũkũmũ cia Rũraaya ya rũgũrũ na cia Ameerika. Mathaa ma Minya makinya makwaria, handũ hatarĩrie kongomano ũrĩa arutiwĩra airũ a Kenya maahiinyĩrĩĩrio nĩ mawatho ma ũkoronia noorĩa andū aiitū marooragwo nī mbūtū cia ngoroni, aambīrīirie gūtharīkīra Mau Mau, akīīra ICFTU na kīīngenū: *My Federation has recently published a decision on its attitude to the organization known as Mau Mau and instructed our members not to associate with any organization, which is not legal. My Federation believes that violence will accomplish nothing of lasting value to the welfare of my country and it therefore condemns all violence* (Sticheter, 1977:16; Maina wa Kīnyattī, 2008:177). Thuutha ūcio, tondū Minya aarī mūndū wa mītheece īīrī ta thambara na toombo wake waarī mūmata, akīogomora rūrīmī, akīambīrīria gūcabūrīra mawatho ma ūkoronia Kenya—akiuuga nokinya Ngeretha meeherie ūkoronia Kenya, būrūri ūūgie na demokiracia. Ngeretha matiakenirio nī ciugo cia Minya cia mūico. Kwoguo nī maabangire na Mboya na Mūregi na ndundu ya gatagatī ya KFRTU, Minya eeherio gītī-inī kīa mwandīki mūnene wa kīama. Minya acooka Kenya, mūcemanio wa naihenya wa KFRTU nī weetirwo, ūkīmūruta gītī-inī gīkīneengerwo Mboya. Thūkūmū cia Ngeretha na cia Ameerika nī ciatwīrīītie ikona atī Mboya tondū aarī mūndū wa nda no atwīke njūnandara njathīki ya ūkoronia. Nī geetha Mboya eekindīre kīama-inī kīa arutiwīra, Ngeretha nī manyitire Minya makīmūigīrīra kīgeenyo atī nī wa Mau Mau, akīrūmithio ruo nī birithi akīhūūngwo mahūri agīcooka agīīkio nditīīni ciumia gīkundi. Aarī nditīīni, kīama kīa arutiwīra nī gīceenjirio rīītwa, gīgīītwo *Kenya Federation of Labour* (KFL). Kwongerera Mboya nditi ya ūtongoria, CIA yaamūheeaga $1,000 o mweri na *Trade Union Congress* ya Ngeretha na *American Federation of Labor* na cio ikamūhee $4,000 o mweri; mbeeca icio kahiinda kau ciaarī gīītīrīra kīgimi.nī ūndū ūcio, Mboya agīgītongororoka na akīgia na hinya gīīūteti wa gūtiirīrīra thūkūmū makīnyue thakame ya arutiwīra a Kenya na makīūūraga itungati cia wīyathi, atumia na ciana matūūra-inī ma GEMM.

Mboya eeyenjera ūtongoria wa KFL, nīguo oonie ngoronia atī arī mwena waao, aambīrīirie gūtharīkīra Mau Mau na ūrūrū mūingī mūno mīcemanio-inī ya arutiwīra na ngathīīti-inī cia ūkoronia, tondū woguo mūcemanio-inī wa atongoria a KLFA Nairobi, nī wabangire mūbango wa kūheeheenja ūtongoria wa Mboya. Silvano Ondiege, mwandīki mūnyiinyi wa KFL na mūraata wa nda ya Mboya, nī arathirwo nī KLFA kūrī mweri wa Kanaana na agīīkua. Kūgitīra Mboya, thirikaari ya Ameerika nī yamwandīkīire mūthigari wīna na mūcinga wa kūmūrangīra mūthenya notukū. Ūrīa Ngeretha meeciirītie atī magūtūmīra Mboya na KFL kūharagania kīama gīa ituīka Nairobi ndwahotekire tondū arutiwīra arīa maarī aingī Nairobi nī maareganire na mũrũgamo wa Mboya na KFL wa ũkoronia, makĩnyita Mau Mau mbaru.

Kambĩ cia Thũ Gwaakwo Bũrũri-inĩ

Thirikaari ya Baring yoona Mau Mau no kwĩyeenjera ĩreeyenjera mataũni-inĩ na mĩtitũ-inĩ nĩ yeetaniire London ĩkiuuga ĩreeherwo thigari makĩria na mathaita. Kambĩ ingĩ nyiingĩ cia borithi na cia hũmungaati, njeera, nditĩĩni, theero cia kũhũũngĩra memba a Mau Mau mahũri na maciini cia gũiita aregi a Mau Mau igĩaakwo bũrũri-inĩ wa GEMM, Nairobi na Ributibare. Hũmungaati na birithi matũũra-inĩ na mataũni-inĩ ikĩheeo watho wa kũnyariira na kũũraga andũ, kũiiya indo mĩciĩ-inĩ, kwagaagia atumia, gũcina nyũmba na makũmbĩ na gũtemeenga irio iria irĩ mĩgũnda. Na kuo mĩtitũ ya Nyandarwa na Kĩrĩnyaga mboomu ciaitĩkaga ta mbura. Mboomu ciareemwo nĩ kumbuthũra KLFA mĩtitũ-inĩ, Ngeretha agĩtũma thigari cia mbirarũ, birithi na hũmungaati ngiri na ngiri kũgũrũria Nyandarwa; mũngũrũrio ũcio wabatithitio *Operation Epsom* na waambĩrĩirio Juuni 4 kinya Juuni 14; norĩĩrĩ mbũtũ cia Ngeretha itiahotire kũngũrũria Nyandarwa nĩ ũndũ wocamba wa KLFA. Mbũtũ cia ngoronia ciaingatwo Nyandarwa, otoorĩa waarĩ mũtugo wacio wa ũcangiri, ciagereire matũũra-inĩ Mũrang'a na Nyĩrĩ kũũraga andũ na gũcina mĩciĩ. Tondũ Ngeretha aarĩ na thuti ya mbaara, kũrĩ Juuni 18 nĩ ahamurithirie thigari ciake icooke Nyandarwa hĩndĩ ya keerĩ kũrutũrũra mbũtũ cia KLFA; mũngũrũrio ũcio wa keerĩ weetagwo *Operation Royal Flush*. Muoroto wa Ngeretha waarĩ wa kũnyita hendikwota ya KLFA no matiahotire nĩ ũndũ nĩ marutũrũriirwo Nyandarwa na mbaara nene nĩ KLFA; magĩĩtiga ciimba cia andũ aao irĩoyo nĩ hiti, nderi na ngi.

Mũngũrũrio wa gatatũ weetagwo *Operation Teal* na wambĩrĩirie Juraĩ 4 kinya Juraĩ 16. Kahiinda gaaka Ngeretha nĩ meeharĩirie mũno tondũ nĩ mahotire gũtindĩka mbũtũ cia KLFA kinya makĩnyiita Mbucii ya Kariainĩ no matiakorire mũndũ tondũ Mathenge nĩ ahamurithĩtie mbũtũ ciake ithaame kambĩ, *Operation Teal* yaambĩrĩria. Mbucii ya Kariainĩ yaarĩ na aarũi 3,500 na nĩo yaarĩ hendikwota ya njeeci ya wĩyathi Nyandarwa, na nĩ Njenũrũ Mathenge wamĩrũgamĩrĩire. Kũnyiitwo kwa hendikwota rĩiaarĩ igũtha inene harĩ mbũtũ cia wĩyathi, tondũ ũcio atongoria arĩa angĩ a SWC hamwe na aarũi nĩ maambĩrĩirie kũgĩa na njiriiri na ũtongoria wa Mathenge wa mbaara.

Ngeretha mareemwo nĩ kũharagania mbũtũ cia wĩyathi Nyandarwa maaroririe mĩcinga yaao, ndege cia mboomu na ngui cia kũhũũnga thaaha, mũtitũ wa Kĩrĩnyaga no ona kũu maakorire meetereirwo nĩ Njenũrũ Chaina na mbũtũ ciake, na ciagayanĩtio ikundi ithatũ: mbũtũ cia Mĩĩrũ itongoreetio nĩ Njenũrũ Baimungĩ na Njenũrũ Mwariama, cia Embu nĩ Njenũrũ Kubukubu na Njenũrũ Kassam, cia Gĩkũyũ nĩ Njenũrũ Tanganyika.

Mbaara nditũ ya thakame na ikuũ ĩkĩrũũo handũ ha thikũ gĩkundi, thuutha mũtheri mbũtũ cia Ngeretha ikĩrutũrũrwo Kĩrĩnyaga cĩĩkĩrĩte mũting'oe gatagati ka magũrũ.

Mũkami wa Kĩmaathĩ   Wanjikũ wa Thamweri, 1954

 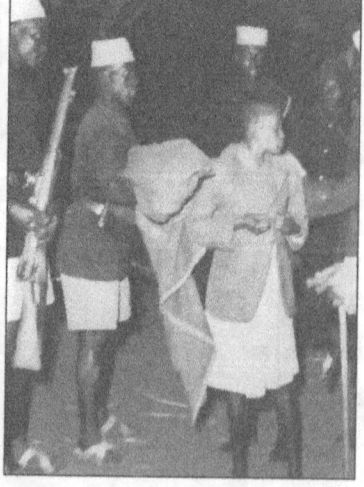

Atumia a Cenitũrũ nĩo marĩ mĩĩri ya Mau Mau matũũra-inĩ. Nĩ ũndũ ũcio nĩ
manyariiragwo mũno nĩ thũ cia wĩyathi

9. Kĩmaathi Gũcagũrwo Karaũ wa Mbaara

Kongomano ya Mwathe

Tarĩki 2 mweri wa Kanaana 1953, Kĩmaathi nĩ aandĩkĩire atongoria a SWC na komanda a mbũtũ, kamĩtĩ cia Mau Mau cia ndiicitiriti na matũũra, atongoria a KWC na cibũ komanda wa KLFA Nairobi kũmaririkaania atĩ kongomano ya keerĩ ĩgakorwo tarĩki 16 mweri wa Kanaana mbucii ya Mwathe, Nyandarwa. Atongoria a SWC, tiga Mathenge, nĩ mamenyithirie Kĩmaathi atĩ nĩ magakorwo Mwathe. Mathenge anyiita marũa ndaakenire tondũ wa Kĩmaathi gwĩĩta Kongomano atamũrĩtie na nĩwe mwene-gĩtĩ wa SWC. Mathenge, arĩ na maraakara mataarĩ kĩguni, nĩ aandĩkĩire Kĩmaathi marũa makũmenyithia atĩ, wee nĩ karani na kwoguo ndarĩ na rũũtha rwa gwĩĩta kongomano ya kĩama kĩa mbaara atamũrĩtie. Kĩmaathi anyiita marũa ma Mathenge nĩ amũcookeirie akĩmũmenyithia atĩ kũbanga na gũtabarĩra mĩcemanio ya KLFA, kũiga bairo cia mbaara, kwandĩka ribooti ya ũrĩa mbaara yaathiiaga na mbere, kwandĩkĩra KWC na kamĩtĩ cia Mau Mau cia ndiicitiriti na matũũra, ũcio waarĩ nĩ wĩra wa wabici ya mwandĩki mũnene wa SWC. Kĩmaathi akiririkaania Mathenge atĩ wabici yake nĩyo yaheeiirwo wĩra wa kũbanga na gũtabarĩra kongomano na niingĩ amenye atĩ wee ti karani gake, nĩ mwandĩki mũnene wa kĩama kĩa mbaara na wĩra wake nĩ aũũĩ. Akĩĩra Mathenge handũ ha ngucanio amũmenyithia kana nĩ agooka kongomano kana ndagooka; Mathenge acookirie marũa akiuuga na rũng'athio ndaagathiĩ.

Kĩmaathi nĩ aandĩkĩire Mathenge hĩndĩ ya gatatũ kũmenyithia bata wa kongomano na ũrĩa haarĩ bata akorwo ho kũhingũra kongomano na kwarĩria aarũi na komanda aao nĩiguo mamũmenye wega. Agĩthiĩ na mbere kwĩra Mathenge amenya atĩ Kongomano ya Mwathe nĩ ya bata "tondũ nĩyo ĩgũcagũra atongoria a mbaara mũtitũ-inĩ, ĩbange mbũtũ cia mbaara necihe marĩĩtwa na yũũke na mũtaratara wa marĩĩtwa ma komanda agũtongoria mbũtũ cia mbara." Akĩmwĩra aarega gũthiĩ kongomano thuutha-inĩ nĩ akeriira. Mathenge auugire karothũa na mbiri angĩthiĩ kongomano na gũthũkia makĩria akĩgiria aarũi arĩa maarĩ thĩ ya ũtongoria wake mathiĩ kongomano. Mũrũgamo wa Mathenge nĩ warehire mĩgigi ũtongoria-inĩ wa KLFA, ũkĩhanda mbegĩ njũru ya kũgayania na kũharagania njeeci ya mũingĩ.

127

Kongomano nĩ yookĩĩtwo mũno—aarũi oiki maarĩ 5,000, atongoria a KWC hamwe na Enoch Mwangi maarĩ ikũmi na atatũ na kamĩtĩ cia Mau Mau cia matũũra na ndiicitiriti cia Mũrang'a na Nyĩrĩ nĩ ciatũmĩĩte andũ gĩkundi. Atongoria a KLFA a Kĩambuu, Naroko na Kĩrĩnyaga matiokire kongomano tondũ wa kwaga njĩra cia gũũkĩrĩra nĩ mbũtũ cia thirikaari ya ngoronia kũingĩha njĩra-inĩ. Andũ mookĩĩte kwaũingĩ nĩ atumia kuuma Nyĩrĩ na Mũrang'a; amwe maatũmĩĩtwo kongomano-inĩ nĩ kamĩtĩ cia Mau Mau cia matũũra, arĩa angĩ maareheete irio ciakũrio mĩthenya ĩyo ĩna, na gĩkundi gĩa gatatũ gĩokĩĩte kiumia mbere ya kongomano ĩtambĩrĩirie kũbanga na gũtabarĩra ũrugi. Ng'ombe gĩkundi cia kũrĩo mĩthenya ĩyo ĩna ciatahĩtwo mũgũnda wa theteera nyakeerũ Kĩnangobu nĩ mbũtũ cia KLFA.

Njenũrũ Mbaria eerire mwandĩki wa ibuku rĩĩrĩ mwaka wa 1979 atĩ kongomano yaahingũriirwo thaa inya kĩrooko na nyĩmbo cia wĩyathi—ikĩinwo na hinya, ũcamba na wendo mũriku wa bũrũri. Tathikĩrĩria:

Ngai mwega mũtangĩri wa ita
Mwamũkĩri magongona ma andũ airũ
Ũrĩ mbere tũtingĩhootwo nĩ thũ
Mwene-Nyaga twakũhooya

Kĩmaathi hiũha ũtũrute ũkombo-inĩ
Kenya iitũ ĩĩyũiirwo nĩ maithori
Ikĩũria wĩyathi ũgookarĩ

Thuutha wa nyĩmbo, Njenũrũ Mbaria, mwene-gĩtĩ wa kongomano, agĩcookeria andũ ngaatho tondũ wa kwĩrutĩra na ũũmĩrĩru gũũka kongomano "ona gũtuĩka ndege cia thũ no mboomu cia gĩkuũ irahũũra Nyandarwa na njĩra ciothe iria andũ mageragĩra matũũra-inĩ na mataũni-inĩ nĩ hinge na ikarangĩrwo nĩ thũ cia wĩyathi na mĩcinga". Aarĩkirie gũthamaka na ciugo ici:

Nyũmba iitũ:

Ndĩreenda kũmũmenyithia atĩ twĩtĩte kongomano ĩno nĩguo tũmenyane, tũrĩanĩre na tũnyuanĩre, tũiine nyĩmbo cia wĩyathi na tũkeenanĩre tũgĩkũngũĩre bũrũri witũ; thuutha ũcio tũũnge meeciiria maiitũ tũbange mũtaratara woria tũkũrũa mbaara ĩno. Mbaara ĩno ti ya matimũ na hiũ, nĩ ya mĩcinga na mboomu na thũ ciitũ cĩĩkinyĩire gwĩkinyĩra, nĩ ũndũ ũcio nokinya tũmĩrũe na ũũgĩ, wara, ũcamba na ũũmĩrĩru. Hatarĩ nganja nĩ tũkũhootana, tũingate nyakeerũ mĩgũnda-inĩ iitũ, bũrũri witũ wĩyathe.

Arĩa tũgũkuĩra rũgendo-inĩ rũũrũ rwa maithori na thakame, rwa ũcamba na wĩyũũmia, tũgũtuĩka itugĩ cia cuuma cia gũtiira hicitũri ya wĩyũũmia na ũhuriandaka wa andũ a Kenya kuuma Mombatha kinya Gĩthumo.

Mbaria aarĩkia kũhingũra kongomano eetire Kĩmaathi arĩrie aarũi a mbaara. Kũringana na ribooti ya Mbaria (1979), Kĩmaathi aamerire ũũ:

Njamba cia Bũrũri:

Ithuĩ twoire mĩcinga tũgĩũũka mũtitũ kũrũĩra wĩyathi wa bũrũri witũ na tũtikamĩiga thĩ kinya rĩrĩa tũkaingata Ngeretha bũrũri ũyũ, Kenya iitũ ĩyathe. Ona akorwo nĩ mĩaka iigana kana makĩria tũkũrũa, ithuĩ tũtikũnoga tondũ tũrarũa tũkinyĩte tĩĩrĩ witũ na ũũma, kĩhooto na hicitũria irĩ mwena witũ. Ngeretha nĩ makũnoga tondũ nĩ mooĩ bũrũri ũyũ ti waao nĩ witũ, kwao nĩ Rũraaya na kũu nĩ kuo tũkwenda mathiĩ kana tũmaniine. Ndiũũĩ nĩ mũndũ mũgo ũrĩkũ ũmaragũrĩire akameera atĩ matũũraga, maciine mĩcĩĩ iitũ, matahe mahiũ maiitũ, matemeenge irio irĩ mĩgũnda, nĩ tũkwoya mooko na igũrũ, tũthareende, tũmatigĩre bũrũri; ũcio ũmeerĩte ũguo nĩ kũmaheenia aramaheenia tondũ ũyũ nĩ bũrũri witũ kuuma Ndemi na Mathathi na tũtikaũrekia ona thakame iitũ ĩngĩtherera ta kĩguũ tĩĩrĩ-inĩ witũ. Niingĩ nĩ magĩrĩirwo nĩ kũmenya atĩ ithuĩ nĩ kwĩrutĩra twĩrutĩire na tũkanyua muuma tũkehĩta: nĩ kaba gĩkuũ kũrĩ gũtuuo ngombo bũrũri-inĩ witũ— bũrũri tũciarĩirwo, bũrũri wa aagu na aagu.

Ũkoronia nĩ ũkombo wa kũheeheenja mũndũ mwĩrĩ na meeciiria na ũrĩ ruo kũrĩ gĩkuũ. Taroorai andũ aiitũ mwone ũrĩa mahiinyĩrĩirio na makanyariirwo nĩ ũkoronia—nguo nĩ matangari , nyũmba nĩ ithũnũ, mĩgũnda nĩ maatuunyiirwo nĩ ngoronia theteera, marĩmaga mĩkĩra-inĩ ya bara na nyanjarainĩ cia mahiga. Ciana ciitũ ithiiaga ciĩkonoteete nĩ kũhũta na heho tondũ ona nguo itĩrĩ. Muuma ũrĩa twanyuire uugĩĩte tũtigetĩkĩre rĩngĩ gũtuĩka ngombo cia ngoronia Ngeretha na ũrĩa ũkũrũgama gatagatĩ gaiitũ na wĩyathi witũ, ona akorwo nĩ wa Nyũmba ya Mũũmbi, tũtikamũthaitha, tũmũrekia thĩ na njirũngi.

Ngĩrĩkia, ngwenda mũmenye atĩ gũtirĩ kĩndũ kĩrĩ mũrio na kĩa bata kũrĩ kũrũĩra wĩyathi wa bũrũri witũ; bũrũri witũ nĩguo maitũ witũ, nĩguo baaba witũ. Niingĩ, ririkaanai atĩ arĩa marũũagĩra wĩyathi wa bũrũri waao matikuaga, marĩĩtwa maao matũũraga mabuku-inĩ ma hicitũri ya bũrũri waao.

Kũngũ bũrũri witũ!
Kũngũ wĩyathi witũ!
Kũngũ njamba cia bũrũri!

Kĩmaathi aiikara thĩ, atongoria a Mau Mau a matũũra na a ndiicitiriti nĩ maaheeirwo kamweke marĩrie kongomano. Ribooti yaao, Mbaria agĩtaarĩria mwandĩki wa ibuku rĩĩrĩ, yaarĩ ya maithori matukaine nocamba na wĩyũũmia. Maambĩrĩirie na gũtaarĩria ũrĩa atumia maagagaagio na kũnyamario matũũra-inĩ nĩ mbũtũ cia ngoronia—kũrutithio wĩra na hinya wa kwenja bara cia mbaara, gwaaka kambĩ cia hũmungaati na birithi, kũnyariirwo na njĩra ciothe makĩhũũngwo mahũri, mĩcĩĩ gũciinwo na irio irĩ mĩgũnda gũtemeengwo, mahiũ gũtahwo na gutuunywo indo, ndũnyũ, nduka na thibitaarĩ kũhingwo, na ũrĩa ng'aragu na mĩrimũ ciaatũmagĩrwo nĩ ngoronia ta thanju cia kũharagania kĩama kĩa wĩyathi matũũra-inĩ. Magĩthiĩ na mbere gũtaarĩria kongomano atĩ, "ciana itithiiaga cukuru tondũ nĩ ciahingirwo, aarimũ amwe makĩnyiitwo, arĩa aingĩ makĩĩngĩra ũhũmungaati magĩtuĩka ooragani. Andũ aingĩ, makĩria arũme, nĩ mooragĩĩtwo kana makanyiitwo magatwarwo kambĩ cia ngoronia kũnyariirwo; amwe makooima kambĩ icio marĩ cionje na angĩ marĩ ciimba. Kwaria ma, andũ arĩa mooragĩirwo kambĩ-inĩ cia hũmungaati, theero-inĩ cia borithi na barabara-inĩ magĩthiĩ mawĩra maao matirĩ gĩthimi." Nĩ maamenyithirie kongomano atĩ barabara ciothe cia bũrũri wa Gĩkũyũ "nĩ hinge na nyambo na ikarangĩrwo nĩ mbirarũ ya ngoronia; tondũ ũcio gũtirĩ ngaari ĩngĩhĩtũka hau ĩtarĩ na bameti, ona andũ nokinya makorwo na marũa (*roadpass*) makwonania kũrĩa marathiĩ." Ũndũ ũngĩ maamenyithirie kongomano nĩ atĩ: "watho wa kaabiũ nĩ mwĩkĩre bũrũri mũgima wa GEMM, mũndũ aangĩonwo nja mathaa motukũ no kũrathwo arathagwo kana akanyiitwo agatwarwo kambĩ yooragani." Maarĩkirie ribooti yaao na ciugo ici ciocamba:

Ithuĩ ona tũngĩnyamario na tũnyariirwo, mĩcĩĩ iitũ ĩciinwo na ng'ombe ciitũ ĩtahwo kana tũthikwo tũrĩ muoyo tũtigatiga kũrũĩra wĩyathi wa bũrũri witũ. Matũũra-inĩ na mataũni-inĩ tũgũthĩĩ na mbere na mũng'eeng'ano wa wĩyathi tũrĩ hamwe na inyuĩ mũrĩ mũtitũ kinya tũingate nyakeerũ bũrũri-inĩ na njaguuti ciake nyakairũ tũciĩkĩre mĩhindo ngingo. Muuma wa Mau Mau uugĩĩte atĩ mũndũ wothe mũirũ ũkũnyitana na ngoronia kũhingĩrĩria mbaara ya wĩyathi no mũhaka ooragwo na kĩimba gĩake gĩikĩrio hiti mũtitũ. Muuma ũgathĩĩ na mbere ũũkauuga, ona akorwo nĩ mũrũ wa nyũkwa, mwarĩ wa nyũkwa, maitũguo, thoguo, mũtumia waku kana mũthuuri waku, angĩringa mũrĩmo ũrĩa ũngĩ wa ngoronia ndũkamũigwĩre tha, mũrekie thĩ na njirũngi kana ũmũneeane kũrĩ kĩama. Nyũmba iitũ, ũguo nĩguo ithuĩ twĩtĩkĩĩtie (Ribooti ya Mbaria, 1979).

Thuutha wa ribooti ya matũũra na ndiicitiriti, kongomano yaateereta nĩ yeetĩkanĩirie gũceenjia rĩĩtwa rĩa SWC—ĩgĩĩtwo Kenya Defense Council (KDC) na atongoria eerũ ikũmi neerĩ makũmĩtongoria magĩcagũrwo. Kĩmaathi agĩcagũrwo koigi wa KDC na Karaũ wa mbũtũ ciothe cia KLFA, akĩheeo ngathĩ ya Field Marshal. Njenũrũ Macaria wa Kĩmeemia agĩcagũra mũnyiinyi wake naake Birigidia Gathitũ wa Waithaka akĩheeo gĩtĩ kĩa mwandĩki mũnene wa KDC. Mathenge na Mbaria nĩ meeheririo ũtongoria-inĩ wa KLFA makĩheeo wĩra wa komanda wa gũtongoria mbũtũ cia ita igĩthĩĩ gũtharĩkĩra thũ; atongoria acio matongoragia ita meetagwo na Gĩthũngũ, "Field Commanders." Ona gũtuĩka Njenũrũ Chaina ndaarĩ kongomano-inĩ nĩwe wacagũrirwo koigi mũnene wa mbũtũ ciothe cia Kĩrĩnyaga, naake Enoch Mwangi agĩcagũrwo Cibũ Komanda wa KLFA Nairobi.

KDC yaarĩ ndundung'a ya KLFA mũtitũ-inĩ na wĩra waao waarĩ: 1) kũbanga ũrĩa mbaara ĩĩkũrũũo na gũthiiaga kambĩ cia aarũi kwona ũrĩa maica maao mahaana noorĩa maratwarithia mbaara; 2) kwona mawatho ma KLFA nĩ mararũmĩrĩĩrwo na komanda nĩ marahoota kũgirĩrĩria ũcangiri mbũtũ-inĩ ciao; 3) kũrutithania wĩra wa mbaara na atongoria a KWC Nairobi na a Mau Mau matũũra-inĩ na ndiicitiriti; 4) kũiga ribooti na rekoodi cia KLFA; 5) gũcagũra komanda na kũhee itungati irĩa cionanĩĩtie ũcamba mbaara-inĩ nyoota; kũhee itungati kĩrĩra gĩĩoteti wa bũrũri na gũciirithia aarũi arĩa mauunĩte watho. Macaria wa Kĩmeemia nĩwe waarĩ Njanji mũnene.

Atongoria a KDC maacagũrwo, kongomano nĩ yaabangire mũtaratara mwerũ wa mbũtũ cia KLFA na kũrĩa irĩkoragwo ikĩrũĩra na komanda akũrũithia mbaara magĩcagũrwo. Ũyũ nĩguo ciaabangĩĩtwo: 1) mbũtũ ya Mũrang'a yaarĩ na komanda atatũ: Njenũrũ Gĩtaũ Matenjagwo, Njenũrũ

Kago na Njenũrũ Ihũũra. Matenjagwo nĩwe waarĩ Cibũ komanda wa ndiicitiriti ya Mũrang'a; 2) ndiicitiriti ya Nyĩrĩ yaarĩ na mbũtũ ithatũ: Mbũtũ ĩmwe yaarĩ mũtitũ wa Nyandarwa na yaatongoreetio nĩ Njenũrũ Mathenge. Yakeerĩ yaatongoreetio nĩ Njenũrũ Kariba na yeetagwo "Kĩharagania." Mbũtũ ya gatatũ yaruagĩra mũtitũ wa Kĩrĩnyaga na yaatongoreetio nĩ Njenũrũ Tanganyika; 3) mbũtũ ya Kĩambuu yaarĩ na komanda eerĩ: Njenũrũ Warũingĩ na Njenũrũ Nũbi. Njenũrũ Warũingĩ nĩwe waarĩ Cibũ komanda wa ndiicitiriti; 4) mũtitũ wa Kĩrĩnyaga waarĩ na mbũtũ ithatũ—mbũtũ ya Embu, ya Mĩĩrũ na ya Gĩkũyũ. Mbũtũ ya Embu yaatongoragio nĩ Njenũrũ Kubukubu na Njenũrũ Kassam, nayo ya Mĩĩrũ nĩ Njenũrũ Baimũngĩ na Njenũrũ Mwariama na ya Gĩkũyũ nĩ Njenũrũ Tanganyika; 5) mbũtũ ya Naroko yaarĩ na komanda atatũ: Njenũrũ Kiriti ole Kisio, Meeja Mundet ole Ngabien na Ole Kibati. Njenũrũ Kisio nĩwe waarĩ Cibũ Komanda wa Ndii-citiriti. Mbũtũ ya Rĩbutibare yaarĩ na komanda ũmwe: Njenũrũ Kĩmbo; 6) mbũtũ ya Nairobi yaarĩ na komanda atatũ: Njenũrũ Enoch Mwangi, Mwangi Toto na Kariũki Chotara.

Wĩra wa komanda waarĩ wa gũtongoria mbũtũ cia ita, gũcookanĩrĩria mbũtũ cia ndiicitiriti na kwona watho wa KLFA nĩ ũrarũmĩrĩĩrwo, kũrutithania wĩra na kamĩtĩ cia matũũra, na makĩria kũbanga na atongoria a matũũra ũrĩa irio na indo ingĩ iria cieendekanaga irĩtwaragwo mũtitũ na nĩaa marĩrehaga na nĩ kũ irĩrehagwo. Wĩra ũngĩ waarĩ kũmomoora kambĩ cia hũmungaati na borithi matũũra-inĩ na mataũni-inĩ na kũheeheenja thaata cia bũrũri; kũhũũrana na ũcangiri wa aarũi amwe arĩa maregeete kũrũmĩrĩra mawatho na ũtongoria wa KLFA, makarega gwathĩkĩra komanda a ndiicitiriti, magatuĩka njangiri—meetagwo komerera. Maathiiaga ũtukũ matũũra-inĩ kwagaagia atumia, kũiiya mahiũ na maũndũ maingĩ ma ũcangiri meekaga na rĩĩtwa rĩa KLFA. Rĩmwe na rĩmwe nĩ mooragaga atongoria a Mau Mau a matũũra maarega kũmahee irio kana mbeeca. Maarĩ thũ thĩinĩ wa kĩama kĩa wĩyathi; mahaanaga ta kĩgunyũ kĩrĩa kĩĩngĩraga mũtĩ thĩinĩ gĩkaũrĩa kinya ũkagwa.

Komanda a ndiicitiriti nĩ maaheetwo tũrani (na Kĩĩngenũ tweetagwo *Field Secretaries*) twakũigaga rekoodi ya marĩĩtwa ma aarũi arĩa marĩ kambĩ, arĩa mooragĩirwo mbaara-inĩ kana arĩa maanyitĩitwo nĩ thũ, na arĩa moorĩĩte kuuma mbũtũ-inĩ magatuĩka komerera. Waarĩ wĩra wa tũrani kwandĩka ribooti yoorĩa mbaara ĩrathiĩ na mbere: nĩ thũ ciigana njũũrage na nĩ kambĩ ciigana cia thũ momoore. Wĩra ũngĩ wa tũrani waarĩ wa kwona kambĩ cia aarũi nĩ theru, aarũi nĩ maraaria irio njiganu, marĩ na nguo, iraatũ na ndaawa, na kambĩ nĩ nangĩre ndĩngiumĩrĩrwo nĩ thũ oũguo nahiinahii. Rekoodi na ribooti ciatũmagwo hendikwota ya KDC o mweri. Atongoria a mbaara nĩ meetĩkĩĩtie atĩ.rekoodi, ribooti na bairo cia ũcamba wa KLFA nĩ igatuĩka gĩcunji kĩmwe kĩa bata kĩa hicitũria ya wĩyũũmia wa andũ a Kenya hĩndĩ ya ũkoronia. Harĩ ũhoro ũcio, Kĩmaathi eerire kongomano ya Mwathe ũũ:

Nĩ ũndũ wa wendo mũnene wa bũrũri witũ, ithuĩ nĩ twĩrutĩire kũingĩra mũng'eeng'ano ũyũ wa wĩyathi na nĩ twĩharĩirie kũrũĩra wĩyathi witũ gũkua na kũhona. Amwe aiitũ nĩ makuuĩte na angĩ nĩ magũũkua no ona twakua kana twage gũũkua kĩrĩa kĩrĩ bata nĩ kũmenya atĩ ũcamba witũ na wendo mũriku wa bũrũri witũ igũtũũra iririkanagwo nĩ njiarwo na njiarwo mĩndĩ na mĩndĩ. Kwoguo rekoodi, ribooti na bairo cia mbaara ĩno ciagĩrĩire kũmenyererwo wega tondũ ciandĩkĩĩtwo na thakame ya ũcamba witũ (Ribooti ya Njenũrũ Enoch Mwangi, 1977).

Maũndũ mangĩ ma bata kongomano yaarĩrĩirie na kũhĩtũkia nĩ maya: ũrĩa irio irĩtwaragwo mũtĩtũ, gwaka igaanda cia gũthondeka mĩcinga na thibitaarĩ ciaarwaru, gũthondeka raini ya boothita ya marũa kuuma Nyandarwa hendikwota kinya wabici nene ya KWC, Nairobi, na raini ĩngĩ ya gũtwara marũa kana ndũmĩrĩri wabici nene ya KLFA Kĩrĩnyaga. Raini ya gatatũ yaarĩ ya kũnyiitithania mbucii ciothe cia mbũtũ iria ciarũagĩra Nyandarwa. Mũbango worĩa mbaara ĩkũrũũo na ũrĩa ĩrarũũo nĩ yaarĩrĩirio mũno. Aarũi makĩmenyithio atĩ "mbaara ya wĩyathi ti ya thiku igĩrĩ kana kiumia, nĩ mbaara nene na yaahoota gũthiĩ na mbere handũ ha mĩaka itaano kana ikũmi tondũ Ngeretha arĩ na thigari nyiingĩ nyakeerũ na nĩ arateithĩrĩrio nĩ Rũraaya ya rũgũrũ na Ameerika na thaata cia bũrũri (hũmungaati, warũrũngana, magũrũ mairũ (birithi), KAR, Tai-Tai, Tribal Police) na arĩ na mĩcinga mĩnene na ndege cia mboomu" (Ribooti ya Mbaria, 1979). Kwoguo andũ matũũra-inĩ na mataũni-inĩ, kongomano ĩkiuuga, nĩ magĩrĩire kwĩirwo matigathethũke kana maregeria mũrũgamo waao wa ũregani na ũkoronia kana marenge mĩĩto yaao ya wĩyathi.

Aarũi nĩ maataarĩirio gĩtũmi kĩa Njenũrũ Mathenge gũkorwo atarĩ kongomano-inĩ. Ũhoro ũcio waario gũkĩooneka atĩ Mathenge ndaarĩ na gĩtũmi kĩĩganu gĩa kũrega gũthiĩ kongomano, niingĩ mĩtugo yake yarũng'athio na kwĩyamba yoonanagia atĩ nĩ aaremeetwo nĩ gũtongoria njeeci ya mũingĩ na njĩra nũngarũ ya ũũrũmwe. Thuutha wa mĩario, kongomano yaatuire atĩ Mathenge aakorwo kũrĩ ũndũ wamũraakarĩĩtie atware mateta make wabici ya KDC, no aathĩĩ na mbere kũmia kĩongo— kũrega kũnyitanĩra na ũtongoria wa KDC na kũbuunja ũũrũmwe na ũiguano wa mbũtũ cia KLFA no mũhaka anyiitwo, atwarwo igootĩ-inĩ rĩa mbaara aciirithio. Muuma wa Mau Mau, kongomano ikiuuga, "uugĩĩte atĩ mũndũ ũrĩa ũkabuunja ũiguano wa mũingĩ, arege kũrũmĩrĩra mawatho ma kĩama kĩa wĩyathi, no mũhaka anyiitwo, atwarwo igootĩ-inĩ rĩa mũingĩ, aakorwo na mahĩtia eekĩrwo mũhĩndo ngingo; mũingĩ nĩguo Ngai, ũrĩkuuga ũndũ no mũhaka ũrũmĩrĩĩrwo."

Mũthenya wa mũthia mweri 20, kongomano nĩ yaabangire ũrĩa mbaara ĩkũrũũo na ĩkĩhee mbũtũ cia mũtitũ, matũũra-inĩ na mataũni-inĩ mawĩra. Komanda a ndiicitiriti meerirwo nĩ wĩra waao kwona kambĩ cia hũmungaati na birithi matũũra-inĩ nĩ ciamomoorwo na thaata cia bũrũri nĩ ciameenderwo na ndiicitiriti ĩrĩ mooko-inĩ ma KLFA. Mbũtũ cia matũũra ciaaheeirwo wĩra wa kũbanga na gũtabarĩra ũrĩa irio, nguo, ndaawa na indo ĩngĩ irĩtwaragwo mũtitũ kũrĩ njeeci, kũheeheenja thũ cia wĩyathi matũũra-inĩ, gũtũma aanake na airĩĩtu mũtitũ makarũe na kũrutithania wĩra na komanda a ndiicitiriti. Wĩra wa gũthigaana, kũrenga waya cia thimũ na thiitima, kwenja mĩtaro barabara na gũcina mĩcĩĩ ya hũmungaati, waheeirwo itungati cia matũũra na mataũni-inĩ.

Mbũtũ ya rũgũrũ yaahamurithirio itharĩkĩre Thũngũ theteera na hinya— kũmooraga, gũtaha ng'ombe ciao na kũũraga njaguuti ciao nyakairũ. Wĩra ũngĩ komanda wa mbũtũ ya rũgũrũ aaheeirwo nĩ wa kũgeria gũtindĩka mbaara ya wĩyathi kinya bũrũri wa Njaruo na Aabarũia, na oone atĩ ndũũrĩrĩ icio nĩ ciathondeka mbũtũ ciao cia wĩyathi. Atongoria a Mau Mau meetĩkĩĩtie atĩ ndũũrĩrĩ nyakairũ ciothe cia Kenya iingĩarahũka na cĩĩbange, ciingĩre kĩama kĩa Mau Mau na ciooe mathaita ma mbaara; Ngeretha no mooko angĩoya na igũrũ, akũũnje mũting'oe, ainũke.

Kĩĩmbaara Ngeretha aarĩ na hinya mũingĩ tondũ ũcio komanda a ndiicitiriti nĩ maataariirwo nĩ kongomano marũe mbaara ya kũgũtha na gũkũũra. Ĩno nĩ mbaara ya kwĩhiithĩra mbũtũ cia thũ, ũkairinga na ũgakũũra, ũgathĩĩ hau kabere ũgacĩĩhithĩra niingĩ ũkaigũtha—o ũguo o ũguo kinya ikanoga, ciaanoga mbũtũ cia wĩyathi ikairigicĩria, ikaiheeheenja. Kũrũmanĩrĩra na ũguo, kongomano nĩ yeetĩkanĩirie KDC ĩthondeke wabici ya mũhuhu ya kũhũũrana na burobaganda ya thũkũmũ Ngeretha na maheeni manungu maandĩkaagwo ngathĩĩti-inĩ cia ngoronia na rangi wa rũthũũro maagũcambia Mau Mau na KLFA. Kĩmaathi nĩwe waheeiirwo wĩra ũcio nanĩaaũrutire atakũroora na thuutha; karamu gakĩongerera mũcinga nditi.

Andũ maarĩa ranji, atongoria a mbaara nĩ maheeirwo kamweke nĩ Mbaria maarĩrie kongomano. Arĩa maaririe nĩ Enoch Mwangi Mwangi, Kahiũ-Itina, Gakure wa Karũri, Karari Njama, Gathiitũ wa Waithaka, Macaria wa Kĩmeemia na angĩ. Oothe maaririe na ũcamba na ũhuriandaka, makiuuga KLFA ndĩkaiga mĩcinga thĩ Kenya itarĩ na wĩyathi na andũ oothe arĩa maarĩ njeera na nditĩĩni hamwe na Jomo Kenyatta nĩ mareketio na magacooka mĩcii yaao. Keei twĩtĩkĩrie Mbaria atũtaarĩrie ũrĩa Gathiitũ wa Waithaka, mwandĩki mũnene wa KDC, eerire kongomano:

Njamba cia bũrũri:

Amũkĩrai ngeithi ciaakwa cia wendo wa bũrũri witũ. Ngoro yakwa ĩratumatuma nĩ gĩkeno kĩnene nĩ ũndũ wa kũmwona haaha igũrũ wa bũrũri witũ—amwe muumĩĩte matũũra-inĩ na mataũni-inĩ na arĩa angĩ muumĩĩte mbucii cia mbũtũ cia ituĩka—mũgooka mũcemanio ũyũ mũnene wa wĩyathi ona kũrĩ ũgwati na haaro na makĩria mũkĩmenyaga atĩ thirikaari ya ngoronia nĩ ĩkĩrĩĩte watho wa kaabiũ bũrũri wa GEMM, ĩkahinga bara ciothe, ĩkaiga ngui ciaayo hũmungaati njĩra cia mĩkĩra na ĩkanĩrĩra na kameeme atĩ mũndũ mũirũ aangĩonwo akĩingĩra kana akiuuma mũtitũ wa Nyandarwa ndakorio kĩũria nĩ arathwo tondũ nĩ wa kĩama kĩrĩa kĩreetia wĩyathi. Ũũmĩrĩru wanyu nĩ ũcamba wa kwonania nĩ mwĩrutĩire kũrũĩra wĩyathi wa bũrũri na gũtirĩ hĩndĩ mũkanengera ngoronia meeciiria na mooko maanyu kana mũcooke na thuutha ona mũngĩoona gĩkuũ kĩhinga-inĩ kĩhithĩire aahĩtũki. Ndaamwĩra atĩrĩĩrĩ, gũtirĩ kĩndũ kĩngĩ kĩrĩ mũrio thĩ ĩno iitũ ta wĩyathi.

Keei ndĩmũririkaanie: mbaara ĩno nĩ ya maithori, ng'aragu na njeera, thakame na ikuũ, no tũtirĩ na nganja nĩ tũkũhootana. Bata mũnene nĩ twĩyoohe mũthiori, twĩhiinyanĩrĩrie na twĩĩme, tũtindĩke nyakeerũ kinya mooe mooko igũrũ, marekie bũrũri witũ, twĩyathe.

Kũngũ wĩyathi witũ!

Agĩkũyũ, 1890 - 1965

Kũngũ njamba cia bũrũri!
Bũrũri witũ kana gĩkuũ!

Kongomano yaathirire thaa ikũmi nĩguo arĩa maacookaga matũũra-inĩ na mataũni-inĩ makorwo na mathaa maiiganu makwoha mĩrigo na kuuganĩra kwahĩĩri. Kĩmaathi nĩwe wahingire kongomano na ciugo ici:

Nyũmba iitũ:

Ndĩreenda mũgĩthiĩ mũmenye atĩ kongomanio-inĩ ĩno nĩ twarĩrĩĩria na twahĩtũkia maũndũ maingĩ ma bata—ũrĩa tũkũrũa na ũrĩa tũreeciiria Kenya iitũ ĩkahaana na ĩgaikara twoya wĩyathi. Nĩ twĩtĩkanĩirie ithuothe atĩ twaingata ngoronia bũrũri-inĩ kĩndũ kĩa mbere thirikaari iitũ ĩgeeka nĩ kwoya mĩgunda ĩrĩa ĩrĩ na theteera nyakeerũ tũmĩgaĩre andũ arĩa matarĩ mĩgũnda na arĩa marĩ na tũmĩgũnda tũtarĩ cooho—o mũndũ aheeo mũgũnda mũiganu wa kũrĩma na gwaaka mũciĩ wake. Thirikaari iitũ ndĩgeetĩkĩria mũndũ arĩ ũũ kana ũũ akorwo na mũgũnda ũmĩĩte haaha ũgakinya Thĩka; mĩgũnda ĩkagayo nĩ thirikaari na ndĩkagayanwo na kĩmenyano. Niingĩ nĩ twĩtĩkanĩirie atĩ ũtonga wa bũrũri witũ ndũkahĩmbĩrio nĩ mũndũ ũmwe kana gakundi ka andũ ikũmi, ũkagayĩĩrwo andũ noorĩa marĩ na mathĩĩna noorĩa mararuta wĩra. Nĩ tũrahĩtũkirie atĩ ciana cia bũrũri igathoomithio nĩ thirikaari, kwoguo gũtirĩ mwana ũgaikara mũciĩ atĩ tondũ aciari matirĩ na mbeeca cia thukuru. Thukuru ciothe cia bũrũri igakorwo irĩ cia thirikaari. Ũguo nĩ kuuga thirikaari ya Mau Mau ĩgakorwo ĩrĩ ya mũingĩ—ya arutiwĩra na arĩmi a kawaida.

Nĩ tũracagũrire komanda a ndiicitiriti agũtongoria mbũtũ ciitũ cia mbaara na tũramataarĩria ũrĩa tũkwenda mbaara ĩrũũo na ũrĩa marĩrutithanagia wĩra na atongoria a ituĩka a matũũra. Tũrĩna mwĩhoko na nĩ twĩtĩkĩĩtie, hatarĩ nganja, maacooka mbucii ciao nĩ makũruta wĩra wa mũingĩ na hinya, ũũmĩrĩru nocamba, kinya tũrutũrũre Ngeretha bũrũri-inĩ witũ. Niĩ ndirĩ mũũrathi no ndaamwĩrĩ atĩrĩĩrĩ, mĩaka itaano ĩgũũka bũrũri witũ nĩ ũgakorwo na wĩyathi.

Na inyuĩ atongoria a matũũra mũkwenda mwacooka matũũra mũbange mũbango mũrũmu worĩa irio irĩrehagwo mũtitũ;

136

tūtingīhota mbaara īno tūrī na ng'aragu. Mīcinga, mbūrū-
būrū, ngurunīīti, nguo, ndaawa, no kinya atongoria a KWC
moone nī ciatūmwo mūtitū kwaūingī. Nī tūratura mīcinga
no mbūrūbūrū tūtiratura nī ūndū tūtirī na mūtūtu ūrīa
ūthondekagwo mbūrūbūrū, kwoguo nī tūkwenda mbūrūbūrū
icario na kīīyo, tūtūmīrwo; mūcinga ūtarī mbūrūbūrū ūkīrītwo
nī banga. No meenyai atī mbaara īno ti ya mabanga na
matimū, nī ya mīcinga, ngurunīīti na mboomu.

Ūhoro ūngī ingīeenda mūthīī mūgīciiragia, makīrīa arīa
maracooka Nairobi na mataūni macio mangī, nī ūrīa
tūngīarahūra ndūūrīrī ici ingī cia Kenya nīguo ciingīre mbaara-
inī īno ya wīyathi. Kongomano nī īraheeire Njenūrū Kīmbo
na mbūtū yake wīra ūcio, īndī no njūūrie mūtongoria wa
KLFA Nairobi onaake agerie gūtambia kīama kīa Mau Mau
kūrī arutiwīra a ndūūrīrī ciothe cia Kenya. Korwo ndūūrīrī
ici ingī no itūnyiite mbaru kīīmbaara kwaūingī hatirī nganja
Ngeretha ndangīyūūmīrīria nditi iitū, no magūrū angīoya,
ainūke kana ambīrīrie gūtūthaitha twītīkīre tūūmbe thirikaari
ya "demokiracia" hamwe nīguo aikare na mīgūnda īrīa
aatūtuunyiire na athīī na mbere gūtūnyua thakame marī na
Ahīndī. Ūguo gūtigekīka, tūkamwohera mīrigo, tūmumagarie
akīrīraga nginya Mombatha, twone nī aingīra meeri. Ngeretha
nī nyamū ndagīrīire kūiguīrwo tha.

Kongomano nī īrahītūkiirie hinyīrīirie atī no mūhaka mawatho
ma kīama kīa wīyathi marūmīrīīrwo na ūiguano na ūūrūmwe
wa KLFA ūgitīīrwo na njīra ciothe; na mūndū ūrīa ūkūrega
gwathīkīra mawatho ma kīama kana kūgeria kūbuunja
ūiguano wa KLFA kana kūregana na ūtongoria wa KDC no
mūhaka anyiitwo, atwarwo igooti rīa mbaara. Kūnyitana na
ūguo, no njūūrie komanda a mbūtū matigatongorie mbūtū
ciao na gīthūri kana mwīyaambo, matongorie na ūthamaki
na kīhooto, na magerie mūno gūthikīrīria mateta ma aarūi
na kūrutithania wīra na atongoria a Mau Mau a matūūra.
Mūtongoria wa mbūtū agīrīire gūtuīka mūndū ngamini na
mūthamaki—mūndū wendeete būrūri witū na andū aitū.
Ūndū ūngī no mūhaka oone atī kambī ya aarūi nī theru na nī
nangīre ūtukū na mūthenya, na īrī na igooti rīa gūciirithia arīa

137

mauunĩte watho na gũthikĩrĩria mateta ma aarũi. Akorwo nĩ mbucii nene ta ya aarũi magana mataandatũ no kinya ĩkorwo na thibitaarĩ, makũmbĩ makuiga irio na kĩgaanda gĩagũturĩra mĩcinga. Tũkwenda gũtura mĩcinga mĩeega na ya hinya kũrĩ ĩrĩa Ngeretha maratũmĩra. Twoya wĩyathi nĩ tũgaaka igaanda nene cia gũturĩra mĩcinga ya kũgitĩra wĩyathi witũ na bũrũri witũ.

Ngwenda gũcookeria atumia ngaatho tondũ wa wĩra mũnene na wa bata wa kũrugĩra kongomano, kũreehe irio, nguo na ndaawa kuuma matũũra na kuona kambĩ nĩ theru matukũ macio mana ma kongomano. No toũguo wiki, ũtongoria wanyu matũũra-inĩ, ũcamba, ũũmĩrĩru na wendo mũnene wa bũrũri witũ nĩguo hinya wa KLFA—hinya wa bũrũri. Nyakĩnyua, inyuĩ nĩ inyuĩ mĩri ya mũtĩ wa wĩyathi; mũngĩkũnja mooko no tũhootwo nĩ thũ.

Ngĩrĩkia, ndĩreenda kũmenyithia arĩa magũcooka matũũrainĩ ũmũũthĩ nĩ tũkũmahee thigari cia kũmarangĩra nginya cioone nĩ mwauuma Nyandarwa na thaayũ; arĩa maakwenda kũraara makainũka rũũciũ, irio nĩ nyiingĩ na rũũciũ tene hĩndĩ ĩrĩa Maara aateire nyina nĩ makoimagario nĩ thigari ciitũ kinya rũteere-inĩ rwa mũtitũ. Menyai atĩ kĩama giitũ nĩ kĩahitho tondũ ũcio ũrĩa twaria kongomano-inĩ ĩno ndũkauume kanua-inĩ kanyu ũthiĩ kanua-inĩ ga thũ. No menyithiai andũ a kĩama atĩ ithuĩ tũrĩoho na twauugire tũtĩkenja njuĩrĩ na nderu nginya rĩrĩa tũkahoota nyakeerũ, Kenya iitũ ĩyathe (Ribooti ya Mbaria, 1979).

Ũtukũ ũcio aarũi maaraire magĩtuunga na kũiina nyĩmbo cia gũkumia njamba cia rũũrĩrĩ na gũkũngũĩra wĩyathi. Rũmwe rwa nyĩmbo iria ciatuungiirwo hĩndĩ ya kongomano ya Mwathe nĩ rũũ:

Kĩmaathi witũ rĩrĩa aambataga kĩrĩma-inĩ arĩ wiki
Nĩ aheeirwo hinya na ũũmĩrĩru wa kũhoota nyakeerũ
Nĩ oigire makinya makwa mothe marĩa niĩ ndagereire
Nomo na inyuĩ mũkagerera mo na mũnyuĩre ikombe icio
Mwanyuĩre ikombe cia ũũmĩrĩru iria niĩ ndaanyuĩrĩire
Nĩ cia ruo niingĩ nĩ cia thĩĩna na maithori na kĩeha

Agĩkũyũ, 1890 - 1965

Tũrathĩĩnio tondũ tũrĩ andũ airũ
Na tũtirĩ nyakeerũ na tũtirĩ akĩrathimo kĩao
Ngai witũ arĩ mbere

Kongomano yaathira, Kĩmaathi nĩ aceerire mbucii cia aarũi Nyandarwa
kwona ũrĩa wĩra wa mbaara ũrarutwo, kũmamenyithia ũrĩa Kongomano
ya Mwathe ĩratwiire na kũmataarĩrĩa wĩra ũrĩa KDC ĩrĩrutaga na ũrĩa
ũteti wa bũrũri ũhaana.

Nĩ aatwĩkĩĩte nĩ agũthĩĩ Kĩambuu, Naroko na
Kĩrĩnyaga kwarĩa na komanda na aarũi akũu na kũmamenyithia kũũmbwo
gwa KDC na na ũrĩa Kongomano ya Mwathe ĩratuiire; ndaathiire tondũ
kĩhiinda-inĩ kĩu thirikaari ya ngoronia nĩ yaitĩĩte thigari kagoto Gĩkũyũ-
inĩ ciakwongerera nditi watho wa kaabiũ. Kĩmaathi arĩĩkia gũceera
mbucii ciothe cia Nyandarwa, acookire Mwathe Hendikwota kũruta
wĩra wa maratathi. Hĩndĩ ĩyo nĩ rĩo aambĩrĩirie kwandĩkĩra ngathĩĩti cia
Kenya—Habari za Dunia, Citizen, East African Standard, Baraza na Daily
Chronicle—kũmenyithia mũingĩ wa Kenya na thĩ yoothe mũrũgamo wa
KLFA. Nĩ aandĩkĩire memba a Renjikoo—Eliud Mathu, W.W.W. Awori, na
S.V. Cooke—kũmataarĩrĩa mworoto wa KLFA na kũmooria manyiite kĩama
kĩa wĩyathi mbaru. Nĩ aatũmĩire Mbiyũ wa Koinange na Joseph Mũrumbĩ
marũa, London, kũmooria mageria ũrĩa maahoota kũhũũrana na maheeni
ma thirikaari ya thũkũmũ Ngeretha magũcambia kĩama kĩa Mau Mau na
atongoria a KLFA. O hĩndĩ oĩo nĩ aandĩkĩire Dr. Mahuyo Mugwanji wa Ũganda
na Sylvania Kaaya, Salebe Kibwana na Olkarsia Smeli a Tanzania kũmooria
manyiite andũ a Kenya mbaru mbaara-inĩ yaao ya wĩyathi. Macibũ aingĩ
Gĩkũyũ-inĩ nĩ maanyiitire marũa ma Kĩmaathi makũmathaitha matige
kũũraga andũ matũũra-inĩ na magerie ũrĩa maahota gũteithĩrĩria aarũi a
wĩyathi na kũnyita KLFA mbaru. Aingĩ aao, tondũ matiaarĩ ngoro ya bũrũri,
maarĩ thaata cia bũrũri, maanyiita marũa macio maamarookagia wabici
ya thirikaari ya ngoronia kĩrooko tene; arĩa aingĩ maamathooma maka-
matehũranga na magĩthĩĩ na mbere na nditi nene gũteithĩrĩria ngoronia
kũhingĩrĩria rũũĩ rwa wĩyathi.

O mweri Kĩmaathi nĩ aandĩkagĩra komanda a mbũtũ marũa
makũmamenyithia ũrĩa mbaara ĩrathĩĩ na mbere ng'ongo na ng'ongo
noorĩa rũhuho rwoteti wa bũrũri rũrahurutana. Nao Komanda nĩ
maahamurithĩtio kwandĩkĩra KDC marũa o mweri gũtaarĩria ũrĩa mbaara
ĩrathĩĩ na mbere ndiicitiriti na kũmenyithia KDC mathĩĩna na mateta ma
aarũi. Ona aarũi a kawaida, atongoria na memba a Mau Mau a matũũra
nĩ maandĩkagĩra Kĩmaathi naake akamacookeria. Marũa maya marĩ haaha

mũhuro maandĩkĩirwo Kĩmaathi Nothemba 18, 1953 nĩ mũirĩĩtu weetagwo Wanja wa Gĩtonga wa kuuma Teetũ, Nyĩrĩ.

Kũrĩ D. Kĩmaathi,

Ndĩraaigua nĩ ũreenda kũmenya gĩtũmi kĩrĩa gĩatũmire njũke mũtitũ kũrũĩra wĩyathi; thirikĩrĩria ngũtarĩrie. Hũmungaati ĩĩtagwo Mũhĩndĩ nĩ yaanyũrĩĩtie ĩĩhikie naanĩĩ ngĩrega. Thuutha ũcio ĩgĩtũma mũraatawe Karangũi wa Kariũki kũnjuha nĩguo njĩtĩkĩre kũmũhikĩra, ngĩmwĩra athiĩ akeera mũraatawe atĩ ndingĩhikĩra mũndũ itarĩ na wendo naake, hũmungaati mũũragani.

Ndaamũrega, Mũhĩndĩ aandĩkĩĩre baaba marũa, akĩmũheenia atĩ nĩ njĩtĩkĩrĩte aahikie; akĩĩra baaba macemanie marĩrĩrie rũracio. Rĩrĩa maacemaniirie baaba tondũ wa guoya nĩ etĩkĩrie aheeo rũracio (ciringi ngiri igĩrĩ) ona gũtuĩka nĩ ndaamwĩrĩte hiinyĩrĩirie atĩ ndingĩtĩkĩra kũhikio nĩ hũmungaati ona riũa rĩngĩthũa na itherero. Ndaroora ũrĩa maũndũ marathiĩ na ngĩoona kũna baaba nĩ akũneaana kũrĩ mũũragani nĩ ũndũ wa taama ya mbeeca; nĩĩ no mĩrigo yakwa ndoohire na hitho, ngiuugĩra maitũ ũhoro, ngĩingĩra mũtitũ mweri 25 wa kenda. Ndaakwĩra nocamba wa mwendi rũũrĩrĩ atĩ ndingĩhikĩra hũmungaati, thũ ya bũrũri witu, nĩ kaba ngue.

Wathooma marũa maya no nyende kũmenya kana nĩ wĩtĩkanĩĩtie na itua rĩakwa rĩa gũũka mũtitũ.

Nĩnĩĩ wa Nyũmba.
Wanja

(Marũa maya mataũrĩĩtwo kuuma mwandĩko-inĩ ma Kĩmaathi metagwo na kĩĩngenũ, *The Kĩmaathi Papers, 1953-1954).*

Agĩcookeria Wanja, Kĩmaathi aamwĩrire atĩrĩ: "Nĩ ndeetĩkania na itua rĩaku, ingĩra ita-inĩ; no ũririkaane ĩno nĩ mbaara ya ituĩka, tondũ ũcio no nginya ũrũe na ngoro yocamba. Thũ iitũ nĩ mũndũ ũrĩ ngoro ya nyamũ, agĩkũnyita angĩamba gũkũnyariira, warega gũthareenda akũũrage. No nĩ twĩrutĩire kũgũra wĩyathi wa bũrũri witũ na mĩoyo iitũ. Ndooka gũceera mbucii yaanyu nĩ tũgaikara thĩ twarie" (*The Kĩmaathi Papers, 1954*).

Nĩ ũndũ wa marũa marĩa Kĩmaathi aandĩkagĩra andũ, thirikaari ya ngoronia, Kenya, na thirikaari cia nja, memba a Renjikoo, atongoria a Mau Mau a matũũra na komanda a mbũtũ, nĩ aamenyekire mũno bũrũri-inĩ na mabũrũri ma kũraaya na akĩĩgia ngumo mbũtũ-inĩ cia mbaara ya wĩyathi. Rĩĩtwa rĩake rĩgĩtuĩka rwĩmbo rwa hinya wa bũrũri witũ, ũcamba na ũũmĩrĩru wa mũingĩ matũũra-inĩ na mataũni-inĩ. Norĩĩrĩ, Kĩmaathi nĩ eetĩgĩrĩĩtwo mũno na rũthũũro rũingĩ nĩ thirikaari ya ngoronia. Tondũ thirikaari ya ngoronia ndĩaarĩ nohoti wa kũmũnyiita kahiinda-inĩ kau, yaathiire ngathĩĩti-inĩ na kameeme-inĩ kũgeria kũmũcambia, kũmũigĩrĩra igeenyo ndĩtũ cia maheeni, kũmwĩta marĩĩtwa manungu, kũhaka rĩĩtwa rĩake ndooro. Kameeme-inĩ ka ngoronia na makanitha-inĩ ma ngoronia Amĩceeni kwanagĩrĩĩrwo Kĩmaathi nĩ mũtongoria wa kĩama kĩa mĩĩtũ nooragani nĩ aahĩĩtwo na njĩra ciothe ndagathũkia bũrũri. Maheeni makinya mũico, thirikaari ya Ngeretha ĩkĩanĩrĩra atĩ mũndũ ũrĩa ũngĩũũraga Kĩmaathi na atware kĩongo gĩake borithi, kana onanie harĩa ehithĩte ooragwo, nĩ akũheeo kĩheeyo gĩa ciringi ngiri ikũmi (10,000) na atwarwo London akoone ũthamaki wa Ngeretha na hiihi kwahooteka marĩe ranji na kwiini. O hingo ĩo, thirikaari ya ngoronia nĩ yaaheeanire kĩheeyo gĩa ciringi ngiri ithaano (5,000) kũrĩ mũndũ ũrĩa ũngĩonania harĩa Mathenge eehithĩte kana atware kĩongo gĩake borithi. Mũingĩ nĩ waregire kwendia kĩongo gĩa Kĩmaathi kana kĩa Mathenge kũrĩ ngoronia, ũgĩthiĩ na mbere, na hinya na ũũmĩrĩru, kũnyita Mau Mau mbaru na kũhee mbũtũ cia wĩyathi wĩyũũmia wa wendi wa bũrũri.

Mũcemanio wa KDC

Mweri 25 wa kenda mwaka wa 1953 KDC nĩ yaacemanirie mbucii ya Karũri Ngamũne, Nyandarwa, kwandĩka ribooti ya Kongomano ya Mwathe, kũbanga mũbango wa ũrĩa mbaara ĩkũrũũo mwaka wa 1954 na gũikarĩra njũng'wa mworoto wa kĩama. Mbere ya maũndũ moothe KDC nĩ eetĩkanĩirie kũgĩe na thigũkũũ ya gũkũngũĩra mwaka mwerũ mbucii ya Rũhuruinĩ, Nyandarwa, kwambĩrĩria Ndithemba 31. Wĩra wa gũtabarĩra maũndũ macio waneirwo wabici ya mwandĩki mũnene wa KDC; akĩĩrwo andĩkĩre komanda a mbũtũ, atongoria a KWC, Nairobi, na atongoria a Mau Mau a matũũra na mataũni amamenyithie mũbango wa mũthenya ũcio na aameere magekinyia Rũhuruinĩ kwaũingĩ.

Thuutha wa mwandĩki wa KDC kũheeana ribooti yorĩa mbaara yathiiaga na mbere mandiicitiriti-inĩ, mathĩĩna marĩa maakoragwo na aarũi na mateta maao, nĩ aamenyithirie KDC atĩ ũcangiri wa komerera nĩ wakĩrĩte njano na nĩ wathũkagĩria KLFA rĩĩtwa matũũra-inĩ na waga kũng'ang'anwo naguo naihenya nĩ ũkũharagania mũng'eenng'ano wa wĩyathi. Ũhoro ũcio waikarĩĩrwo njũng'wa, KDC nĩ yaarutire watho komerera mamiimiindwo tondũ nĩ thũ cia wĩyathi. O ndiicitiriti yaarĩ na mbũtũ ya mwanya ya gũtharĩkĩra njangiri icio. Mũthenya ũyũ ũngĩ, KDC yaarĩkia kwandĩka ribooti ya Kongomano ya Mwathe nĩ yaandĩĩkire kabuku ka bĩĩnji ithaano gagũtarĩria mũrũgamo na mworoto wa KLFA. Kabuku kau getagwo na kĩĩngenũ, *KLFA Charter*. Koobi cia kabuku kau ciaatũmĩĩrwo Mbiyũ na Mũrumbĩ, London, memba eerĩ a Renjikoo, Eliud Mathu na W.W.W.Awori, Kwame Nkrumah wa Ghana, atongoria a *Pan-African Congress*, George Padmore na W.E.B. DuBois. Fenner Brockway waarĩ memba wa mbuunge ya Ngeretha na mũraata mũnene wa Kenyatta onaake nĩ atumĩĩrwo koobi. Thirikaari ya India, Egypt, USA, Soviet Union, France na Ngeretha nĩ ciatũmĩĩrwo koobi. Kĩmaathi nĩ oorĩĩtie Mbiyũ na Mũrumbĩ matware mateta macio maarĩ kabuku-inĩ kau kwa United Nations, tũtirĩ na ũira nĩ maatwarire.

Dokiumeniti ingĩ igĩrĩ ciandĩkiirwo hĩndĩ ya mũcemanio ũcio wa KDC nĩ: *New National Regulations* (NNR) na *Discipline and Unity* (DAU). Mworoto wa kwandika NNR na DAU waarĩ wa gũcookanĩrĩria ũiguano wa ũtongoria wa KLFA, kũhũũrana na ũcangiri wa ũkomerera mbũtũ-inĩ na kũhee komanda a mbũtũ cia ndiicitiriti hinya wa gũtongoria mbũtũ hatarĩ mũndũ ũkũrehe gĩthigithi ũtongoria-inĩ. Mũthoomi wa ibuku rĩĩrĩ ũngĩenda gũthooma *KLFA Charter*, NNR na DAU no acioone ibuku-inĩ rĩa Maina wa Kĩnyattĩ, *Kenya's Freedom Struggle* (1987).

Mũcemanio ũtanathiira atongoria nĩ meetĩkanĩĩrie na makĩhĩtũkia atĩ wĩra wa memba a KDC nĩ wa wabici, matirĩthiiaga ihaaro cia mbaara, matĩriuumaga Nyandarwa, na akorwo nĩ magũthiĩ kambĩ cia aarũi no mũhaka mathiĩ marangĩĩrwo. Memba a KDC maarĩ atongoria a mbara kwoguo nĩ mooĩ hitho ciothe cia KLFA, nĩ mooĩ cĩĩhitho cia mbaara, ngurunga iria ciaigagwo irio na bairo cia mbaara na kũrĩa kambĩ cia aarũi ciaakĩĩtwo. Nĩ ũndũ ũcio ũmwe waao angĩakoriirwo na mũtino anyiitwo nĩ thũ, ahihiinywo nyee athareende nĩ angĩanyitithirie atongoria aingĩ a mbaara na ooragithigie aarũi namba nene. Mũcemanio nĩ wahĩtũkirie atĩ Maacũ Kĩmaathi arĩrangagĩragwo nĩ mbũtũ ya thigari 24 na ndetĩkĩrĩĩtio kuuma Nyandarwa.

Gũtharĩkĩra Thũ cia Wĩyathi

Mbũtũ cia wĩyathi ciauuma Kongomano ya Mwathe ciaambĩrĩria gũtharĩkĩra mbũtũ cia ngoronia na mwaki. Mũrang'a nĩ kuo mbũtũ cia Ngeretha ciatindĩkĩĩtwo hakuhĩ kũrutũrũrwo ndiicitiriti. Ndithemba 18 mbũtũ ya Njenũrũ Kago nĩ yaatharĩkĩire batarioni ya ngoronia yeetagwo *Black Watch* hakuhĩ na taũni ya Thĩka; ĩkĩũũraga mbirarũ gĩkundi hamwe na komanda waao weetagwo Lord Wavell naake Peter Humphrey Deanne waarĩ komanda wa rũgongo rwa Kandara akĩrathwo nda no ndĩaakuĩrĩire hau, aakuĩrĩire njĩra-inĩ agĩtwarwo thibitaarĩ. Thigari cia thũ cioona nĩ kũrigicĩrio imimiindwo igĩĩthara kwaiira. Kĩrooko gĩĩkĩ kĩngĩ thigari cia thũ, nyakeerũ na nyakairũ, magana gĩkundi, ikĩrooka Thĩka kwĩrĩhĩria, ikĩrigicĩria taũni, ĩkĩaambĩrĩria mũngũrũrio. Arutiwĩra Agĩkũyũ, Aembu, Ambeere na Amĩĩrũ arĩa meeciiragĩrio nĩ thigari cia KLFA makĩnyiitwo, aĩngĩ makĩũũragwo, nyũmba ikĩhũũrwo birigiceeni na rũthũũro rwa kĩĩnyamũ na atumia makĩgwatwo. Thũ ciauuma taũni ikĩringa rũgongo rwa Gataanga, igĩkoora cĩĩhithĩirwo nĩ mbũtũ cia KLFA, mbaara nene ĩkĩrũũo handũ ha thikũ igĩrĩ. Thikũ ya gatatũ Ngeretha makĩreehe ibaarũ na ndege cia mboomu; mbũtũ cia wĩyathi cioona mbaara nĩ ĩritũhiire igĩkũũra ũtukũ cierekeire Nyandarwa. Aarũi a wĩyathi ataano nĩ mooragiirwo; mwena wa ngoronia, mbirarũ cia KAR ithaano na hũmungaati mũgwanja na birithi ithatũ nĩ ciooragiirwo.

Igũtha inene rĩagũthirwo mbũtũ cia wĩyathi, Mũrang'a, na rĩgĩtuura andũ a Mũrang'a na bũrũri mũgima nĩ kũũragwo kwa Njenũrũ Matenjagwo Ndithemba 1953. Njenũrũ Matenjagwo nĩwe waarĩ Cibũ Komanda wa mbũtũ cia Mũrang'a. Ooragwo, kũringana noorĩa Gucu wa Gĩkoyo na Kĩirũ wa Gathithĩri mataarĩirie Maina wa Kĩnyattĩ mwaka wa 1978, Njenũrũ Kago nĩ eetire mũcemanio wa naihenya wa aarũi, akĩmeera,

> Njenũrũ Matenjagwo araarĩ njamba ya ita rĩa mbaara ya wĩyathi. Nĩ ũndũ ũcio nĩ araamenyaga atĩ mbaara nĩ kũũragwo kana kũũragana tondũ ũcio ndaarakoragwo na guoya wa gĩkuũ; harĩwe gĩkuũ kĩrarĩ gĩcunji kĩmwe kĩa mbaara ya wĩyathi na nĩ kĩrĩrĩmbũkagia mwaki wocamba ngoro-inĩ cia aarũi a wĩyathi, gĩkamongerera ũrũme, ũũmĩrĩru na wendo mũriku wa bũrũri. Kwoguo, tũtiagĩrĩire gwĩtigĩra gĩkuũ, twagĩrĩire gũthiĩ na mbere na mbaara kinya ndagĩka ya mũico, kinya tũrutũrũre ngoronia bũrũri-inĩ witũ, twĩyathe.

Naake Njenũrũ Ihũũra eerire aarũi ũũ:

Gĩkuũ kĩa Njenũrũ Matenjagwo kĩrĩ na ruo na maithori tondũ araarĩ baragu wa ita rĩa wĩyathi. Ithuĩ tũrarĩ thĩ ya ũtongoria wake nĩ tũũĩ wega wake, ũbaragu wake na ũũmĩrĩru wa mwendi rũũrĩrĩ—araarĩ mũndũ mũhoreri, ngamini, mwendi-andũ; mũndũ ũngĩrathĩirwo mũthaiga wa kũheeo ciana ciitũ nĩguo ikũũre nocamba, ũũmĩrĩru na wendi wa bũrũri ta aake. Nĩ mũroonaga ũrĩa araaitaga maithori morũrũ aigua atumia na ciana nĩ mooragĩĩtwo matũũra-inĩ nĩ thigari cia ngoronia, ũrĩa arathikagĩrĩria mateta maiitũ enyihĩtie na agatongoria mbũtũ na ũthamaki nocamba. No atĩrĩĩrĩ, tũticemanĩtie haaha kũrĩra nĩ ũndũ wa gĩkuũ kĩa Njenũrũ Matenjagwo, tũkĩĩte haaha kuuga, tũrĩ na marũrũ, atĩ arĩa marooragire Matenjagwo tũkũmahĩta igũrũ na thĩ, twamanyita marĩhe gĩkuũ gĩa komanda witũ na ciongo ciao na thakame yaao; tũkwenda maikare makĩmenyaga ũguo (Gucu na Kĩĩrũ, 1978).

Kĩmaathi anyiita ribooti ya gĩkuũ kĩa Matenjagwo nĩ aandĩkĩĩre komanda a mbũtũ na atongoria a Mau Mau a matũũra-inĩ, akĩmeera,

Nyũmba iitũ,

Ndĩnaama nĩ mũmenyeete atĩ ngoronia nĩ maroragire Njenũrũ Matenjagwo arĩ rũgendo-inĩ rwa Thĩka kũruta wĩra wa mũingĩ. Njenũrũ Matenjagwo araarĩ njamba nene na ya bata ya ita; kũũragwo gwake nĩ igũtha rĩa nditi twagũthwo nĩ ngoronia. No thũ ciitũ nĩ ciagĩrĩire kũmenya atĩ gĩkuũ gĩake nĩ gĩkũrikĩria ũũmĩrĩru witũ na gĩtwongerere marũrũ makũhũũranĩra wĩyathi wa bũrũri witũ. Ũcamba, ũũmĩrĩru na wĩrutĩri wake igũtuĩka gĩthoomo kĩnene kĩa njiarwo na njiarwo. Kũrĩhĩria Njenũrũ Matenjagwo na arĩa angĩ aiitũ magwĩte ihaaro-inĩ cia mbaara, keei tũtharĩkĩre thũ ciitũ na hinya, rekeei tũrute bũrũri witũ mũtondo-inĩ wa ũkoroni.

Kũngũ Njenũrũ Matenjagwo!
Kũngũ wĩyathi witũ!
Kũngũ bũrũri witũ!
(Maina wa Kĩnyattĩ, 1987:106)

Njenũrũ Matenjagwo ndagakua tondũ rĩĩtwa rĩake nĩ hicitũri ya bũrũri witũ; njĩarwo na njĩarwo igũtũũra ciinaga ũcamba wake na wendi wake mũriku wa bũrũri witũ. Tathikĩrĩria gĩcunjĩ gĩĩkĩ kĩa rwĩmbo:

Kuuma Mũthithi na Kariara
Njũũĩ Gĩtaũ Matenjagwo
Nĩwe ũharũrũkagia ndege
Ciũũkĩĩte gũthĩĩnia rũũrĩrĩ

Gĩtaũ nĩ eerire Wamwere
Wamwere ndũkanjĩtanĩre
Wakorwo ũrĩ Mũũgĩkũyũ
Wamwere ndũkanjĩtanĩre

Naake Wamwere nĩ acookiirie
Hiũhai hiũhai arĩ haaha
Akũnjĩĩra ndikamwĩtanĩre
Atiga tũgĩcinĩĩrwo mĩcĩĩ

Gĩtaũ Matenjagwo agĩkua
Nĩ aarũmire tĩĩri na guoko
Akiuuga rĩu nĩ ndaakua
Ndĩ njamba nene rũũrĩrĩ

Matenjagwo ooragwo, Njenũrũ Kago nĩwe watuiirwo komanda wa mbũtũ cia Mũrang'a, naake Njenũrũ Ihũũra agĩcagũrwo mũnyiinyi wake. Njenũrũ Kago atũũmĩĩre maraakara ma gĩkuũ kĩa Njenũrũ Matenjagwo gũtharĩkĩra mbũtũ cia thũ Mũrang'a—kambĩ nyiingĩ cia hũmungaati na birithi igĩtharĩkĩĩrwo, ikĩnyiitwo, igĩciinwo; hũmungaati na birithi nyiingĩ ikĩũũragwo. Ũtongoria nocamba wa Njenũrũ Kago igĩtuĩka hinya norũme wa andũ matũũra-inĩ, nyĩmbo igĩtuungwo cia gũkumia Kago—ciaaiinagwo nĩ airĩĩtu magĩthĩĩ gũtaha maaĩ, nĩ atumia makĩrĩma, magĩtua mĩrĩoyo; ikaiinwo nĩ ciana igĩthĩĩ cukuru, ikĩrĩĩthia, igĩtua ndare. Ngumo yoorũi wa Kago ĩkĩringa ng'ongo ciothe cia GEMM, ũcamba na ũũmĩrĩru wake igĩtamba bũrũri mũgima; igĩkinyĩra thũngũmũ Ngeretha, Nairobi na London.

Nĩ ũndũ wa ũrĩa thigari cia ngoronia ciaatindĩkĩĩtwo Mũrang'a, Nyĩrĩ, Embu, Mbeere na Mĩĩrũ, na nuthu ya Nairobi yaarĩ mooko-inĩ ma itungati cia KLFA, thũkũmũ Ngeretha nĩ arehire batarioni ingĩ cia mbirarũ kuuma Biriteni, kwongerera mbũtũ ciao iria ciaarĩ bũrũri-inĩ witũ nditi. Kambĩ cia macibũ na makang'a maao, cia hũmungaati na cia warũrũngana (GSU) igiaakwo na ūingī būrūri-inī wa GEMM, Nairobi na Rībutibare, Ahīndī na Araabu aingī makīandīkwo wīra wa *Kenya Police Reserve* (KPR), angī magītuīka hūmungaati na iceerū mataūni-inī; mbūtū cia KAR ikīrehwo kuuma Ūganda na Tanzania, nayo *Kenya White Regiment* īkīaaramio na īkīheeo hinya makīria wa kūūraga Agīkūyū, Aembu, Ambeere na Amīīrū arīa meeciiragīrio nī Mau Mau. Tamenya: Thūngū theteera ciooigaga Mūūgīkūyū mwega no ūrīa mūkuū.

Hiihi andū aingī aiitū no maraakare na matuurwo kūiguua atī thigari cia Ngeretha ciakinya Kenya kīndū kīa mbere ciaathoomithagio nī kwīīrwo atī andū airū nī nyamū—mwīrī waao nī mūndū no toombo nī wa nūgū—kwoguo matikaigue hithi, ngunyīrīrī kana tha makīmooraga. Gīthoomo kīngī maathoomithagio nī kwīīrwo mamenye marī na matharaita *meerī* ma mbaara makūhūūrana na Mau Mau, naamo nī *mūcinga* na *mūthiita*. Meeragwo maathīī matūūra-inī matigatūmīre mīcinga na mbūrūbūrū, matūmīre mīthiita. Gīthoomo o kīu kīu kīa ūcangiri nī gīathoomīthītio njaguuti nyakairū cia ngoronia—mbirarū, birithi, hūmungaati, warūrūngana na thigari cia Ahīndī na Araabu.

Thigari iria thirikaari ya ngoronia yeetitie ciakinya Kenya mweri wa Nothemba, anene a Ngeretha a mbaara nī maabangire ūrīa magūtharīkīra mbūtū cia KLFA mūtitū-inī wa Nyandarwa na Kīrīnyaga. Mūtharīko wa Nyandarwa weetagwo *Operation Longstop* na wa Kīrīnyaga, *Yellow Hackle Operation*. Ndege cia mboomu na magana gīkundi ma thigari mbirarū, birithi na hūmungaati igītharīkīra Nyandarwa na Kīrīnyaga ihinda rīmwe, īndī itiahotire kūingīra Nyandarwa kana Kīrīnyaga tondū ciaakorire cieetereiirwo nī ihīī cia mūtitū, mbaara ya kwīhithanīra ikīrūūo handū ha thikū mūgwanja; mbūtū cia maitha ikīhootwo.

Kūgeria kwīruta henwa, Ngeretha nī maacookire Nyandarwa Ndithemba 15; mūtharīko ūcio weetagwo *Operation Blitz*. Kahiinda gaaka Ngeretha nī meeharīirie mūno: maambire kūhūūra Nyandarwa na mboomu handū ha kiumia kīmwe, thuutha ūcio makīhamurithia mbūtū ciao ciingīre Nyandarwa na gīthūri, inyiite Kīmaathi na imomoore hendikwota ya KLFA. Cieeyoheete mīcinga īrīa īitaga njirūngi ta mbura, ciaarī na ngui kīrūndo cia kumbuthūra ihīī cia mūtitū ihinga-inī, na hūmungaati cia Maathai cia gūitongoria mūtitū-inī. Ngoronia ikīriigwo atī Maathai matiūūī njīra cia mīkīra cia mītitū tondū būrūri waao ndūrī mītitū; niingī ūndū ūngī mataamenyeete nī atī wabici ya KDC nī yaanyiitīte ribooti kabere atī mbũtũ cia Ngeretha ciaarĩ njĩra igĩũũka gũcambũrĩra hendikwota tondũ ũcio mbũtũ cia KLFA nĩ cieebangĩte. Mbaara ndũrũ yaarũiirwo handũ ha thikũ ithaano, handũ ha mbũtũ cia Ngeretha kũrutũrũra mbũtũ cia wĩyathi Nyandarwa nĩ cio ciarutũrũriirwo Nyandarwa. Thuutha wa kũremwo nĩ kũnyita hendikwota ya KLFA kana kũũraga atongoria a KDC, thirikaari ya ngoronia nĩ yaahĩtũkiirie mawatho gĩkundi ma tuuteni, na mamwe maamo nĩ maya: 1) mũndũ mũirũ ũkoonwo akĩingĩra kana akiuuma mũtitũ wa Nyandarwa kana wa Kĩrĩnyaga ndakorio kĩũria, ooragwo; 2) mũndũ ũkahee Mau Mau irio, handũ ha gũkooma, nguo kana ndaawa, amenyeke nĩ akanyiitwo nĩ thirikaari, ohwo kana aitwo; 3) mũndũ mũirũ angĩnyiitwo na mũcinga, mboomu, mbũrũbũrũ kana ngurunĩĩti no kũnyongwo nĩ thirikaari; 4) gũthondeka mĩcinga, mboomu, mbũrũbũrũ kana ngurunĩĩti nĩ mahĩtia mangĩtũma mũndũ atwarwo kĩnyonga; 5) Agĩkũyũ, Aembu na Amĩĩrũ makĩria ya andũ eerĩ mangĩkorwo ngaari-inĩ ĩmwe matarĩ bameti ya birithi no manyiitwo, moohwo kana maikio nditĩĩni na ngaari ĩyo ĩtahwo nĩ thirikaari; 6) Agĩkũyũ, Aembu na Amĩĩrũ makĩria ya andũ ataano mangĩkorwo hamwe njira-inĩ kana nyũmba, ũhiki-inĩ kana baa no manyiitwo nĩ thirikaari na moohwo; 7) Teegithi ya Mũũgĩkũyũ, Mũũembu kana Mũũmĩĩrũ Nairobi na mataũni-inĩ mangĩ no mũhaka ĩkĩrwo mũkururo wa yeero mbaru-inĩ na mbica ya ndereba ĩcuurio gĩciicio-inĩ kĩa mbere kĩa ngaari. Watho wathĩĩte na mbere ũkauuga: Agĩkũyũ, Aembu na Amĩĩrũ arĩa marĩ na mĩithikiiri mataũni no mũhaka maandĩke marĩĩtwa maao na namba cia ibaandi ciao mĩithikiiri-inĩ na makorwo na bameti ya birithi ya kũmetĩkĩria gũkorwo na mũithikiiri. Mũndũ angĩanyitiirwo atekĩrĩte rĩĩtwa rĩake na namba ya kĩbaandi gĩake mũithikiiri-inĩ na ndaarĩ na bameti, oohagwo mĩeri ĩtaandatũ njeera nditũ, arĩkia kĩoho akanyitĩĩrwo mũrango-inĩ wa njeera agatwarwo nditĩĩni kũnyariirwo makĩria.

Mawatho macio ma tuuteni na mangĩ maingĩ nĩ mongereire mbirarũ, birithi na hũmungaati bũrũri-inĩ wa GEMM, Nairobi na Rĩbutibare, hinya wa kwagagia, kũnyariira na kũũraga andũ. Mworoto wa ngoronia wa kũnyariira andũ matũũra-inĩ na mataũni-inĩ waarĩ wa kũgeria kũharagania ũiguano wa kĩama kĩa wĩyathi, gwĩkĩra andũ ngoro ya guoya nĩguo marekie beendera ya wĩyathi. Ũrĩa Ngeretha ataamenyaga nĩ atĩ, aarũmĩrĩri a Mau Mau nĩ meerutĩte, ngoro na mwĩrĩ, kũrũĩra wĩyathi na nĩ meeharĩirie kũruta mĩoyo yaao na roho ciao igũre wĩyathi wa bũrũri. Niingĩ mbarĩ ya nyakeerũ nĩ maariganĩĩrwo atĩ andũ marĩ kũnyua muuma wa kũrũĩra wĩyathi wa bũrũri waao, maarũrũngaane matũũra-inĩ na mataũni-inĩ kwanĩrĩra na mũgambo ũmwe atĩ nĩ marega ũkombo wa ũkoronia na makũrũĩra wĩyathi waao kinya itaata rĩa mũico rĩa thakame ya rũũrĩrĩ, andũ ta acio matingĩmaakio nĩ gĩkuũ—mahootwo ũmũũthĩ, rũũciũ makambarũrũka, makooya mĩcinga magacooka kĩhaaro-inĩ kĩa mbaara, makarũa na marũrũ, na mũthenya ũyũ ũngĩ otaguo, kinya magatindĩka ngoronia rũteere-inĩ rwa bũrũri waao; thuutha mũtheri ngoronia makaingatwo bũrũri. Kũringana na ũhoro ũcio, Njenũrũ Kago eeraga mbũtũ yake atĩrĩĩrĩ:

Mũcinga nĩguo gatua ũhoro; andũ arĩa matooĩ gũtũmĩra mĩcinga na kũmĩthondeka, arĩa matagĩruta thakame yaao, mĩoyo yaao, ĩgũre wĩyathi wa bũrũri waao magĩrĩĩre gũtuĩka ngombo cia ũkoronia mĩndĩ na mĩndĩ. Ndaamwĩra hiinyirĩirie atĩrĩĩrĩ, gũtirĩ kĩndũ kĩngĩ kĩrĩ goro ta wĩyathi, kĩrĩ mũrio ta kũrũĩra wĩyathi wa bũrũri. Arĩa meerutaga na ũcamba na ũũmĩrĩru, makanengera mũingĩ thakame yaao ya ngoro ĩgũre wĩyathi wa bũrũri matikuuaga, matũũraga nĩmĩ-inĩ cia eendi-bũrũri, matũũra-inĩ na mataũni-inĩ na nda-inĩ cia atumia njamba a bũrũri. Marĩĩtwa maao, mahakĩĩtwo rangi wa thakame ya ũcamba, matuĩkaga itugĩ cia hicitũri ya bũrũri waao (Ribootĩ ya Nyakĩyo, 1978; Karuku, 1979).

Thigũkũũ Mwaka Mwerũ

Ndithemba 31, 1953 aarũi 800 arĩa marũagĩra mũtitũ wa Nyandarwa na atongoria a Mau Mau a matũũra, rokiconi, ndiiciritĩ na a KWC nĩ marũrũngaanĩĩte mbucii ya Rũhuruinĩ, Nyandarwa, gũkũngũĩra mwaka mwerũ, kũririkaana njamba cia bũrũri iria ciooragĩĩtwo nĩ thũ, kũgooca na gũkumia atongoria a mbaara, kũrĩanĩra na kũnyuanĩra, gũkenanĩra na kũmenyana. Irio ciareheetwo nĩ njamba cia atumia na airĩĩtu kuuma Mũrang'a na Nyĩrĩ na nĩ maareheete nguo, ndaawa na mbũrũbũrũ ciondo kĩrũndo; ng'ombe cia nyama ciatahĩĩtwo mĩgũnda-inĩ ya Thũngũ theteera, Kĩnangobu. Andũ maarĩa irio cia hwaĩ-inĩ makĩambĩrĩria nyĩmbo cia wĩyathi—nyĩmbo cia ũcamba, ũrũme na ũhuria-ndaka.

Tũtiũragĩa kũnyiitwo
Kana gũikio njeera
Kana gũtwarwo icigĩrĩra
Tondũ nĩ twerutire gũtetera wĩyathi
Nginya bũrũri ũthire nduma

148

Angĩ makaiina na maithori ma ruo:

Ndacooka Gĩkũyũ ngĩkoora
Aciari aakwa makiurĩrwo nĩ mbura
Makĩĩnyĩra: ũũi, mwana witũ
Mĩciĩ nĩ yahĩire
Aciari na araata tigwoi na thaayũ
Nĩ ndacooka Nyandarwa kũrũĩra bũrũri
Gĩkũyũ ngacooka na wĩyathi

Mũthenya ũyũ ũngĩ, Januarĩ 1, 1954, kũringana noorĩa Nyakĩyo Waikumbĩ ataarĩrie mwandĩki wa ibuku rĩĩrĩ mwaka wa 1978, KDC nĩ yaanĩrĩire atĩ kũrĩ mũcemanio na ũkwambĩrĩria thaa inya cia kĩrooko; andũ maarĩkia kwĩgagũra makĩgomana kĩhaaro. Mũcemanio wahingũriirwo nĩ Birigidia Gathiitũ; aageithia andũ, agĩthooma anjeenda ya mũcemanio: 1) ribooti ya mbaara na ũteti wa bũrũri; 2) gwaka Raiburarĩ na Aakaibu; 3) kũũmba kĩama gĩĩoteti; 4) kũbanga ũrĩa mbaara ĩkũrũũo mwaka wa 1954; 5) Mathenge kũregana na ũtongoria wa KDC. Thuutha wa gũthooma anjeenda, Birigidia Gathiitũ nĩ ataarĩirie aarũi atĩ mbaara mĩena yoothe nĩ yaathiiaga na mbere wega na mbũtũ cia Ngeretha nĩ ndiindĩke mũno thĩini wa Mũrang'a na Nyĩrĩ; na Nairobi mbũtũ cia KLFA nĩ cio ciathanaga mĩtaa-inĩ ya andũ airũ. Akĩira aarũi atĩ maarũa na hinya na ũcamba ũrĩa mararũire mwaka ũcio ũrathirire hatirĩ nganja atĩ Ngeretha nĩ akũrekia bũrũri, wĩyathe. No nĩ magĩrĩire kũmenya, akĩmeera, Ngeretha nĩ wa mĩthece ĩĩrĩ ta thambara, angĩona mbũtũ ciake nĩ ndiindĩke mũno no aambĩrĩrie kwaria na rũrĩmĩ rwa cukaari, anĩrĩre na kameeme na ngathĩĩti atĩ nĩ akwenda "tũikare thĩ naake twarĩrĩrie ũteti wa bũrũri na ũrĩa mbaara ĩgĩthira, bũrũri ũcooke thaayũ. Ithuĩ atongoria a KLFA nĩ tuugĩĩte maita maingĩ atĩ akorwo Ngeretha nĩ akwenda bũrũri ũcooke thaayũ, mbaara ĩthire, no eeheririe mbũtũ ciake bũrũri-inĩ witũ, amomoore kambĩ cia hũmungaati matũũra-inĩ na mataũni-inĩ, eeherie mawatho ma tuuteni, arekie atongoria a Kaũ na a Mau Mau na eetĩkĩre tũikare thĩ naake twarĩrĩrie mũthenya ũrĩa Kenya ĩkeyatha. Kongomano-inĩ ya Mwathe twatuire tũhiinyĩrĩrie tũtĩkaiga mĩcinga thĩ kana tuumĩre mũtitũ kana twenje njuĩrĩ na nderu bũrũri witũ ũtarĩ na wĩyathi. Ngeretha na njaguuti ciake nyakairũ nĩ maikare makĩmenyaga ithuĩ tũrĩ Agĩkũyũ Karĩng'a, tũrĩ Mau Mau, tũrĩkuuga ũndũ tũtiugũkagwo" (Ribooti ya Nakĩyo, 1978 na Gucu 1979).

Birigidia Gathiitũ arĩĩkia kwaria eetire Kĩmaathi ataarĩrie aarũi gĩtũmi gĩa gwaaka Raiburarĩ na Aakaibu na kũũmba kĩama gĩĩoteti, na kũmamenyithia ũrĩa ũteti wa bũrũri wahaanaga. Kĩmaathi nĩ aamenyithirie aarũi atĩ KDC yaarĩ na mũbango wa gwaaka Raiburarĩ hamwe na Aakaibu cia kũigaga dokiumeniti cia mbaara, ngathĩĩti iria irĩ na ũhoro wa mbaara ya wĩyathi na mabuku marĩa mandĩkĩĩtwo hicitũri ya bũrũri. Kĩmaathi nĩ aririkanirie aarũi atĩ ribooti ya kambĩ, marũa kuuma matũũra, marebeta na ng'aano nĩ gĩcunjĩ kĩa bata kĩa hicitũri ya mbaara tondũ ũcio aarũi nĩ matũmage maandĩko macio hendikwota ya KDC nĩguo maingĩrio bairo-inĩ. "Tũkwenda njiarwo ciitũ," Kĩmaathi akĩĩra aarũi, "igathooma hicitũri na ũteti wa mbaara ĩno ya wĩyathi nĩguo ikaamenya ithuĩ tũtienyihiirie ngoronia nĩ twaguthũraniire naake kinya tũkĩmũingata bũrũri, na niingĩ imenya atĩ twandĩkĩĩre gĩcunjĩ gĩĩkĩ kĩa hicitũri na thakame iitũ ya ngoro—thakame ya wendo wa bũrũri" (Ribooti ya Kĩĩrũ wa Gathithĩri, 1978). Kĩmaathi aarĩ mwarimũ wa hicitũri kwoguo nĩ ooĩ hinya wa hicitũri, nĩ ooĩ atĩ mũndũ nĩ akuuaga no ciugo nyandĩke karatathi-inĩ irĩ riiri ta mũkũnga mbura na itũũraga mĩndĩ na mĩndĩ. Meeja Omeera nĩwe wacagũrĩĩtwo kũrũgamĩrĩra Raiburarĩ na Aakaibu na kuona nĩ igitĩirwo na njĩra nũmu.

Akĩaaria ũrĩa ũteti wa bũrũri wahurutanaga, Kĩmaathi eerire aarũi:

Ndĩreenda ndĩmũmenyithie atĩ mwaka wa 1953 mbũtũ ciitũ nĩ irarũire na hinya, ũcamba na ũũrũme ũtarĩ woneka hicitũri-inĩ ya bũrũri witũ mbere ĩo. Rĩu nyakeerũ nĩ mooĩ ithuĩ nĩ ithuĩ ngiha cia bũrũri witũ, tũtihaana maithe maiitũ arĩa maaheenirio nĩ ngoronia Amĩceeni—makĩnengerwo Bibiria, makĩĩrwo mahinge maitho mahooe, rĩrĩa matumũrire maitho makĩoona ithaka ciao iria njaraganu, njega na nooru nĩ ihĩmbĩiirio nĩ ngoronia theetera. Andũ aiitũ moona ũrĩa kũhaana na ũrĩa maũndũ marathĩĩ na mbere makĩũũria Thũngũ mũmĩceeni: "Kaĩ ũtuĩrire tũhinge maitho tũhooe nĩguo tũtikoone ithaka ciitũ igĩkomeerwo nĩ mbarĩ yanyu, ũyũ ĩĩ ti mũbango mũrabangĩte?" Ngoronia mũmĩceeni akĩmacookeria na rũrĩmĩ rũhake ũũkĩ: "tiganai na ithaka ciana ciakwa, mũrĩ na Bibiria na Njesũ, nĩ inyuĩ mũgakorwo mũthitarĩ wa mbere gũthĩĩ matu-inĩ. Indo cia thĩ nĩ icango cia meehia na mũmenye nĩguo-rĩ, andũ arĩa meiragĩria indo cia thĩ— mĩgũnda, ng'ombe, mbũri, ũtonga, mũrio wa nguĩko—gũtirĩ waao ũgakuhĩrĩria mũrango-inĩ wa matu-inĩ, acio nĩ araata a Caitaani." Hĩndĩ ĩrĩa maithe maiitũ macookire matũũra-inĩ maakorire mĩciĩ ĩciniĩtwo, atumia makooragwo hamwe na ciana, mahiũ magatahwo, mĩgũnda yaao, ĩrĩa maarĩithagia mahiũ, ĩkarigicĩrio na thĩgĩngĩ na ĩkarangĩrwo nĩ thigari nyakeerũ na mĩcinga. Amwe aao magĩthiĩ mũtitũ kũrũa no nĩ maatoririo, angĩ makĩooya mooko igũrũ magĩtuĩka thikwota mĩgũnda-inĩ ĩrĩa yaarĩ yaao, arĩa angĩ magĩtuĩka njara rũhĩ, Nairobi. Bũrũri witũ ũgĩkoomeerwo nĩ thũkũmũ cia Ngeretha, andũ aiitũ magĩtuĩka ngombo ciao. Aagu maatigire maatũĩra atĩ andũ matarĩ ndundu mahurunjagwo ta mai ma theerũ, magĩtũĩra tũtikeende bũrũri witũ na kanua, tũwende na ngoro na roho, na tũtikaanawendia kana tũheana kana twĩtĩkĩre gũtuunywo nĩ rũũrĩrĩ rũngĩ. Mũthũngũ ahootire maithe maiitũ tondũ matiaarĩ na ũũrũmwe, mũgambo ũmwe, mũrũgamo ũmwe, mũbango ũmwe, wĩtĩkio ũmwe na matieeharĩirie—matiaarĩ na njeeci ya bũrũri mũgima. Ngeretha ngwĩciiria nĩ oĩ ithuĩ tũtihaana maithe maiitũ, tũrĩ na kĩama giitũ kĩa mbaara na mũingĩ wothe wa Kenya nĩ ũtũnyitĩĩte mbaru; na nĩ tũũĩ araata aiitũ nĩaa na thũ ciitũ nĩaa. Niingĩ ithuĩ tũtĩĩtĩkĩĩtie bũrũri witũ na wĩyathi witũ no igũrwo na Bibiria na rĩĩtwa rĩa Yesũ; tũtĩĩtĩkĩtie Ngai cia nyakeerũ na ng'aano cia maheeni cia gũthiĩ matu-inĩ. Ngai witũ no ũrĩa wa tene, Ngai wa Ndemi na Mathathi—Ngai wa Gĩkũyũ na Mũũmbi.

Ũhoro ũngĩ ndĩreenda mũmenye nĩ atĩrĩĩrĩ: Ngeretha nĩ aambĩrĩirie gũcookanĩrĩria njaguuti na njũna-ndara ciake gĩĩoteti, akameera atĩ rĩu nĩ aroona harĩ bata kũũmba thirikaari ya ndũũrĩrĩ ciothe, Kenya; na Kĩĩngenũ *multiracial government*. Ithuĩ tũtirarũa nĩguo tũthondeke thirikaari na ngoronia na njaguuti ciake hũmungaati, tũrarũĩra wĩyathi wa bũrũri witũ—wĩyathi ũtathaĩtwo na taama wa ũkoronia; wĩyathi ũgũtũcookeria ithaka ciitũ na ũtũhe hinya wa ũthamaki wa bũrũri na ũtũcookeria haki cia ũmũndũ. Nĩ tuugĩĩte maita gĩkundi atĩ mũndũ mũirũ ũrĩa ũkũnyitanĩra na Ngeretha gũthondeka thirikaari ya ũkoronia nĩ amenye nĩ gĩkuũ areetha; ithuĩ tũtirĩ tha na thaata cia bũrũri. Ona Kĩnyatta, na nĩ mũũĩ ũrĩa tũmwendeete, angĩthiĩ mwena wa ngoronia, eendie bũrũri, tũngĩmũcuhũra na njirũngi (Nyakĩyo, 1978; Gucu na Kĩirũ Gathithĩri, 1979).

Kĩmaathi nĩ ataarĩirie bata wa kũũmba kĩama gĩĩoteti, Nyandarwa: Wambere, kũringana na ribooti ya Nyakĩyo na Kĩirũ wa Gathithĩri, akiuuga atĩ "ciama ciothe cia andũ airũ cioteti nĩ ciahũũrirwo marubuku nĩ ngoronia nĩ ũndũ ũcio nĩ harĩ bata kũũmbwo kĩama kĩa bũrũri mũgima." Wakeerĩ, akĩĩra aarũi, "twĩciirĩtie atĩ kĩama kĩrĩa tũgũthondeka nĩ gĩkũhota kũrikĩria ũtongoria wa kĩama kĩa mbaara bũrũri-inĩ, gĩtuĩke nyundo ya gũkindĩra hinya wa KLFA twoya wĩyathi nĩguo ĩkorwo na nditi ya kũgirĩrĩria wĩyathi ndũkooywo nĩ hũmungaati kana wendio mbia nĩ amwe aiitũ arĩa marĩ tũnua twĩrĩ na nda itahũnaga—ciũyũire tũgunyũ twa ũkoroku." Wagatatũ akiuuga, "tũrathondeka kĩama gĩĩkĩ nĩ geetha gĩgatuĩka thirikaari twoya wĩyathi, nayo KLFA ĩgatuĩka njeeci ya bũrũri. Thirikaari ĩrĩa ĩrĩ bũrũri-inĩ nĩ mũũĩ nĩ ya ũkoronia, birithi na njeeci nĩ cia ũkoronia, twoya wĩyathi icio ciothe nĩ tũkaimomoora, na arĩa marooraga atumia na ciana matũũra-inĩ na arutiwĩra mataũni-inĩ manyiitwo marĩhe mahĩtia maao ma ũcangiri na thakame yaao. Ithuĩ twĩtagwo mbarĩ ya Mũũmbi, no ithuĩ twarĩkuo ona hĩndĩ ya Ndemi na Mathathi." Kĩmaathi arĩĩkia kwaria, aarũi nĩ maacookanirie ndundu, maatereta, nĩ meetikanĩirie na atongoria a KDC atĩ haarĩ bata kũũmba kĩama gĩĩoteti kĩa bũrũri na gwaaka Raiburarĩ ya Mau Mau na Aakaibu; kwoguo maakĩhee atongoria rũũtha rwa kwandĩka mworoto wa kĩama. Rĩĩtwa rĩa kĩama rĩaarĩ rĩa Gĩthũngũ, *Kenya Young Association* (KYA), ĩndĩ atongoria a KDC macookanĩrĩrie meeciiria maao thuutha-inĩ nĩ maceenjirie rĩĩtwa rĩa kĩama, magĩgĩĩta *Kenya Parliament* na Gĩkũyũ, Mbuunge ya Kenya.

Andũ maarĩkia kũrĩa ranji nĩ macookire mũcemanio-inĩ kwarĩrĩria mĩtugo na ciiko cia Mathenge. Mwandĩki mũnene wa KDC nĩ aamenyithire aarũi atĩ Mathenge ndaanooka Thigũkũũ ona gũtuĩka nĩ aatũmĩirwo mũndũ wa kũmũmenyithia atĩ nĩ gũgakorwo na thigũkũũ na mũcemanio Rũhũrũinĩ na KDC nĩ yaamwĩrĩte akarehee mbũtũ yaake na nĩ akaheeo kamweke arĩrie aarũi amahe gĩtũmi kĩrĩa kĩagiririe ooke Kongomano ya Mwathe na kĩrĩa kĩgiragia athĩkĩre ũtongoria wa KLFA. "Mathenge anyiita ndũmĩrĩri, Birigidia Gathiitũ akĩĩra aarũi, "acookire akiuuga nĩ agooka no ndaanooka na ndaanatũma ndũmĩrĩri." Ũhoro wa Mathenge watuĩrio nĩ kwonekire aarĩ na mahĩtia gĩkundi: 1) kuuna watho wa Muuma wa Ũiguano; 2) kũng'athĩria ũtongoria wa KDC; 3) kũrega kũrũmĩrĩra mawatho ma mbaara na kũgiria aarũi arĩa marĩ thĩ wa ũtongoria wake manyitanĩre mbaara na mbũtũ cia KLFA. Kĩmaathi akĩaaria ũhoro ũcio, auugire,

Niĩ ndĩrĩ na ũũrũ na Mathenge, nĩ njamba ya ita cia wĩyathi

na nĩwe woombire njeeci ĩno ya wĩyathi hĩndĩ ĩrĩa andũ amwe a bũrũri moonaga nyakeerũ makaharo nĩ guoya. Ndĩnaama nĩ akaheeo gĩtĩ kĩa igũrũ nĩ hicitũri iitũ na njiarwo itũũre imũririkaanaga. Norĩĩrĩ, kuuga ũguo ti kuuga twĩtĩkĩrie Mathenge abuunje ũiguano na ũũrũmwe wa KLFA na wa Mau Mau, thigari ciitũ handũ ha kũhũũrana na thũ nyakeerũ ciambĩrĩrie kũũragana, nao ngoronia Ngeretha moone handũ ha kũingĩrĩra, matũharaganie, matũũrage, matũhoote; ũguo tũtigwĩtĩkĩra. Muuma wa Ũiguano uugĩĩte atĩ mũndũ ũrĩa ũkageria kũbuunja ũiguano wa kĩama kĩa wĩyathi kana anyiitane na mbarĩ ya nyakeerũ kũhingĩrĩria rũũĩ rwa wĩyathi witũ nĩ thũ nene ya bũrũri, ndakaheeo kamweke nĩ arekio thĩ na njirũngi (Nyakĩyo, 1978, Mwarimu Kourugo, 1977).

Komanda amwe, Njenũrũ Kago arĩ ũmwe waao, mauugaga Mathenge ndagatandukĩrwo nguo, atũmĩrwo njeeci, anyiitwo, areehwo igootĩ-inĩ rĩa mbaara na mbũtũ yake ibuunjwo; mũndũ ũmwe, makiuuga, ti bũrũri. Atongoria a KDC nĩ maareganire na itua rĩu, makĩũũria aarũi meetĩkĩre Mathenge atũmĩrwo mũndũ wa kũmũmenyithia na kũmũririkania atĩ kũregana na ũtongoria wa kĩama kĩa mbaara nĩ kũbuunja mĩhĩtwa ya Muuma wa Ũiguano—ihĩtia rĩngĩtũma mũndũ eekĩrwo kĩaara mũmero. Mũtĩ wakeerĩ, amwĩre akorwo kũrĩ ũndũ ũmũraakarĩtie kana ũramũtaaga atware mateta make wabici-inĩ ya KDC. Birigidia Gathiitũ nĩwe watũmirwo—moonana, Mathenge aamwĩrire nĩ agwĩciiria ũhoro ũcio na nĩ arĩmũtũmĩra ndũmĩrĩri kana akorwo ti ũguo ekinyie hendikwota. Ũrĩa Mathenge ateerire Gathiitũ nĩ atĩ, aarĩ na mũbango wa gũthugunda kĩama kĩngĩ kĩa mbaara na komanda amwe thĩini wa KLFA nĩ maamũnyitĩĩte mbaru; nĩ ũndũ ũcio Mathenge ndaaigana gwĩkinyia hendikwota kana gũtũma ndũmĩrĩri. Njatukano thĩini wa KLFA ĩkĩambĩrĩria kũrikĩra, ĩkĩaarama.

Mũcemanio wa Ngoronia

Januarĩ 1954 atongoria a thirikaari ũkoronia nĩ meetire mũcemanio mũnene Nairobi wa kwarĩrĩa na kũbanga ũrĩa makũrũa mbaara nĩ ũndũ maarĩ atindĩke mũno nĩ mbũtũ cia KLFA. Andũ arĩa meetĩĩtwo mũcemanio kuuma bũrũri wa GEMM maarĩ ooragani—hũmungaatĩ, macibũ, Tai-Tai na atongoria a ndini ya ũkĩrĩcitũ arĩa maakoomaga ũrĩrĩ ũmwe na ngoronia; marĩĩtwa mamwe ma thaata icio nĩ maya: a) Kĩambuu: Cibũ Magũgũ,

Cibũ Kĩbathi Gĩtangĩ, Rev. Charles Kamawe, Kanjũra Mbiira, Harry Thuku, Cibũ Josiah Njonjo, Rev. William Njoroge, Canon Samuel Nguru na James Gĩchũrũ; b) Mũrang'a: Cibũ Njiiri, Cibũ Ignatius Mũraĩ, Rev. Elijah Gachanga, Cibũ Samuel Mũgo na Mũchohi Gĩkonyo; c) Nyĩrĩ: Cibũ Mũhoya, Rev. Charles Mũhoro, na Cibũ Eliud Mũgo; d) Embu na Mbeere: Cibũ Stephen Ngigĩ na Richard Gĩthae. Ndiicitiriti ya Mĩĩrũ yarũgamĩrĩirwo mũcemanioinĩ nĩ ngoronia Ndithii wa rũgongo rũu; e) Ndiicitiriti ya Naikuru yaatũmĩĩte: Parmanas Kĩritũ, Chrysostom Kĩhagi, J.F.G. Kanyua na Zedekiah Wambũgũ.

Njũna-ndara cia Renjikoo: Eliud Mathu, WWW Awori na angĩ nĩ meetĩĩtwo mũcemanio ũcio. Thũngũ theteera, anene a thirikaari na komanda a njeeci ya ngoronia nĩo maikarĩre itĩ cia igũrũ mũcemanio-inĩ. Maateretire thikũ igĩrĩ, thikũ ya gatatũ makĩruta kabuku ka bĩĩnji inya ga kũmenereria na gũcambia Mau Mau, geetagwo *Mũgambo wa Atongoria.* Maatanarĩkia mũcemanio, ooragani acio nĩ mooririe ngoronia Ngabana Baring eete mũcemanio wa bũrũri mũgima wa kwarĩrĩria ũrĩa Mau Mau ĩkũrutũrũrwo mũtitũ-inĩ, ĩharaganio matũũra-inĩ na mataũni-inĩ, ĩhootwo. Mũcemanio ũcio weetiirwo mweri 21 wa keerĩ, mwaka wa 1954 na waarĩ Nairobi; theteera W.B.Havelock nĩwe wahiũũragia mũcarica. Mũcemanio wokĩĩtwo nĩ atongoria a hũmungaati, atongoria nyakairũ na nyakeerũ a makanitha kuuma mĩena yoothe ya bũrũri witũ, anene a borithi na mbirarũ, theteera nyakeerũ, memba nyakairũ na nyakeerũ a Renjikoo, na anene a mbirarũ na a borithi kuuma Ũganda na Tanzania. Maaria meetĩkanĩirie atĩ mbũtũ cia Mau Mau nĩ irarũũa na hinya mũno, na nĩ itindĩkĩĩte mbũtũ cia thirikaari na nditi nene na nĩ ihoteete kũnyita kambĩ nyiingĩ cia hũmungaati na birithi. Wakeerĩ, nĩ meetĩkanĩirie atĩ Kenya kwarĩ na thirikaari igĩrĩ: thirikaari ya Kĩmaathi na ya Ngabana Baring na atĩ thigari cia Mau Mau nĩ cio ciathaanaga Nairobi na andũ airũ arĩa maarĩ aingĩ na Ahĩndĩ gĩkundi a mbiaacara nĩ maathĩkagĩra Mau Mau na kũruta igooti rĩa mbaara ya wĩyathi. Kũgeria kũhĩtĩrĩria nditi ya Mau Mau, mũcemanio wa ũkoronia nĩ wakindĩrire mawatho maarĩ mahitukiitio mbere na ũkĩhĩtũkia mawatho kiuga kĩgima: 1) mũndũ ũkanyiitwo akĩeenderia Mau Mau mathaita ma mbaara no kĩnyonga agatwarwo; 2) mũndũ mũirũ anyiitwo na mũcinga na ndarĩ na bameti nĩ gũitwo arĩitagwo; 3) thigari ya Mau Mau no mũhaka ĩrathwo hau hau yanyitĩĩrwo, ndĩkaheeo kamweke gagũthĩĩ igooti-inĩ; 4) itũũra rĩngĩmenyeka nĩ rĩrateithia Mau Mau no kinya rĩrigicĩrio nĩ mbirarũ ya thirikaari, andũ mahũũrwo kĩũndũtho na amwe mooragwo, mĩcĩĩ ĩciiinwo, irio iri mĩgũnda itemeengwo na mahiũ matahwo, nĩ geetha rĩngĩ mekunye gũtũ gũteithia Mau Mau; 5) mũndũ (mũtumia kana mũndũrũme) atwarwo kambĩ ya kũhũũngwo mahũri no mũhaka aheeane ũhoro wothe, aarega oonio nganga mbute kinya eetĩkĩre kwĩranĩra mĩaatũ; angĩrega biũũ kwa biũũ nĩ ooragwo; 6) thirikaari nĩ geria ũrĩa yaahota kũgirĩrĩria Mau Mau ndĩgatambe bũrũri wothe na makĩria bũrũri wa Ikamba na Maathai; 7) mũndũ anyiitwo akĩhee Mau Mau irio, nguo, ndaawa, handũ ha gũkooma kana kĩĩ, nĩ kĩnyonga arĩtwaragwo; na wa mũico, no mũhaka watho wa kũgiria Agĩkũyũ, Aembu na Amĩĩrũ maceeranĩre kana macemanie ũrumio na mũndũ abuunja watho ũcio akanyiitwo, akoohwo. Mũũgĩkũyũ, Mũũembu na Mũũmĩĩrũ ũtarĩ na kĩbaandi, baathibuku, marũa ma njĩra (roadpass), marũa ma igooti na kaandi ya wĩra nĩ Mau Mau nĩ anyiitwo, atwarwo nditĩĩni kana kambĩ ya mahũri kana kĩnyonga.

Mũcemanio warĩkiirio na ciugo cia mbaara: mbũtũ cia thirikaari no mũhaka iheeo mĩcinga ya hinya ya gũtharĩkĩra mbũtũ cia Mau Mau, ndege ingĩ cia mboomu na thigari mbirarũ nyiingĩ ireehwo bũrũri-inĩ kuuma Biriteni; hũmungaati na birithi ciaandĩkwo kwaũingĩ na macamba-inĩ ma theetera gũkorwo na thigari cia kũrangĩra mĩcĩĩ na kũgitĩra indo ciao na atumia aao. Mau Mau no mũhaka ĩhootwo, makiuuga, tondũ mworoto wayo nĩ wa ũcangiri wa gũcookia bũrũri nduma.

Thuutha wa mũcemanio, o mũndũ nĩ aheeirwo kĩmanja kĩa mbeeca na kabuku ka bĩĩnji ikũmi na igĩrĩ geetagwo Ũhoro wa Ma ga gũcambia kĩama kĩa wĩyathi na atongoria a mũingĩ. Kaandĩkĩĩtwo na Gĩkũyũ na Gĩthũngũ na karamu ka rũthũũro rwa ũkoronia, tathikĩrĩria: 1) Mau Mau ti kĩama kĩa wĩyathi nĩ kĩa mĩkora na ooragani nĩ ũndũ ũcio nĩ thũ nene ya bũrũri; 2) wĩyathi ũkaheeanwo Kenya rĩrĩa thirikaari ya Ngeretha ĩgeeciiria na ĩtue atĩ andũ airũ nĩ akinyu akwĩyatha na nĩ meetĩkĩĩtie atĩ Njesũ nĩ mwana wa Ngai Jehova na aingĩ aao nĩ Aakĩrĩciitũ; 3) mũndũ mũirũ anyiitwo na mũcinga kana mbũrũbũrũ nĩ ooragwo hau hau, hatirĩ bata wa kũmũtwara igooti-inĩ; 4) Jomo Kenyatta, Fred Kubai, Bildad Kaggia, Paul Ngei na Kũng'ũ wa Karũmba marĩkia kĩoho nĩ matwarwo kĩnyonga tondũ nĩo gĩtina kĩa Mau Mau; 5) Kĩmaathi na Mathenge nĩo atongoria a njangiri cia Mau Mau, mbaara ĩno ndĩngĩthira matanyiitĩĩtwo na makooragwo na mĩĩrĩ yaao ĩgacinĩĩrwo kĩng'aang'a-inĩ. Kwoguo thirikaari ya Buana Ngabana no kinya ĩĩkĩre kĩĩyo, ũtukũ na mũthenya, kũhĩta njangiri icio cieerĩ; 6) mwaka ũcio ũrathirire Mau Mau nĩ maaratindĩkiire mbũtũ cia thirikaari, makĩria ndiicitiriti ya Mũrang'a na Nyĩrĩ, na Ikamba-inĩ na Maathai-inĩ muuma wa Mau Mau nĩ ũratamba na hinya. No mũhaka njĩra yeethwo ya kũgirĩrĩria Mau Mau ndĩkanyiite ndiicitiriti ya Mũrang'a na Nyĩrĩ na ndĩgatambe bũrũri-inĩ wothe; na mũbango mũrũmu ũthondeekwo wa kũrutũrũra njangiri cia Mau Mau mũtitũ-inĩ wa Nyandarwa na Kĩrĩnyaga na kũiharagania matũũra-inĩ na mataũni-inĩ; 7) mbũtũ cia thirikaari nĩ ndindike mũno nĩ mbũtũ cia Kago na Ihũũra, kwoguo thirikaari no mũhaka ĩthondeke mũbango wa kũũraga njangiri icio cieerĩ na kũharagania mbũtũ ciao; 8) kanitha ciothe Gĩkũyũ-inĩ, Embu na Mĩĩrũ no mũhaka ithoomithie na ihunjĩrie andũ atĩ kũnyua muuma wa Mau Mau kana gũtuĩka memba wa Mau Mau mũndũ ndarĩ hĩndĩ agathĩĩ matu-inĩ, agathĩĩ gwa Caitaani icua-inĩ. Mũndũ wĩtĩkĩtie Njesũ no mũhaka amene Mau Mau na ateithĩrĩrie thirikaari kũhũũrana na ũcangiri wa Mau Mau. Aakĩrĩcitũ arĩa manyuĩte muuma wa Mau Mau nĩ magĩrĩire kũingatwo kanitha na marĩĩtwa maao manengerwo birithi; 9) andũ airũ arĩa meerutĩire gũteithĩrĩria thirikaari kũhũũrana na Mau Mau na mendeete Njesũ nĩ makaheeo kĩheeo Mau Mau yahootwo, ciana ciao ciaandĩkwo mawĩra nĩ thirikaari kana itwarwo mũrimo mathoomo na nĩo thuutha-inĩ makanengeerwo wathani wa bũrũri, Kenya yaakinya hĩndĩ ya kwĩyatha.

Mũcemanio wooragani wathiira, thirikaari ya ngoronia nĩ yaatwarire mbũtũ ingĩ magana bũrũri-inĩ wa GEMM. Watho wa kaabiũ matũũra-inĩ na mataũni-inĩ ũkĩongererwo nditi na ũũru wa ũcangiri, kambĩ cia kũhũũngĩrwo mahũri igĩtuĩka mbĩĩrĩra cia memba a Mau Mau. Ndege cia mboomu cieetagwo Lincoln ciaarĩ gĩkonyo ikĩreehwo bũrũri-inĩ kuuma Biriteni na mboomu cia gũcina mĩtitũ, mĩtĩ, marigũ na ihinga ciĩtagwo na Gĩthũngũ *Napalm bomb* ikĩambĩrĩria kũrekio Nyandarwa na Kĩrĩnyaga na matũũra-inĩ marĩa maarĩ rũteere-inĩ rwa mĩtitũ. No toũguo wiki, mũndũ angĩakoriirwo barabara-inĩ bũrũri-inĩ wa GEMM nĩ hũmungaati, birithi kana mbirarũ nĩ kũnyiitwo anyiitagwo kana akarathwo; ciana cia ihĩĩ ciaarutagwo mathukuru ikarathwo atĩ nĩ memba a Mau Mau. Ũtukũ andũ matiakomaga matũũra-inĩ na mataũni-inĩ nĩ birigiceeni cia thigari cia thũ na mbuu ya atumia na ciana cia airĩĩtu makĩnyariirwo nĩ thigari cia ngoronia. Maithori matukanĩĩte na thakame ya ũcamba ya eendi rũũrĩrĩ maarĩ rũũĩ rwathereraga matũũra-inĩ, ĩndĩ ona gũtuĩka ũguo, andũ aiitũ matũũra-inĩ na mataũni-inĩ nĩ meyũmĩrĩire, makĩrega biũ na hinya, ũrũme na ũhuriandaka, kũrekia beendera ya wĩyathi, magĩthĩĩ na mbere gũtwara irio mũtitũ, mĩcinga, njirũngi, ndaawa, na kũrũmia raini ya wĩyathi; magĩtuĩka itugĩ cia cuuma cia gũtiira kĩama kĩa wĩyathi matũũra-inĩ, nyundo cia kũmomoora *bustani* ya ũkoronia mataũni-inĩ.

156

Njenũrũ Chaina Kũnyiitwo

Mweri 15 wa Januarĩ 1954, mbũtũ ya Njenũrũ Chaina nĩ yeehithĩirwo nĩ mbũtũ cia ngoronia, aarũi a wĩyathi ataano makĩũũragwo; naake Njenũrũ Chaina akĩrathwo ngingo akĩgwa, akĩnyiitwo. Njenũrũ Chaina aarĩ cibũ komanda wa KLFA wa mbere kũnyiitwo nĩ thũ arĩ muoyo. Hatarĩ nganja kũnyiitwo gwake nĩ kwainainirie mũthingi wa KLFA. Harĩ Ngeretha kũnyiitwo gwa Chaina waarĩ ũciindi mũnene, no makĩĩrigwo atĩ kĩama kĩa Mau Mau kĩaarĩ ciongo mũgwanja—watinia kĩmwe, gĩĩkĩ kĩngĩ gĩgacomoka.

Njenũrũ Chaina aanyiitwo eetĩirwo aandĩkĩ a magathĩĩti a ngoronia nĩguo mamũhũũre mbica na maandĩke rũgano rwa kũnyiitwo gwake. Nako kameeme ga thirikaari ya ngoronia gakĩambĩrĩria kwanĩrĩra na wĩtĩo ũrĩa Njenũrũ Chaina araanyitiirwo na maũndũ maingĩ makũmenereria na gũcambia kĩama kĩa wĩyathi. Andũ aingĩ bũrũri-inĩ nĩ maregeete gwĩtĩkia atĩ Chaina nĩ mũnyiite, makauuga atĩ ũcio nĩ mũhuhu wa ngoronia Ngeretha, no rĩrĩa moonire mbica ya Njenũrũ ngathĩĩti-inĩ ĩrĩ na bĩĩngũ mooko, maithori ma maraakara na marũrũ maeendi rũũrĩrĩ makĩambĩrĩria gũtherera ũthiũ-inĩ ta kĩguũ kĩa mbura ya mwere. Andũ amwe, makĩgirĩka, makoorania: "kaĩ Ngai witũ, Ngai wa Gĩkũyũ na Mũũmbi, araarĩ kũ Njenũrũ Chaina akĩnyiitwo?"

Njenũrũ Tanganyika nĩwe woire ũtongoria wa mbũtũ cia wĩyathi cia Kĩrĩnyaga Chaina aikiongono. Kũringana noorĩa Njenũrũ Mwariama ataarĩirie mwandĩki wa ibuku rĩĩrĩ kũrĩ mwaka wa 1976, Tanganyika ooya ũtongoria wa mbaara Kĩrĩnyaga nĩ eetire mũcemanio wa aarũi a wĩyathi, akĩmeera:

Nyũmba iitũ:

Ndĩreenda mũmenye atĩ kũnyiitwo kwa Njenũrũ Chaina nĩ iringa tũraringirwo nĩ thũ ciitũ—igũtha tũtakariganĩrwo yuuraga ĩkĩayaga; Njenũrũ Chaina araarĩ mũtongoria witũ, hinya witũ, mwarimũ witũ—araarĩ maũndũ moothe. Ũcamba wake nĩ ũkĩrĩte wa mũrũũthi, ngoro yake yakĩĩtwo na mahiga magoro ma cuuma; ndarĩ kahinga atangĩingĩra, rũũĩ atangĩthambĩra, ngurunga atangĩtonya ona ya mũrũũthi. Ti andũ aingĩ bũrũri ũyũ witũ marĩ ũcamba na ũũmĩrĩru ta wa Njenũrũ Chaina. Niingĩ nĩ mũroonaga ũrĩa araarĩ ngamini: tũkĩrĩa irio nĩwe ũrakooragwo arĩ mũndũ wa mũthia, irio ciaga kũigana, akanengera ciake ũrĩa waga. Hĩndĩ ya mũcemanio wa kũbanga ũrĩa tũgũtharĩkĩra ngoronia nĩ mũroonaga ũrĩa arathikagĩrĩria maooni maiitũ atakũringa iniũrũ kana kwĩyamba. Mũndũ angĩratihiirio mbaara-inĩ kana kũrũara nĩ Njenũrũ Chaina ũramũthondekaga; araarĩ ndagĩtaarĩ witũ na mwarimũ ũratũthoomithagia ũrĩa mĩcinga itũmagĩrwo na mweremano wa mbaara. Norĩĩrĩ, menyai atĩ Njenũrũ Chaina ti we bũrũri, ti we KLFA, ti we wiki ũrahũũranaga na magui maya ma Ngeretha, nĩ ũndũ ũcio kũnyiitwo gwake ti kuuga mbaara ya wĩyathi nĩ yaathira, tũgũithie beendera, tũrekie mĩcinga thĩ, twĩneane kũrĩ thirikaari ya ngoronia, aaca. Njenũrũ Chaina aarauugaga atĩ "tũkũrũa kinya mũndũ wa mũico, kinya itaata rĩa mũico rĩa thakame iitũ—kinya tũhoote mbarĩ ya nyakeerũ, Kenya iitũ ĩyathe." Ũguo nĩguo Njenũrũ Chaina aratũbuundithagia, ũguo nĩguo tũkũhiingia; no tũngĩciindĩĩrwo njĩra-inĩ, ciana ciitũ nĩ ikarĩkia rũgendo rũũrũ.

Rĩu nĩ tũcooke mbucii ciitũ, tũkabange mũbango mwerũ wa mbaara ya rũũciũ. Aagu maatigire maatwĩra atĩrĩ: matarĩ ndundu mahũũragwo na njũgũma ĩmwe na thengere igĩrĩ itiremagwo nĩ mwatũ. Kĩu nĩ gĩthoomo kĩnene matũthoomithirie.

Mũthenya ũyũ ũngĩ Njenũrũ Tanganyika nĩ aandĩkĩire Maacũ Kĩmaathi kũmũmenyithia kũnyiitwo kwa Njenũrũ Chaina na ũrĩa ngoro cia aarũi, Kĩrĩnyaga, iratumatuma nĩ maraakara morũrũ. Marũa-inĩ oririe Kĩmaathi ageria ũrĩa angĩthĩĩ Kĩrĩnyaga kwarĩria aarũi na gũteithĩrĩrie kũbanga mũratarata mwerũ wa mbaara. Marũa macio maatwariirwo Nyandarwa Hendikwota nĩ mũiriĩtu njamba weetagwo Wamu. Kĩmaathi aanyiita marũa macio nĩ eetire mũcemanio wa KDC wa naihenya; maatereta makĩĩguanĩra Kĩmaathi aandĩkĩre Tanganyika, aamwĩrĩre ndakahee mbũtũ cia ngoronia mweke wa kũingĩra Kĩrĩnyaga kũharagania mbũtũ cia wĩyathi. Mbaara no kinya ĩthĩĩ na mbere, gũthereenda nĩ gĩkuũ. Kĩmaathi ndaathiire Kĩrĩnyaga tondũ wa ceekiurĩtĩ; gũtuĩkaga atĩ Njenũrũ Macaria wa Kameemia nĩwe watũmirwo na Wamu nĩwe waarĩ komanda wa rũgendo rũu.

Kĩhiinda o kĩu mbaara Nyandarwa yaakĩĩtie mwaki gwakia, mboomu cia thũ cia nyugutagwo kĩrĩma-inĩ ta ngurukuhĩ, bũrũri wothe wa GEMM ũkainaina. Mweri 2 wa Keerĩ kwarĩ mbaara nene Nyandarwa gatagatĩ-inĩ ka mbũtũ cia KLFA na cia thũ; aarũi atatũ hamwe na Birigidia Gathiitũ makĩũũragwo nĩ mboomu na thigari cia thũ ithaano ikĩũũragwo nĩ KLFA, igĩrĩ cia KAR ikĩnyiitwo mateeka, ikĩayũũrwo mĩcinga yacio, igĩcooka igĩtumbũũrwo. Mworoto wa Ngeretha na njaguuti ciake nyakairũ waarĩ kũnyita hendikwota ya KLFA; matiaheeirwo kamweke.

159

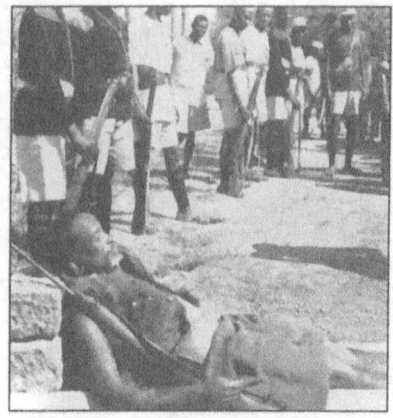

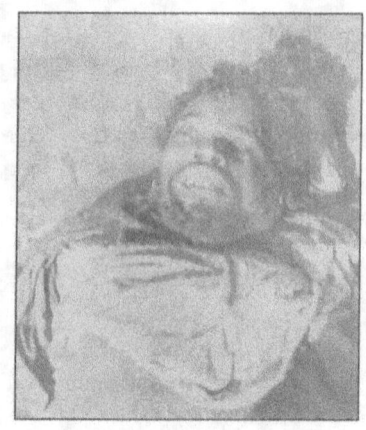

Njenũrũ Kirito ole Kisio, 1954

Birigidia Bata Batũ, 1954

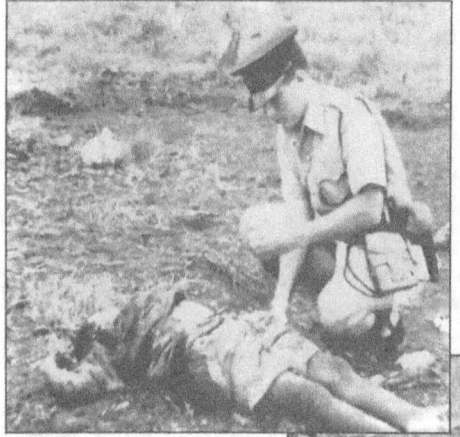

Ũyũ nĩ mũrũi wa mbaara ya wĩyathi (tũtĩrĩ na rĩĩtwa rĩake) ooragĩirwo mũtharĩko-inĩ wa kambĩ ya thũ, Ũthaya, 1954

Meeja Kambo wa Wamwere Ooragĩirwo mbaara-inĩ ya Ũthaya, 1964. Kĩĩmba gĩake kĩaingirwo njĩra-inĩ nĩguo andũ makĩoona magĩe na ngoro njũrũ ya guoya. Ona Kĩĩmba kĩa Njenũrũ Ole Kisio na kĩa Birigidia Bata Batũ ciakururirio ĩkĩĩgwo njĩra-inĩ.

10. Kenya Parliament ya KLFA

Kongomano ya Karathi

Mweri 5 wa keerĩ 1954, KLFA nĩ yaarĩ na kongomano ya gatatũ kambĩ-inĩ ya Karathi, Nyandarwa. Makĩria ya andũ ngiri ĩmwe—aarũi, atongoria a matũũra, a ndiicitĩriti na a KWC—nĩ mookĩĩte kongomano. Komanda oothe arĩa maarũagĩra Nyandarwa tiga Mathenge nĩ mookĩĩte kongomano-inĩ. Kĩmaathi nĩwe wahingũrire mũcemanio; akĩĩra kongomano atĩ nĩguo KLFA ĩhoote mbũtũ cia ngoronia no nginya gũkorwo na ũiguano na ũũrũmwe kambĩ-inĩ cia aarũi, ihaaro-inĩ cia mbaara, matũũra-inĩ na mataũni-inĩ na aarũĩ no mũhaka marũmĩrĩre watho wa komanda aao, ngucanio cia ngarari ihũũranwo nacio kambĩ-inĩ cia aarũi na kamĩtĩ-inĩ cia Mau Mau matũũra na mataũni. Thuutha ũcio akĩmenyithia kongomano kũnyiitwo kwa Njenũrũ Chaina na Njenũrũ Tanganyika gũcagũrwo Cibũ Komanda wa Kĩrĩnyaga. Akĩĩra andũ atĩrĩ, "kũrĩ mũhuhu ũrahurutana bũrũri atĩ Chaina nĩ athareendeete no nĩ mwagĩrĩire kũmenya atĩ Njenũrũ Chaina tiwe KLFA, tiwe bũrũri, kwoguo ona angĩthereenda mbaara ya wĩyathi no mũhaka ĩthiĩ na mbere kinya Angeretha maingatwo Kenya, bũrũri wĩyathe." Akĩĩrĩkia, aamenyithirie arũĩri wĩyathi atĩ kongomano ĩtĩĩtwo nĩguo mecagũrire memba a *Kenya Parliament* (KP) na mamĩhee hinya wa gũtongoria mbaara ya wĩyathi.

Kongomano yaarĩ ya thikũ ithatũ; thikũ ya mũico andũ maaiguanĩire atĩ KP ĩkorwo na memba ikũmi neerĩ na matigacagũrwo na kĩmenyano kana kĩĩng'ongo; gũcagũrwo andũ arĩa marĩ nothamaki, ũtongoria mũrũmu na ngoro ya wendo wa bũrũri. Nĩ meetĩkanĩirie atĩ KP nĩyo maitho na matũ ma KLFA na gũtĩri honge cia KP ingĩthondekwo kana ciũũmbwo bũrũri-inĩ KLFA ĩtaheanĩte rũũtha; na gũtuĩka memba wa KP no mũhaka mũndũ akorwo arĩ gĩtungati gĩa KLFA na memba wa Mau Mau, na acagũrwo nĩ kongomano ya kĩama. Andũ arĩa macagũrirwo gũtongoria KP, marĩĩtwa maao nĩ maya:

1. Dedan Kĩmaathi, Rais na Karaũ wa KLFA

2. Njenũrũ Kahiũ-Itina, Rais Mũnyiinyi

3. Karari wa Njama, Mwandĩki Mũnene

4. Njenũrũ Ndĩritũ wa Thũita, Mwandĩki Mũnyiinyi

161

5. Njenũrũ Kĩmbo, Karani wa Kĩĩgĩna

6. Njenũrũ Abdullah, Karani Mũnyiinyi wa Kĩĩgĩna

Memba arĩa angĩ maarĩ: Njenũrũ Kĩrĩhinya, Kanaarĩ Kahĩĩ Kaarũme, Mũraaya wa Mbuthi, Njenũrũ Rũũĩ, Macaria wa Kĩmeemia na Njenũrũ Vindo. Nĩ tuuge handũ ha KDC, *Kenya Parliament* nĩyo yatuĩkire injiini ya kĩama kĩa mbaara.

Kongomano yaathira aarũi maararire makiina nyĩmbo cia mũng'eengano; kayũ ka nyĩmbo icio kaiguuagwo bũrũri mũgima, Abirika na ndunia yothe. Kĩrooko, ciihũ itacooke marima, mbũtũ igĩkũũra heema, igĩcooka mbucii ciacio na arĩa moimite matũũra-inĩ na mataũni-inĩ makiumagario nĩ batarioni ya KLFA kinya rũteere-inĩ rwa mũtitũ.

Njenũrũ Chaina Gũthareenda

Njenũrũ Chaina aanyiitwo ona aanyariirwo nĩ aregire kũheeana hitho cia mbaara cia KLFA. Aarega nĩ atwariirwo igooti rĩa ngoronia, agĩtuĩrwo gũitwo. Arĩ rũmande etereire mũhĩndo, obithaa nyakeerũ wa birithi weetagwo Ian Henderson, na nĩ ooĩ rũthiomi rwa Gĩĩgĩkũyũ, nĩ athiire kwaria naake nĩguo eetĩkĩre gũthareenda. Maaria, Henderson eerire Chaina acagũre: gĩkuũ kana gũthareenda. Akĩmũtaarĩria aathareenda na eetĩkĩre kũhee anene a ũkoronia ũhoro ũrĩa mareenda ndakũũragwo. Henderson aheeire Chaina thikũ igĩrĩ cia gwĩciiria kĩrĩa agũcagũra. Thikũ ya gatatũ Henderson nĩ acookire njeera arĩ na marũa kuuma kũrĩ Ngabana Baring makũmenyithia Chaina atĩ athareenda na aheeyane ũhoro ũrĩa thirikaari ĩreenda na eetĩkĩre kũrutithania wĩra wa mbaara na mbũtũ cia ngoronia nĩ akũmwehereria gĩkuũ. Njenũrũ Chaina tondũ ndooĩ gũthooma Gĩthũngũ, aathoomeirwo na agĩtaũrĩrwo marũa macio nĩ Henderson. Aathooomerwo ndaarĩire marĩĩgu, agĩthareenda; thuutha woguo akĩrutwo njeera agĩtwarwo hendikwota ya mbirarũ ya ũkoronia, Nairobi, na akĩheeo nguo cia ngoronia cia mbaara na akĩenjwo njuĩrĩ ya hinya wa KLFA. O hĩndĩ ĩyo akĩhũrũũrwo nyoota cia ũnjenũrũ, agĩtuuo kooburũ wa mbirarũ ya ngoronia na rĩĩtwa rĩake rĩgĩceenjio, akĩbatithio Kooburũ Gordon Wambua.

Rũũciinĩ rũũrũ rũngĩ, Henderson na maobithaa atatũ a borithi nĩ marookire hendikwota ya mbirarũ kũhũũnga Chaina mahũri. Chaina agĩteng'ũra ũhoro na nyũngũ—akĩuumbũra hitho hakuhĩ ciothe cia mũbango wa mbaara, Kĩrĩnyaga—akĩheeana marĩĩtwa ma komanda, ma andũ arĩa maareehagĩra mbũtũ cia Kĩrĩnyaga mathaita ma mbaara, ma atumia arĩa maarĩ atongoria a Mau Mau matũũra-inĩ Nyĩrĩ na ma airĩĩtu arĩa maarehaga irio mũtitũ na njĩra iria mookagĩra. Agĩtaarĩria ũrĩa KLFA yaakĩĩtwo, akĩheeana marĩĩtwa ma atongoria a KDC na ma KWC na agĩtaarĩria njĩra iria aarũi kuuma Nairobi maageraga magĩthiĩ mũtitũ. Na ũmenya nĩ anengereete ngoronia ngoro yake yoothe-rĩ, ũhoro ũrĩa aheeanire waiyũũrire kabuku ka bĩĩnji mĩrongo itaano.

Aarĩkia kwĩranĩra mĩaatũ yoothe, wĩra ũrĩa ũngĩ mũũru arutire waarĩ wa gũcambia Mau Mau na kameeme ka ngoronia na kwĩra aarũi na atongoria a KLFA mauumĩre mũtitũ, mathareende. Wakeerĩ, agĩkĩĩrwo ndege ya ngoronia ya mbaara agĩthiĩ kwonania kambĩ cia KLFA, Kĩrĩnyaga, na kũhurunja maratathi maarĩ na mbica na thaĩni yake makũhamurithia aarũi a wĩyathi Kĩrĩnyaga mathareende. Maratathi macio nĩ maaitiirwo nĩ ndege Nyandarwa, Nairobi na mataũni-inĩ mangĩ kũrĩa Agĩkũyũ, Aembu, Ambeere na Amĩĩrũ maarĩ aingĩ. Memba a Mau Mau Nairobi mathooma maratathi macio, matietĩkagia atĩ Njenũrũ Chaina, Cibũ Komanda wa KLFA, Kĩrĩnyaga, no eetĩkĩre atindĩkwo nĩ ngoronia kinya arute nguo ciothe eeneane arĩ njaga. Nĩ marigagwo nĩ gacũrũ ka mũthemba ũrĩkũ Chaina aakundĩĩtio nĩ ngoronia nĩguo eetĩkĩre kwendia rũũrĩrĩ na bũrũri. Aingĩ makauuga: "hiihi Chaina nĩ kũrogwo arogeetwo" na arĩa aingĩ makauuga, "hiihi nĩ mbeeca aheetwo nĩ ngoronia nĩguo eendia kĩrathimo gĩake, rũũrĩrĩ rwake na bũrũri wake." Thĩĩni wa KWC atongoria maariaga tũnyui.

Thuutha wa maũndũ macio moothe, Chaina nĩ atumĩire Maacũ Kĩmaathi marũa kũrĩ mweri 18 makũmũria aniine mbaara na eetĩkĩre gũkoorwo na mũcemanio wa atongoria a KLFA na anene a mbaara a thirikaari ya ngoronia wa kũbanga ũrĩa mbũtũ cia KLFA igũthareenda. Chaina ateithĩrĩrio kwandĩka marũa macio nĩ Henderson. Gokuhĩ marũa macio mauugĩĩte ũũ:

Kũrĩ Mũthuuri Mũgathe Dedan Kĩmaathi,

Mbere ya maũndũ moothe nĩ ndaakũgeithia mũno. Ndĩrakwandĩkĩra ngũmenyithie ũrĩa maũndũ mahaana kuuma ndaanyiitwo nĩ thigari cia thirikaari. Nĩ ngwĩciiria nĩ ũũĩ atĩ ndaarathirwo Januari 15 na ngĩnyiitwo; ndaarathirwo ngingo, ngĩgwa ona kũhuhia ndiahootaga. Rĩu ndĩ mooko-inĩ ma thirikaari na nĩ tũraria na anene a mbaara a thirikaari twone ũrĩa tũngĩniina mbaara. Itagũkũhitha, nĩĩ nĩ njĩtĩkanĩtie na thirikaari ya Ngeretha atĩ harĩ bata kũgĩe na mũcemanio gatagatĩ-inĩ gaiitũ na Ngeretha wa kwarĩrĩria ũrĩa tũgũthareenda nĩguo mbaara ithire, bũrũri ũcooke thaayũ. Tũiguanĩre atĩrĩĩrĩ: atongoria ana a KLFA, eerĩ kuuma Nyandarwa na eerĩ kuuma Kĩrĩnyaga mooke mũcemanio ũcio; Ngeretha nao marehe andũ eerĩ. Hiihi wahoota kuuga ũyũ nĩ mũtego Ngeretha maambĩte, ti mũtego tondũ nĩ manjĩrĩte na ngameetĩkia atĩ atongoria a KLFA mooka mũcemanio matikaanyiitwo, mũcemanio wathira nĩ magetĩkĩrio gũcooka mũtitũ, matwarwo na ngaari kinya rũteere rwa mũtitũ.

Ndirĩ na maingĩ no macio, nyandĩkĩra ũmenyithie ũrĩa ngwĩra thirikaari.

Nĩ nĩĩ wa Nyũmba,Njenũrũ China

(Marũa maya mataũrĩtwo kuuma ibuku-inĩ rĩa Maina wa Kĩnyattĩ, *Kenya's Freedom Struggle*, 1987: 66).

Kĩmaathi aanyiita marũa ma Njenũrũ Chaina nĩ eetire mũcemanio wa *Kenya Parliament* wa naihenya kũmataarĩria ũrĩa Chaina eendaga. Memba a KP nĩ maareganire noorĩa Chaina na araata aake ngoronia nyakeerũ meendaga. Handũ ha kũmũcookeria marũa, Kĩmaathi aandĩkĩire Ngabana Baring marũa, akĩmwĩra: akorwo areeciiria KLFA nĩ gũthereenda no akorirwo arĩ mũthũku mũtwe. No akorwo nĩ akwenda mũcemanio na KLFA no mũhaka mbere ya maũndũ moothe eeherie mbũtũ cia ũkoronia bũrũri, abuunje kambĩ cia hũmungaati na birithi matũũra-inĩ na mataũni-inĩ, eeherie mawatho ma tuuteni, arekie atongoria a Kaũ na a Mau Mau na thirikaari yake ĩtĩkĩre kwarĩrĩria mũtaratara wa *KLFA Charter*. O marũa-inĩ macio, Kĩmaathi nĩ amenyithirie Ngabana atĩ, andũ a Kenya nĩo makeyandĩkĩra gatiba ti thirikaari ya ũkoronia ĩkũmandĩkĩra. Ũrĩa thirikaari ya Ngeretha yagĩrĩĩre nĩ gwĩka, Kĩmaathi akĩĩra ngoronia ngabana, nĩ kwanĩrĩra mũthenya ũrĩa Kenya ĩkeyatha kamũira mbũtũ cia KLFA cĩĩkinyie Nairobi kwooya thirikaari na hinya; Ngabana ndacookirie macookio. Koobi cia marũa macio ciatũmĩirwo Mbiyũ wa Koinange (London), *Kenya Committee for the Democratic Rights of Kenya Africans* (London), *Movement for Colonial Freedom* (London), *Pan-African Congress* (London), na atongoria a KWC (Nairobi). Thirikaari ici: Soviet Union, India, Ghana, Egypt, Faranja na USA nĩ ciaatũmĩirwo koobi cia marũa macio.

Thuutha wa marũa ma Ngabana, kũringana noorĩa Njenũrũ Enoch Mwangi eerire mwandĩki wa ibuku rĩĩrĩ mwaka wa 1977, Kĩmaathi nĩ aandĩkĩire atongoria a KWC, Nairobi, akĩmooria magerie ũrĩa mahoota moone Chaina nĩ arekio thĩ na njirũngi kana ũguo waga kũhoteke'eka, mahake mũbicii ũrĩa wamũrugagĩra eetĩkĩre gwĩkĩra ũrogi (ũrĩa ũũragaga mbĩa) irio-inĩ ciake, arĩe atumbuke.

Mũbango ũcio ndwahotekire tondũ Chaina aarĩ mũrangĩre mũno nĩ mbirarũ nyakeerũ ona ngi ndĩngĩaamũkuhĩrĩirie, na niingĩ mũbicii (Mũũgĩkũyũ) ũrĩa waheetwo ihaki nĩiguo akorogere Chaina ũrogi nĩ aiinainire mara nĩ guoya, agĩcookia mbeeca cia ihaki na agĩikia ũrogi kĩooro.

Mũbango wa mũcemanio wa gũthareenda watheeca ihiga, Njenũrũ Chaina aingĩrire njeeci ya Ngeretha, akĩheeo mũcinga wa Bebeta, agĩtongoria mbũtũ cia ngoronia kũhĩta na kũũraga aarũi a wĩyathi mũtitũ-inĩ Kĩrĩnyaga. Tondũ Chaina nĩwe waarĩ Cibũ Komanda wa KLFA Kĩrĩnyaga gũtirĩ kahinga atooĩ, kambĩ ya aarũi atooĩ harĩa ĩrĩ, gũtirĩ ngurunga atooĩ iria ciaigagwo irio na bairo cia mbaara, na njĩra ciothe iria ciatumagĩrwo nĩ atumia makĩreehe irio mũtitũ, icio ciothe nĩ aaciũũĩ. Nĩ ũndũ ũcio, aarũi aingĩ nĩ maanyitiirwo, aingĩ makĩria makĩũũragwo na mboomu, kambĩ nyiingĩ ikĩharaganio, igĩciinwo na bairo nyiingĩ cia kĩama ikĩnyiitwo. Njĩra iria aarũi maageraga mũtitũ-inĩ ikĩambwo mboomu cia *land-mines*, na ithima iria ciatũmagĩrwo nĩ ihĩĩ cia mũtitũ igĩkĩrwo ũrogi. Atumia arĩa maarĩ atongoria a Mau Mau matũũra-inĩ na airĩĩtu arĩa maatwaraga irio mũtitũ aingĩ makĩnyiitwo magĩtwarwo kambĩ cia kũhũũngĩrwo mahũri kũrĩa maikagio mĩcuba na mĩrũndo ciino-inĩ ciao, magacikithio ngui cia birithi marĩ njaga, magaaikio irima rĩrĩ na thuraku kana kĩoro kĩiyũire mai, ngi na igunyũ. Arĩa eethĩ, makagwatwo nĩ kĩrũndo kĩa njangiri thigari; aingĩ mooimire kambĩ icio marĩ mahu, angĩ marĩ cionje, na arĩa angĩ marĩ agũrũku nĩ kũnyariirwo mĩĩrĩ, meeciiria na roho.

Memba angĩ a Mau Mau Chaina aanyitithirie nĩ David Wangera (Mũbarũia), Mwangi wa Kamau, Kamawe wa Kagume na Kefa Wanyoni (Mũbarũia) na maarĩ arutiwĩra kwa Reeruĩ. Kefa na Mwangi maarĩ ndereba a ngaari ya mwaki na acio angĩ maarĩ aabokeri mĩrigo ngaari-inĩ; ngaari ĩyo yooimaga Naikuru ĩkarigicũka kinya Nyanyuki. Wĩra ũrĩa maaheetwo nĩ Mau Mau waarĩ wa gweethera KLFA mĩcinga, mbũrũbũrũ, ndaawa na kũreehe irio na makonia (mĩtu, mbooga, marigũ, waru, nduma, cukaari na ingĩ). Magũraga mathaita ma mbaara kambĩ-inĩ cia thigari cia KAR—Lanet, Gilgil, Kahawa na Nyanyuki—makareehere kamĩtĩ ya Mau Mau ya Konyũ, kũrĩa ciacookaga kũgĩĩrwo nĩ thigari cia Njenũrũ Chaina; irio ciaarekagio taũni ya Karatina igacooka igakuuo na ng'ong'o nĩ atumia na airĩĩtu kinya kambĩ ya Njenũrũ Chaina. Marũa meerĩ aandĩkĩĩrwo nĩ Kefa maarĩ mũhokoinĩ wake rĩrĩa aanyitiirwo. Mamwe ma marũa macio mooigĩĩte ũũ:

Kũrĩ Njenũrũ Chaina,

Amũkĩra ngeithi ciitũ nyiingĩ; tũrĩ haaha Konyũ orĩngĩ. Nĩ wega tondũ wa kũnyita marũa maaku ma mweri 4 na ma mweri 5. Nĩ tũkũreehe indo icio ciothe ũreenda; ũmũũthĩ twarehe makara (njirũngi) magana matatũ na ithaano.

Thaai.

Nĩ niĩ Kefa

Marũa macio nĩmo maatũmĩĩrwo igooti nĩ thirikaari ya ngoronia kwonania atĩ Kefa, Mwangi, Kamawe na Wangera maarĩ itungati cia KLFA. David Wangera nĩ athareendire, agĩtuĩka mũira wa thirikaari ya ngoronia, akĩohwo mĩaka itatũ. Kefa, Mwangi na Kamawe magĩtuĩrwo kĩnyonga, makĩgũra wĩyathi wa bũrũri witũ na thakame yaao. Gĩĩko ta kĩu gĩocamba na wendi ũtarĩ mũhaka wa bũrũri nĩ gĩthoomo kĩa bata harĩ ithuĩ tũrarũĩra demokiraci ũmũũthi.

Mweri 6 wa Gatatũ 1954, Chaina nĩ atwarire mbũtũ cia Ngeretha kambĩ ya Njenũrũ Tanganyika ũtukũ ikĩrigicĩria; Njenũrũ Tanganyika na thigari iria ciaarangagĩra kambĩ makĩnyiitwo. Kũnyiitwo kwa Njenũrũ Tanganyika rĩaarĩ igũtha rĩĩngĩ inene harĩ mbũtũ cia KLFA na hatarĩ nganja nĩ rĩonanirie atĩ Chaina nĩ aaheeanĩĩte hitho na ciĩhitho ciothe cia mbũtũ cia Kĩrĩnyaga. Kĩmaathi aanyiita ribooti ya kũnyiitwo kwa Njenũrũ Tanganyika nĩ atũmire marũa kũrĩ komanda Gatamũki akĩmwĩra acookanĩrĩrie mbũtũ na ageria ũrĩa ahoota kũgirĩrĩria mbũtũ cia thũ kũingĩra mũtitũ. Thuutha woguo, Kĩmaathi nĩ eetire mũcemanio wa KP maarĩrie mũmoomoko wa ũtongoria wa KLFA, Kĩrĩnyaga. KP yaaciira yacagũrire Njenũrũ Kariba, Cibũ Komanda wa mbũtũ cia Kĩrĩnyaga na Birigidia Gatamũki mũnyiinyi wake.

Wĩra wa mbere wa Njenũrũ Kariba waarĩ wa gũcookanĩrĩria mbũtũ cia Kĩrĩnyaga, kũbanga mũbango mwerũ wa mbaara na gũceera kambĩ cia aarũi kũmarĩria nĩguo magĩe na mwaki wa mbaara. Thuutha ũcio nĩ eetire mũcemanio wa komanda a mbũtũ kwarĩrĩria ũrĩa mangĩruta Njenũrũ Tanganyika maego-inĩ ma ngoronia. Maaria nĩ meetĩkanĩirie atĩ njĩra njega nĩ kũbanga mũcemanio na thirikaari ya ũkoronia wa kwarĩrĩria mũbango wa gũthareenda.

Thirikaari ya ngoronia yaanyiita marũa ma Kariba, ĩkiugwa ĩkeneete nĩ gwĩtĩkĩra macemania na ĩkĩbanga mũthenya wa gũcemania, no ũrĩa ngoronia maatamenyaga nĩ atĩ, Kariba nĩ kĩihũ amauumbĩkĩire. Mũbango wa KLFA ndwarĩ wa gũthareenda waarĩ kũgeria gũkũũra Njenũrũ Tanganyika irĩma-inĩ rĩa ngoronia. Mũbango ũcio wabangĩĩtwo ũũ: Kariba maathĩĩ mũcemanio eere ngoronia atĩ we na njaama yake na mbũtũ cia KLFA, Kĩrĩnyaga, nĩ meetĩkĩrĩte gũthareenda no nomeende mathĩĩ na Njenũrũ Tanganyika na Chaina nĩguo makarĩria aarũi meetĩkĩre gũthareenda kwaũingĩ, nĩ ũndũ ũcio no eende kwaria na Tanganyika na Chaina one kana nĩ magwĩtĩkania na mũbango wake. Haaha nĩ ho gĩtina kĩoohoro kĩaarĩ: Njenũrũ Tanganyika aarekio acooke mbũtũ-inĩ ya wĩyathi; Chaina mathĩĩ naake agaciirithio nĩ igooti rĩa KLFA rĩa mbaara.

Mũcemanio waarĩ wa mweri 29 wa Gatatũ na toorĩa kwabangĩĩtwo, thirikaari ya Ngabana Baring nĩ yaatũmire ngaari ya mbirarũ kũgĩĩra anjumbe a KLFA kĩrĩma-inĩ kĩa Nyana, Kĩrĩnyaga; hamwe na Njenũrũ Kariba maarĩ anjumbe ataano. Mũcemanio waarĩ Nyĩrĩ taũni, wabiciinĩ ya ngoronia Piicii kũrĩa maakorire meetereiirwo nĩ ngoronia—E.H. Windley (*chief native commissioner*), Meeja Njenũrũ G.H.D.Heyman, Piicii wa Cenitũrũ, Ndithii wa Nyĩrĩ na njũna-ndara Elias Gĩthieya (mũtabuta). Chaina na Tanganyika maigĩĩtwo ruumu mwanya marĩ na bĩĩngũ mooko na macegera magũrũ na makarangĩrwo nĩ mbirarũ nyakeerũ na birithi cia ngui. Oũrĩa KLFA yaabangĩĩte, mũcemanio ũtaambĩrĩrie, Njenũrũ Kariba nĩ oririe eetĩkĩrio aarie na Tanganyika na Chaina nĩguo amataarĩria gĩtũmi kĩa mũcemanio, nĩ eetĩkĩririo. Aambire akĩona Tanganyika akĩmũmenyithia ũrĩa maabangĩĩte na Tanganyika agĩtĩkĩra; aathĩĩ kwona Chaina aamwĩrire areenda mathĩĩ naake nĩguo akarĩrie aarũi meetĩkĩre gũthareenda, Chaina naake agĩtĩkĩra. Thuutha ũcio, Tanganyika na Chaina nĩ maarutiirwo bĩĩngũ, makĩreehwo mũcemanio-inĩ na macegera magũrũ.

Mũcemanio wambĩrĩria, kũringana na ibuku rĩa Maina wa Kĩnyattĩ, *History of Resistance in Kenya* (2008), norĩa Njenũrũ Chaina andĩkĩĩte ibuku-inĩ rĩake, *Mau Mau General*, Kariba eerire ngoronia, "Ithuĩ kĩrĩa tũrarũĩra nĩ wĩyathi na ithaka ciitũ na kwoguo akorwo thirikaari ya Ngeretha nĩ kwenda mbaara ĩthire, no kinya ĩrekie atongoria aiitũ hamwe na Jomo Kenyatta na ĩtĩkĩre gũthondeka mũcemanio wa kwarĩrĩria mũthenya wa wĩyathi wa bũrũri witũ, ũcio wahiinga nĩ tũkumĩra mũtitũ, mbaara ĩthire, bũrũri ũcooke thaayũ." Akĩnyiita Kariba mbaru, Tanganyika nĩ aaririkanirie ngoronia atĩ mbaara ndĩngĩthira atongoria a Kaũ na Mau Mau matareketio na Ngeretha matahariĩrie mũcemanio wa kwarĩrĩria mũthenya ũrĩa Kenya ĩkeyatha. Chaina ndaanyitire mĩario ya Kariba na Tanganyika mbaru, atumĩtie mĩromo teeno yaatumĩĩtwo na ciindano. Macookia ma anjumbe a Ngeretha maarĩ ma matharau, meerire anjumbe a KLFA mariganĩrwo nĩ ũhoro wa wĩyathi na kũrekio gwa atongoria, maarie ũrĩa mabangĩĩte gũthareenda, mathareenda no macooke maarie ũhoro wa wĩyathi. Otoorĩa Kariba eerĩgĩrĩire, mĩario yake nĩ yaarehire mĩgigi gatagatĩ-inĩ ga KLFA na ngoronia. Aareka ngoronia ihũyũke gwa kahiinda, Kariba agĩikia mũtĩ wa mũico meetha-inĩ; akĩĩra ngoronia atĩ ũnjumbe wake nĩ ũgwĩtĩkĩra kwarĩrĩria mũbango wa gũthereenda na mbũtũ ciake nĩ cĩĩtĩkĩrĩte kũiga mĩcinga thĩ, ciumĩre mũtitũ akorwo thirikaari ya ũkoronia nĩ ĩĩgwĩtĩkĩria Njenũrũ Tanganyika na Njenũrũ Chaina macooke mũtitũ kũmũteithĩrĩria gũcookanĩrĩria aarũĩ nĩguo mathareende kwaũingĩ. Anjumbe a ũkoronia maariana matũ meerire Kariba nĩ magwĩtĩkĩra Tanganyika acooke mũtitũ no Chaina, makiuuga, ndaangĩrekio ona ndagĩka ĩmwe nginya mbũtũ ciothe cia KLFA, Kĩrĩnyaga, ithareende na ciumĩre mũtitũ na mathĩgĩ. Kwongerera mĩario yaao hinya, anjumbe a ũkoronia meerire Kariba na Tanganyika maamahee thikũ mũgwanja tu cia wĩra ũcio no maahĩtũkia hau thirikaari ĩkũingĩra Kĩrĩnyaga na gĩthũri, ndege ciite mboomu kinya karĩ mũtitũ kongoe—gũtirĩ waao ũkũhonoka. Maakĩĩra Kariba na Tanganyika matikariganĩrwo atĩ Njenũrũ Chaina nĩ amaheete ũhoro wothe, tondũ ũcio gũtirĩ mbucii ya aarũi matooĩ harĩa ĩrĩ, na kwoguo maarega gũthareenda thikũ icio mũgwanja mamenye marĩ hairũ. Njenũrũ Kariba ndaamacookerie ndagaite akĩoonoria; mũcemanio ũgĩthira.

Gĩkũyũ kiuugaga atĩ njamba ti ikeere nĩ hinya wa meeciiria, wĩtĩkio, wĩrutĩri, ũcamba, ũũmĩrĩru, wĩyũũmia, na kũbanga mũbango mũthuranĩre na mũrũgamo mũrũmu na ũguo nĩma tondũ mũbango wa Kariba nĩ warutire wĩra: Tanganyika nĩ arutiirwo macegera, akĩrekio, nayo ngaari ya thũ yaameetereire hau nja ĩmacookie mũtitũ. Maakinya kĩrĩma kĩa Nyana makiuuganĩra ũhoro na thigari cia maitha, makĩĩngĩra mũtitũ kũrĩa makoorire aarũi a wĩyathi magana mataandatũ mameetereire. Mũrĩithi wa Kĩboi eerire Maina wa Kĩnyattĩ (1976) atĩ Njenũrũ Kariba nĩwe wambĩrĩirie kwarĩria aarũi, akĩmeera, "Nyũmba iitũ, ithuĩ twĩtagwo mbarĩ ya kuuga na gwĩka, tũrĩkuuga nĩ tũgwĩka ũndũ, tũtĩcookaga na thuutha ona ĩngiura ya mbembe kana mĩrũũthi ĩhinge njĩra; na mũmenye nĩguo-rĩ, Njenũrũ Tanganyika ũyũ; twamũkũũra maego-inĩ ma kĩng'ang'i." Naake Tanganyika aarũgama, maithori mocamba magĩtherera ta kĩguũ ũthiũ-inĩ, akĩĩra aarũi,

Njamba cia Rũũrĩrĩ:

Nĩ ndaamũgeithia na rĩĩtwa rĩa Gĩkũyũ na Mũũmbi na rĩa
bũrũri witũ. Kwaria ma, ndingĩoona ciugo cia kũmũcookeria
ngaatho na cio tondũ wa kũnduuta irima rĩa gĩkuũ. Mũno
makĩria nĩ ngũcookeria Kariba ngaatho tondũ tiga nĩ wara wake
wa mbaara, ũcamba na ũũmĩrĩru, Ngeretha nĩ maareharĩirie
kũnjĩkĩra mũhindo ngingo tondũ wa gũtongoria mbũtũ cia
mbaara ya wĩyathi, matiũũĩ atĩ ithuĩ mbarĩ ya Mau Mau nĩ
twĩrutĩire kũgũra wĩyathi wa bũrũri witũ na thakame iitũ ya
ngoro. Ngĩrĩkia no nyende mũmenye atĩ nĩĩ nĩ ndĩraregire
kwendia wĩyathi wa bũrũri witũ ta Njenũrũ Chaina nĩiguo
honokie muoyo wakwa na nĩ ngũmũtongoria na ũcamba
na hinya wa ngoro yakwa kinya tũrutũrũre Ngeretha Kenya
iitũ; tũtikahurũka tũtahandĩte beendera ya wĩyathi Kĩrĩnyaga
kĩrĩma igũrũ (Mũrĩithi, 1976).

Njenũrũ Tanganyika acooka mũtitũ nĩ ahootire gũcookanĩrĩria mbũtũ
cia Kĩrĩnyaga, gwaaka hendikwota njeerũ mwena wa Embu na akĩruta
watho mbucii ciothe ithaamio, ciaakwo cĩĩhitho njeerũ Njenũrũ Chaina
atooĩ. Agĩcooka agĩcagũra mbũtũ ya mwanya yaakũhĩta arũmĩrĩri a Chaina
mũtitũ-inĩ na kũbambana na mbũtũ ya ngoronia ĩria Chaina aatongoreetie
kũharagania mbũtũ cia wĩyathi. Thuutha ũcio nĩ eetire mũcemanio
mũnene wa aarũi wa kũmamenyithia mũbango wake mwerũ wa mbaara.
Njenũrũ Mwariama aarĩ ũmwe waarĩa maathĩĩte mũcemanio ũcio na ũũ
nĩiguo eerire Maina wa Kĩnyattĩ mwaka wa 1976:

Njenũrũ Tanganyika acooka mũtitũ nĩ eetire mũcemanio wa
aarũi a Kĩrĩnyaga na wokĩĩtwo nĩ aarũi makĩria ya magana
mataandatũ na waarĩ wa gũcookanĩrĩria mbũtũ cia Kĩrĩnyaga
na kũbanga mũbango mwerũ worũi. Twagayanirie mbũtũ
cia Kĩrĩnyaga maita matatũ: mbũtũ cia Mĩĩrũ itongoreetio nĩ
Njenũrũ Bamuingĩ naanĩĩ irũĩre ndiicitiriti ya Mĩĩrũ, cia Embu
na Mbeere itongoreetio nĩ Njenũrũ Kubukubu na Njenũrũ
Kassam irũĩre rũgongo rwa Embu na mbũtũ cia Gĩkũyũ
itongoreetio nĩ Birigidia Gatamũki irũĩre Gĩkũyũ-inĩ. Njenũrũ
Tanganyika nĩiwe waarĩ Cibũ Komanda wa KLFA Kĩrĩnyaga.

Twarĩkia kũbanga ũrĩa tũkũng'eeng'ana na ngoronia nĩ
twetĩkanĩirie tũhiinyĩrĩirie atĩ mworoto witũ nĩ kũhũũranĩra
wĩyathi wa bũrũri na tũtikaiga mĩcinga thĩ tũtabuunjĩte

thirikaari ya ũkoronia, twake thirikaari iitũ bũrũri-inĩ witũ. Ũhoro ũngĩ watũraakarĩĩtie na warĩrĩirio na marũrũ nĩ gũthareenda gwa Chaina na ũũru makĩria Chaina gwĩtĩkĩra gũtuĩka kĩgitĩ kĩa Ngeretha gĩa kũhĩta aarũi a wĩyathi mũtĩtũinĩ na gũciikithio atumia na ciana matũũra-inĩ. Aarũi aĩngĩ matietĩkagia atĩ mũndũ ta Chaina, Cibũ Komanda wa KLFA, Kĩrĩnyaga, no athareende na kũna eetĩkĩre gwĩkĩra yuniboomu ya ngoronia ya mbaara, aneeo mũcinga ambĩrĩrie gũtũũraga. Ũhoro ũyũ waikarĩrwo njũng'wa nĩ igooti riitũ rĩa mbaara rĩatuĩrĩire Chaina gĩkuũ na gũkĩanĩrĩrwo mũcemanio-inĩ atĩ mũndũ ũrĩa ũkoona Chaina ndakaanamũhee kamweke, amũrekie thĩ na njirũngi tondũ nĩ thũ njũru ya bũrũri.

Thikũ mũgwanja ciathira, Ngeretha nĩguo maamenyire atĩ Njenũrũ Kariba nĩ karata araamathakĩire na norĩo maamenyire atĩ Njenũrũ Chaina ndaarĩ noohoti wa kũhamurithia mbũtũ cia KLFA ithareende. Moona ũcio nĩ waruunda, meekĩrire Njenũrũ Chaina mabĩĩngũ, makĩmũingĩria ndege ya mbirarũ, makĩmũtwara nditĩĩni Lokitaung kũrĩa Kenyatta, Kaggia, Kubai, Ngei, Paul Kĩgondu na Karũmba mahingĩirwo na makĩmũhee wĩra wa birithi wa kũribootaga mĩario noteti wa atongoria a Kaũ. Kaggia, Kubai, Ngei, Kĩgondu na Karũmba nĩ maregire kwamũkĩra Chaina tondũ nĩ mamenyeete aareheetwo Lokitaung arĩ gĩceerũ gĩa thirikaari ya ũkoronia. Kenyatta, tondũ naake aarĩ wa mĩtheece ĩĩrĩ ta thambara arĩ nditĩĩni, nĩiwe watuĩkire mũraata mũnene wa Chaina. Ibuku rĩa Kaggia, *The Roots of Freedom*, riuugĩĩte atĩ rĩrĩa mathondekire kĩama kĩa hitho nditĩĩni gĩeetagwo *National Democratic Party* matiamenyithirie Kenyatta na Njenũrũ Chaina tondũ maarĩ maitho na matũ ma ngoronia. Mwendi bũrũri angĩthooma ibuku rĩa Kaggia aikarĩte thĩ noone atĩ Kenyatta eendeetie bũrũri kũrĩ ngoronia cia Ngeretha arĩ nditĩĩni. Norĩĩrĩ, andũ a Kenya, na makĩria Agĩkũyũ, Amĩĩrũ, Aembu na Ambeere, nĩ maaregire gwĩtĩkia Kaggia, makiuuga Kaggia nĩ mũndũ wa biitina na buunjo—mũndũ wa gũcoocera maũndũ nĩ atiganwo naake eeruge. No thuutha-inĩ, Kenyatta eeyenjera thirikaariinĩ na aambĩrĩria kũiiya indo cia bũrũri, kwĩgaĩra mĩgunda na gĩthũri na kũgaĩra mbarĩ ciao, kũnyitithia, kwoha na kũũraga arĩa maaregana na thirikaari yake ya ũndigitĩta na ũkoronia, nĩrĩo meetĩkirie Kaggia, nohĩndĩ ĩo matingĩenyenyiirie Kenyatta gĩtĩ-inĩ kĩa *Rais* tondũ aarĩ mũrangĩre mũno nĩ araata aake thũkũmũ Ngeretha na Ameerika. Aakenya kuuma hĩndĩ ĩo nginya gĩkuũ gĩa Kenyatta 1978 maatindaga makĩrĩra, makoigaga: "Ũũi Ngai witũ, naarĩkorwo nĩ twetĩkaniirie na Kaggia, tũũtũ ũyũ nĩ ũgũtũniina na ũharaganie bũrũri noteti mũũru wa ũkabira, ũhahami, ũici na ũtuunyani."

Mathare yaarĩ hendikwota ya Mau Mau. Yamomoorirwo nĩ ngoronia, 1954

Kambĩ ya Kenya Police Reserve na special branch ya kũhũũngĩra memba a Mau Mau mahũri, Embakasi. Ti memba aingĩ a Mau Mau maatwaragwo kambĩ ĩno makoima kuo marĩ muoyo.

Kambĩ ya ndititĩni ya Hola kũrĩa memba a Mau Mau mooragĩirwo gĩkundi kĩnene maarega kũruta wĩra na kũhũũngwo mahũri.

171

Agĩkũyũ, 1890 - 1965

Kenyatta na Njenũrũ Baĩmũngi, 1964

Kenyatta, Mũnyua Waiyaki na Njenũrũ Mwariama, 1964

11. Mbūtū cia Ngeretha Gūtindīkwo

Mūrang'a

Njenūrū Kago nīwe waarī Cibū Komanda wa mbūtū cia wīyathi, Mūrang'a; mūnyiinyi wake aarī Njenūrū Ihūūra. Kwarī mbūtū ithatū nene Mūrang'a—ya Kago ya andū 450, ya Ihuura ya andū 350 na ya Nyooro wa Kīragū ya itungati 250. Tondū wa ūtongoria mūrūmu waakīitwo na mūruru wocamba na ūūmīrīru, Kago aarī ngumo Mūrang'a na būrūri wothe wa Gīkūyū; hūmungaati ciaiguaga rīitwa rīake ikaambīrīria gwīthugumīra nī guoya. Nī ūndū wa ūtongoria wa Kago ūtooī gīkuū nī kīī, thirikaari ya ūkoronia nī yaarutite ciringi ngiri ikūmi (10,000) cia kūhee mūndū ūrīa ūngītwara kīongo gīa Kago borithi kana onanie harīa ehithīte, anyiitwo kana ooragwo. Rīrīa Njenūrū Kago aigwire thirikaari ya ūkoronia nī īramwetha na nīrutīte ciringi ngiri ikūmi cia kūgūra kīongo gīake, kūringana norīa mwandīki wa ibuku rīīrī aataarīirio nī aarūi a wīyathia arīa maarī mbūtū-inī ya Kago—Karuku wa Kīmani, Kīirū wa Gathithīri, Meeja Mūirūrī, Gucu wa Gīkoyo na Nyakīyo wa Waikūmbī—nī atūmīire Ndithii nyakeerū wa Mūrang'a mbica yake na akīmwīra: "Ndīraigua nī mūranjaria, nī nīī ūcio mbica-inī: Njīitagwo Njenūrū Kago, Cibū Komanda wa mbūtū cia wīyathi Mūrang'a. Njethai na hinya na kīīyo no mūmenye harīa tūgacemania hatikamera nyeki rīngī."

Thigari cia ngoronia ngiri gīkundi nī ciaitiirwo Mūrang'a cia gūtharīkīra mbūtū cia wīyathi na kūmomoora hendikwota ya KLFA ya ndiicitiriti. Kago naake ndaarī kahīī gakworotwo na kīaara, aarī ūrūme ta njūkī na ūūgī na waara wake wa kūrūithia mbaara ndwarī thī īno. Makīria atharīkagīra mbūtū cia thū ūtukū kana kīrooko kūrī maiiria. Matūūra-inī arutithanagia wīra na kamītī cia Mau Mau na o itūūra rīaarī na thigari cia gūthigaana kambī ya hūmungaati, ona kambī-inī cia thū aarī na andū arīa mamūtwaragīra ribooti yoteti wa mbaara. Nī akooragwo na mīcemanio matūūra-inī ya kūrikīria ūcamba wa mūingī, kūmataarīria gītūmi kīa mbaara na kūmeekīra ngiha cia ūregi wa ūkoronia. Aameeraga akorwo nī makwenda wīyathi ūūke naihenya no nginya moorage hūmungaati, matinie waaya cia thiitima na cia thimū, meenje mīkaro mīriku na mīarī barabara-inī iria ciatūmagīrwo nī mbirarū ya ngoronia na mamomoore ndaraca. Akameera atī mūndū o mūndū no mūhaka atuīke mūthigari wa Mau Mau, mūthenya agathiī mūgūnda kūrīma, ūtukū agekīra mūcinga kīande wa kūhīta thū cia wīyathi, na mīciī-inī na mathukuru-inī ciana nokinya ithoomithio ūteti wa wīyathi na iria nene ituīke thikaauti cia KLFA matūūra-inī na mathukuru-inī, na itaarīrio atī kūūraga thū ya wīyathi nī kīrathimo.

173

Mweri 23 wa Nothemba 1953, Ndithii ngoronia wa Mũrang'a nĩ aandĩkĩire mũnene wake Piicii wa Cenitũrũ, akĩmwĩra:

Kũrĩ Bwana PC,

Tũrĩ na thĩĩna mũnene gũũkũ Mũrang'a, mbũtũ cia Kago ciiyũire Mũrang'a na nĩ itindĩkĩte mbũtũ ciitũ na hinya, makĩria hũmungaati na birithi maiguaga mũrurumo wa mbũtũ cia Kago magethara handũ ha kũrũa; aingĩ aao, tondũ wa guoya, nĩ moorĩte kuuma kambĩ ciao, arĩa angĩ makaingĩra mbũtũ cia Kago. Ndaakwĩra hiinyĩrĩirie atĩ akorwo nĩ tũgũciinda mbaara ĩno no mũhaka Kago ooragwo na mbũtũ yake ya imaramari iheeheenjwo. Kago nĩwe thũ namba ĩmwe ya thirikaari na ataheeheenjeetwo bũrũri ndũrĩ na thaayũ. (Gĩcunjĩ gĩĩkĩ kĩoohoro gĩtaũrĩtwo kuuma ibuku-inĩ rĩa Maina wa Kĩnyattĩ, 2008: 243-244).

Januarĩ 7, 1954 mbũtũ ya Kago nĩ yeehithĩire mbũtũ ya thũ hakuhĩ na itũũra rĩa Gĩthambo, Kandara, ĩkĩũũraga Thũngũ Christopher Nunn wa KAR na birithi nyakairũ inyaanya. Ũtuku wa Januarĩ 24, Kago nĩ atharĩkĩire kambĩ ya hũmungaati ya Kĩnyona, Kĩgumo. Aarũi matanatharĩkĩra kambĩ, Kago nĩ ameerire, "Ndĩreenda mũthikĩrĩrie wega, twaingĩra kambĩ no mũhaka mũrage hũmungaati ciothe, mũciine nyũmba ciao na mũmomoore kambĩ; ndikwenda hũmungaati ona ĩmwe ĩguĩrwo tha kana yoone mweke wa kũũrĩra; atumia na ciana mũtikamoorage, tiganai nao" (Gucu na Nyakiyo, 1979). Ona gũtuĩka hũmungaati nĩ ciarũire na hinya mũno itiahotire kũhingĩrĩria nditi ya thigari cia Kago, nĩ ciathereendire; hũmungaati mĩrongo itatũ na igiri ikĩnyiitwo mateeka, igĩrĩ nĩ cioonire mweke wa gwĩthara; gũtirĩ mũrũi wa wĩyathi ooragiirwo mũtharĩko-inĩ ũcio.

Hũmungaati cianeeana mĩcinga, Kago eerire thigari ciake, "Hatirĩ bata gũthũkia mbũrũbũrũ ciitũ na ngui ici—aya nĩ eendia bũrũri, nĩ ooragani na nĩo mathĩĩnĩtie atumia na ciana cia airĩĩtu matũũra-inĩ; mahingĩrei nyũmba ĩĩrĩa ya nyeki nĩguo ndĩciirie ũrĩa tũkũmeeka. Aya nĩo maroogire Njenũrũ Matenjagwo no nginya nyoone nĩ marĩha gĩkuũ gĩake na thakame yaao" (Gucu na Nyakĩyo, 1979). Thigari ikĩinaga nyĩmbo cia wĩyathi na gĩkeno kĩnene gĩa gũciinda, Kago nĩ arutire watho nyũmba ĩgwatio mwaki na ĩrangĩĩrwo na hinya kũgiria hũmungaati ona ĩmwe yũũre; nyũmba ĩkĩrĩrĩmbũka, thigari no nyĩmbo ciociindi caiinaga. Thuutha wa gũcina thaata cia bũrũri,

Komanda Kago nĩ acookanĩrĩĩrie aarũi, akĩmeera:

Ndĩroona amwe aanyu makengeirie maithori, ndaamwĩra atĩrĩĩrĩ, hatirĩ bata wa gũita maithori nĩ ũndũ wa eendia bũrũri acio, maaraheetwo mbeeca na mĩcinga nĩ ngoronia Ngeretha moorage atumia na ciana matũũra-inĩ na magerie kũhingĩrĩria kĩguũ gĩa ituĩka. Hĩndĩ ĩrĩa twanyuaga muuma twehĩtire na rĩĩtwa rĩa andũ aiitũ na rĩa bũrũri witũ atĩ tũtirĩ hĩndĩ tũkaigwĩra tha mũndũ owothe ũrateithiriria ngoronia Ngeretha kũhũũra kĩama kĩa wĩyathi na kũũraga aarũi a wĩyathi ona angĩkorwo nĩ aamaitũ, aabaaba, aamwarĩ wa maitũ, aamũrũ wa maitũ, atumia aiitũ, athuuri aiitũ, mbarĩ ciitũ kana araata aiitũ.

Twaciina hũmungaatĩ icio nĩguo arĩa angĩ aiitũ marĩ na meeciiria magũthareenda mamenye thogora ũrĩa makarĩha Mau Mau twamanyita. Mũndũ ndaanginyua muuma, eehĩte na rĩĩtwa rĩa Gĩkũyũ na Mũũmbi nĩ akũrũĩra wĩyathi wa bũrũri, thikũ ithatũ atuĩke mũgarũ, aingĩre njeeci ya ngoronia aambĩrĩrie kũũraga atumia na ciana matũũra-inĩ. Mũndũ ta ũcio nĩ thaata ya bũrũri, nĩ kaba atangĩaciariirwo. Nĩ ngwĩciiria inyuothe nĩ mũũĩ mawatho maiitũ ma mbaara. Watho wa namba mũgwanja, gĩcunji namba ĩmwe, uugĩĩte: mũndũ ũrĩa ũkanyitithia memba wa kĩama kĩa wĩyathi kana aumbũre hitho ciitũ kũrĩ thũ no mũhindo agekĩrwo ngingo kana arathwo hau hau; na gĩcunji namba igĩrĩ kiuugĩĩte: mbaara ĩno ndĩrĩ mateeka, tondũ ũcio thũ yaanyiitwo ndĩkaheeo mathaa nĩ yũũragwo.

Nyũmba iitũ,

Nĩ ndĩmwĩrĩĩte maita maingĩ atĩ gũtirĩ kĩndũ kĩrĩ riiri, kĩrĩ mũrio, kĩrĩ bata, ta kũrũĩra wĩyathi wa bũrũri. Eendia bũrũri matikaririkanwo nĩ hicitũri, no ithuĩ tũgatuĩka hicitũri ya bũrũri witũ; itugĩ cia cuuma cia ũcamba wa bũrũri (Ribooti ya Nyakĩyo, 1979; Maina wa Kĩnyattĩ, 2008:245).

Mbũtũ ya Kago yacooka mbucii, thigari cia ngoronia nĩ ciaacookire igĩũũka Kĩnyona na mwaki mũingĩ kũũraga andũ, gũcina mĩciĩ na gũtaha mahiũ. Cibũ Njiiri wa Karanja ũrĩa watongoragia mbũtũ cia ngoronia rokiconi ya

Kĩnyona ooragire andũ makĩria ya mĩrongo ĩirĩ a itũũra kwĩrĩhĩria gĩkuũ kĩa mũrũwe, hendimeni Thirigũ, ũmwe waarĩa maacinĩrĩirwo nyũmba nĩ Kago. Ona ũmũũthĩ ũyũ andũ a Kĩnyona matirĩ mariganĩirwo nĩ gĩcanjama kĩa mũito ũcio. Niingĩ harĩ ruo ngoro atĩ thukuru ya mũingĩ noĩitwo *Njiiri High School*, rĩĩtwa rĩa mũũragani hũmungaati. Kũrũnga hicitũri ya bũrũri nĩ harĩ ma na kĩhooto thukuru ĩyo ĩitwo *Njenũrũ Matenjagwo High School* na barabara ĩmwe taũni ya Thĩka yagĩrĩirwo gwĩitwo: *General Matenjagwo Avenue*.

Mbaara yooiima Kĩnyona yatambire Mũrang'a yothe; ĩkĩrũũo mũthenya na ũtukũ. Kũgeria gũtindĩkaana na mbũtũ cia Kago na Ihũũra, Ngeretha nĩ macagũrire Birigidia Lord Thurlow Cibũ Komanda wa ndiicitiriti na hendikwota yake yaarĩ taũni ya Thagana. Nĩguo ahote kũng'aang'ana na mbũtũ cia Kago, Lord Thurlow nĩ areheeirwo thigari magana gĩkundi cia mbirarũ nyakeerũ (39 Brigadier, Buffs, Devons, Inniskilings) na cia KAR kuuma Kenya, Ũganda na Tanganyika, na mbũtũ cia hũmungaati, birithi na warũrũngana magana kĩrũndo. Ndege cia mboomu cia kũũraga andũ kĩrũndo, cia gũcina mĩtitũ, ihinga, marigũ na mbembe na cia kwambwo (*landmines*) rũteere-inĩ rwa mũtitũ wa Nyandarwa na njĩra-inĩ iria aarũi a wĩyathi matũmagĩra na atumia magĩtwara irio mũtitũ. Watho wa kaabiũ ũkĩongererwo hinya wa mĩcinga, kambĩ cia mahũri ikĩheeo hinya makĩria wa kũnyariira memba a Mau Mau, na rokiconi o rokiconi Mũrang'a ikĩrũgamĩrĩrwo nĩ komanda nyakeerũ wa mbirarũ.

Kago naake ndaainainagio nĩ ũingĩ wa thũ na ndege ciao. Ũndũ wake wa mbere gwĩka nĩ kũgayania ndiicitiriti maita matatũ: mwena ũmwe wa Njenũrũ Ihũũra na thigari 350, wa Kanaarĩ Nyooro na itungati 250 na wake na thigari 450; agĩcooka agĩcagũra komanda a kũrũgũmĩra rokiconi o rokiconi. Mbũtũ cia rokiconi itiaarĩ na thigari nyiingĩ, mbaara yaao yaarĩ ya kwĩhithĩra thũ, makamagũtha magacooka magakũũra, o ũguo o ũguo kinya thigari cia thũ ikahuuma, ciaahuma igatharĩkĩrwo nĩ mbũtũ nene ya KLFA.

Mweri 5 wa keerĩ 1954, mbũtũ ya Kago nĩ yaatharĩkĩire kambĩ ya hũmungaati ya Rwathia hĩndĩ ya keerĩ. Hũmungaati gĩkundi nĩ ciooragirwo na kambĩ ĩkĩmundio mwaki; matanathiĩ magĩcuria beendera ya KLFA kambĩ, makĩmĩtiga ĩkĩbĩrĩrĩka. Ũtukũ wa mweri wa keerĩ, tarĩki 16, Kago nĩ atũmire mbũtũ ya andũ 50 ĩtongoreetio nĩ komanda Wanyeki wa Wang'ombe gũtharĩkĩra kambĩ ya borithi yarangĩraga kambuni ya thiitima handũ hetagwo Wanjĩĩ, kĩromeeta ithaano kuuma taũni ya Mũrang'a. Handũ ha kũrũũa birithi nĩ kũũra cioorire, kambĩ ĩkĩnyiitwo nĩ KLFA, buundũki na mbũrũbũrũ gĩkundi ikĩnyiitwo na makonia meerĩ ma nguo cia birithi na borithi ĩgĩciinwo.

Rĩrĩa ũhoro wa kinyiire taũni ya Mũrang'a atĩ mbũtũ ya Kago ĩrĩ Wanjĩĩ ĩtumĩĩte rũgendo rwa gũtharĩkĩra thirikaari ya ngoronia Mũrang'a, andũ aingĩ maatiganĩirie ũrĩa meekaga, magĩthambũrũrũka manyũmba-inĩ maao, makĩambĩrĩria gwĩthara maroreete Gaturi na arĩa angĩ makĩroora njĩra ya Thagana. Na cio mbũtũ cia ngoronia handũ ha kũgitĩra taũni ikĩũũra, imwe ikĩhitha ngurumo ya Mathioya, iria ingĩ ikĩringa rũũĩ, ikĩhitha mwena ũcio ũngĩ wa Mathioya. Ndithii hamwe na mbarĩ ciao makĩĩngĩra ngaari, magĩthĩĩ kwĩhitha kambĩ ya mbirarũ, Thagana. Guoya ũcio wothe waarĩ wa tũhũ tondũ mworoto wa KLFA ndwarĩ wa gũtharĩkĩra taũni ya Mũrang'a waarĩ wa gũtuunyana mĩcinga na mbũrũbũrũ; yaahingia wĩra ũrĩa yaheetwo nĩ Kago yaacookire mbucii yaayo.

Ũtukũ o ũcio Komanda Wanyeki aatharĩkiire borithi ya Wanjĩĩ, mbũtũ ya Njenũrũ Ihũũra nĩ yooimire mbucii yaayo, Ndaarugũ, ĩrĩ na mworoto wa gũtharĩkĩra kambĩ ya thũ, Kandara. Ĩrĩ rũgendo nĩ yaatharĩkĩire gakundi ka hũmungaatĩ, ĩkĩũũraga andũ ataandatũ hamwe na komanda waao, Samson Ngũgĩ. Yaakinya hakuhĩ na itũũra rĩa Mũrũka nĩ yaacambũrĩire mbũtũ ya hũmungaatĩ yaatongoreetio nĩ Cibũ Mũngai; rĩrĩa Cibũ oonire nĩ matindĩkĩĩtwo mũno na nĩ makuniinwo, akĩĩra thigari ciake irekia mĩcinga, mũndũ eethare na njĩra yake; gũtirĩ waao wakuire. Mĩcinga ĩrĩa ciaarekirie igĩthara ĩkĩũnganio nĩ mbũtũ ya Ihũũra. Mbũtũ ya Ihũũra yaakinyire kambĩ ya Kandara thaa ithatũ cia kĩrooko; Ihũũra akĩgaya mbũtũ maita meerĩ. Mbũtũ ĩmwe ĩgĩkaaba ĩroorete mũrango mũnene wa kambĩ na ĩyo ĩngĩ ĩkĩĩrwo ĩtharĩkĩre kambĩ kuuma na njunjurĩ. Maakaaba, Ihũũra akĩhuuha karubeeta mbaara yambĩrĩrie; maahũũra mũrango na Bebeta ũkĩmomooka, maingĩra magĩkoora gũtirĩ kanyuri, thigari ciothe nĩ cioorĩĩte nuthu thaa matanakinya kambĩ. Mĩcinga gĩkundi ĩkĩnyiitwo na mbũrũbũrũ mathandũkũ kĩrũndo. Maatanauma kambĩ nĩ macuurũriirie beendera ya Ngeretha magĩcuria ya KLFA.

Mũthenya ũyũ ũngĩ, Ihũũra na thigari ciake nĩ matumire rũgendo rwa gũthiĩ Mĩhũti kũrĩa Komanda Kago aabangaga gũcambũrĩra hendikwota ya ngoronia ya rũgongo rũu. Makĩringa Rũũĩ rwa Kayahwe nĩ meehithĩirwo nĩ thũ, mbaara nene ĩgĩtuthũka, ĩkĩrũũo handũ ha mathaa matatũ. Mbũtũ ya Ihũũra nĩ yaarũire nocamba mũnene no nĩ yaakĩririo nditi nĩ mbũtũ ya thũ. Aarũi a wĩyathi 99 nĩ mooragiirwo, aingĩ makĩria magĩtihio na angĩ makĩnyiitwo mateeka. Nĩ ũndũ wa gĩcanjama kĩu, Ihũũra ndaahotire gũthĩĩ Mĩhũtĩ gũteithia Kago. Rwĩmbo rũũrũ rwatuungiirwo nĩ mbũtũ ya Ihũũra rwa kũririkaanaga njamba cia wĩyathi iria ciaathirĩire Kayahwe:

Njenũrũ Ihũũra ndakoomaga
Aririkaana Kayahwe
Kayahwe nĩ rũũĩ rũũru ma
Rwathirĩire njamba ciitũ

Nĩ ngũthĩĩ maitũ nĩ ngũthĩĩ
Ngerorere Kayahwe
Kayahwe nĩ rũũĩ rũũru ma
Rwathirĩire Njamba ciitũ

Mbaara ya Mĩhũti yaarĩ ĩmwe ya mbaara nditũ iria ciarũirwo Mũrang'a nĩ mbũtũ ya Kago. Yaambĩrĩĩrie mweri 22 wa keerĩ, ĩkĩrũũo ũtukũ mũgima; kĩrooko ta thaa itatũ, Kago akĩnyiita kambĩ. Hũmungaati nyiingĩ nĩ ciooragiirwo na mĩcinga yaacio ĩkĩnyiitwo na mbũrũbũrũ itaarĩ ithabu, kambĩ ĩkĩgwatio mwaki. Mwena wa KLFA aarũi ataano a wĩyathi nĩ mooragiirwo. Kuuma hau mbaara ĩgĩtuĩka ya kwĩhithanĩra tondũ Ngeretha nĩ maarehire thigari cia mbirarũ na ndege cia mboomu; ĩkĩrũũo handũ ha thikũ gĩkundi. Ngeretha moona mahĩtĩĩtwo na mĩena yoothe na ndege itiramateithia magĩthara. James Candles ũrĩa waarĩ komanda wa thũ rũgongo rwa Mĩhũtĩ nĩ ooragiirwo na thigari nyakairũ igĩrĩ cia mbirarũ na hũmũngaati gĩkundi. Mũigua wa Kĩnyua tondũ aarĩ mbaara-inĩ ĩyo eerire Maina wa Kĩnyattĩ mwaka 1980 atĩ thũ cieethara, Njenũrũ Kago nĩ acookanĩrĩĩrie aarũi, akĩmeera:

Nyũmba iitũ:

Nĩ twaruta wĩra wa bata wa bũrũri witũ, ũmũũthĩ niingĩ nĩ twahoota thũ ciitũ. Tondũ Ngai arĩ mwena witũ nĩ tũkũhoota Ngeretha mwaka ũyũ ũtarĩ mũthiru. Tũkũrũa gũũkũ, twoima gũũkũ tũthĩĩ Nairobi; hĩndĩ ĩrĩa Ngeretha na njaguuti ciake nyakairũ makoona nĩ twakinya Nairobi mĩcinga ĩrĩ ciande no kũũra makoora. Bũrũri ũyũ nĩ witũ, tũkũrũa nginya ithaa rĩa mũico, kinya tũũkombore kuuma ũkombo-inĩ wa ũkoronia kana tũkue tũkĩũkombora. Tũtirĩ hĩndĩ tũgathareenda kana tũikare thĩ na Ngeretha twarĩrĩrie kĩrĩa kĩrĩ giitũ, ũguo nĩ twarega. Akorwo thogora wa wĩyathi nĩ gĩkuũ, nĩ tũkũũgũra na maica maiitũ.

Kana mũkuuga atĩa, Njamba cia maitũ?

Magĩcookia nocamba, "Nĩ gĩa kũgũrũ kuũ, Komanda."

Kago aarĩkia kwaria, itungati ciaambĩrĩirie kũiina rwĩmbo rũũrũ na hinya nocamba:

Na Kago ũrĩ njamba, njamba
Wĩ njamba ya Mau Mau
Tũingatĩre mũnyakeerũ
Bũrũri ũyũ cooke thaayũ
Natwakinya Kamacaria
Tũgĩthĩnjĩrwo gategwa
Gagĩcamũka icamũka rĩmwe
Mĩrani ĩgĩĩtuma rĩĩgu

Natwakinya Kamũgoiri
Tũgĩkoora thũ ikabĩte
Kago akiuuga nĩ rutwo ciande
ĩĩkĩrwo ceeba
Gũũkũ nĩ kuo tũciarĩirwo

Thuutha wa mbaara ya Mĩhũtĩ, Kĩmaathi nĩ aandĩkĩire Kago kũmũkũngũĩra nĩ ũciindi mũnene, amwĩrire ũũ:

Kũrĩ Njenũrũ Kago,

Mbere ngwenda ngũkũmenyithia nĩ tũregaatha na gĩkeno kĩingĩ nĩ ũndũ wa ũciindi waku Mĩhũtĩ. Nĩ ũndũ wa ũcamba na ũũmĩrĩru waku na ũtongoria wakĩĩtwo na mahiga ma cuuma, ndĩnaama nĩ tũkũrutũrũra mbũtũ cia ngoronia Mũrang'a mwaka ũtarĩ mũthiru; kuuma hau tũthĩĩ Nairobi kũnyiita thirikaari. Ngwĩciiria nĩ mũraigwiire Chaina nĩ aathareendire. Nĩ aranyandĩkĩire marũa makũnjũria kana no thiĩ mũcemanio ũrĩa marabanga na thũkũmũ Ngeretha wa kwarĩrĩria mũbango wa ũrĩa tũgũthareenda; akorwo Chaina areciiria atĩ no nyendie bũrũri witũ na wĩyathi witũ nĩguo ndagaiitwo no akorirwo arĩ mũthũku mũtwe (Maina wa Kĩnyattĩ, 1987:77).

Ngeretha maahootwo Mĩhũtĩ matiakũnjire mũting'oe makĩinũka, aaca; macookire Mũrang'a na nditi nene makĩria no naake Kago na Ihuura nĩ maameetereire. Mweri 28 wa Gatatũ 1954 mbũtũ ya Kago nĩ yaatharĩkĩire kambĩ ya hũmungaati ya Kĩriainĩ, Kandara, kĩrooko kũrĩ maiiria. Ona

179

gũtuĩka hũmungaati nĩ cieeyũmĩtie mũno nĩ ciatoririo, Kambĩ ĩkĩnyiitwo nĩ Kago. Kambĩ yaarĩ ya hũmungaati 18, atatũ maarĩ memba a Mau Mau na nĩ marutire wĩra wocamba wa kũũraga thũ na gũcina nyũmba ciao mbaara ĩgĩthiĩ na mbere. Hũmungaati ithaano hamwe na Komanda wa kambĩ weetagwo Kĩarĩĩ nĩ mooragiirwo, anaana makĩnyiitwo mateeka, eerĩ meehithĩte cimuna-inĩ, matiooniirwo. Matharaita marĩa maanyitiirwo maarĩ mĩcinga ikũmi na njirũngi mathandũkũ matatũ. Arĩa maanyitĩĩtwo mateeka maathirwo makoome na nda ciira wao ũtuuo, ndagĩka ithaano itathirĩte, Kago akĩmamenyithia atĩ matuĩrwo gĩkuũ. Matanarathwo, Kago nĩ aamoririe kana nomeende maheeo ndagĩka ithatũ mahooe Ngai wa Ngeretha amateithie matigakue. Handũ ha kuuga ĩĩ, maambĩrĩirie gũthaitha Kago ndakamoorage: "Ũũi Kago witũ, twagũthaitha, tũigwĩre tha. Oyai mĩcinga iitũ mũtigane na ithuĩ...kuuma rĩu nĩ twaheera, nĩ Mũthũngũ ũratũheeneetie. Ũũi, mũndũ wa Nyũmba, Kago witũ, ndũgatũrage, tũrĩ na atumia na ciana maiguĩre tha, twohere" (Ribooti ya Gucu na Kĩirũ wa Gathithĩri (1980). Kago aamathikĩrĩirie o ũguo akirĩĩte, thuutha ũcio akĩgoromoka, akĩmoorie: "Atĩ tũtikamũũrage, nayo thakame ĩrĩa mũitĩte ya andũ aiitũ ĩkarĩhwo nũũ? Kuuma rĩrĩa mwoire mĩcinga ya ngoronia na mũgĩkĩra nguo ciake cia mbaara mũkĩambĩrĩria kũũraga aarũi a wĩyathi na atumia na ciana matũũra-inĩ noorĩo mwauumire Nyũmba ya Mũũmbi; inyuĩ mũtirĩ mbarĩ ciitũ, mũrĩ magui ma Ngeretha na ndaawa yanyu nĩ gĩkuũ." "Nĩ maarathwo," Komanda Kago akĩhamurithia thigari ciake (Gucu na Kĩirũ, 1980).

KLFA ya kaabũra thigari cia mbirarũ cia Ngeretha, hũmungaati na birithi nĩ ciareehirwo Kĩriainĩ na makaari ma mbaara kuuma Thĩka na Thagana itongoreetio nĩ Birigidia Lord Thurlow, ikĩrumĩrĩra mbũtũ ya Kago. Karuku wa Kĩmani, waarĩ mũrũi wa wĩyathi mbũtũ-inĩ ya Kago, eerire Maina wa Kĩnyattĩ mwaka wa 1977 atĩ Njenũrũ Kago nĩ aatũmĩirwo mũtumia cũũcũ nĩ kamĩtĩ ya Mau Mau ya itũũra rĩa Kĩriainĩ kũmũmenyithia ũrĩa maũndũ mahaana. Cũũcũ akĩĩra Kago matigeeterere thũ, makũũre naihenya meerekeire Nyandarwa; Kago aacookeirie mũtumia, akĩmwĩra: "Maitũ ndũkamaake, kee mooke, kee mooke. Nĩ makũmenya atĩ niĩ njĩĩtagwo Kago wa Mboko, mũtongoria wa mbũtũ cia wĩyathi, Mũrang'a. Ndaaciariirwo nyitĩĩte rũhiũ rwa njora na njara ĩmwe na tĩĩri wa bũrũri witũ na njara ĩno ĩngĩ. Gũũkũ maitũ nĩ gwitũ, nyakeerũ nĩ ageni no kinya tũmaingate bũrũri-inĩ witũ; tũngĩremwo nĩ kũmarutũrũra bũrũri, ciana ciitũ nĩ ikooya mĩcinga iitũ imarutũrũre". Cũũcũ akĩĩra Komanda Kago na maithori, "Nĩ ndaathiĩ, kũna wa atumia wĩtĩkagio warara; Ngai witũ amũtongorie nocamba wa eendi bũrũri." Thuutha wa cũũcũ gũthĩĩ, Kago akĩgarũrũkĩra aarũi, akĩmeera atakũinaiina mĩromo:

Nĩ mwaigua atĩ thigari cia Ngeretha irĩ njĩra igĩũũka. Ngeretha nĩ magĩrĩire kũmenya atĩ rũthiomi-inĩ rwitũ rwa mbaara rũtirĩ kiugo "guoya" kana kiugo "gũthereenda." Nyũmba iitũ, ĩkĩĩrai mĩcinga ceeba tũmeeteere, tũkũrũa nao mũthenya barigici, tũkiugagĩrwo ngemi ciocamba nĩ atumia na ciana ikiinaga nyĩmbo cia riiri cia wĩyathi. Kwĩrutĩra na kwĩyũũmia, ũcamba na ũũmĩrĩru, na kũmenya mĩkaro, nyanda, irĩma na mĩtitũ ya Mũrang'a nĩ cio hinya witũ, tondũ ũcio no mũhaka tũciinde mbaara ĩno. Ririkaanai mbere ya kahinga nĩ wĩyathi witũ na mũbango wa thikũ ndaaya wa gũthondeka bũrũri witũ nĩguo ciana ciitũ ikũũre na gĩkeno, wĩyathi na hinya. Ndaamwĩra atĩrĩĩrĩ Nyũmba iitũ, handũ ha gũthareenda nĩ kaba gĩkuũ (Karuku, 1977; Gucu, 1979).

Kago aarĩkia kwaria nĩ agayanirie mbũtũ yake ikundi 9; o gĩkundi kĩaarĩ na andũ 50 hamwe na komanda waao. Aamagayanirie ũguo nĩ geetha magĩe na mwaramano mwarĩĩ wa gũtharĩkĩra thũ meehithĩĩte. Niingĩ, marĩ ikundi mbũtũ cia ngoronia itĩngĩahotire kũmarigicĩria kana kũmaheeheenja na mboomu kĩũndũtho. Kago arĩĩkia kũmagayania mbũtũ nĩ amabangire harĩa o gĩkundi gĩgũkaaba; matanathĩĩ gũkaaba aamataariire ũũ:

Njamba cia Rũũrĩrĩ:

Mũtaanathĩĩ gũkaaba ndĩreenda mũririkaane mbaara ya Kayahwe, mũtikahe hiti keerĩ; nĩ ndĩmwĩrĩte kaingĩ atĩ andũ arĩa matuĩkaga itugi cia hicitũri ya bũrũri waao nĩ arĩa njamba na maarĩ ũũmĩrĩru na wendo mũrikĩru wa bũrũri; iguoya nĩ thaata cia bũrũri, takataka wa hicitũri. Meenyai atĩ ithuĩ nĩ ithuĩ kĩenyũ kĩa Ngai, nĩ ithuĩ hinya wa bũrũri, nĩ ithuĩ mbarĩ ya Iregi na tũtirĩ mũndũ twĩtigĩrĩte ona Ngai. Na mũmenye ũguo nĩguo-rĩ, Ngai angĩrũgama gatagatĩ gaiitũ na wĩyathi witũ no njirũngi tũngĩmũruta hau nayo; kana hiihi kũrĩ mũndũ thĩinĩ witũ ũroira maaĩ itina?

Aarũi magĩcookia marĩ hamwe: "Aaca tũkũrũa kinya itaata rĩa mũico rĩa thakame iitũ." Nĩ mooiga njamba ciakwa, Kago akĩmeera, rĩu thĩĩ mũgakaabe; arĩa tũgũkua tũgũtũũra tũririkaanagwo nĩ njiarwo na njiarwo nĩ ũndũ wa ũcamba witũ na wendo mũnene wa bũrũri witũ (Karuku, 1977).

Maakaaba o ũguo na cio thigari cia ngoronia magana gĩkundi igĩkinya kĩhaaro-inĩ kĩa mbaara, Njenũrũ Kago akĩhuuha karubeeta, mbaara ĩkĩambĩrĩria. Ĩkĩrũũo na mwaki mũnene handũ ha mathaa meerĩ, Ngeretha moona nĩ matindĩkĩĩtwo mũno makĩreehe thigari ingĩ gĩkundi, ibaarũ itaarĩ ithaabu na ndege cia mboomu. Naake Kago agĩceenjia mũrũire wa mbaara, ĩgĩtuĩka ya mĩhithanĩro, ĩkĩrũũo handũ ha mathaa mangĩ meerĩ. Njenũrũ Kago oona thigari ciake nĩ ikũrigicĩrio nĩ thũ, akĩhuuha karubeeta ga gũciimenyithia ikaabure iroorete Nyandarwa hendikwota. Itiaheeirwo kahinda nĩ thũ, ikĩhĩtanwo nacio. Thigari cia thũ iria ciooragirwo ciaarĩ gĩkundi; ũmwe waao aarĩ komanda wa KAR weetagwo Ian Paterson. Mwena wa KLFA onao nĩ mooragirwo gĩkundi na arĩa matihĩtio ũũru mũno makĩnyiitwo nĩ thũ; ũmwe wa cio matihĩtio na makĩnyiitwo aarĩ Komanda Kago.

Njenũrũ Kago arathirwo mweri 31 wa gatatũ, 1954 mathaa ma mĩaraho—tuuge ta thaa mũgwanja; arathĩĩtwo ihĩndĩ rĩa kĩero ndangĩahotire kũrũgama kana gũthiĩ. Kũringana na hicitũri ĩrĩa ĩtambagio na kanua, Kago aarathwo nĩ akuiirwo nĩ thigari ciake no tondũ wa ũrĩa mbũtũ cia ngoronia cia makinyĩrĩĩte na nditi, Kago akĩĩra arĩa maamũkuĩte meethe kahinga handũ harĩ mũtĩ angĩtiirania na mamũne mũcinga, mamũtige hau nĩguo matikanyiitwo kana mooragwo nĩ thũ; makĩrega biũũ kũmũtiga, makiuuga magũkua naake. No thuutha-inĩ, Kago aamatindĩka na mĩario mũno nĩ meetĩkĩrire na ngoro nditũ ũrĩa eendaga; makimũiga handũ kĩhinga-inĩ gĩtĩna-inĩ kĩa mũtĩ wa mũringa na makĩmũne mũcinga. Maatanathiĩ, Kago akĩmeera: "Hatirĩ bata wa maithori, ithuĩ tũrĩ njamba cia ita, thiĩ mwĩre Njenũrũ Ihũũra nĩwe ndatigĩra wĩra; ndĩnaama nĩ akũmũtongoria na ũcamba kinya tũhoote ngoronia, bũrũri witũ wĩyathe. Mũcinga ũyũ mwandigĩra nĩ ngũũtũmĩra, ndingĩkua ndĩnyiki. Rĩrĩa mũkandĩka hicitũri ya mbaara ya wĩyathi nĩ mũkoiga atĩ Njenũrũ Kago aarĩ njamba; rĩu thiĩ nocamba na wendo wa bũrũri witũ."

Gũtuĩkaga Kago ndaahootire gũtũmĩra mũcinga nĩ ũndũ nĩ wahatire mbũrũbũrũ thĩinĩ. Tondũ ũcio aakoriirwo nĩ thũ o hau atigĩĩtwo, maamũ- nyiita makĩmũria rĩĩtwa rĩake, akĩmeera atarĩ na guoya: "Njĩĩtagwo Njenũrũ Kago, Komanda wa mbũtũ cia wĩyathi, Mũrang'a; thiĩ mwĩre komanda wanyu ndĩhaaha." Birigidia Thurlow aigua Kago nĩ mũnyiite aathire mbiũũ harĩa Kago akoomeetio na akarangĩrwo nĩ kĩrũndo gĩa thigari cia mbirarũ. Lord Thurlow aakinya akĩgeithia Kago na kĩnyũrũri, *"How are you General Kago? I am glad to know you,"* Kago ndaamũtumũkire. Thuutha wa ngeithi,

Thurlow agĩathana Kago eekĩrwo bĩĩngũ mooko na macegera magũrũ na aarangĩrwo na njĩra ciothe ndakoone mweke wa kũrĩĩra; agĩcooka akĩĩra hũmungaati ciune ngũ ikĩĩgagĩrĩra Kago; betũro irebe ĩkĩreehwo, ĩgĩĩtĩrĩrio ngũ, Thurlow akĩhũũra kĩbiriti, mwaki ũkĩrĩrĩrĩmbũka. Ũguo nĩguo Njenũrũ Kago ooragiirwo nĩ thũ cia wĩyathi. Kago aahĩa biũũ, mũhu wa mwĩrĩ wake wekĩriirwo irebe nĩ ngoronia, ũgĩĩkio ngaari ya mbirarũ, ona ũmũũthi ũyũ Ngeretha matirĩ mooiga kũrĩa maaũtwarire. Andũ a Kenya no meende kũmenya kũrĩa Ngeretha maatwarire mũhu ũcio wa ũcamba wa Kago na nĩ makũũria thirikaari ya thũkũmũ Ngeretha ĩũcookie nĩguo mathike Kago na gĩtĩĩyo kĩrĩa kĩheeagwo njamba ya bũrũri yakuuĩra kĩhaaro-inĩ kĩa mbaara.

Njenũrũ Kago aarĩ baragu ya ita rĩa mbaara ya wĩyathi na aakwĩrĩĩre kĩhaaro-inĩ kĩa mbaara. No ona gũtuĩka ũguo, thirikaari ya nding'ũri Kenyatta yaamũheire tũbara twĩrĩ tũniini Nairobi tũtaiganaine na ũcamba wake, ũtongoria wake na thakame ĩrĩa aarutire ĩgũre wĩyathi wa bũrũri witũ. Njamba nene ya bũrũri ta Kago yagĩrĩrĩrwo yakĩĩrwo moniumeniti wa thaahabu Uhuru Park, Nairobi, njiarwo itũũre imĩririkaanaga. Niingĩrĩ tondũ Kago aarĩ Komanda wa mbũtũ cia Mũrang'a, *Mũrang'a Institute of Technology* ĩngĩĩeetiirwo, *"Njenũrũ Kago Institute of Technology"* (kana Thibitaarĩ ya Mũrang'a ĩĩtwo *Kago Hospital)* na moniumeniti wake waakwo taũni ya Mũrang'a gatagati ũtuĩke gĩciicio gĩa kwĩroragwo na kĩo nĩ njamba cia bũrũri. Ĩĩ rwĩmbo rwa gũkumia Njenũrũ Kago rwaiinagwo atĩa?

Njamba ĩyo mũkwona ĩrĩ mbere
Nĩyo Kago mũrũ wa Mboko
Nĩyo ĩharũrũkagia ndege
Ciũũkĩĩte gũthĩĩnia Mũrang'a

Na twakinya Rũũĩ Cania
Tũkĩnyiita kamatimũ
Gakiuuga nĩ geekuuga mbuu
Njenerũ akiuuga karekwo koige
Koigithanio na njirũngi

Njenũrũ Kago ooragwo, Kĩmaathi acagũrire Njenũrũ Ihũũra Cibũ Komanda wa mbũtũ cia Mũrang'a. Ateithĩrĩria aake maarĩ Birigidia Wanyeki wa Wang'ombe na Kanaarĩ Nyooro wa Kĩragũ. Hĩndĩ ya mũcemanio wa kũbanga ũrĩa mbaara ĩkũrũũo Mũrang'a, Njenũrũ Ihũũra, arĩ na maraakara morũrũ ma gĩkuũ gĩa komanda Kago, eerire mbũtũ ciake ũũ:

Njaama ya ita:

Nĩ Ndĩroona atĩ no mũragirĩka nĩ ũndũ wa gĩkuũ gĩa Komanda witũ; amwe aanyu ona irio matirarĩa nĩ kĩeha na ruo rũrĩ ngoro. Kago araarĩ hinya witũ, hinya wa KLFA, hinya wa bũrũri, tondũ ũcio gĩkuũ gĩake nĩ igũtha inene rĩragũthirwo KLFA, igũtha rĩrainaiinirie bũrũri witũ. No ĩno nĩ mbaara ya wĩyathi no mũhaka ĩthiĩ na mbere nginya tũkamĩrĩkia. Arĩa magũũkwĩra rũgendo rũũrũ rwa wĩyathi magũtũũra maririkanagwo nĩ njiarwo na njiarwo, marĩĩtwa maao matuĩke biiti ya gwĩthimagwo nayo nĩ njamba cia bũrũri.

Ndĩnaama na mwĩhoko atĩ thirikaari ya wĩyathi nĩ ĩgaakĩra Njenũrũ Kago moniumeniti mũciĩ wa Nairobi wa kũmũririkanaga (Ribooti ya Mũiga wa Kĩnyua, 1978).

Mũcemanio wathira, mbũtũ igĩcooka mbucii ciao kũrũũa. Kũrĩ mweri 16 wa Kana 1954, mbũtũ ya Kanaarĩ Nyoro nĩ yeehithĩĩre thigari cia thũ hakuhĩ na itũũra rĩa Gakũrwe, Gatũri; ĩkĩũũraga komanda nyakeerũ wa rũgongo rwa Gaturi weetagwo Richard Woodwhite na thigari nyakairũ ithatũ. Mũtharĩko ũcio nĩ wandĩkiirwo ngathĩĩti-inĩ ya ngoronia yeetagwo *Kĩhooto*, tarĩki 17 mweri wa Kana 1954, na ũũ nĩĩguo ya ribootire: "Nĩ kũragĩire na mbaara nditũ ya ita cia Ngeretha na cia Mau Mau hakuhĩ na itũũra ria Gakũrwe. Obithaa nyakeerũ, Richard Woodwhite, na thigari ithatũ nĩ maroragirwo; hendimeni Daciano arahonokirio nĩ kũũra." Mũthenya ũyũ ũngĩ ruoro rũgĩtema mbũtũ cia Ngeretha, irĩ na maraakara nyũngũ ng'ima na rũthũũro gĩitĩrĩra kĩgima, igĩtharĩkĩra itũũra rĩa Gakũrwe na rĩa Kaiiri. Ikĩũũraga andũ matarĩ ithaabu, igĩciina mĩciĩ na makũmbĩ, irio irĩ mĩgũnda igĩtemeengwo na mahiũ itũũra igima magĩtahwo. Atumia marutagwo nyũmba ciao, magakururio nja marĩ njaga makĩhũũragwo na haati na iteende cia mĩcinga. Arĩa maarĩ na mahu makĩhuna, angĩ makiunagwo ciĩga cia mĩĩrĩ. Ũcangiri ũcio ndwandĩkagwo ngathĩĩti-inĩ cia ngoronia, ona United Nations nĩ yeetĩkanĩtie na maheeni manungu ma thũkũmũ Ngeretha atĩ Mau Mau maarĩ imaramari, mĩitũ, itoi na nĩ maagĩrĩire kũheeheenywo. Kũrũmanĩrĩra na mũtharĩko wa Gakũrwe, mbũtũ ya Nyooro nĩ yeehithĩĩre ngaari ya thũ ũtukũ hakuhĩ na cukuru ya Kĩambugi, Gatũri. Ikiũũraga Ndiũũ Simon Wawerũ; handũ ha kũrũa thigari ciake nĩ gwĩthara cieetharire na ngaari.

Kuuma hau mbaara ĩngĩ nene yaatuthũkire rũgongo rwa Gatanga kũrĩ mweri 5 wa gataano; mbũtũ cia KLFA ciatongoreetio nĩ Komanda Ihũũra. Mbaara yarũiirwo mũthenya notukũ, ĩgĩthira thigari ithaano cia thũ na cia KLFA ithaano nĩ ciakuĩte. Gatagatĩ-inĩ ka mweri 7 na 15 wa gataano, Njenũrũ Ihũũra nĩ atharĩkĩire kambĩ cia hũmungaati ithatũ—Rwathia, Gĩkooe na Icici—akĩinyiita na agĩiciina. Hũmungaati arĩa mahonokire nĩ arĩa maigĩrĩire ndiira ciande. Mweri 17 agĩtharĩkĩra borithi ya taũni ya Maragwa no thigari cia ngoronia nĩ ciarũire na hinya mũno; Ihũũra oona hatiaarĩ mweke wa kũingĩra borithi thĩinĩ na andũ aake no kũũragwo marooragwo nĩ thũ akĩhuuha karubeeta thigari ciake igĩkaabũra. Aarũi ataano nĩ mooragirwo, mwena wa thũ gũtirĩ mũndũ wa kũire.

Mbaara yooiima hau yatuthũkire hakuhĩ na itũũra rĩa Gakũrwe, Gaturi, kũrĩ mweri 29 wa ikũmi. Ngathĩĩti ya ngoronia yeetagwo *Mũrang'a Ngathĩĩti* nĩ yaandĩkire ũhoro wa mbaara ĩyo mũthenya ũyũ ũngĩ, ĩkiuuga:

Mũthenya waĩna mweri 29 wa Okitoba hakuhĩ na Gakũrwe, Location 15, Mũrang'a, nĩ kwarĩ na mbaara nene, ĩgĩtinda ĩkĩrũũo kuuma mĩaraho nginya gũkĩgĩa nduma. Gũgĩtuka hũmungaati 22, thigari birithi 10 na thũngũ mbirarũ 3 nĩ ciakuĩte. Mĩcinga mĩingĩ na mbũrũbũrũ gĩkundi kĩnene nĩ ciatunyanirwo nĩ mĩitũ ya mũtitũ. Mũtongoria wa mĩitũ ĩyo eetagwo Nyoro wa Kĩragũ.

Nyĩrĩ

Mbaara ya wĩyathi ndiicitiriti ya Nyĩrĩ yaarĩ na mwaki ta ya Mũrang'a. Njenũrũ Kariba nĩwe waarĩ Cibũ Komanda wa mbũtũ ya KLFA yeetagwo Kĩharagania, na Githũngũ, *The Levellation Army*, na yarũagĩra mĩgũndainĩ na mĩtitũ ya matũũra. Ta Njenũrũ Kago, mworoto wa Kariba waarĩ wa kũrutũrũra mbũtũ cia ngoronia Nyĩrĩ. Gatagatĩ-inĩ ka mweri wa Januarĩ na Ndithemba 1954 KLFA nĩ atharĩkĩire kambĩ mũgwanja cia hũmungaati— Kĩhũũti, Gakibii, Gaikũyũ, Ciinga, Gĩkondi, Karunainĩ na Njoguinĩ—ĩkĩnyiita hũmungaati gĩkundi mateeka, mathaita kĩrũndo na kũruta memba a Mau Mau arĩa mahingĩirwo makambĩ-inĩ macio; aingĩ aao maarĩ atumia. Hũmungaati iria cianyitiirwo mateeka nyiingĩ nĩ ciooragiirwo, iria ciarekirio nĩ iria ciateithagia mbũtũ cia Mau Mau na hitho.

Mbaara nditũ yaarũiirwo Kĩrĩma-inĩ gĩa Tũtũmũtũmũ.Yaambĩrĩirie mweri 8 wa Keerĩ 1955, ĩkĩrũũo handũ ha thikũ igĩrĩ, thikũ ya gatatũ ũtukũ mbũtũ cia ngoronia igĩthara. Thigari nyakairũ cia KAR ithaano na hũmungaati gĩkundi nĩ ciooragiirwo. Na ũguo mwena wa KLFA aarũi ataano hamwe na Birigidia Bata Batu nĩ mooragiirwo. Thikĩrĩria rwĩmbo rwa kũririkana mbaara ĩo:

Araata thikĩrĩriai rũgano
Rwa Kĩrĩma gĩa Tũmũtũmũ
Mũmenye Mwene-Nyaga aarĩ na ithuĩ
Na ndarĩ hĩndĩ agatũtiga

Riũa rĩakinya ta mĩaraho
Baranja agĩĩtũmwo nginya kĩanda
Eehumbĩte nguo ta cia andũ anja
Nĩguo ahote gũtuĩria ũhoro

Nĩacookirie ũhoro mũgima
Kĩrĩmũkũyũ nĩ gũkaabe
Ngurumo kũrĩ ihĩĩ magana ana
Nĩcio irenda kũrigicĩrio

Mweri wa Nothemba mbaara ĩngĩ nene nĩ yaarũiirwo rũgongo rwa Agũũthi; mbũtũ cia wĩyathi ciatongoreetio nĩ Njenũrũ Tanyanyika. Njenũrũ Tanganyika oona thigari cia thũ nĩ nyiingĩ na ciaarĩ na mĩcinga mĩnene, akĩgarũra ũrũi wa mbaara, ũgĩtuĩka wa kwĩhithanĩra. Tondũ thigari cia Ngeretha itiatooragia mbaara ya kwĩhithanĩrwo nĩ cia kaabũrire, igĩtigĩra hiti ciimba cia humungaati 15; mwena wa KLFA aarũi 10 nĩ mooragiirwo.

Mweri-inĩ o ũcio, Njenũrũ Kariba, Wahome wa Mũthigani, Mwangi wa Maimba na Wanjikũ wa Thamweri nĩ maacukanĩrĩirwo nĩ mũndũ wa Kamĩtĩ ya Mau Mau ya itũũra wagarũrũkĩĩte na hitho agatuĩka gĩceerũ kĩa ngoronia. Tondũ maaterĩgĩrĩire na nĩ meehokeete mũndũ ũcio maumĩrĩirwo nĩ thũ nahiinahii, makĩnyiitwo. Maatwarwo borithi nĩ maanyariirwo mũno no gũtirĩ waao wathareendire. Igooti-inĩ rĩa ngoronia, kũringana na hicitũri ya kanua, Kariba nĩ aathamakire na hinya nocamba. Akĩrĩkia eerire ngoronia Njanji atĩrĩĩrĩ:

Ithuĩ tũtirĩ iitoi, tũrĩ aarũĩri wĩyathi wa bũrũri witũ; tũrĩ a mbũtũ ya itũĩka ĩrĩa ĩtongoragio nĩ Maacũ Dedan Kĩmaathi. Kwoguo ũgĩtũtuĩra ngwenda ũmenye atĩ ithuĩ nĩ twĩrutĩte kũhũũrana na ũkombo wa ũkoronia kinya itaata rĩa mũico rĩa thakame iitũ. Mworoto witũ nĩ kweherie ũkombo wa ũkoronia bũrũri-inĩ witũ, Kenya. Watũũraga, tondũ nĩ njũũĩ ũguo nĩguo mũciirĩte na mũkabanga na thirikaari yaanyu, arĩa marĩ thuutha witũ nĩ makwoya mĩcinga iitũ mathĩĩ na mbere na mbaara nginya Kenya iitũ ĩyathe. Nĩ tũregeete biũ kwa biũ, tũkarega mwĩrĩ na ngoro, gũtuĩka ndungata cianyu bũrũri-inĩ witũ.

Ngĩrĩkia nonyende ũmenye atĩ ithuĩ Mau Mau tũtinaiinagio nĩ gĩkuũ.

Ngoronia njanji ndaakenirio nĩ mĩario ya Kariba yocamba; atanamatuĩra nĩ oririe acio angĩ kana marĩ ũndũ makwenda kwĩra igooti.

Wahome: Niĩ nyitĩte hiinyĩrĩirie mĩario ya Komanda Kariba, akorwo nĩ gĩkuũ ũkũmũtuĩra, onaaniĩ ũnduĩre gĩkuũ; ndũkanjigwĩre tha. Gĩkuũ nĩ kĩeega kũrĩ ũkombo.

Mwangi: Niĩ ndaanyuire muuma ngĩhĩta na rĩĩtwa rĩa Gĩkũyũ na Mũũmbi atĩ ngũtũũra hũũranaga na ũkoronia kinya bũrũri witũ wĩyathe na ndĩrĩ hĩndĩ ngathareenda ona ingĩkĩrwo mũhindo ngingo kana njikio mwaki-inĩ ndĩ njaga. Akorwo ũreciiria nĩ tũgũthaitha ndũgatũtuĩre gĩkuũ kana tũthareende nĩ ũkũngũnya; ithuĩ tũrĩ aarũi a wĩyathi na nĩ tuĩrutĩire kũgũra wĩyathi wa bũrũri witũ na mĩoyo iitũ.

Wanjikũ: Niĩ hũũrĩĩtwo mũno nĩ birithi, maũndũ marĩa manjĩkĩĩte ndingĩona ciugo cia gũgũtaarĩria na cio. Maaranyariirie ũguo nĩguo thareende, njĩtĩkĩre kumbũra hitho cia kĩama, nyeendie bũrũri; nĩ ndĩraregire. Ndaarega maranjĩĩra makũndwara igooti-inĩ nduĩĩrwo kĩnyonga; rĩu ndĩ mbere ya igooti na nĩ ndĩharĩĩrie gũkua tondũ wa wĩyathi wa bũrũri wĩtũ. Ndikwenda ũnjigwĩre tha atĩ tondũ ndĩ mũirĩĩtu wa muumo; kaihũri karĩa ũkũihũrĩra Njenũrũ Kariba nako ona niĩ njihũrĩra nako.

Wanjikũ aarĩkia gũthamaka, ngoronia njanji, arĩ na mang'ũrĩ ma maraakara kĩondo kĩgima, akĩaanĩrĩra aatuĩra Kariba, Mwangi na Wahome gĩkuũ. Wanjikũ, tondũ aarĩ mũirĩĩtu mũniini wa mĩaka 17 na watho ndwetĩkĩrĩtie njanji amũtuĩre kĩnyonga, akĩmwoha maica njeera nditũ. Ciira watuuo, njamba cia KLFA, itongoreetio nĩ Wanjikũ, ciambĩrĩirie kũiina rwĩmbo rwa mabambano:

Ona twathĩĩnio kana tũũragwo

Tũtigatiga kwaria
Tũtarĩ gwa kũrĩma irio
Na wĩyathi witũ Kenya

Ciimba cia Kariba, Mwangi na Wahome irĩ na mabĩĩngũ mooko na macegera magũrũ ciathikiirwo mbĩĩrĩra ĩmwe njeera nene ya Kamĩtĩ. Itanathikwo, otoorĩa waarĩ mũtugo wa ũcangiri wa thũngũmũ Ngeretha, ciaambire kũmondoorwo na kĩbũi ciongo, kuunangwo magũrũ na mooko, gũtũrĩkio maitho na itimũ na kũrengwo nĩmĩ kũhakikica atĩ nĩ akuũ biũ kwa biũ. Maũndũ maya ma ũcangiri wa thirikaari ya thũkũmũ Ngeretha maatiandĩkagwo ngathĩĩti-inĩ tondũ aandĩki a ngathĩĩti icio maarĩ ndungata cia ngoronia Ngeretha.

Thĩka na Kĩambuu

Taũni ya Thĩka nĩyo yaarĩ gĩcukĩro kĩa aarũi mbaara makiuuma Nairobi meerekeire Nyandarwa kana Kĩrĩnyaga, yaarĩ kĩhaaro gĩa gũturĩinira aarũi na nokuo mathaita ma mbaara maarehagwo matuunyanĩĩtwo Nairobi, makahithwo kinya maakagĩĩrwo nĩ ihĩĩ cia mũtitũ; na nokuo aarũi a wĩyathi maacukagĩra moima mũtitũ magĩcooka gũtuma rũgendo rwa hitho rwa gũthiĩ mũcemanio Nairobi kana gũthiĩ thibitaarĩ. Makinya Thĩka nĩ maathondekagĩrwo bameti (cieetagwo na kĩĩngenũ, roadpass na passbook) na kaandi cia wĩra cia buraki cia kuuga nĩ meetĩkĩrĩtio nĩ thirikaari ya ngoronia gũthiĩ Nairobi; thuutha ũcio makagũrĩrwo nguo cia raiya na iraatũ, makeenjwo njuĩrĩ na nderu makahaana arutiwĩra a taũni. Nĩ ũndũ Thĩka nĩyo yaarĩ ndaraca ya Nairobi na Nyandarwa, mbaara nyiingĩ na nene nĩ ciaarũagĩrwo thĩini na nja ya taũni cia kũgirĩria yooyũo nĩ mbũtũ cia ngoronia. Mbaara imwe ciaarũagĩrwo barabara-inĩ cia taũni, mĩgũnda-inĩ ya kahũa ĩrĩa yarigicĩirie taũni, ngurumo-inĩ cia Rũũĩ rwa Thĩka na Cania na ng'ongo-inĩ cia Maang'u na Gataanga. Mbaara ĩmwe ya icio nene yaarũĩirwo Nothemba 1, 1954, mbũtũ cia KLFA ciatongereetio nĩ Komanda Landa wa Ngii (Mũikamba). Yaarũĩirwo handũ ha mathaa gĩkundi, ikiuuma taũni ĩgĩthiĩ kũrũĩirwo ngurumo ya Rũũĩ rwa Thĩka; Ngeretha moona nĩ makũhootwo makĩreehe thigari magana gĩkundi. Komanda Ngii oona mbũtũ yake nĩ kũrigĩcĩrio akĩruta watho ikaabũre; no ndĩaheeirwo kamweke ga gũkaabũra, yaarũmĩrĩirwo nĩ thũ na mwaki mũnene. Aarũi ataano a wĩyathi hamwe na komanda Ngii nĩ mooragiirwo na mũcinga wa Bebeta waarĩ na Komanda Ngii ũkĩnyiitwo. Thuutha ũcio thigari cia thũ ikĩhamurithio ciingĩre taũni ciũũrage arutiwĩra, atumia na ciana, iciine nyũmba na ibuunje matuka. Gũgĩtuka andũ arĩa mooragĩĩtwo matiaarĩ ithaabu na nyũmba ciao no mwaki ciarĩrĩmbũkaga.

Gatagatĩ ka mweri wa Januarĩ na Ndithemba 1954, mbũtũ cia wĩyathi, Kĩambuu, nĩ ciatharĩkĩire kambĩ gĩkundi cia hũmungaati—Maang'u, Gatũndũ, Kikuyu, Lĩmuru na ng'ongo ingĩ—hũmungaati kĩrũndo ikĩũũragwo na kambĩ igĩciinwo. Kũũraga iceerũ cia ngoronia matũũra-inĩ na gũtharĩkĩra kambĩ cia ngoronia Amĩceeni na kanitha ciao waarĩ wĩra ũngĩ wa mbũtũ cia wĩyathi, Kĩambuu. Mweri wa Gataano mbaara nene nĩ yatuthũkire rũgongo rwa Ndagurĩti na yaarũiirwo ũtukũ mũgima. Gũgĩkia aarũi a wĩyathi nĩ makaabũrire, magacooka ciĩhitho ciao. Aarũi anaana nĩ mooragiirwo. Mwena wa ngoronia thigari mũgwanja nĩ ciooragiirwo na komanda waao, C. Davies, akĩrathwo no ndaakuire. Otaũrĩa waarĩ mũtugo wa ũcangiri wa thirikaari ya ngoronia, mbũtũ cia KLFA cia kaabũra, mbũtũ cia thũ ciaacookaga matũũra kũũraga arũme, kũnyamario atumia na ciana cia airĩĩtu na gũcina nyũmba.

Naroko

Hau kabere nĩ tũhutirie haniini atĩ muuma wa Mau Mau nĩ waambĩrĩirie gũtamba na hitho ndiicitiriti ya Naroko na mbũtũ cia wĩyathi igathondeekwo. Kũgeria kũhĩtĩrĩria Mau Mau ndĩgatambe bũrũri wothe wa Maathai, ngoronia Ngeretha nĩ maarehire mbũtũ cia mbaara Naroko na kambĩ cia hũmungaati a Maathai cieetagwo manyatta igĩakwo, na watho wa kaabiũ ũkĩhagĩrwo na nyũngũ taũni ya Naroko na ũkĩambĩrĩria gũtherũka. Arume—Agĩkũyũ, Amĩĩrũ, Ambeere na Aembu—makĩnyiitwo, magĩkĩĩrwo maroori ma mbirarũ magitwarwo ciugũ cia nditĩĩni; atumia aao na ciana makĩheeo thikũ mũgwanja mathaame Naroko. Kahiinda kau thũkũmũ na njaguuti ciao nyakairũ ciageragia kũiriga rũgiri rwa kũgiria Mau Mau ndĩkaingĩre bũrũri wa Maathai na cio mbũtũ cia wĩyathi, Naroko, no kwĩbanga cieebangaga. Mweri 18 wa Juuni 1954, mbũtũ cia Njenũrũ Kiriti Ole Kisio nĩ yaahithũkĩire taũni ya Naroko mũthenya; handũ ha kũrũa, thigari birithi nĩ ndiira cieekĩrire ciande, Kiriti Ole Kisio akĩnyiita borithi. Thĩini wa borithi aarũi a wĩyathi makĩhaaara mĩcinga ĩrĩa yareketio nĩ birithi ikĩũũra hamwe na njirũngi mathandũkũ matatũ na yuniboomu ya birithi makonia gĩkundi. Thuutha ũcio makĩhingũrĩra andũ arĩa maarĩ theero na magĩcina borithi. Kwĩrĩhĩria, thigari mbirarũ nĩ ciaarehirwo taũni kũhĩta Ole Kisio na mbũtũ yake, ciaamaaga ikĩambĩrĩria kwagaagia atumia mĩciĩ-inĩ, kũnyita na kũnyariira arũme, makĩria aanake, arĩa meeciiragĩrio nĩ a Mau Mau.

Mbaara ĩngĩ nene yaarũiirwo mweri 4 wa Kenda nĩ mbirarũ ya ngoronia na mbũtũ cia KLFA, Naroko. Yaarũiirwo mathaa mataano, gũkĩambĩrĩria gũtuka aarũi a wĩyathi ataandatũ hamwe na komanda Ole Kisio nĩ mooragĩĩtwo; mwena wa ngoronia no mũthigari ũmwe wakuire. Njenũrũ Mundet ole Ngabien ũrĩa woeete ũtongoria wa KLFA Naroko Njenũrũ Ole Kisio ooragwo naake nĩ ooragiirwo nĩ thũ mweri 22 wa kenda. Thigari cia thũ inyaanya nĩ ciooragiirwo mũtharĩkĩro-inĩ ũcio. Mundet ooragwo, Birigĩdia Ole Kabati nĩwe wacagũriirwo Cibũ komanda wa KLFA Naroko; mũnyiinyi wake aarĩ Kabuuteni Ole Ngare. Komanda Kabati oona KLFA nĩ ndindĩke mũno nĩ mbũtũ cia ũngoronia, ahamurithirie mbũtũ yake ithaame, ithĩĩ kĩrĩma-inĩ kĩa Longonot kũrũũa mbaara ya kwĩhithanĩra. Thuutha wa mĩeri itatũ yaathira akĩruta mbũtũ yake Longonot akĩmĩtwara Marijo, mũhaka-inĩ wa Kenya na Tanzania.

Mĩĩrũ na Embu

Rũgongo rwa Mĩĩrũ mbaara yaarĩ ndũrũ ota Mũrang'a na Nyĩrĩ. Mbaara imwe ciaarĩ nene na iria ingĩ ciaarĩ cia kwĩhithĩra thũ barabara-inĩ na gũitharĩkĩra. Mbaara ya Kamũrĩta nĩyo yaarĩ nditũ kũrĩ ciothe mweri wa Januarĩ 1954. Mbũtũ ya KLFA yatongoreetio nĩ Njenũrũ Mwariama mbaara-inĩ ĩyo. Keii Njenũrũ Mwariama atũhe rũgano rwa mbaara ĩyo:

> Mbaara ya Kamũrĩta yaarĩ nene, twarũire handũ ha mathaa mana; mũtitũ wothe wa Kamũrĩta warĩrĩmbũkaga mwaki wa mboomu iria ciaikagio nĩ ndege cia thũ ciagũtũniina. No itiahotire gũtũkũũra marima, twarũire na hinya kinya tũkĩharagania mbũtũ ya ngoronia. Andũ aiitũ 17 nĩ makuire na angĩ gĩkundi magĩtihio, arĩa matahootaga gũthiĩ tũkĩ-makua, tũkĩmatwara thibitaarĩ iitũ. Twooragire thũ 20 na tũkĩmatuunya mĩcinga yaao.

> Twoima Kamũrĩta twarorire mwena wa Embu, tũkĩhũũra kambĩ ya borithi ya Mũranya, tũkĩũngania mĩcinga ĩrĩa yaareketio nĩ birithi makĩũũra na tũkĩaũra arĩa makuĩte nguo ciao cia birithi, mĩcinga na njirũngi; arĩa twanyitĩte mateeka ataano ngĩruta watho marathwo.

Mweri wa Keerĩ, Njenũrũ Mwariama nĩ atharĩkĩire kambĩ ya hũmungaati ya Molinduku akĩmĩnyita thuutha wa kũrũa mathaa matatũ. Mũthenya ũyũ ũngĩ kũrĩ mbura nene agĩtharĩkĩire borithi ĩrĩa yaarangĩraga kĩhaaro kĩa ndege, Timaaũ. Birithi arĩa mahonokire mũtharĩkĩro-ini ũcio nĩ arĩa morire. Mbũtũ ya Mwariama yaaingĩra borithi ĩgĩkua mathandũkũ mataano ma njirũngi, mĩcinga kĩrũndo na nguo cia birithi ngonia igĩrĩ, ĩgĩcooka ĩgĩcina borithi na ndege gĩkundi.

Mbaara Embu ndĩaarĩ na nditi ta Mĩĩru mwaka wa 1954. Mũbango wa atongoria a KLFA, Embu, waarĩ wa gũtharĩkĩra kambĩ cia hũmungaati na birithi ũtukũ nĩguo mbũtũ ĩnyiite mathaita ma kũmĩhotithia kũbambana na mbirarũ ya ngoronia. Tondũ kambĩ cia hũmungaati cia Embu itiarĩ naangĩre wega, nyiingĩ ciacio nĩ ciamomooriirwo, na mathaita maingĩ magĩtuunyanwo. Gũcina kanitha cia ngoronia mĩceeni na kũheeheenja njũna-ndara nyakairũ matũũra-inĩ waarĩ wĩra ũngĩ wa mbũtũ cia wĩyathi, Embu.

Nairobi

Nairobi nĩyo yaarĩ hendikwota ya kĩama kĩa wĩyathi—nguo cia aarũi, ndaawa, mĩcinga na njirũngi ciauumaga Nairobi. Mbeeca cia gũtwarithia injiini ya mbaara nyiingĩ ciarutagwo nĩ arutiwĩra memba a Mau Mau, na aanake a mbaara macagũragĩĩrwo Nairobi. Maabundithio gũtũmĩra mĩtũũma na mĩaramano yorũi wa mbaara mũtitũ, ũteti wa bũrũri na kũheeo kĩrĩra kĩa mworoto wa Mau Mau magatũmwo mũtitũ. Kĩĩmbaara wĩra wa rũhonge rwa KLFA, Nairobi, waarĩ kũheeheenja thũ cia mũingĩ, kũmimiinda aacukani na ecũkũmithania kũrĩ mbarĩ ya nyakeerũ, gũcookanĩrĩria arutiwĩra airũ nĩguo matuĩke mũtitũ wa kwĩhithwo nĩ aarũi a wĩyathi. Tondũ Nairobi gũtiaarĩ na gũtirĩ mĩtitũ, gũtirĩ ngurunga cia kwĩhithwo-rĩ, mĩtaa ĩrĩa yaikaragwo nĩ andũ airũ—Mathare, Maceengo, kamũkũnji, Makonge-inĩ, Mũthũrwa, Kĩbĩra, Bahati, Korereinĩ, Shauri Moyo, Kariokoo na kũngĩ—nĩyo yaarĩ ciĩhithwo cia njamba cia KLFA rĩrĩa ciateng'erio nĩ thũ. Gũtirĩ mũthigari wa ngoronia waingĩraga mĩtaa ĩyo na mũcinga akoima naguo. Angĩaregire gũthareenda mũcinga wake, aanyiitagwo nĩ itungati cia Mau Mau agatuunywo na hinya, agatwarwo nyũmba agekĩrwo kĩaara mũmero; kĩĩmba gĩgekĩrwo ikonia, gĩgaikio buuti ya ngaari, gĩgatwarĩĩrwo hiti Ng'ongu. No tuuge tũtarĩ na njiriiri atĩ nuthu ya Nairobi yaarĩ thĩ ya thirikaari ya KLFA na nuthu ĩyo ĩngĩ yaathagwo nĩ ngoronia ngabana Baring na njaguuti ciake. Kũingĩra mĩtaa ĩrĩa yaathagwo nĩ Mau Mau, mbũtũ cia ngoronia ciookaga na ngaari cia mbaara mĩcinga ĩrĩ ceeba, igatinda kũu ikĩagaagia andũ, mathaa macio maathira ikainũka.

Imwe, makĩria thigari nyakairũ, ciatigagwo kũu mĩtaa igĩcaria cang'aa inyue; nao athigari a Mau Mau makoragwo marĩ coonjo, icakuri ciarĩo nĩ njoohi igatharĩkĩĩrwo, igatuunywo mĩcinga, mbeeca na nguo cia mbirarũ ikaheeo macengera na ikeerwo ithiĩ biũ; ũrĩa wang'athagia akarekio na njirũngi. Kũrĩ angĩ maatigagwo nĩ ngaari ciao magĩcaria kũrĩa mangĩgũra nguĩko. Mũthigari aingĩra kwa mũmaraaya eetagĩrĩĩrwo hau mũrango-inĩ nĩ itungati cia mũingĩ na kamwaki (bathitora), akaũũrwo mũcinga wake na akeerwo athiĩ mairĩria, angĩarutire buunjo akonorio.

Ngeretha moona Mau Mau no gũtamba ĩratamba Nairobi na nĩ yaambĩrĩirie kũnyiitwo mbaru nĩ ndũũrĩrĩ njirũ na mĩtĩtũ-inĩ na matũũra-inĩ mbaara ya wĩyathi no kũrikĩra ĩrarikĩra nĩ mookire na mũbango wa gũtharĩkĩra Nairobi. Mũbango ũcio weetagwo *Operation Anvil* na mworoto waguo waarĩ wa kũngũrũria Nairobi, kũmomoora hendikwota ya kĩama kĩa wĩyathi na kũnyita atongoria a mũingĩ na memba a Mau Mau. Mũngũrũrio ũcio wambĩrĩirie kĩrooko ngware-inĩ mweri 24 wa Kana 1954, ũgĩthiĩ na mbere handũ ha thikũ mũgwanja. Mĩtaa yoothe ĩrĩa Aakenya maikaraga ĩkĩrigicĩrio nĩ thigari cia mbirarũ na birithi cia ngoronia magana na magana na ikĩheeo watho inyiite memba a Mau Mau na arĩa makũruta buunjo kana kũng'athia marathwo. Ngiri na ngiri cia Agĩkũyũ, Amĩĩrũ, Ambeere na Aembu, hamwe na mwandĩki wa ibuku rĩĩrĩ, makĩnyiitwo magĩtwaragwo nditĩĩni—Langata, Manyaani, Makinarũdi, Manda, Mageta, Senya, Marigat na kũngĩ. Atumia arĩa meeciiragio nĩ a Mau Mau hamwe na ciana ciao maatwaragwo nditĩĩni Kamĩtĩ, arĩa angĩ magacookio matũũra-inĩ kũrĩa maakoraga meetereiirwo nĩ hũmungaati, manyariirwo kĩĩmwĩrĩ na kĩĩnguĩko.

Ũtukũ ũcio wa mweri 24 mũtaa wa Mathare, ũrĩa waarĩ hendikwota ya Mau Mau, ũkĩmundio mwaki nĩ ngoronia. Bairo nyiingĩ cia kĩama, thitoo ya mathaita ma mbaara na nduka nyiingĩ na nyũmba cia memba a kĩama ikĩhĩa; andũ makĩria ya ngiri ithatũ makĩĩngatwo Mathare, karagiita ka mbirarũ gakĩreehwo kũmomoora nyũmba. Indo cia Agĩkũyũ, Aembu, Ambeere na Amĩĩrũ mũciĩ-inĩ Nairobi—nduka, nyũmba na indo ingĩ cia bata ta ngaari—igĩtahwo igĩtuĩka *mali ya serikali*.

Kuumana na mũngũrũrio ũcio, atongoria aingĩ a KWC nĩ maanyitiirwo hamwe na itungati cia mbaara na arutiwĩra aingĩ arĩa maarĩ atongoria a kĩama kĩa wĩyathi mĩtaa-inĩ na andũ a mbiaacara arĩa maheeaga kĩama mbeeca na nyũmba cia gũkoomwo nĩ itungati ciuumĩte mũtitũ. Na ciugo nguhĩ, no tuuge atĩ mũbango wa mũtaratara wa kĩama na njĩra iria kĩama gĩatũmagĩra gĩgĩtũma aarũi a mbaara mũtitũ na indo cia mbaara nĩ yaaharaganirio nĩ mũtharĩko wa *Operation Anvil* na ũcio ndwarĩ wĩra mũhũthũ wa gũcookanĩrĩria kĩama—gũcagũra atongoria eerũ, gũtema njĩra ingĩ cia hitho cia gũtwara aarũi mũtitũ na indo cia mbaara, gũthondeka ciĩhitho njerũ na mũtaratara mwerũ wa kũũngania mũhothi wa mbeeca kũrĩ memba a kĩama na kũbanga ũrĩa mbaara ĩkũrũo, Nairobi. Nyũmba ya Mũũmbi yuugaga irĩaga na mbugi ona kũrĩ ũgwati; kwoguo, ndundung'a ya KWC ya memba arĩa maatanyitĩĩtwo nĩ yaacemanirie na ĩgĩcagũra atongoria eerũ a KWC na wĩra wa kũrũithia mbaara, Nairobi, ũkĩheeo komanda atatũ: Mwangi Toto, Kariũki Chotara na Mwangi wa Maambo. Naguo ũtongoria wa mbaara na kĩama kĩa wĩyathi bũrũri-inĩ ũkĩnengerwo Kĩmaathi na *Kenya Parliament* na hendikwota ya kĩama ĩgĩtwarwo Nyandarwa.

Thuutha wa *Operation Anvil*, arutiwĩra Agĩkũyũ, Ambeere, Amĩĩrũ na Aembu arĩa matanyitĩĩtwo nĩ mathaamirio na hinya kũrĩa maikaraga Nairobi (Kororeinĩ, makongeinĩ, Ziwani, Mũthurwa, Pumwani, Sterehe na kũngĩ) magĩtwarwo mĩtaa yaao (Kariokoo, Bahati, Makadara, Kamũkũnji) marĩ ooiki na indo iria maatigire—nduka na nyũmba—igĩtuĩka cia thirikaari; nayo mĩtaa ĩrĩa maatwariirwo ĩkĩrigiciĩrio na ngiiri cia thĩgĩngĩ cia miigua na yaarangĩĩragwo ũtukũ na mũthenya nĩ thigari cia birithi, warũrũngana na hũmungaati. O mũtaa waarĩ na mũrango ũmwe harĩa andũ mauumagĩra na waarĩ mũrangĩre nĩ thigari cia ngoronia. Mũndũ akiuuma na akĩingĩra nĩ ahũũragwo birigiceeni na akoonania bameti (*passbook* na *roadpass*) ya kuuga kũu nĩ kuo mũcĩĩ. O kĩhiinda kĩu, thirikaari ya ũngoronia nĩ yaahĩtũkiirie watho ũngĩ wa mbaara, ũkiuuga atĩ: nĩ geetha Mũũgĩkũyũ, Mũũembu, Mũũmbeere kana Mũũmĩĩrũ eetĩkĩrio gũikara Nairobi kana taũni ingĩ cia bũrũri no mũhaka akorwo na kĩbaandĩ, baathibuku, kaandi ya wĩra na rĩthiti cia igooti. Angĩakoriirwo atarĩna na kĩmwe gĩa icio akanyiitwo, akohwo mĩeri ĩtaandatũ wĩra mũritũ na arĩkia kĩohwo agekĩrwo bĩĩngũ mooko na macegera magũrũ agaiikio ngaari, agatwarwo nditĩĩni; kũu agaikara mĩaka na mĩaka anyamaragio nĩ ngoronia. Ũrĩa thirikaari ya ũkoronia itaamenyaga nĩ atĩ: Agĩkũyũ, Aembu, Ambeere na Amĩĩrũ arĩa maarĩ hũmungaati, birithi na mbirarũ amwe aao maarĩ memba a Mau Mau na nĩ maateithagia itungati cianyiitwo. Niingĩ tũrani tũrĩa twaheeanaga ibaandĩ na baathibuku tũingĩ twao tooimite Cenitũrũ na twarĩ Mau Mau;

kwoguo nĩ twathondekaga raini ya kũhee memba a Mau Mau ibaandĩ na baathibuku na hitho. Kũrũmanĩrĩra naũguo, gĩkundi kĩnene kĩa ndũũrĩrĩ icio ingĩ cia bũrũri witũ nĩ kĩareganĩĩte na ũkombo wa ũkoronia na kĩaarĩ noteti wa wendo wa bũrũri, nĩ ũndũ ũcio, nĩ gĩateithagia memba a Mau Mau mawabici-inĩ ma thirikaari na hitho. Macũngĩrĩrio moguo, Mau Mau nĩ yaahotire gũthondeka ibaandĩ na baathibuku na hitho iria ciaheeagwo aarũi a wĩyathi magĩthiĩ mũtitũ kana rĩrĩa mokĩĩte Nairobi kũreehe ribooti ya mbaara, kũgĩra indo cia mbaara kana mũndũ arĩ mũrũaru.

Kũgeria gũkonya mĩĩri ya Mau Mau, Nairobi, Ngeretha nĩ marehire batarioni ingĩ cia mbirarũ gĩkundi igĩĩtwo Nairobi, kambĩ cia hũmungaati, cia warũrũngana na cia birithi igĩaakwo kwaũingĩ mĩtaa-inĩ ya andũ airũ; Ahĩndĩ, Araabu na andũ airũ aria maarĩ njaguuti cia ngoronia makĩaandĩkwo hũmungaati na birithi kwaũingĩ; mbarĩ ya nyakeerũ kuuma theteera, mwarimu kinya mũmĩceeni, oothe maarĩ birithi kana mbirarũ. Mbũtũ icio ciaheetwo hinya nĩ thirikaari ya ngoronia kũnyariira na kũũraga memba a Mau Mau. Ũcangiri ũcio wa ũngoronia ndwahotire kwenyenyia mũthingi wa Mau Mau Nairobi, nĩ kũrikĩria warikĩirie mbaara ya wĩyathi, ũkĩũmia andũ aiitũ ngoro ya wendo wa bũrũri, makĩrutĩra kwaũingĩ kũng'aang'ana na njangiri ngoronia na njaguuti ciao nyakairũ. Mĩtaa-inĩ Nairobi mbaara ya kũũraga njaguuti nyakairũ cia ngoronia—aacukani, mĩgarũ, thaka, eerĩrĩri, Tai Tai, Ahĩndĩ na Araabu arĩa maarĩ athigani a ngoronia—yaarĩrĩmbũkaga ta mwaki mweri wa Mũgaa. Nduka cia ndoonga Ũhĩndĩ, Araabu na beengi cia thũkũmũ ciatharĩkagĩrwo mũthenya barigici nĩ itungati cia Mau Mau, mbeeca igakuuo cia gũteithĩrĩra wĩra wa mbaara. Kũnyitana na ũguo, Muuma wa Batũũni waheeagwo andũ mũthenya notuku ũrangĩirwo na mĩcinga nĩ itungati cia Mau Mau. Makĩria andũ arĩa maaheeagwo muuma ũyũ maarĩ aanake arĩa meerutĩte gũthiĩ mũtitũ kũrũĩra wĩyathi na itungati iria cia cicagũriitwo ituĩke thigari cia Mau Mau Nairobi na mataũni macio mangĩ ma bũrũri.

Mũtharĩko wa Njeera ya Lũkenya

Mwangi Toto nĩwe woire ũtongoria wa KLFA, Nairobi, Enoch Mwangi aanyiitwo nĩ mũngũrũrio wa *Operation Anvil*. Mwangi Toto acookanĩrĩria mbũtũ cia wĩyathi nĩ atharĩkĩire njeera nene Kamĩtĩ kũrĩ mweri wa Juuni 1954. Mworoto wake waarĩ wa kũhingũrĩra memba a Mau Mau arĩa maarĩ mabuuthu moteti hamwe na mũtumia wa Kĩmaathi, wa Mathenge, wa Kaggia na wa Kenyatta. Mbaara yaarũiirwo mathaa meerĩ, Mwangi oona hatiaarĩ na mwanya wa kũingĩra njeera tondũ thigari cia ngoronia nĩ ciarũire norũrũ mũingĩ akĩhamurithia thigari ciake ikaabũre. O mweri ũcio, Mwangi nĩ eehithĩire thũ njĩra-inĩ ya mũtitũ wa Karura, akĩũũraga thigari birithi gĩkundi. Thuutha ũcio nĩ abangire gũtharĩkĩra njeera ya Lũkenya hakuhĩ na taũni ya Athiriba.

Njeera ĩyo yaatwaragwo Agĩkũyũ, Amĩĩrũ, Ambeere na Aembu arĩa maanyiitagwo Nairobi tondũ wa gũkorwo matiaarĩ na marũa ma igooti, kaandi cia wĩra, kĩbaandĩ kana baathibuku; amwe aao maarĩ itungati cia KLFA. Wĩra waao waarĩ wa gwatũra mahiga na ibũi magũthondeka kagoto—wĩra mũritũ na nĩ maahũũragwo mũno nĩ icakũri cia njeera nginya amwe makooragwo. Nacio irio iria maaheeagwo ciaarĩ cia rũhĩ na itaarĩ nduge wega na matiatwaragwo thibitaarĩ marwara; mũndũ athũgũnagwo nĩ mũrimũ nginya agakua.

Mweri 17 wa Kenda, 1954 mbũtũ ya KLFA ĩtongoreetio nĩ Komanda Mwangi nĩ yatumire rũgendo gũthiĩ gũcabũrĩra Lũkenya. Maakinyire Lũkenya mũthenya wa Jumaa ũtuku, makĩrigĩcĩria njeera; Mwangi akĩhuuha karubeeta, mbaara ĩkĩambĩrĩria. Mũthigari ũmwe waarĩa maarĩ ithuguu-inĩ nĩ acũhũrirwo na njirũngi, acio angĩ hamwe na komanda waao nyakeerũ maiigua mũrurumo wa mĩcinga magĩthara; ndagĩka 20 njeera yaarĩ mooko-inĩ ma KLFA. Oohwo 231 nĩ moohoriirwo na mĩcinga kĩrũndo ĩgĩtuunyanwo hamwe na njirũngi itaarĩ ithaabu. Mũrũi ũmwe wa wĩyathi, Gĩthongo, nĩ arathirwo ũũru mũno nĩ thũ ikĩũũra, ndangĩahotire gũũkĩra harĩa agũire. Handũ hatigwo, anyiitwo nĩ ngoronia arĩ mwoyo, anyariirwo kĩĩnyamũ nĩ njangiri thigari cia ũngoronia akĩhũũngwo mahũri, aarũi macookania ndundu maatuire mamũũrage mamwehererie ruo rũũ. Kũringana noorĩa Mũhammedi Mathu ataarĩirie ibuku-inĩ rĩake, *The Urban Guerrilla*, Gĩthongo aamenyithio ũhoro ũcio nĩ komanda agĩtĩkĩra, makĩmũratha. Aakua makĩmũruta thaa, jakeeti na mũbuuto; magĩkũũra hamwe na andũ arĩa moohorete njeera; maakinyaga Nairobi thinacara kĩrooko; arĩa maathiiaga wĩra magĩceenjia nguo na makĩhitha mĩtũũma yaao, magĩthiĩ wĩra kawaida. Arĩa maarutiirwo njeera, aingĩ aao maarĩ itungati cia Mau Mau magĩcooka njeeci-inĩ ya mũingĩ, arĩa mataarĩ memba a kĩama kĩa wĩyathi makĩĩrwo mũndũ athiĩ na njĩra yake. Mbaara yooiima Lũkenya yaatuthũkire Ndagurĩti mweri 2 wa ikũmi, mbirarũ nyakairũ cia KAR mũgwanja nĩ ciooragiirwo hamwe na komanda waao weetagwo Neil Purves, acio angĩ maagunirwo nĩ gwĩthara o mũndũ na njĩra yake. Ihĩĩ cia mũtitũ itanakaabũra nĩ ciaaũrire arĩa ciooragĩĩte mathaita maao na nguo cia mbirarũ. Mbaara ĩngĩ nene yatũrĩkire mweri 4 hakuhĩ na camba ya Thũngũ theteera yeetagwo "Mũkũyũ Coffee Estate." Yaambĩrĩirie thaathita mũthenya, gũgĩtuka thigari cia KLFA ithaathatũ nĩ ciaakuĩte hamwe na komanda waao, Mwangi Toto; ribooti ya thigari cia ngoronia iria ciaakuĩte ndĩigana gũtangathwo.

Mwangi Toto aakua, Kariũki Chotara nĩwe wacagũriirwo komanda wa KLFA na akĩheeo ngathi ya Njenũrũ; mũnyiinyi wake aarĩ Barigidia Mwangi wa Maambo. Eerĩ maarĩ andũ eethĩ; Kariũki aarĩ wa mĩaka 24 na Mwangi 22. Njenũrũ Kariũki ooya ũtongoria Nairobi nĩ aceenjirie mũrũĩre wa mbaara. Handũ ha gũtharĩkĩra thũ maitho kwa maitho, ĩgĩtuĩka mbaara ya kwĩhithanĩra barabara-inĩ cia Nairobi na mĩtaa-inĩ ya aathũkũmi airũ; rĩmwe mũndũ ũrĩa ũreendekaana aakoragwo wabici-inĩ kana gwake mũciĩ hwaĩ-inĩ akarathwo. Aarũi a wĩyathi, Nairobi, meekagĩra nguo cia thikaauti mũthenya, ũtukũ magekĩra nguo cia birithi kana cia mbirarũ ya ngoronia. Waititũ wa Kĩnyattĩ aarĩ gĩtungati kĩa Mau Mau Nairobi, kũrĩ mwaka wa 1980 eerire mwandĩki wa ibuku rĩĩrĩ ũũ:

> Twekĩraga yuniboomu ya thikaauti mũthenya na tũgakuua mabuku tondũ ũcio mũthigari wa ngoronia ndaangĩatũririe kũrĩa tũrathiĩ nĩ ũndũ twatuĩkaga tũrĩ arutwo a thukuru na hĩndĩ ĩyo ũmwe witũ akuuĩte bathitora akĩmĩtwara harĩa yeendeekanaga; ũrĩa ũkwendagwo akarathwo, mũkuui agacookerio bathitora, akamĩcookia kĩnena. Mũraathani agathiĩ na njĩra yake na mũkuui na njĩra yake. Kwarĩ birithi maita meerĩ: birithi a Mau Mau na birithi a ngoronia; no mũndũ ndangĩahotire gũkũrana mũũthirikaari na mũthigari wa Mau Mau tondũ yuniboomu na mĩcinga nĩ ciahanaiine. Athigari Gĩkũyũ amwe a thirikaari na a Mau Mau nĩ mamenyanaga nĩ ũndũ maarĩ memba a kĩama kĩa hitho kĩa wĩyathi.

Ũtukũ Njenũrũ Kariũki eekagĩra yuniboomu ya *inspector* wa birithi na akarangĩrwo nĩ thigari cia Mau Mau ithaathatũ irĩ na yuniboomu ya gĩĩthirikaari na mĩcinga. Aatũngana na thigari cia ngoronia nĩ cia mũgeithagia, *"Jambo Afande,"* naake akamacookeria, *"Kazi inaendelea namna gaini leo?" "Mzuri Afande,"* makamũcookeria. *"Kooburu,"* Kariũki ageetana, *"ni kazi yako kuona askari wanafanya kazi nzuri sitaki waue watu hovyo hovyo, unasikia?" "Ndiyo Afande,"* Kooburu akahũũra thuruutia.

Hĩndĩ ya ũtongoria wa Kariũki, mĩtaa yoothe ya Nairobi yaigĩĩtwo itungati cia Mau Mau—o mũtaa waarĩ na itungati 25 cia kwona atĩ mawatho ma kĩama nĩ mararũmĩrĩĩrwo, kũheeheenja njaguuti cia ngoronia, kũrikuruti aarũi eerũ na gũtuunya thigari cia ngoronia mĩcinga ciaingĩra mĩtaa-inĩ. Haarĩ gĩkundi kĩngĩ kĩa andũ mĩrongo ĩrĩ kĩaheetwo wĩra wa kũratha thaata cia bũrũri barabara-inĩ cia Nairobi, wabici-inĩ cia thirikaari na gũtuunya ndoonga cia matuka, mĩkaawa na beengi mbeeca cia kũrũithia mbaara. Mũndũ angĩareemire kũrathĩka nĩ Njenũrũ Kariũki wagĩragwo amwonorie nĩ ũndũ aarĩ wathi mũno na guoya ndaarĩ. Gũtuĩkaga atĩ andũ arĩa maarathirwo Nairobi hĩndĩ ya mbaara ya wĩyathi aingĩ aao maarathirwo nĩ Kariũki. Kariũki agĩthĩĩ kũrathana eekagĩra kanjũ ya ithiraamu na ngobia, mũcinga wa kũrathana wakuagwo nĩ mũirĩĩtu memba wa Mau Mau eekĩrĩte buibui. Gũtirĩ Njenũrũ ũngĩ wa KLFA Nairobi waarĩ ngumo na wetigĩrĩtwo nĩ ngoronia ta Kariũki. Norĩĩrĩ, Kariũki nĩ athugumĩĩre kĩrathimo kĩrĩa aheetwo nĩ Mau Mau na akarathimĩrwo nĩ mũingĩ wa Kenya rĩrĩa atuĩkire kagui ka ndigitĩta Moi gagũciikithio mũingĩ, makĩria andũ arĩa maareganĩte na maabingaga ũndigitĩta wa Moi na Kanũ. Kariũka aakua andũ aingĩ a bũrũri, makĩria Agĩkũyũ, Aembu, Ambeere na Amĩĩrũ, nĩ makeenire, magĩtuĩra mata gĩthũri gũcookeria Ngai wa Kĩrĩnyaga ngaatho nĩ kũmehereeria mũũra huhũ.

Samuel Gĩthu (Speaker) aarĩ njaguuti nene ya Ngeretha hĩndĩ ya mbaara ya wĩyathi. Andũ arĩa ooragire Mũrang'a matiarĩ ithaabu.

Cibũ Kĩgo wa Njiiri aarĩ mũũragani magigi ta ithe Njiiri hĩndĩ ya Mau Mau.

Ngeretha maitĩte mbirarũ nyakeerũ ngiri magana Nairobi, 1953.

Cibũ Mũhoya akĩarĩria mbũtũ yake ya hũmungaati, 1953.

Kanitha cia Aakĩrĩcitũ cĩaarĩ kambĩ cia thũ bũrũri-inĩ wa GEMM hĩndĩ ya mbaara nene ya wĩyathi.

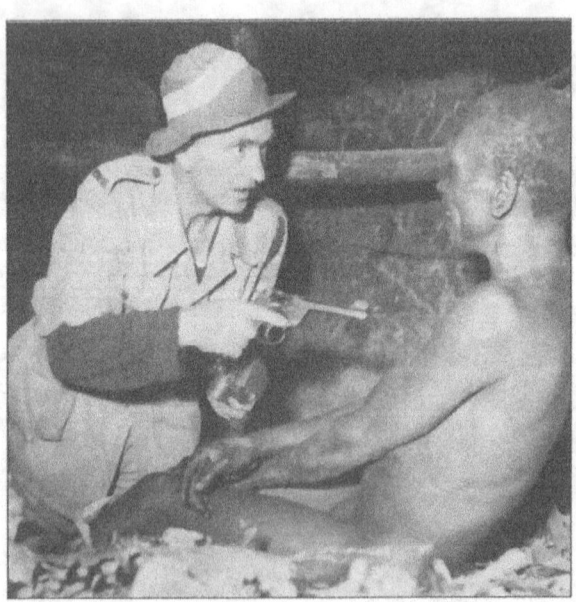

Taroora wega mbica ĩno: Memba a Mau Mau matũũra-inĩ na mataũni -inĩ manyariiragwo mũno nĩ njangiri cia Ngeretha, mahũũngagwo mahũri marĩ njaga na mũndũ arega kumbũra hitho cia kĩama akooragwo.

12: Kwenjwo Huuyo na Rūhiū Rūtuhu

Mũng'eeng'ano Ithaamĩrio-inĩ

Andũ arĩa mathaamĩtio nĩ *Operation Jockscott* na *Operation Anvil* maarĩ ngiri na ngiri cia Aakenya, no Agĩkũyũ, Aembu, Amĩĩrũ na Ambeere nĩo maarĩ aingĩ. Aingĩ aao maatwariirwo ciugũ cia nditĩĩni: Langata, Maanyani, Makinarũdi, Manda, Mageta, Senya, Loukitaung, Londwa, Embakasi na kũngĩ kũrũmithio ruo. Atongoria aingĩ a Mau Mau arĩa matanyitĩĩtwo hĩndĩ ya *Operation Jocksott* nĩ maanyitiirwo nĩ *Operation Anvil* hamwe na komanda amwe a Nairobi a KLFA. Kũu ciugũ cia nditĩĩni kwarĩ na mũng'eeng'ano mũnene gatagatĩ ka Mau Mau na icakũri cia ngoronia (nyakeerũ na nyakairũ). Agĩtaarĩria ũhoro ũyũ, Waititũ wa Kĩnyattĩ eerire mwandĩki wa ibuku rĩĩrĩ kũrĩ mwaka wa 1979 ũũ:

Nĩĩ ndaanyitiirwo hĩndĩ ya mũngũrũrio wa Operation Anvil. Twakinya Langata, Nĩĩ na andũ makĩria ya 200 tũgĩcagũrũrwo nĩ hũmungaati atĩ tũrĩ *Mau Mau hardcore*, tũgĩtwarwo kiugũ namba 9. Nĩ twahũũrirwo mũno mũthenya ũcio na tũkĩĩmwo irio na mĩrĩngĩti. Mũthenya ũyũ ũngĩ, magĩtũrookera, na ithuĩ nĩ twĩharĩirie, mbaara ikĩaambĩrĩria, tũkĩmatindĩka kinya magĩthara. Andũ gĩkundi aiitũ nĩ matihirio mũno, no matiaatwariirwo thibitaarĩ; amwe yacio nĩ makuire. Mũthenya wa gatatũ icakũri nĩ ciaarookire kiugũ giitũ irĩ na mathaita, ikĩnyiita andũ arĩa meeciirĩirie nĩ atongoria, ikĩmwatwara mũtitũ wa Ng'ongũ, ikĩmooraga. Ũtukũ niingĩ igĩũũka ikĩruta andũ angĩ mũgwanja, ikĩmatwara mũtitũ wa Ng'ongu, ikĩmooraga. Mũthenya ũyũ ũngĩ, icakũri ciooka itongoreetio nĩ obithaa nyakeerũ, tũkĩmwĩra matiraruta andũ angĩ, nĩ gũtũũraga magũtũũra, tũkĩng'aang'ana nao makiuuma kiugũ gũtirĩ waarĩ nongĩ; matiaanacooka kiugũ giitũ rĩngĩ. Thuutha ũcio tũkĩrutwo Langata—amwe magĩtwarwo Senya, angĩ Maanyani, Makinarũdi na Mageta.

Ahingĩrwo nĩ maregire kũruta wĩra, makiuuga oo nĩ mabuuthu moteti na kwoguo magĩrĩire gwathwo na mawatho ma Kongomano ya Geneva. Mawatho macio moigĩĩte atĩ mabuuthu a mbaara matĩgĩrĩĩre kũrutithio wĩra, kũimwo irio, kũhũũrwo kana kũnyariirwo na njĩra irĩkũ kana irĩkũ;

no mũhaka maheeo gĩtĩĩyo na kũroorwo na njĩra ciothe cia ũmũndũ. Mũtĩ wa keerĩ, ahingĩrwo a Mau Mau moigiire marũmĩtie atĩ matĩrĩ hĩndĩ magaceenjia mũrũgamo waao, magũthiĩ na mbere kũrũĩra wĩyathi wa bũrũri marĩ njeera, nditĩĩni kana mbĩĩrĩra kinya bũrũri wĩyathe. Kũnyariirwo kana kũũragwo, makiuuga, gũtigĩtũma magarũrĩre mũrũgamo, meyeendie na meendie bũrũri kũrĩ thũkũmũ; gũthereenda, aaca. Nĩ geetha magĩe na hinya wa kũng'aang'ana na mbũtũ cia ngoronia nditĩĩni, ahingĩrwo a Mau Mau okũrĩa mahingĩĩrwo nĩ mathondekaga Kamĩtĩ ya Mau Mau ya Ituĩka (KMMI) ya andũ ataano ya gũtongoria mũng'eeng'ano na thukuru cia hitho cia gũthoomithia ahingĩrwo ũteti wa bũrũri na mworoto wa Mau Mau wa thikũ ndaaya. Arĩa matanyuĩte muuma wa wĩyathi nĩ maaheeagwo muuma na hitho na thuutha ũcio makaingĩrio kĩama-inĩ kĩa wĩyathi.

Ngoronia Ngeretha nĩ maareganiire na mũrũgamo wa ahingĩrwo a Mau Mau. Makiuuga atĩ "imaramari" na "iitoi" itĩngĩtĩkĩrio cĩĩhithe thĩĩnĩ wa mawatho ma Kongomano ya Geneva, kwaũguo wĩra no mũhaka marute no marega thirikaari nĩ ĩkũmoeera hatua. Ahingĩrwo makiuuga karoothũa na mbiri. Kũmahũũra mbaara ya heho, meeciiria na ng'aragu, Ngeretha makĩrega na irio na maaĩ, makĩmatuunya mĩrĩngĩtĩ na makĩmagiiria kuuma riũa-inĩ kana kwĩyooga. Waititũ wa Kĩnyattĩ wahingĩĩrwo Makinarũdi atũmenyithĩtie atĩrĩĩrĩ:

Twarega kũruta wĩra twahũũriirwo mbaara ya ng'aragu, tũkĩĩrwo akorwo nĩ tũkwenda kũrĩa no nginya twĩtĩkĩre wĩra, twathĩkĩre mawatho ma nditĩĩni na tũtĩĩye ngoronia komanda mũnene wa kambĩ. Kũrikĩria ruo rwa mwĩrĩ na meeciiria, watho ũkĩrutwo atĩ tũtiriuumaga nja riũa-inĩ, kwĩyooga mwĩrĩ kana gũceeceranĩra, na mũndũ arĩ mũrwaru ndarĩĩtwaragwo kwa ndagĩtaarĩ. Mĩrimũ na ng'aragu nĩ ciooragire andũ aiitũ gĩkundi, makĩria athuuri akũũrũ. Noona gũtuĩka ũguo, ithuĩ nĩ twaregire wĩra. Twaikara kiugũ thikũ ikũmi tũtarĩĩte kana kũnyua maaĩ, ngoronia kamĩciina mũnene wa njeera, Kenya, nĩ okiire Makinarũdi gũtwarĩria; tũkĩmwĩra tũtarĩ na guoya wĩra tũtikũruta nĩ arute watho tũũragwo. Atanathiĩ nĩ aarutire watho tũheeo irio na maaĩ na twĩtĩkĩrio kuumaga njaa riũa-inĩ, no irio, akiuuga, nĩ ithuĩ tũrĩrugagĩra na tũkauna ngũ cia kũruga; ũguo tũgĩtĩkĩra.

Nditĩĩni kwarĩ mathĩĩna na magerio maingĩ: kũnyariirwo

mwĩrĩ, meeciiria na roho, kũheeo irio itarĩ hĩũ wega, ciirĩ mbũcĩ, igunyũ, mũthanga na mahiga na kũimwo ndaawa mũndũ arĩ mũrwaru. Tondũ ũcio andũ aiitũ aingĩ nĩ maakuiire.

Ũteti wa mũng'eeng'ano wa Mau Mau nditĩĩni noorĩa ahingĩrwo manyariiragwo nĩ Ngeretha nĩ ũheanĩĩtwo kwa ũraihu ibuku-inĩ rĩa J.M. Kariũki rĩĩtagwo na kĩĩngenũ, *Mau Mau Detainee,* rĩa Gakaara wa Wanjaũ, *Mwandĩkĩ wa Mau Mau Ithaamĩrio-inĩ* na rĩa Maina wa Kĩnyattĩ, *History of Resistance in Kenya.* Mũthoomi wa ibuku rĩĩrĩ nĩ agĩrĩire kũmenya mbaara ya wĩyathi nditĩĩni na njeera yaarĩ nditũ ota ya mũtitũ-inĩ, na amenye memba a Mau Mau arĩa maarĩ nditĩĩni na njeera nĩo maarĩ mũthitarĩ wa mbere marekio kũregana na ũtongoria wa Kenyatta na Kanũ wa ũkoronia na ũhũmungaati.

Gũthaamĩthio Mĩgũnda-inĩ na Tuuteni

Thuutha wa mũtharĩko wa *Operation Anvil,* thirikaari ya ũkoronia nĩ yaahĩtũkiirie mawatho ma tuuteni kĩhĩĩri. Watho wa mbere waarĩ wa gũthaamithia Agĩkũyũ, Aembu, Ambeere na Amĩĩrũ mĩgũnda-inĩ yaao; mũbango ũcio weetagwo na Kĩĩngenũ, *Villagization Program* no kũna ũgĩeetiirwo *Villagization Concentration Camp Program.* Andũ oothe bũrũri-ini wa GEMM makĩhamurithio na tuuteni mamomoore mĩciĩ yaao, mathaame mĩgũnda-inĩ yaao mathiĩ magaake kambĩ-inĩ cia hũmungaati nĩguo thirikaari ya ngoronia ĩhote kũmarangĩra matigatware irio na indo ingĩ kũrĩ aarũi mũtitũ.kana makoragwo na mĩcemanio ya Mau Mau matũũra-inĩ ũtukũ thirikaari yaakooma. Ngiri magana na magana cia arĩmi igĩthaamio mĩciĩ yaao na hinya, nyũmba na ciugũ ciao ikĩmomoorwo, makũmbĩ makĩmundio mwaki, mahiũ maao magĩtahwo, ngoma cia andũ aao igĩtigwo maganjo ikĩrĩranĩra ciagĩĩte gwagũthiĩ. Andũ arĩa maang'athagia makaregera mĩgũnda-inĩ nĩ kũũragwo mooragagwo. Tuuge maathaamagio mĩgũnda-inĩ yaao magatwarwo kambĩ cia matũũra cia nditĩĩni.

Matũũra gĩkundi maacookanĩrĩrio meetagwo *gĩcagi* (na kĩĩngenũ, *concentration camp)* na gĩakoragwo na andũ makĩria ya ngiri igĩrĩ na andũ nĩo meeyaakagĩra nyũmba. Gĩcagi gĩtĩaarĩ cioro, maaĩ ma mĩberethi, thibitaarĩ kana kĩĩ; kĩahaanaga ta kiugũ kĩa ng'ombe. Mĩrimũ ya TB na ĩrĩa ĩngĩ ĩtambagio nĩ ngi, ngũngũni na ndaa ĩkĩĩngĩha, ĩkĩambĩrĩria gũthũgũna andũ na makĩria ciana na akũũrũ; aingĩ magĩkua. Ndutu, ndaa, iroboto, ngũngũni na thuuya ciaarĩ kagoto; mbĩa ciatuunyaga ciana irio mũthenya na kũrĩa andũ marĩ tooro. Andũ matiaarĩ mbeeca cia kũgũra ndaawa kana nguo; aingĩ aao maathiiaga njaga. Ng'aragu nayo ĩgĩtuĩka mũrimũ ũngĩ tondũ irio iria ciaarĩ makũmbĩ nĩ ciacinanĩirio na makũmbĩ na iria ciaarĩ mĩgũnda nĩ ciaatemangĩĩtwo nĩ njangiri cia ũngoronia. Iria na nyama gũtiaarĩ tondũ ng'ombe nĩ ciatahĩtwo; mbũri na ngũkũ ciatuunyagwo andũ nĩ hũmungaati hĩndĩ ya birigiceeni. Na niingĩ, andũ matietĩkĩrĩtio gũthiĩ mĩgũnda kũmaatha kana kũrĩma matarĩ na rũũtha na kĩmera gĩakinya gĩa kũhanda maheeagwo mathaa meerĩ tu (kuuma thaa ikũmi kinya thinacara) gũthiĩ kũhanda na mũndũ angĩaceereirwo kana akĩrie mathaa akanyiitwo, akaigĩrĩĩrwo kĩgeenyo atĩ nĩ irio agũtwarĩire ihĩĩ cia mũtitũ, akahũũrwo ya gĩkuũ nĩguo aaumbũre arĩa agũtwarĩire irio na auuge harĩa mehithĩte. Andũ amwe mahũũragwo kinya makonja, arĩa aingĩ makagũrũka nĩ kũhũũrwo na thimbũ mĩtwe; angĩ maathikagwo marĩ mwoyo kana magaitĩrĩrio maguta ma taawa magaciinwo, magakua. Andũ aiitũ arĩa maakuĩrĩire icagi-inĩ nĩ makĩria ya 200,000. Ũcangiri wa Ngeretha ndwarĩ mũhaka kana gaturumo.

Watho wa keerĩ waarĩ wa gũthaaamia Agĩkũyũ, Aembu, Ambeere na Amĩĩrũ Rĩbutibare. Ngiri na ngiri makĩrutũrũrwo mĩciĩ yaao, thukuru-inĩ ciao, kanitha-inĩ ciao na mawĩra-inĩ maao na mahiũ maao magĩtahwo magĩtuĩka nyama cia thigari cia ngoronia. Magĩkĩĩrwo ngaari cia mbirarũ magĩtwarwo ciugũ cia nditĩĩni. Andũ aingĩ, makĩria ciana na akũũrũ, magĩkuĩra nditĩĩni tondũ wa ng'aragu, mĩrimũ na hũũro. Atumia aingĩ arĩa maarĩ mahu makĩhuna nĩ kwagaagio na kũnyariirwo nĩ icakũri cia nditĩĩni na ng'aragu ya gũtindĩkĩrĩrio. Noto Rĩbutibare marutirwo, aaca; aingĩ aao arĩa maarĩ rũgũrũ kwa Barũia, Nyanza, Mombasa na Mĩjikenda, Tanzania na Ũganda nĩ maanyitiirwo magĩtwarwo nditĩĩni na indo ciao igĩtahwo nĩ thirikaari. Indo icio ciacookaga ikeendio nĩ thirikaari.

Watho wa gatatũ waarĩ wa kũrutithia andũ a icagi wĩra na tuuteni. Andũ icagi-inĩ, na aingĩ maarĩ atumia, mookĩragio ngũriũrio nĩ hũmungaati, birithi na GSU magatwarwo kwenja barabara cia kũhĩtũkĩĩrwo nĩ ngaari cia mbirarũ cia ngoronia, gwaka kambĩ cia hũmungaati na birithi, gũtũgũta mĩtitũ ĩrĩa yaarĩ barabara-inĩ na hakuhĩ na kambĩ cia thũ, kwenya mũtaro wa buuti ikũmi warĩ na ũriku buuti inyaanya gũthiũrũrũkĩria kambĩ ya hũmungaati kana ya birithi wa kũgĩrĩrĩria KLFA ĩĩngĩre kambĩ. Wĩra ũcio warutithagio na mbaara nene na irumi nungu cia rũthũũro. Atumia na athuuri akũũrũ mahũũragwo na haati, iteende cia mĩcinga, thanju na iboko maaremererwo nĩ kũrĩkia wĩra ũrĩa mathimĩirwo, angĩ magakuĩra mũtaro thĩinĩ. Ũndũ ũngĩ waarĩ wa ruo na maithori, atumia eethĩ macagũragwo makagwatĩĩrwo kũu gĩthaka-inĩ nĩ njaguuti nyakairũ cia ngoronia; aingĩ aao makĩgĩa mahu ma magui macio ma ũkoronia. Arũme maacagũragwo makeerwo nĩ mateithagia ihĩĩ cia mũtitũ, makaarwo raini makarathwo mbere ya mũingĩ atĩ nĩguo andũ icagi-inĩ magĩe na ngoro ya guoya, meetigĩre gũteithia Mau Mau, mathareende. Gĩkundi kĩrĩa kĩaarutaga wĩra ũcio wa ũũragani Mũrang'a gĩeetagwo "Hika-Hika" (na Kĩĩngenũ kĩgĩĩtwo "*murder squad*") na gĩatongoreetio nĩ Kĩmeendero Mĩchũkĩ, Samuel Mũgo Gĩthu na mbarĩ ya Njiiri. Andũ arĩa mooragaga maamatinagia mooko makamatwarĩra ndithii nyakeerũ wa Mũrang'a kũmwonia ũrĩa mararuta wĩra mwega; naake ndithii akahee o mũndũ ciringi mĩrongo ĩĩrĩ na akamacookeria ngaatho nĩ kũũraga thũ cia thirikaari. Nakuo Nyĩrĩ gĩkundi kĩu kĩooragani gĩatongereetio nĩ Eliud Mahĩhu, Isaiah Mathenge, mbarĩ ya Nderi na angĩ ta cibu Mũindia wa rũgongo rwa Karatina. Naake Geoffrey Kariĩthi agatongoria "Hika Hika" ndiicitĩriti ya Embu. Ũkoronia nĩ kĩndũ kĩrĩ ruo kũrĩ gĩkuũ, atĩ ngoronia na njaguuti ciao nyeuthi no moorage andũ, magwate atumia na ciana cia airĩĩtũ, na gũtirĩ waao ũngĩnyiitwo atwarwo igooti.

Icagi iria ciaarĩ rũteerere-inĩ rwa Nyandarwa na Kĩrĩnyaga ciookĩragio kĩrooko tene ngũkũ ĩtakũgĩĩte gũthiĩ wĩra wa tuuteni wa kwenja mũtaro wa buuti 15 warĩĩ na ũriku buuti 20 wa kũhakania mĩtitũ na icagi. Mũtaro ũcio wacookaga ũkahandwo nyambo na ũkambwo mboomu cia *landmine* na mĩena yeerĩ ya mũtaro hagekĩĩrwo waaya cia thiitima, kũmĩhutia nĩ gĩkuũ. Wĩra ũcio wa ũkombo wa ũkoronia warutagwo kuuma kĩrooko (thinacara) kinya thaa ikũmi na gũtiaarĩ mathaa ma ranji kana makwongithia ciana. Andũ marĩkia wĩra maheeagwo mathaa meerĩ tu makũmaatha, gũtaha maaĩ na kuuna ngũ. Nĩ tũthoomire hau igũrũ twaiigua atĩ mũndũ angĩaceereirwo mũgũnda ooke gĩcagi na maiiria yaarĩ mbaara ya gĩkuũ.

Watho wa kana wauugĩĩte: mũndũ (Mũũgĩkũyũ, Mũũembu, Mũũmbeere na Mũũ-mĩĩrũ) agĩthiĩ rokiconi ingĩ, Nairobi kana taũni ingĩ, no nginya akorwo na *Road pass*. Aakorwo nĩ mũndũrũme, nĩguo aheeo *Road pass*, no mũhaka angĩakoriirwo na kĩbaandĩ na rĩthiti cia igooti. Kwarĩ magooti matatũ marĩa GEMM maathĩĩtwo nĩ watho wa mwĩhuugo marĩhe: 1) igooti rĩa kawaida (igooti rĩa kĩongo); 2) igooti rĩa nyondo (mũndũ akorwo aahikĩtie atumia eerĩ akarĩha magooti meerĩ nĩ kĩo rĩeetagwo igooti rĩa nyondo); 3) igooti rĩa mbaara. Cibũ, hendimeni, makang'a, makabuurũ na birithi nĩ maheetwo hinya nĩ thirikaari ya ũngoronia kũnyita mũndũrũme owothe kuuma mĩaka 16 kinya mĩaka 100 ũtaarĩ na kĩbaandĩ na marĩthiti ma igooti. Watho ũcio woigĩĩte atĩ kahĩĩ ka rũũrĩrĩ rwa GEMM karĩkia gũkinyia mĩaka 16 no mũhaka gakorwo na kĩbaandi, karĩhe igooti onagakorwo gatirĩ wĩra na kangĩakorirwo gatarĩ na kĩmwe kĩa dokiumeniti icio gakanyiitwo, gakoohwo. Watho ũcio na mangĩ maingĩ maarĩ makũhiinyĩrĩria andũ airũ, kũmomoora ũmũndũ waao, kũharagania maica maao na mĩtugo yaao ya nduire nĩguo matuĩke ngombo njathĩki cia ũngoronia. Nĩ ũndũ wa watho ũcio, andũ aingĩ aiitũ maatũũraga njeera tondũ wakwaga mbeeca cia igooti, wĩra kana gũkorwo mũndũ ndaanakuua kĩbaandĩ agĩthiĩ kĩoro ũtukũ, akiumagara, agĩtwara mwana cukuru kana agĩthiĩ wĩra kĩrooko. Ona mũrĩmi angĩakoriirwo mũgũnda akĩrĩma kana akĩrĩithia, eetio kĩbaandi nĩ thigari cia ngoronia na akorwo ndarĩ na kĩo—agĩtigĩĩte mũciĩ no kũnyiitwo aanyiitagwo, akoohwo mĩeri ĩtaandatũ wĩra mũritũ.

Kũhũũngwo Mahũri

Mũndũrũme angieciirĩrio nĩ aateithagia Mau Mau na njĩra yoyothe, aagĩragwo gĩcagi gwake mũciĩ kĩrooko ngware-inĩ agatwarwo kambĩ ya hũmungaati, akahingĩrwo kanyũmba kahaanaga ta kĩaga kĩa ngũkũ; thaa igĩrĩ ciakinya akarutwo kĩaga-inĩ agatwarwo kũrĩ ahũũngani a mahũri. Marĩ na ũũru mũingĩ na rũthũũro nyũngũ ng'ima, makamũmenyithia gĩtũmi gĩa kũnyiitwo gwake; thuutha ũcio makamwĩra akorwo ndakwenda mbaara ĩnenehe aheeane ũhoro wothe atakũhitha kana gwĩtigĩria, no agakũheeana ũhoro ũrĩa mareenda makũmũmunya nyee na mamũrenge mũthiita nĩ geetha amenye atĩ gĩthoomo kĩrĩa mathoomithĩtio nĩ Ngeretha nĩ kĩa bata. Tondũ memba a Mau Mau nĩ maanyuĩte muuma makehĩta na rĩĩtwa rĩa Gĩkũyũ na Mũũmbi na rĩa bũrũri witũ atĩ matirĩ hĩndĩ makaumbũra hitho cia kĩama kũrĩ thũ ngoronia na njaguuti ciake nyakairũ nĩ kaba mũndũ akue, mũnyiitwo akameera ndooĩ ũguo maramwĩra na ndarĩ ũhoro ooĩ ta ũcio. Ahũũngani mahũri makamwĩra: "ithuĩ tũkwenda ũtũhe ũhoro wa ma na wa maheeni, tũrĩ na gĩcungi gĩa gũcunga maheeni, rĩu taambĩrĩria ũhoro, no wahiindahiinda rĩngĩ nĩ tũgũgũtwara kũrĩ arĩa matarĩ tha makũmunye huuyo cia gĩtitiira." Mũnyiitwo auuga ndarĩ noohoro, akarutũrũrwo hau na ngundi, haati, thanju na irumi nungu, agatwarĩĩrwo arĩa maaheetwo wĩra wa kũnyariira aanyiitwo a Mau Mau. Agĩkinya oũguo akeerwo arute nguo, aarega ikarutwo na hinya. Arĩ njaga akambĩrĩrio kũhũũrwo na mĩtĩ ya mathanwa, njũgũma, iboko na thĩgĩngĩ cia mĩigua—akahũũrwo kinya akaringĩka. Atakwĩigua agakururio akiuraga thakame ĩtukanĩte na maithori ma ruo kinya kũrĩ ahũũngani mahũri. Eeigua, akeerwo aikarĩre gĩtĩ amahee ũhoro kana mamũcookie kũrĩ ahũũrani. Mũnyiitwo angĩaaregire na mahũri biũũ kwa biũũ eekagwo maũndũ maingĩ mooru, ma ruo na maithori.

Maamwe ma maũndũ macio nĩ maya: 1) kũmondoorwo cĩĩga cia mwĩrĩ na ndotono kana cuuma; 2) kũhũũrwo na kĩboko kana kĩmanja gĩa thĩgĩngĩ cia mĩĩgua; 3) kũrengwo ciaara cia mooko kana cia magũrũ, matũ kana iniũrũ na banga; 4) kũmunywo ndwara cia mooko kana cia magũrũ kana huuyo na buraithi, gũtheecwo na mbini, ciindano kana mũkuha gatagatĩ-inĩ gĩa kaara na rwara; 5) gũtheecwo njee na mbini kana mũkuha, gũciinwo mũthia wa mũthiita na thigara; 6) gũcinwo itina na cuuma irutĩĩtwo rũrĩrĩmbĩ-inĩ rwa mwaki, gũikio rũrĩrĩmbĩ-inĩ rwa mwaki arĩ njaga; 7) gũikio irima rĩrĩ na thuraku kana thũraita arĩ njaga; 8) gũikio kĩoro arĩ njaga kiiyũire mai, igunyũ, nyenye na ngi handũ ha mathaa gĩkundi; 9) gũcinwo njuĩrĩ kana huuyo na thigara kana kĩbiriti, gũtheecwo kĩnena na mbini, ciindano kana mũkuha; gũcinwo na njeegeni ngingo, njegeke, kĩnena, mũthiita, cieero na itina; 10) gwĩkĩrwo cuba ĩyũire maaĩ mahiũ ma biribiri mũthuti kana gũkindwo mũthuti nĩ ahũũngani mahũri kĩrũndo; 11) kwĩrwo anyue mathugumo make kana arĩe mai make; 12) gũturumithio bathitora mũmero, akeerwo arega na mahũri nĩ akũũragwo. Arũme amwe maarega kũruta hitho cia kĩama nĩ kũhakũrwo mahakũragwo magacooka makooragwo.

Mũtumia anyiitwo, aakinyio kambĩ ya hũmungaati (akorwo nĩ mwĩthĩ kana nĩ mũirĩĩtu) aambaga kũgwatwo nĩ hũmungaati gĩkundi hamwe na komanda waao nyakeerũ, thuutha waũguo agatwarwo kũrĩ ahũũngani mahũri; arega na mahũri akahũũrwo mbaara nene arĩ njaga. Arega biũũ kũheeana hitho cia kĩama akeerwo athiũrũrũke ta mbiira aturumithitie kaara ka muoroto thĩ akĩhũũragwo haati cia kĩnena na cia itina na iraatũ. Thuutha ũcio akanyitanĩĩrwo nĩ hũmungaati gĩkundi arĩ njaga akahangĩrwo rũtaara-inĩ rũigĩrĩĩrwo njiko ĩrĩ na mwaki kana agatindĩkĩrĩrio mũcuba kĩĩno-inĩ, agaciinwo na njeegeni njegeke, nyondo, kĩnena, itina, cieero na ngingo. Thuutha ũcio ageekĩrwo maaĩ mahiũ ma biribiri kĩino-inĩ. Aathiĩ na mbere kũrega noohoro, agaikio irima rĩa thuraku kana rĩa thũraita arĩ njaga, kana agaikio mbũrũbũrũ kĩino-inĩ, akeerwo arega noohoro ĩgũtuthũkĩra kũu thĩĩni, akue. Arĩ njaga o ũguo, nyamũ ya thĩ ĩrĩ kĩaga-inĩ ĩkareehwo, akeerwo arega kũheeana ũhoro nĩ kũrekererio yoonane naake. Ona Kĩĩbu na kĩũra nĩ ciatũmangĩrwo nĩ ahũũngani mahũri gwĩkĩra atumia ngoro ya guoya. Atumia angĩ marega noohoro maciinagwo na thigara mũthia-inĩ wa nyondo, makeenjwo na icegera cia cuba njuĩrĩ na huuyo mooheetwo mooko na magũrũ, makamindiirwo nyondo na buraithi, makarengwo ciaara cia mooko kana cia magũrũ na rũhiũ. Handũ ha kumbũra hitho cia kĩama, atumia amwe mauugaga mooragwo. Kee rĩu twone ũrĩa Mau Mau maahũũngangwo mahũri kwa borithi.

Wĩra wa kũhũũnga memba a Mau Mau mahũri mataũni na nditĩĩni waneetwo birithi ya rũhonge rwa mwanya, *Special Branch* (SP) na *Kenya Police Reserve* (KPR). Kwoguo kambĩ cia kũnyariira memba a Mau Mau nyiingĩ ciaarĩ mataũni na nditĩĩni. Thũngũ theteera cia SP na KPR nĩ cio ciaarĩ ahũũngani a mahũri igĩteithĩrĩrio nĩ njaguuti ciao nyakairũ. Andũ arĩa maatwaragwo kambĩ icio makĩria maarĩ arũme; mũndũ atwarwo aambaga kũhũũrwo mbaara nditũ. Thuutha woguo agatwarwo meetha-inĩ, akeerwo aheeane ũhoro wa ũrĩa aanyuire muuma wa wĩyathi na marĩĩtwa ma andũ arĩa mamũrikurutire gũtuĩka mũmemba wa Mau Mau na aamenyithie birithi kũrĩa Mau Mau maigaga mĩcinga. Mũndũ ooiga ndarĩ noohoro wa kũheeana, akeerwo aũre nguo ciothe atigwo ũrĩa aciarirwo, aarega kũiruta ikarutwo na hinya na buunjo wa rũthũũro. Arĩ njaga akambĩrĩrio kũhũũrwo na kĩmanja gĩa thĩgĩngĩ cia mĩigua, haati na ngundi. Mũnyiitwo oomia kĩongo, arege noohoro akoohwo magũrũ bĩĩngũ agacurio ainamĩtio ta ng'ombe ĩgũthĩnjwo, agatigwo hau acunjurĩte handũ ha mathaa gĩkundi kana ũtukũ mũgima. Kĩrooko, akorwo ti mũkuũ, agacurũrio, arĩ o njaga, akaheeo maaĩ makũnyua gĩkombe na mathaa meerĩ magwĩciiria kana nĩ akũheeana ũhoro. Mathaa mathira ahũũngani mahũri magooka makuuĩte ũũru na ndigithũ, makamũria kana arĩ na ũndũ akwenda kwĩra thirikaari ya Marikia, auuga ndarĩ noohoro akahũũrwo mbaara nene, aaringĩka agakuanĩĩrwo na buunjo mũingĩ agatwarwo kĩmeetha-inĩ kĩraihu na kĩaraamu kĩaarĩ na bĩĩngũ koona na koona, akambwo akoomeetio na ngara ta ngondu ĩgĩthĩnjwo. Hau hau, makambĩrĩria kũmũnyariira—kũmũciina na thigara mũcuthĩ, huuyo na njuĩrĩ, kũmũmunya ndwara na buraithi, kũmũtheeca na mbini kana ciindano gatagatĩ ga kaara na rwaara. Omĩrĩria ruo, agaciinwo mũthiita na thiitima, aakaya nĩ ruo agekĩrwo gĩtambaya kĩĩgũ kanua. Eetĩkĩra kũheeana ũhoro nĩ ruo akohorwo bĩĩngũ magũrũ na mooko, agatwarwo wabici ya gũthareendera; no aangĩrega noohoro akagarũrwo agakoomio na nda meetha-inĩ aambĩĩtwo, agakindwo mũbibi nĩ thigari gĩkundi. Thigari cia nyakeerũ ikaambĩrĩria, ciaarĩkia ikamũtigĩra thigari nyakairũ. Thuutha ũcio arĩa maarĩ na mĩthiita mĩng'aru magacooka ho maita meerĩ kana matatũ, akambĩrĩria kuura thakame mũthuti. Marĩkia kũmũkinda makamũtindĩkĩrĩria mũcuba mũthuti-inĩ ũrĩ na maaĩ mahiũ ma biribiri, tamenya ruo ruũ! Aarega na mahũri biũ akongererwo ruo makĩria: 1) kũmũciikithia ngui ya birithi arĩ njaga, 2) akeerwo anyue mathugumo make na arie mai make, 3) akeerwo onge mĩthiita ya arĩa maramũnyariira; 4) arĩ o ũguo njaga agaakio ndia-inĩ ya maaĩ makinyĩĩte maruu na irio akaimwo, agatigwo hau handũ ha thikũ mũgwanja; 5) akorwo tĩ mũkuũ akarutwo maaĩ-inĩ agekĩrwo bĩĩngũ mooko agacurio handũ ha mathaa gĩkundi; 6) nyamũ ya thĩ ĩkareehwo, akeerwo aheeane ũhoro kana ĩrekererio; 7) aarega noohoro biũ agaciinwo na beturori mwĩrĩ wothe kinya aakue, kana akohererwo Land-Rover ya birithi na thuutha na mũkanda agakururio barabara-inĩ, aakua agaikio Land Rover-inĩ agacookio kambĩ gũthiikwo. Nĩ maũndũ maingĩ ma kĩĩnyamũ meekĩrwo andũ aiitũ nĩ Ngeretha hĩndĩ ya mbaara ya wĩyathi. Ũmũũthĩ ũyũ andũ aingĩ arĩa mataarĩ aciare hĩndĩ ya mbaara nene ya wĩyathi matingĩtĩkia atĩ Ngeretha nĩ meekire ũcangiri ta ũcio makĩgeria kũhingĩrĩria mbaara ya wĩyathi nĩguo matũũre matũnyuaga thakame tũmakuĩĩte na ng'ongo. Ruo rwa ngoro nĩ atĩ njangiri icio cia nyakeerũ na nyakairũ cianyariiraga na kũũraga memba a Mau Mau matũũra-inĩ na mataũni-inĩ gũtirĩ wanyitiirwo nĩ thirikaari ya Kenyatta aciirithio, handũ ha gũciirithio matuiirwo maobithaa anene a birithi, a njeeci na a njeera.

Njenũrũ Chaina aarathĩirwo mbaara-inĩ na akĩnyiitwo nĩ thũ.
Thuthu ũcio nĩ aathareendire, agĩtuĩka njaguutĩ ya ngoronia Ngeretha.

13. KLFA Kũũmba Thirikaari ya Ituĩka

Gũtirĩ Kĩndũ Kĩrĩ Mũrĩo ta Wĩyathi

Kongomano ya Gatatũ yaacemanirie Mĩhuro KLFA hendikwota, Nyandarwa, kuuma tarĩki 22-25 mweri wa Nothemba, 1954. Yookĩĩtwo nĩ aarũi a mbaara 1,200, memba a KWC kuuma Nairobi na gĩkundi kĩnene gĩaatongoria na itungati kuuma matũũra-inĩ na taũni cia Mũrang'a na Nyĩrĩ. Atumia nĩ mookĩĩte kwaũingĩ matũmĩĩtwo nĩ kamĩtĩ cia Mau Mau cia matũũra maao. Mathenge na thigari ciake nĩ mookĩĩte kongomano na komanda a Kĩambuu na Naroko nĩ mekinyĩtie na magĩkũngũĩrwo mũno nĩ atongoria a KP. Njenũrũ Mbaria tondũ aarĩ kongomano-inĩ ĩyo eerire Maina wa Kĩnyattĩ mwaka 1979 atĩ Kĩmaathi nĩwe wahĩngũrire kongomano na ciugo ici:

> Nyũmba iitũ:
>
> Ndĩreenda kũmũcookeria ngaatho inyuothe mũũkĩte kongomanio-inĩ ĩno ona gũtuĩka ndege cia thũ no irarekia mboomu, njĩra iria mũũkĩĩre nĩ nyambe mĩtego ya mboomu, ithima nyiingĩ igekĩrwo thumu, matũũra-inĩ kaabiũ nĩ yotukũ na mũthenya, barabara ciothe iria nene gũũkũ Gĩkũyũ nĩ njĩkĩre ihingo na ikarangĩrwo nĩ mbirarũ cia thũ. Hũmungaatĩ, warũrũngana, birithi na mbirarũ nĩ maheetwo hinya wa kũũraga mũndũ owothe megwiciirĩria nĩ wa Mau Mau, no macio moothe matinagiria mũũke kongomano; mũroiigire nĩ kaba gĩkuũ kũrĩ ũkombo wa ũkoronia. Amwe aanyu muumĩĩte kũraaya—Naroko, Kĩambuu, Thĩka, Nairobi, na matũũra-inĩ—mũũke Nyandarwa tũbange mĩaramano na mĩirigo ya mbaara na twarĩrĩrie mũbango wa bũrũri witũ wa mbere ndaaya. Mũrookĩĩte mũkuĩĩte mĩcinga, mbũrũbũrũ, irio, nguo, ndaawa, na ũcamba na ũũmĩrĩru wa bũrũri witũ, mũkĩmenya kũna mũndũ angĩnyiitwo nĩ thũ na kĩmwe kĩa indo icio nĩ gĩkuũ. Ndaamwĩra atĩrĩĩrĩ Nyũmba iitũ: gũtirĩ kĩndũ kĩngĩ kĩrĩ mũrĩo ta ngogoyo ya wĩyathi.

Thuutha wa gũcookeria arĩa mookĩĩte ngaatho, Kĩmaathi nĩ athoomĩre anjeenda ya mũthenya wa mbere wa kongomano, nayo yahaanaga ũũ: 1) kũbanga mĩaramano na mĩirigo mĩerũ ya ũrĩa mbaara ĩkũrũũo

211

mwaka wa 1955 na kũhee komanda arũithia a mbaara mawaitha meerũ makũmahotithia kũgiana na mbũtũ cia thũ; 2) kũigua na kwarĩrĩa ribooti ya atongoria a ndiicitiriti na a matũũra; 3) Mathenge gũtarĩria kongomano gĩtũmi gĩa kũrega kũnyitanĩra wĩra wa mbaara na KP; 4) atongoria a KP kũmenyithia kongomano kũrĩa ũteti wa bũrũri ũroorete na mũrũgamo wa KLFA; 5) gũthomeerwo ribooti ya itungati iria ciatũmĩĩtwo nĩ kongomano ya Keerĩ kwarahũra ndũũrĩrĩ icio ingĩ cia Kenya nĩguo ciingĩre mbaara-inĩ ya wĩyathi.

Aarĩkia gũthooma anjeenda, Kĩmaathi nĩ aribootire gĩkuũ kĩa Njenũrũ Kago, Njenũrũ Kiriti Ole Kisio, Ole Mendet, Mwangi Toto, Birigidia Gathiitũ na Njenũrũ Kariba na kũnyiitwo na gũthareenda kwa Njenũrũ Omeera. Omeera nĩwe waarĩ mũbuunge wa mbere wa KP gũikio mooko nĩ ngoronia arĩ muoyo, na ota Njenũrũ Chaina, Njenũrũ Omeera nĩ aathareendire na tondũ aarĩ nderekita wa Raiburarĩ ya KLFA, ũhoro ũrĩa aheeanire nĩ wateithirie ngoronia Ngeretha kũnyita Raiburarĩ ya KLFA na kũũraga aarũi arĩa maamĩrangagĩra. Kũnyiitwo kwa bairo cia KLFA cia mbaara na maratathi maingĩ maarĩ na hitho cia mbaara, ribooti cia mĩcemanio ya KP na koobi cia marũa marĩa Kĩmaathi atũmagĩra komamda a mbaara na kamĩtĩ cia Mau Mau cia matũũra-inĩ na cia mataũni-inĩ nĩ gwateithĩrĩirie Ngeretha kũmenya hitho nyiingĩ cia KLFA cia mbaara na marĩĩtwa ma atongoria a Mau Mau matũũra-inĩ na ma komanda arũithia a mbaara mũtitũ na mataũni-inĩ. Maratathi macio maanyitiirwo nĩ thũ, rĩu metagwo na kĩĩngenũ, *The Kĩmaathi Papers, 1954*.

Maacũ aarĩkia mĩario eetire Njenũrũ Ihũũra arĩrie kongomano. Njenũrũ Ihũũra nĩ amenyithie kongomano atĩ thigari Ngeretha igĩteithĩrĩrio nĩ thaata cia bũrũri nĩ ciatindĩkĩĩte mbũtũ cia KLFA na hinya mũingĩ mũno, kũharagania cĩĩhitho kĩrũndo cia KLFA, kũrenga raini cia irio na kũrangĩra njĩra cia mĩkĩra matũũra-inĩ iria areehi a irio na mathaita matũmagĩra. "Mworoto wa Ngeretha," Njenũrũ Ihũũra akĩĩra kongomano, "nĩ kũingĩra Nyandarwa, kũnyita hendikwota ya KLFA, kũũraga atongoria a mbaara na kũharagania mbũtũ cia wĩyathi. Kwoguo no mũhaka kongomano yũũke na mũbango mũrũmu na mũkindĩre wakũhotithia mbũtũ cia wĩyathi gũkonyora mbũtũ cia thũ marima-inĩ marĩa cĩĩhatĩrĩirie" (Mbaria, 1976). Njenũrũ Ihũũra aathiire na mbere kuuga atĩ "Njenũrũ Chaina na Njenũrũ Omeera maathareenda nĩ maaheire ngoronia hitho nyiingĩ cia KLFA cia mbaara na nĩ ũndũ ũcio mbucii nyiingĩ Mũrang'a nĩ thaamie igaakwo kũndũ kũngĩ hamwe na thitoo cia irio na thibitaarĩ. Njĩra imwe iria aarũi a wĩyathi marageraga nĩ hande mboomu cia *landmine* nĩ thũ, ithima nyiingĩ igekĩrwo ũrogi, mũndũ aanyua maaĩ macio no gĩkuũ." Nĩ aathiire na mbere gũtaarĩria kongomano atĩ thirikaari ya ngoronia ĩrĩ na mũbango wa kũũmba njeeci ya mwanya ya mĩgarũ ya arĩa moiimĩte KLFA magathereendera Ngeretha ta Njenũrũ Chaina na Njenũrũ Omeera nĩ ũndũ wa nda, guoya na ũkoroku wa mbeeca. Agĩkĩra hinya mĩario yake, Njenũrũ Ihũũra eerire kongomano:

Njeeci ĩno ya mĩgarũ nĩyo ĩrĩtongoragia mbarĩ ya nyakeerũ mũtitũ-inĩ wa Nyandarwa na Kĩrĩnyaga na tondũ mĩgarũ nĩ mooĩ njĩra ciitũ ciothe cia mũtitũ-inĩ, cĩĩhitho ciitũ na kũrĩa twakĩĩte mbucii na tũigaga irio, bairo cia mbaara, mĩcinga na njirũngi; nĩ mooĩ mĩtugo na mĩĩkarĩre iitũ ya mũtitũ na rũthiomi rwitũ rwa mbaara, nĩ mooĩ ũrĩa irio irehagwo mũtitũ, ũrĩa mathaita ma mbaara maarehagwo na nĩaa marutaga wĩra ũcio, na makĩria ya ũguo nĩ mooĩ marĩĩtwa maatongoria a Mau Mau a matũũra-inĩ na mataũni-inĩ na nĩ makũheeo mĩcinga mĩnene nĩ thũkũmũ nyakeerũ ya gũtũhĩta mĩtitũ-inĩ, matũũra-inĩ na mataũni-inĩ magatũũraga. Nĩ ũndũ ũcio, njeeci ĩno ya mĩgarũ nĩ ĩgũkorwo ĩrĩ na ũcangiri mũũru makĩria kũrĩ njeeci ya hũmungaati tondũ mworoto wayo nĩ gũtemera mbũtũ cia ngoronia njĩra njarĩĩ na nyoroku kinya hendikwota ya KLFA, manyiite Maacũ na atongoria acio angĩ a *Kenya Parliament*; tũhootwo, ũkombo wa ũkoronia ũrikĩrio, ũtonye mwĩrĩ na meeciiria. Kwoguo tũkĩbanga ũrĩa tũkũrũa mwaka ũcio ũngĩ no mũhaka na no nginya kongomano ĩno yũũke na mũbango mũrũmu na mũkindĩre worĩa tũgũtharĩkĩra njeeci ya mĩgarũ. Twaga mũbango, mĩgarũ na araata aao nyakeerũ marĩtũkooraga mbucii nahii-nahii magatũheeheenja. Nyũmba iitũ, andũ matarĩ mũbango, matebangĩĩte na matarĩ na ũiguano kana ũũrũmwe mahaana ciihũ. Tondu ciihũ ciaumbuthũrwo magoko-inĩ nĩ mũguĩmi, o kĩĩhũ kiuugaga Ngai ndeithia, gĩgathiĩ na njĩra yaakio, kĩrĩa gĩĩtarĩ ihenya gĩkooragwa, rũũciũ taguo kinya ciihũ ciothe rũgongo rũgima ikaniinwo.

Ũhoro ũngĩ ingĩenda kũhutia haniini nĩ wa ũiguano na ũũrũmwe wa mbũtũ ciitũ cia ita na ũtongoria wa kĩama giitũ kĩa mbaara. Muuma ũrĩa twanyuire wa ũiguano uugĩĩte atĩ gũtirĩ mũndũ kana gakundi ka andũ getĩkĩrĩtio kũbuunjania ũiguano na ũũrũmwe wa mũingĩ kana kaheeo kamweke ga kũharagania mĩhĩtwa ĩrĩa twehĩtire ya kũrũĩra wĩyathi wa bũrũri witũ. Mũndũ ta ũcio kana andũ ta acio no kinya moeerwo ikinya, manyiitwo, matwarwo igooti-inĩ rĩa kĩama kĩa wĩyathi, maciirithio maanyiitwo na mahĩtia mekĩrwo mũhindo ngingo; andũ ta acio nĩ thaata cia bũrũri matiagĩrĩĩre kũigwĩrwo tha. Ithuĩ ita rĩa Mũrang'a tũnyitĩĩte ũtongoria wa KP—ũtongoreetio nĩ Maacũ Kĩmaathi—na mooko meerĩ na tũgetĩkia atĩ arĩa mareenda gwatũra KLFA, gũtũhũrithania, nĩ thũ ciitũ, nĩ thũ cia bũrũri, nĩ thũ cia wĩyathi; ona Ngai witũ nĩ amathũire. Ngwĩhoko na nĩ njĩtĩkĩtie atĩ mĩtĩ ĩyo ndaagweta mĩario-inĩ yakwa nĩ ĩgũikarĩĩrwo thĩ nĩ kongomano nĩguo tũgĩcooka mbucii ciitũ tũkorwo tũrĩ kĩndũ kĩmwe, raini ĩmwe, mworoto ũmwe, njeeci ĩmwe (Ribooti ya Mbaria 1976; Gucu na Nyakĩyo, 1979).

Njenũrũ Ihũũra aarĩkia kwaria, Kĩmaathi nĩ ooririe komanda arĩa maarĩ mũthitarĩ wa mbere mbaara-inĩ maarĩrie kongomano. Mĩario yaao yaarĩ raini ĩmwe na ya Njenũrũ Ihũũra. Arĩa angĩ macookire kwarĩria kongomano nĩ atongoria a matũũra. Ribooti yaao ĩkĩmenyithia kongomano ũrĩa andũ mathaamĩthĩtio na hinya kuuma mĩgũnda-inĩ yaao, magatwarwo kambĩ-inĩ cia hũmungaati kũrĩa maarangĩragwo mũthenya notukũ—atĩ mũtumia agĩthiĩ mũgũnda kũmaathĩra ciana gĩa kũrĩa no kinya ahooe rũũtha kũrĩ mbarĩ ya ngoronia. Magĩthiĩ na mbere kũmenyithia kongomano ũrĩa ng'aragu na mĩrimũ ituuĩkĩĩte kĩguũ gĩa gĩkuũ matũũra-inĩ. Makĩrĩĩkia ribooti yaao makiuuga na ciugo nditũ cia wendo wa bũrũri atĩ ona mangĩũũragwo, maciikithio ng'aragu na mĩrimũ, manyariirwo ngoro, mĩĩrĩ na meeciiria, mĩcĩĩ yaao ĩciinwo na mahiũ maao matahwo, matirĩ hĩndĩ makarekia bũruri, marekie beendera ya kĩama kĩa wĩyathi kana mathareende.

Thuutha ũcio kongomano nĩ yaaheeirwo ribooti nĩ itungati iria ciatũmĩĩtwo gũũkĩria ndũũrĩrĩ icio ingĩ cia Kenya nĩguo ciarahũke, inyii-tanĩre na kĩama kĩa wĩyathi kũhũũrana na mbũtũ cia ngoronia na itũme mbũtũ cia mbaara Nyandarwa. Meeja Wang'ombe nĩwe wambĩrĩĩrie kũheeana ribooti yake; aakĩĩra kongomano rũgendo rwake rwa Kĩambuu na Naroko rwarĩ rũrathime tondũ nĩ aahotire gũkinya Kĩambuu na Naroko na akĩoonana na komanda a mbaara a ng'ongo icio cieerĩ. "Ngwĩciiria tondũ Komanda wa Kĩambuu na wa Naroko nĩ mookĩĩte Kongomano," aakĩĩra Kĩmaathi, "harĩ bata maheeo kamweke maheeane ribooti ya ng'ongo

ciao." Meeja Vido naake akĩmenyithia kongomano nĩ aahotire kwonana
na komanda wa mbũtũ cia Thĩka na wa cia Makũyũ na akĩmataarĩria
mũbango na mworoto wa KP na akĩmooria mageekinyia kongomano-inĩ
kũheeana ribooti ya ũrĩa mararũithia mbaara ng'ongo ciao. Komanda wa
Thĩka na wa Makũyũ nĩ mookiire Kongomano na makĩheeo mweke wa
kwaria.

Mũndũ wa gatatũ aarĩ Kabuuteni Rũgani, naake akĩĩra Kongomano
atĩ rũgendo rwake rwa gũthiĩ bũrũri wa Turukana na Bokoti rwarĩ na thĩĩna
mũingĩ tondũ njĩra ciothe ciaarĩ ngaabe nĩ thigari cia ngoronia na aarĩithi a
ng'ombe matiaarĩ noteti wa rũthũũro rwa ũkoronia, no nĩ ahotire gũkinya
bũrũri wa Bokoti na akĩoonana na atongoria. Maaria Bokoti magĩtĩkĩra
gwethera KLFA matharaita na kũrutũrũra ngoronia bũrũri-inĩ waao. Ribooti
ya kana yaheeaniirwo nĩ Meeja Wanjaũ. Aatũmĩĩtwo gũthiĩ Naikuru taũni
kwonana na Kamĩtĩ ya Mau Mau ya gatagatĩ na oona kamweke athiĩ bũrũri
wa Nandĩ, wa Kipsigis, wa Tugeni na auma hau athiĩ rũgũrũ kwa Njaruo
na Aabarũia. Nĩ amenyithirie kongomano atĩ nĩ aahotire gũkinya taũni ya
Naikuru na akĩoonana na atongoria a kĩama kĩa wĩyathi na akĩmatarĩria
mworoto na mũbango wa KP na mathĩĩna marĩa maakooragwo mũtitũ,
makĩria makwaga njirũngi njiganu, ndaawa, nguo na mĩcinga. Akĩmenyithia
kongomano atĩ atongoria a mbaara Naikuru nĩ mamũheire njirũngi
mũhuko mũgima na buundũki ithatũ na makiuuga nguo na ndaawa nĩ
magwetha, ciooneka mairehe hĩndĩ ya kongomano. Anjumbe a Naikuru nĩ
mokĩĩte Kongomano, akiuuga, na ngwĩciiria nĩ makũheeo kamweke marie.
Rũgendo rwa Nandĩ, Kipsigis, Tugeni na rũgũrũ kwa Njaruo na Aabũria,
Wanjaũ aakĩĩra kongomano, rũtiahotekire tondũ mbũtũ cia ngoronia
ciaahaanaga ta thuraku njĩra-inĩ. Meeja Kahiga aatũmĩĩtwo bũrũri wa
Ikamba na ribooti yake ndĩaarĩ njega. Aribootire atĩ atongoria a Mau Mau
Ikamba-inĩ maatiahoteete gwaka njeeci mbaara ya wĩyathi ĩtanambĩrĩria
nĩ ũndũ ũcio thũkũmũ Ngeretha nĩ maahotire kũgirĩrĩria Mau Mau ĩtambe
bũrũri-inĩ.

Njaama ĩrĩa yaatũmĩĩtwo gũthiĩ kũhooya ũteithio Ũganda kũrĩ Kabaka
wa Baganda ndĩaahotire gũkinya kuo tondũ wa kwaga gwa kũrarĩrĩra
na mũhaka-inĩ wa Kenya na Ũganda warĩ mũrangĩre mũno nĩ mbũtũ cia
ngoronia, ona mbĩa ndĩngĩonire mwanya wa kũingĩrĩra. Nayo njaama ĩrĩa
yaatũmĩĩtwo gũthiĩ Ithiobia kũũria ũteithio wa mathaita ma mbaara kũrĩ
thirikaari ya Haile Selassie na kũhingũra wabici ya KLFA Addis Ababa, nĩ
tũthoomire hau igũrũ, yaarĩ ya andũ 16 hamwe na komanda waao no
ti Njenũrũ Mathenge. Nĩ mageretie mũno tondũ mahĩtĩrĩirio nĩ mbũtũ

cia ũngoronia mũhaka-inĩ wa Ithiobia na Kenya; maarega gũthareenda, mbaara ĩgĩtuthũka. Nĩ marũire na hinya mũno no nĩ maahootirwo, aingĩ aao makĩũũragwo, arĩa angĩ makĩnyiitwo mateeka magĩcooka makĩũũragwo; gũtirĩ waao wahonokire. Ũhoro ũrĩa wandĩkagwo magathĩĩti-inĩ ma gũũkũ Kenya, ũkanĩrĩrwo nĩ tũmeeme na ũkaheeanwo nĩ andũ amwe arĩa maarĩ mũtitũ atĩ Mathenge na mbũtũ ya itungati 70 marĩ Ithiobia nĩ ũhoro ũtarĩ itaata rĩa ma—ũhoro wa mũhũyũko, wa maheeni magandu.

Mũthenya ũyũ ũngĩ kongomano yaacemania, Kĩmaathi nĩ aribootire atĩ nĩ atũmiire thirikaari ya USSR, India, Egypt, USA na ingĩ marũa makũimenyithia mworoto wa KLFA na gũciũũria inyite andũ a Kenya mbaru mbaara-inĩ yaao ya wĩyathi. Koobi cia marũa macio ciaatũmĩirwo Mbiyũ na Mũrumbĩ, London, na Kĩmaathi akamooria magerie igũrũ na thĩ moone nĩ matũmĩra United Nations koobi. Agĩthĩĩ na mbere na ribooti yake nĩ amenyithirie kongomano atĩ nĩ aatũmĩire macibũ na hendimeni (thũ cia wĩyathi) Gĩkũyũ-inĩ kũmamenyithia atĩ maaga gũceenjia mũrũgamo waao, mathĩĩ na mbere na gũteithĩrĩria mbarĩ ya nyakeerũ, ciongo ciao nĩ irĩgĩĩrwo nĩ Mau Mau. Thuutha wa ribooti ya Maacũ Kĩmaathi, anjumbe a KWC nĩ maaheeirwo mathaa ma kwaria. Maambĩrĩĩrie na kũmenyithia kongomano, ũrĩa mbaara yaathiiaga na mbere Nairobi. Mbũtũ cia KLFA, maakĩĩra kongomano, nĩ ciahoteete kũrutũrũra thũ mĩtaa-inĩ ya andũ airũ, na aacukani aingi nĩ mameendereetwo. Rũhuho rwoteti, makĩigwithia kongomano, rũrahurutana na hinya rũrĩ mwena wa wĩyathi kinya rũgatũma Ngeretha maambĩrĩĩrie kwororoiya ngoro. "Mũthenya ũngĩ," makĩmenyithia kongomano, "ngoronia Ngabana nĩ aranĩrĩire na kameeme atĩ kũrĩ na mũbango wa gũthondeka thirikaari ya *multi-racialism* (thirikaari ya ndũũrĩrĩ ciothe cia Kenya ĩtongoreetio nĩ ngoronia) na mawatho ma mwĩhũũgo nĩ mambĩrĩĩrie kũregerio na andũ airũ arĩa marĩ mwena wa ũngoronia na marĩ na gĩthoomo nĩ maambĩrĩĩrie kũheeo itĩ cia igũrũ thirikaari-inĩ. Atongoria njũna-ndara a ciama cia arutiwĩra nĩ metĩkĩrĩĩtio gwĩta mĩcemanio ya arutiwĩra na Ngabana arĩ na mũbango wa gwĩtĩkĩria ciama cioteti. Ũguo nĩ guo Ngeretha na njaguuti ciake nyakairũ marabanga" makĩĩra mbũtũ ya ita. KLFA, magĩtaarĩria kongomano, "nĩ yuugĩĩte maita maingĩ atĩ ndĩrĩ hĩndĩ ĩgeetĩkĩra kũnyitanĩra thirikaari na ngoronia kana Ũhĩndĩ. Mworoto wa KLFA nĩ wĩyathi—nĩ thirikaari ya arĩa aingĩ bũrũri-inĩ, thirikaari ya Aakenya." Niingĩ nĩ "tuugĩĩte tũhinyĩrĩĩrie, tũkooiga rĩngĩ na rĩngĩ, atĩ andũ airũ arĩa makũnyita thirikaari ya *multiracial* mbaru, maingĩre thirikaari ya ngoronia, nĩ thũ cia KLFA, thũ cia bũrũri, nĩ thũ cia wĩyathi, na tũkũmareenga magũrũ na njirũngi" (*The Kĩmaathi Papers, 1953-1954;* Maina wa Kĩnyattĩ, 2008:303).

Atongoria a KWC makĩrĩkia mĩario, maanĩrĩire na hinya makiuuga: KLFA ndĩrĩ hĩndĩ ĩkaiga mĩcinga thĩ Ngeretha atarutĩte njeeci yake bũrũri-inĩ, abuunje mbũtũ cia hũmungaati, arekie atongoria a Kaũ na Mau Mau na eetĩkĩre kũgie na mũcemanio wa kwarĩrĩria mũthenya ũrĩa Kenya ĩkeyatha na ũcio nĩguo mũrũgamo wa KLFA.

Mũthenya wa gatatũ, kongomano yaikarĩire thĩ mĩtĩ ĩno: 1) kwaramia KP nĩguo ndũũrĩrĩ cia Kenya ciaingĩra mbaara-inĩ ya wĩyathi ikorwo na anjumbe thirikaari-inĩ ya KLFA; 2) kũũmba thirikaari ya ituĩka; na wa gatatũ, kwarĩrĩria mĩgigi ĩrĩa ĩkoragwo gatagatĩ-inĩ ka Mathenge na atongoria a KP. Mũtĩ wa mbere na wa keerĩ ndĩaarĩ na mĩhĩnga, kongomano nĩ yaaheeire atongoria a KP hinya wa gũtabarĩra maũndũ macio. Mũtĩ wa gatatũ nĩ wakirie mwaki wa ngarari kongomano-inĩ. Andũ aingĩ, makĩria komanda a mbaara, nĩ meendaga kũmenya gĩtũmi kĩrĩa kĩagiragia Mathenge arutithania wĩra wa mbaara na KP na mũrũgamo wake wotetĩ. Mathenge nĩ aheeirwo kamweke nĩ mwene-gĩtĩ wa kongomano aarie. Ndaaririe mũno, auugiire atĩ gĩtũmi gĩa kuuma ũtongoria-inĩ wa kĩama kĩa mbaara na gĩa kũrega gũthiiaga mĩcemanio ya KLFA nĩ tondũ Kĩmaathi aarĩ na mũbango wa kũmũũraga nĩguo amweherie ũtongoria-inĩ wa KLFA. Oorio kana aarĩ na mũira wa kũmũnyita mbaru, akiuuga, aaca. Oorio aamenyeete atĩa atĩ Kĩmaathi aarĩ na mũbango ta ũcio, akĩambĩrĩria kũhiindahiinda. Kĩmaathi eerwo eethitũre, akiuuga wee ndaarĩ ũndũ ta ũcio aabangĩte kana eeciirĩtie kana areciiria, nonoakeene Mathenge angĩtĩkĩra gũcooka ũtongoria-inĩ wa KLFA na kũrũmĩrĩra na gwathĩkĩra mawatho ma KP. Mathenge oorio kana no eetĩkĩre gũcooka ũtongoria-inĩ wa KLFA na kũnyita mũrũgamo wotetĩ wa KP akiuuga ndaaroona harĩ na mĩhĩnga; nĩ ũndũ ũcio gũgĩtuĩka nĩ eetĩkĩra gũcooka ũtongoria-inĩ wa mbaara. Kũniina ũhoro ũcio, gwatuirwo Kĩmaathi na Mathenge maheeo muuma wa ũiguano; muuma nĩ wathondekirwo na eerĩ makĩũũnywa. Ũrĩa kongomano ĩtamenyire nĩ atĩ Mathenge nĩ atuĩte itua atĩ ndaagathĩkĩra ũtongoria wa KP kana arutithanie wĩra na Kĩmaathi. Tondũ ona agĩũũka kongomano aarĩ na mworoto wa kũũmba kĩama kĩngĩ gĩa kũrũithia mbaara. Mworoto ũcio nĩ wanyitĩĩtwo mbaru nĩ Mbaria wa Kaniũ, Kahinga wa Wacanga, Kĩmbo wa Mũtukũ, Njenũrũ Kahiũ-Itina na komanda a mbũtũ cia Ũthaya.

Mũũthĩ wa kana, kongomano yaarĩrĩirie ũrĩa mbara ĩkũũrwo mwaka wa 1955. Nĩ ũndũ wa ũrĩa Ngeretha meerutanĩirie na nĩ maahooteete gũthũkuma mbũtũ cia wĩyathi na hinya nginya maakanyita kambĩ imwe cia itungati, komanda arĩa maarĩ mũthitarĩ wa mbere meerirwo magarũrĩre mũrũĩre wa mbaara. Mũthenya makarũa mbaara ya kwĩhithanĩra na ũtukũ magatharĩkĩra kambĩ cia thũ, makĩria rĩrĩa mbura ĩrauura kana mathaa ma ikiria nyoni. Ũhoro ũngĩ wa bata, komanda a mbũtũ nĩ maathirwo mageria ũrĩa mahoota kũgirĩrĩria mĩgigi kambĩ-inĩ ciao na gũtuĩria kana kũrĩ iceerũ cia ngoronia ciingĩrĩtie na waara mũtitũ irĩ na muoroto wa kũharagania mbũtũ cia wĩyathi. Makĩĩrwo mangĩnyiita mũndũ ta ũcio, matikamũhe kahiinda ga gwĩtetera, acuurio mũtĩ-inĩ ũrĩa ũrĩ hakuhĩ mbucii kana arekio na njirũngi. Kongomano nĩ yauugiire na ĩgĩkinyĩra na hinya atĩ komanda a mbũtũ no mũhaka marutithanie wĩra wa mbaara na atongoria a Mau Mau a matũũra na moone atĩ thigari cia wĩyathi itiranyamaria atumia matũũra-inĩ kana gũtuunya mũingĩ indo ciao. Watho wa Mau Mau wauugĩĩte atĩ gũtirĩ mũthigari wa KLFA wetĩkĩrĩtio gũtuunya mũndũ wa raiya kĩndũ gĩake, kũiiya indo cia mũingĩ kana kũgwata mũtumia. Mũrũĩri wĩyathi aangĩanyitiirwo eekĩte mahĩtia ta macio, atwaragwo igooti-inĩ rĩa mbaara. Kũgwata mũtumia kana mwana wa mũirĩĩtu rĩarĩ ihĩtia rĩũũru, mũndũ atuagĩrwo gũitwo.

Akĩhinga kongomano, Kĩmaathi eerire njamba cia bũrũri:

Ndĩreenda ndĩmũririkanie ũrĩa Kongomano ĩno yatuaa: Wambere, mũrũgamo witũ nĩ gwaaka thirikaari iitũ— thirikaari ya arĩa aingĩ bũrũri. Thirikaari ĩyo mareeta *multiracial* nĩ ya kũrikĩria ũkombo wa ũkoronia; nĩ twamĩrega. Wakeerĩ, wĩyathi ũrĩa tũreenda nĩ ũrĩa ũgũcookia mĩgunda iitũ ĩrĩa twatuunyiirwo na gĩthũri nĩ mbarĩ ya nyakeerũ; wĩyathi ũkũhee ciana ciitũ gĩthoomo kuuma buraimarĩ kinya yunabaaciti, wĩyathi ũkũhee Aakenya hinya wa gwathana na wa kũgaya ũtonga wa bũrũri witũ. Wagatatũ, nĩ tũreetĩkanĩirie ira atĩ ũiguano na ũũrũmwe wa mbũtũ ciitũ na wa ũtongoria wa kĩama kĩa mbaara nĩ cio ngo ciitũ mbaara-inĩ ĩno ya wĩyathi na kwoguo mũndũ ũrĩ na mũbango wa kũharagania mbũtũ ciitũ, gwatũra ũtongoria wa KLFA nĩ thũ iitũ, nĩ thũ ya bũrũri. Wakana, nĩ tũkoreetwo tũkiuuga kaingĩ na kaingĩ atĩ tũtikaiga mĩcinga thĩ kana tuumĩre kĩhaaro kĩa mbaara tũtaingatĩĩte ngoronia na njaguuti ciao nyakairũ bũrũri ũyũ witũ. Ithuĩ nĩ ithuĩ mbarĩ ya Mũũmbi, nĩ ithuĩ njamba cia bũrũri, tũrĩkuuga ũndũ tũtiuugũkagwo.

Mĩtĩ ĩyo ĩna nĩyo ngwendeete gũkindĩra, rĩu kongomano nĩ yaathira, andũ nĩ mamenyane na maheeane mawaitha, nyĩmbo cia wĩyathi ciinwo na nguĩko nĩ njĩtĩkĩrie. Itungati cia kumagaria andũ arĩa maracooka matũũra-inĩ na mataũni rũũciũ nĩ bange (Ribooti ya Mbaria, 1976; Gucu na Nyakĩyo, 1979).

Kĩrooko gĩĩkĩ kĩngĩ, nyoni itokĩrĩte, andũ nĩ meetirwo kĩhaaro, makĩĩrwo maroore Kĩrĩnyaga, mahooye. Mbaria wa Kaniũ eerire mwandĩki wa ibuku rĩĩrĩ kũrĩ mwaka wa 1976 atĩ Kĩmaathi nĩwe wahoithirie, akiuuga:

Ngai witũ, bũrũri witũ watuirwo gĩthĩnjĩro nĩ ngoronia Ngeretha. Matũũra-inĩ, mĩtitũ-inĩ na mataũni-inĩ thakame ya andũ aiitũ ĩratherera ta kĩguũ tĩĩri-inĩ. Marooragwo tondũ nĩ maregeete gwathĩkĩra watho wa ũcangiri wa ũkoronia. Ngai Baaba, Ngai wa Gĩkũyũ na Mũũmbi, Ngai witũ, wee nĩwe hinya witũ, ũrĩ mbere tũtingĩhootwo nĩ thũ. Tũhee hinya tũrutũrũre njangiri ici cia Ngeretha bũrũri-inĩ witũ, twĩyathe. Twakũhooya na rĩĩtwa rĩa Gĩkũyũ na Mũũmbi, rĩa Ndemi na Mathathi na rĩa Maina na Mwangi.

Thaai!

Thathaiya Ngai, Thaai!

Thuutha wa mahooya, mbũtũ igĩkũũra heema igĩcooka mbucii ciacio kũrũũa. Nao arĩa mooimĩte matũũra-inĩ na mataũni-inĩ makiumagario nĩ gĩkundi kĩa aarũi kinya rũteere-inĩ rwa mũtitũ, makĩinũka.

Kĩmaathi Kwandĩkĩra Ngoronia Ngabana

Mweri wa Ndithemba 1954 Ngeretha nĩ maatharĩkĩire mbũtũ cia wĩyathi, Nyandarwa, na thigari makĩria 50,000; mũtharĩko ũcio weetagwo *Operation Hammer*. Mbere matanaingĩra Nyandarwa maambire kũhũũra mũtitũ na ndege cia mboomu handũ ha thikũ mũgwanja, ũtuku na mũthenya. Mboomu itienyenyirie mbũtũ cia KLFA no nyamũ ciitũ cia gĩthaka ciooragire nyiingĩ. Thuutha wa mboomu, ndithemba 15 mbũtũ cia Ngeretha ikĩhamurithio ciingĩre Nyandarwa irutũrũre kana ciũũrage mbũtũ cia wĩyathi, inyiite Maacũ Kĩmaathi na iharaganie hendikwota ya KLFA ya mbaara. Mbaara nene ĩgĩtuthũka, ĩkĩrũũo handũ ha thikũ mũgwanja; Ngeretha makĩhootwo, makĩrutũrũrwo mũtitũ na mwaki mũnene.

Thigũkũũ ya Njesũ yaathira, kũrĩ Januarĩ 1, Ngeretha nĩ ahamurithirie mbũtũ ciake hĩndĩ ya keerĩ itharĩkĩre mbũtũ cia mũingĩ, Nyandarwa; mũtharĩko ũcio wa keerĩ weetagwo *Operation Broom*. Kahiinda gaka mbũtũ cia Ngeretha nĩ cieeharĩirie mũno tondũ nĩ ciahotire gũtindĩka mbũtũ cia wĩyathi nginya ikĩnyita mbucii ya Mĩhuro ĩrĩa yaarĩ Hendikwota ya KLFA no itirĩ mũndũ ciaanyiitire kana ciooragire tondũ mbũtũ cia KLFA nĩ ciathaamĩte mbucii ĩyo thikũ ithatũ mbere. Kuuma hau komanda a KLFA nĩ maaceenjirie ũrũi wa mbaara, ĩgĩtuĩka ya kwĩhithanĩrwo na tondũ mbũtũ cia ngoronia itiooĩ kũrũa mbaara ya mũthemba ũcio nĩ ciarutũrũrirwo Nyandarwa hĩndĩ ya keerĩ.

Ngeretha maaremwo nĩ kũrutũrũra mbũtũ cia KLFA Nyandarwa nĩ mookire na mũbango ũngĩ wa waara wa kũgeria kũharagania mbũtũ cia wĩyathi mũtitũ na nditĩĩni. Mũbango ũcio waarĩ wa kũhee aarũi a wĩyathi *amnesty*. Thirikaari ya ngoronia yaanĩrĩire na kameeme ĩkiuuga nĩ "geetha bũrũri ũcooke thaayũ, Ngabana Baring nĩ etĩkĩrĩte kũhee aarũi a mbaara ya wĩyathi arĩa marĩ mũtitũ na nditĩĩni *amnesty* akorwo nĩ makuumĩra mũtitũ, mathareenda na arĩa marĩ nditĩĩni moimbũre muuma na meetĩkĩre gũthareenda." Mũbango ũcio wa waara nĩ wanyitĩĩtwo mbaru nĩ nyakairũ njũna-ndara cia Renjikoo na cia kĩama kĩa arutiwĩra, hũmungaati na atongoria a ndini ya ũkĩrĩcitũ. Kwarĩrĩria ũhoro ũcio wa *amnesty*, Kĩmaathi nĩ eetire mũcemanio wa naihenya wa KP; atongoria a KP maaciira nĩ maaregire mahiinyĩrĩirie gwĩtĩkania na mũbango wa waara wa ngoronia Ngabana. Kwoguo, KP ĩgĩatha Kĩmaathi aandĩkĩre ngoronia Ngabana amũmenyithie mũrũgamo wa KLFA. Maya nĩmo marũa marĩ Kĩmaathi aandĩkĩire ngoronia Ngabana:

Kũrĩ Baring,

Ndũrĩ na hinya kana ũhoti wa kwĩra KLFA ithareende. Ithuĩ nĩ ithuĩ twĩkarangaga na tũkeihũra. Ũcio ũragũtarĩte no ũtũgucĩrĩrie tũingĩre mũtego-inĩ wa gũthareenda nĩ arakũhĩtithirie. Mworoto witũ, na nĩguo mworoto wa andũ a Kenya, nĩ kũhũũranĩra wĩyathi wa bũrũri witũ na ithaka ciitũ iria mbarĩ cianyu makoomeire na gĩthũri. Tũtikauuma mũtitũ kana tũige mĩcinga thĩ tũtarĩkĩtie wĩra ũyũ twaheeirwo nĩ Mau Mau. Thaayũ ũkooneka mwarekia bũrũri witũ, wĩyathe.

Nĩ niĩ,

Field Marshal D. Kĩmaathi

Nyandarwa Headquarters

(Marũa maya makoobetio kuuma maandĩko-inĩ ma
Kĩmaathi)

Atongoria a Mau Mau arĩa maarĩ njeera na nditĩĩni nĩ maaregire kũnyua
gacũrũ kau Ngabana aarugĩĩte ka *amnesty*, makĩooya raini ya KLFA.

Waziri Mkuu Dedan Kĩmaathi

Kwarĩrĩria makĩria ũhoro wa Ngabana wa *amnesty* na ũrĩa ũteti wa bũrũri
wahurutanaga, atongoria a KP nĩ meetĩkanĩirie meete kongomano ya
kĩama. Wabici ya mwandĩki mũnene wa KP nĩyo yaaheeirwo wĩra ũcio.
Mweri 6-9 wa Gatatũ 1955, kongomano nĩ yaacemanirie mbucii ya Cieeni,
Nyandarwa. Yookĩĩtwo nĩ aarũi a wĩyathi a Nyandarwa, na atongoria a
Mau Mau a matũũra kuuma Nyĩrĩ na Mũrang'a. Aarũi a wĩyathi kuuma
Kĩambuu, Naikuru na Naroko matiahotire gũkinya kongomano-inĩ hamwe
na atongoria a KWC tondũ wa mbũtũ cia ngoronia kũingĩha njĩra-inĩ.
Mathenge, Mbaria, Kahiũ-Itina na Kĩmbo matiookire kongomano, maarĩ
na mũcemanio na ngoronia wa kwarĩrĩria ũrĩa magũthareenda.

Mũthenya wa mbere, kũringana na bairo namba mũgwanja ya KLFA
(1955), kongomano yaarĩrĩirie na ĩkĩhĩtũkia maũndũ maya: 1) mworoto wa
KLFA nĩ kũhũũranĩra wĩyathi wa bũrũri kinya rĩrĩa ũkooneka; 2) *amnesty* nĩ
mũtego wa ngoronia Ngeretha wa kũharagania mbũtũ cia wĩyathi. KLFA
ti huko ĩrĩa ĩgucagĩrĩrio na ngwacĩ ikaingĩra mũtego-inĩ; 3) mũndũ mũirũ
ũkũgeria gwatũra ũiguano wa kĩama kĩa mbaara kana kũingĩrio mũbango-
inĩ wa ngoronia Ngabana wa *amnesty* nĩ thũ ya bũrũri, ndakaigwĩĩrwo tha,
nĩ aheehenjwo; 4) nĩ twareega thirikaari ya *multiracial*; tũtingĩnyitanĩra
thirikaari na Ngeretha na Ahĩndĩ arĩa matũũire matũnyuaga thakame na
gũtũnyariira na njĩra cia kĩĩnyamũ. Kenya nĩ bũrũri wa andũ airũ, nĩ ũndũ
ũcio thirikaari ĩrĩa tũrarũĩra nĩ thirikaari ya andũ a Kenya. Akĩongerera
mĩtĩ ĩyo nditi, Macaria wa Kĩmeemia eerire kongomano: "Andũ a Kenya
mooire mĩcinga marĩ na mworoto wa kũrũĩra wĩyathi wa bũrũri na
kwoguo mworoto ũcio na ũũmĩrĩru waao nĩ cio hinya wa KLFA. *Amnesty*
nĩ twamĩrega, gũthareenda, aaca, na gwĩtĩkĩra thirikaari ya *multiracial* nĩ
kwĩĩkia ndia-inĩ ya ũkombo wa ũkoronia. Kwoguo tũngĩtĩkĩra thirikaari ya

multiracial nĩ kwendia kĩrathimo kĩrĩa twarathimĩirwo nĩ Mwene-Nyaga."
Kĩmeemia aarĩkia mĩario yake, njamba cia bũrũri ciooimire kongomano-inĩ
ikĩinaga nyĩmbo cia ituĩka, igĩthiĩ kũrĩa irio cia hwaĩ-inĩ.

Mũthenya ũyũ ũngĩ andũ maarĩa kĩambia-nda magĩthiĩ hooru
ya mũcemanio; thaa ithatũ kongomano ĩkĩambĩrĩria. Anjeenda ya
mũthenya ũcio yaarĩ ĩmwe: Kũũmba thirikaari ya ituĩka na gũcagũra
arĩa makũmĩtongoria.

Mworoto wa kũũmba thirikaari waarĩ wa kwonia
thirikaari ya ũngoronia atĩ KLFA nĩ yaareganĩĩte na mũbango wa ngoronia
wa thirikaari ya *multiracial* na mũno makĩria kũmenyithia thũkũmũ
Ngeretha atĩ wathani waao wa ũkoronia Kenya waarĩ mũthiru.

Hĩndĩ ya gũcagũrana yaakinya, Kĩmaathi aacagũrirwo *Prime Minister* na
mũtongoria wa thirikaari, Karari Njama, *Secretary of State*. Naake Macaria
wa Kĩmeemia akĩambatĩrio ngathi agĩtuuo *Field Marshal*, karaũ wa mbũtũ
ciothe cia KLFA na mĩnĩciita wa mbaara. Wanjirũ wa Waicangũrũ agĩcagũrwo
Cibũ komanda wa rũhonge rwa atumia rwa mbaara na akĩambatĩrio ngathi
agĩtuuo Kanaarĩ na mĩnĩciita wa kũrũmbũyania na maũndũ ma atumia.
Kaabeneti yoothe yaarĩ ya andũ ikũmi neerĩ na mbuunge yaarĩ ya andũ
mĩrongo ĩĩrĩ na ana. Mbucii ya Cieeni nĩyo yaatuirwo gĩikaro kĩnene gĩa
thirikaari ya mũingĩ na Hendikwota ya KLFA.

Mũthenya wa gatatũ, kongomano yaakindĩra maũndũ marĩa maarĩtio
mũthenya wa mbere na wa keerĩ nĩ yaarĩrĩirie na ĩkĩiguanĩra mĩtĩ ĩno: 1)
Prime Minister arĩrangĩragwo nĩ ceekiurĩti ya thigari ikũmi na igĩrĩ, ndarĩ
na rũũtha rwa kuuma Nyandarwa kana gũthiĩ kĩhaaro-inĩ kĩa mbaara.
Agĩthiĩ mbucii cia aarũi no mũhaka aheeo rũũtha nĩ mbuunge na ceekiurĩti
ĩkorwo nĩ bange, na komanda wa mbucii ĩrĩa arathiĩ nĩ amenyithitio ciumia
igĩrĩ mbere; 2) *Prime minister* nĩwe koigi wa thirikaari na mũtongoria
wa bũrũri; 3) wĩra wa mĩnĩciita nĩ gũteithirĩria *Prime Minister* wathani-
inĩ wa bũrũri na mũng'eeng'ano-inĩ wa mbaara. Watho ndwĩtĩkĩrĩtie
mĩnĩciita kuuma hendikwota matarĩ na thigari imarangĩire; mũndũ
wĩtĩkĩrĩtio gũthiĩ mbucii cia aarũi na kĩhaaro kĩa mbaara nĩ mĩnĩciita wa
mbaara naake agakorwo arĩmũrangĩre na njĩra ciothe; 4) *Prime Minister*
na kaabeneti yake mangĩona harĩ bata gũikara thĩ na Ngeretha gũcaria
njĩra ya kũniina mbaara bũrũri-inĩ marĩ na hinya wa gwĩka ũguo, no ũrĩa
mangĩiguanĩra na Ngeretha no mũhaka ũreehwo mbuunge-inĩ waarĩrĩrio.
Mbuunge ya wĩtĩkĩra, kongomano ya kĩama ĩĩtwo, ĩwĩtĩkĩre kana ĩũrege;
5) mĩtugo ya Mathenge ĩtuĩĩrio wega tondũ kũroonekana arĩ na mũbango

wa kũharagania mbũtũ cia wĩyathi. Aakorwo ũguo nĩguo mworoto wake agĩrĩire kũnyiitwo atwarwo igooti-inĩ rĩa mbaara, oonekana na mahĩtia eekĩrwo mũhindo ngingo. Maarĩkirie mĩario thaathita na nuthu, magĩthiĩ ranji. Thaa inyaanya magĩcooka kongomano-inĩ makiinaga nyĩmbo cia mũng'eeng'ano na hinya na maraakara mocamba, ũrũme na ũũmĩrĩru.

Ceekiurĩti ya kũrangĩra atongoria yaabangwo, kongomano ĩkĩambĩrĩria, anjeenda yaarĩ ĩmwe: kwarĩrĩria mũtaratara na mũrũgamo wa thirikaari ya KLFA wa mbere ndaaya. Anjeenda ĩno nĩ yaarĩrĩirio na mwaki mũno tondũ o mũndũ nĩ eendaga kũheeana mawooni make ma ũrĩa eeciiragia thirikaari ya wĩyathi ĩkahaana na nĩ raini ĩrĩkũ ĩkooya harĩ ũhoro wa ithaka na wa nyakairũ arĩa maarĩ mwena wa ngoronia hĩndĩ ya mbaara ya wĩyathi. Maatereta handũ ha mathaa gĩkundi nĩ meetĩkanĩirie ũũ: 1) thirikaari ya KLFA ĩgakorwo ĩrĩ ya andũ airũ a Kenya, gũtirĩ Mũthũngũ kana Mũhĩndĩ ũgeetĩkĩrio kũingĩra thirikaari-inĩ kana atuĩke memba wa mbuunge; 2) mbũtũ ciothe cia thũ nĩ ikabuunjwo na arĩa moĩkaine nĩ mooragire andũ, kũgwata atumia, kũnyariira memba a Mau Mau na kũiiya indo cia mũingĩ nĩ makanyiitwo matwarwo igooti-inĩ; 3) thigari cia KLFA nĩ cio ĩgakorwo ĩrĩ mbĩraru ya thirikaari ya wĩyathi; 4) mĩgunda yoothe ĩkomeiirwo nĩ ngoronia theetera nĩ gacookerio eene, ĩrĩa ĩngĩ igaĩrwo athĩĩni arĩa matarĩ mĩgũnda. Gũtirĩ mũndũ, nyakairũ kana nyakeerũ, ũgeetĩkĩrio nĩ watho gũkorwo na mũgũnda makĩria ya ĩĩka ithaano; 5) mĩcaara ya arutiwĩra airũ nĩ ĩkongerewo ĩiganane na mĩcaara ya Ahĩndĩ na Athũngũ; 6) thukuru ciothe igakorwo irĩ cia thirikaari na arutwo oothe, marĩ nyakeerũ kana nyakairũ, Ahĩndĩ kana Araabu, magathiiaga thukuru ĩmwe—gũtirĩ mũndũ ũgeetĩkĩrio gwaka cukuru ya mwanya ya ũkabira kana ya ũkarabaa; 7) nĩ gũgaakwo moniumeniti mũciĩ Nairobi ũtuĩke kĩririkaano kĩa njamba cia Mau Mau, na mũthenya wa Okitoba 20 ũgatuĩka wa kũririkanaga njamba iria ikuĩte na igũũkũ na imwoyo ikĩrũĩra wĩyathi; 8) mawatho marĩa mathaga bũrũri ũyũ nĩ ma ũkoronia na gatiba yandĩkĩĩtwo na karamu ka ũkoronia, thirikaari ya KLFA nĩ ĩkaandĩka mawatho meerũ ma kũhee hinya raia a Kenya nĩguo mahote kũhũũrana na ũkombo wa ũkoronia na meeciiria na wa wonjoria. Anjeenda ĩno yaathiire na mbere kũng'aang'anwo nayo kinya gũkĩĩra.

Kĩmaathi akĩhinga kongomano eerire aarũi a wĩyathi atĩ, ũiguano, ũũrũmwe, ũtongoria mũrũmu, ũcamba, ũũmĩrĩru na wĩyũũmia nĩ cio thimbũ cia bata mbaara-inĩ ya wĩyathi. Akĩĩra kongomano atĩ andũ ona mangĩkorwo na mathaita mĩrongo na mĩrongo na maage ũiguano, ũcamba na ũtongoria wambĩĩtwo na nyambo cia cuuma, matingĩhoota thũ ciao.

Akĩaria ũhoro wa njamba cia KLFA iria ciooragĩirwo kĩhaaro-inĩ kĩa mbaara na makĩria gĩkuũ kĩa Njenũrũ Kago auugire, " Gĩkuũ kĩa njamba ya ita ta Njenũrũ Kago nĩ gĩatũraakaririe harĩa harĩ ruo, aingĩ aiitũ maiyũirwo nĩ maraakara makeyũũria: kaĩ hiihi Ngai witũ, Ngai wa Gĩkũyũ na Mũũmbi, atũtiganĩirie, nĩkĩ angĩtĩkĩria ngoronia ciũũrage njamba ya bata ta Kago? Ndaamwĩra atĩrĩĩrĩ, mbaara nĩ ũũrage thũ kana ĩkũũrage. Niingĩ rĩrĩa twoire mĩcinga tũrũĩre wĩyathi wa bũrũri witũ twekĩrire gĩkuũ mĩhuko-inĩ iitũ, tũkiuuga—nĩ wĩyathi kana gĩkuũ. Muuma wa Batũũni uugaga: arĩa makuuaga makĩrũĩra wĩyathi matuĩkaga hicitũria ya bũrũri waao; marĩĩtwa maao magatuĩka cĩĩroro cia kwĩroragwo na cio nĩ njamba cia bũrũri. Ngĩongerera no njuuge atĩ kũrũĩra wĩyathi wa bũrũri witũ nĩ kĩrathimo" (Nyakĩyo, 1978; Mũigua wa Kĩnyua, 1979; Meeja Mũirũrĩ, 2009).

Mũthenya ũyũ ũngĩ, kĩrooko kũrĩ maiiria, mbũtũ nĩ ciakabũrĩte, igĩcooka mbucii ciao. Nao arĩa mooimĩĩte matũũra na mataũni makiumagario nĩ itungati cia mbucii ya Cieeni nginya rũteere-inĩ rwa mũtitũ. Memba a mbuunge na mĩnĩciita maatigirwo mbucii ya Cieeni makĩandĩka ribooti ya kongomano na kũbanga mawĩra. Maabanga mawĩra, Kĩmaathi aaheeirwo wĩra wa gũthiĩ kambĩ cia aarũi Nyandarwa kũmataarĩria mũrũgamo wa KP ũteti-inĩ wa bũrũri. Naake Wanjirũ agĩtũmwo Kĩrĩnyaga na ribooti ya kongomano.

Mweri17 wa gatatũ, 1955 Kĩmaathi nĩ aceerire mbucii ya Kariainĩ, Nyandarwa, na akĩhingũra hendikwota njeerũ ya mbũtũ cia Ituma Ndemi (mbũtũ cia Nyĩrĩ). Aarũi makĩria 500 nĩ mookĩĩte gũkũngũĩra *Prime Minister*. Aataarĩrie mbũtũ ũrĩa Kongomano ya Kana ĩratuire na ĩrahĩtũkia na kũũmbo gwa thirikaari ya wĩyathi, naake Maacũ Kĩmeemia akĩhee aarũi arĩa moonanĩtie ũcamba na ũtongoria waao mũrũmu mbaara-inĩ nyoota. Matanauma Ituma Ndemi Hendikwota, Kĩmaathi nĩ aamenyithirio na hitho nĩ gĩtungati atĩ Mathenge nĩ athondekeete kĩama kĩngĩ kĩa mbaara na mworoto wake nĩ kũgayania mbũtũ cia KLFA na kũharagania kĩama kĩa wĩyathi. Kĩmaathi aanyita ũhoro ũcio nĩ atũmire itungati ithaano gũtuĩrie ũhoro ũcio makĩria. *Prime Minister* na mĩnĩciita aake mooimire mbucii ya Kariainĩ tarĩki 19 magĩthiĩ mbucii ya Karũri Ngamũne, Nyandarwa, na kuo kũhingũra hendikwota njerũ ya mbũtũ cia Mũrang'a. Njenũrũ Ihũũra nĩiwe waarĩ Cibũ komanda wa mbũtũ cia Mũrang'a na mamũkorire ameetereire. Mũcemanio wa kũhingũra hendikwota wokĩĩtwo nĩ aarũi a wĩyathi 1500 kuuma mbucii cia Mũrang'a na atumia gĩkundi kĩnene kĩrĩa kĩareheete irio cia kũrĩo mũthenya ũcio na airĩĩtu kĩrũndo arĩa mookĩĩte kũruga.

Kĩmaathi aingĩra mbucii akũngũĩrwo na ndũũho, ngemi na nyĩmbo cia mũng'eengano. Andũ, makĩria atumia, matianyiitĩkaga nĩ gĩkeno. Ranji yaarĩirwo thaa inyaanya, yaathira andũ magĩthiĩ kĩhaaro kĩa mũcemanio.

Njenũrũ Ihũũra aarĩirie andũ na mĩario mĩkuhĩ, agĩcooka agĩĩta Kĩmaathi ataarĩrie ũrĩa Kongomano ya Cieeni ĩrahĩtũkiirie na amenyithie andũ mũrũgamo wa thirikaari ya KLFA harĩ ũteti wa bũrũri. Akĩrĩkia mĩario yake, Kĩmaathi eerire andũ arĩa mooimĩĩte matũũra-inĩ, na aingĩ aao maarĩ atumia, "tatũrorei, tũiiyũire kĩhaaro na kũrĩ angĩ aingĩ mbucii iria ingĩ, nĩ kũheenio mũheenagio nĩ ngoronia na araata aao hũmungaati atĩ nĩ twooragiirwo tũgĩthira. Rĩu nĩ mwamenya atĩ ũrĩa ngoronia mamwĩraga nĩ maheeni makũmũũraga ngoro nĩguo mũthareende, mũrekie beendera ya wĩyathi. Mwacooka matũũra-inĩ ĩraii andũ a kĩama kĩa wĩyathi nĩ mwatwona, tũrĩ muoyo na hinya na ũũmĩrĩru witũ ndũnyenyenyeka. Nĩ mũroona amwe aiitũ, nguo ciao nĩ matangari na arĩa angĩ matirĩ iraatũ, na mĩcinga ona mbũrũbũrũ nĩ irathira thitoo ciitũ cia mbaara; mwacooka matũũra tũtũmĩrei indo icio narua toorĩa kwahooteeka" (Barnett & Njama, 1966: 467; Maina wa Kĩnyattĩ, 2008:315). Mũthenya ũyũ ũngĩ, Kĩmaathi arĩ o mbucii ya Karũri Ngamũne nĩ areheeirwo ribooti nĩ itungati iria aatũmĩĩte gũtuĩria ũhoro wa Mathenge; makĩmwĩra atĩ Mathenge, Mbaria, Kahiũ-Itina, Kahinga, Kĩmbo na angĩ nĩ moombĩte kĩama gĩgwĩĩtwo *Kenya League* (KL)—Mathenge arĩ mwene-gĩtĩ, Mbaria mũnyiinyi wake na Kahinga wa Wacanga mwandĩki mũnene. Mabuku-inĩ maingĩ *Kenya League* yandĩkagwo na Gĩkũyũ, "Kenya Riigĩ."

Kĩmaathi na mĩnĩciita aake maacooka Hendikwota tarĩki 23 nĩ meetire mũcemanio wa naihenya wa kwarĩrĩria ũrĩa makũng'aang'ana na Mathenge na njaama yake. Maaria maatwire Mathenge, Mbaria, Kahiũ-Itina, Kĩmbo, Kahinga na atongoria acio aingĩ a KL manyiitwo, mathitangwo na mahĩtia maya: 1) gũthondeka kĩama gĩa kũgayania mbũtũ cia wĩyathi; 2) kuuna watho wa Muuma wa Ũiguano na Ũũrũmwe; 3) gũthondeka mũcemanio na thũ ngoronia mataheetwo rũũtha nĩ KP; 4) kũreehe thũ mbucii cia aarũi a wĩyathi na kũmahee hitho cia KLFA cia mbaara. Thuutha ũcio, KP ikĩhũrũra Mathenge, Mbaria, Kahiũ-Itina, Kahinga na Kĩmbo ngathi iria maheetwo ciocamba notongoria.

Mũcemanio wa Mathenge na Ngoronia

Mbaria eerire mwandĩki wa ibuku rĩĩrĩ 1978 atĩ mũcemanio wa mbere wa KL na ngoronia waarĩ tarĩki 13, mweri wa gatatũ 1955 na wambĩĩtwo Nyandarwa mwene wa Ũthaya kũrĩa mbũtũ cia Mathenge ciaakĩĩte Hendikwota. Atongoria a KL arĩa mookĩĩte mũcemanio ũcio wa gũthareenda maarĩ Mathenge, Mbaria, Kahinga, Kahiũ-Itina, Kĩmbo na angĩ. Wacanga nĩwe waarĩ koigi wa KL mũcemanio-inĩ tondũ nĩ ooĩ kĩĩngenũ. Mwena wa thirikaari ya ngoronia arĩa mookĩĩte mũcemanio nĩ Ian Henderson, Bernard Ruck, B.A. Ohanga (thaata ya bũrũri), Njenũrũ Heyman na Windley (native commissioner); Henderson nĩwe waarĩ mũtabuta tondũ nĩ ooĩ Gĩĩgĩkũyũ. Ngoronia mookĩĩte na ngaari igĩrĩ cia mbirarũ—ĩmwe ikamakuua na ĩyo ĩngĩ ĩgakuua irio na nguo cia kũhee mbũtũ cia Mathenge. Maatũngiirwo mũrango-inĩ wa thoome wa Hendikwota nĩ Mathenge na Mbaria, maageithania makĩmatwara wabici ya Mathenge. Mbucii yaarĩ nangĩre mũno ona ngaara ndĩgĩonire mwatũka wa kũingĩrĩra. Ngoronia Windley nĩwe waarĩ mwene-gĩtĩ wa mũcemanio. Mataambĩrĩria mũcemanio Henderson akĩũũria kũrĩ Kĩmaathi arĩ tondũ nĩ aheenetio nĩ Kahinga, thikũ igĩrĩ thiru, atĩ nĩ agakorwo mũcemanio-inĩ. Kwongerera maheeni, Mbaria akiuuga atĩ Kĩmaathi nĩ aathiĩte rũgendo no nĩ arameerĩĩte mathiĩ na mbere na mũcemanio, no mũcemanio ũcio ũngĩ nĩ agakorwo ho. Maaria nĩ meetĩkanĩirie maũndũ gĩkundi: 1) mũcemanio wa keerĩ ũgakorwo Nairobi, mweri wa gatatũ, tarĩki 16 na anjeenda ĩgakorwo ĩrĩ ĩmwe—kwarĩrĩria ũrĩa mbũtũ cia KLFA igũthareenda; 2) Kĩmaathi no mũhaka agooka mũcemanio ũcio ũngĩ; 3) mũndũ ndagooke na mathaita mũcemanio-inĩ; 4) ngaari ya thirikaari nĩ gatũmwo Nyandarwa kũgĩra Mathenge na njaama yake. Maarĩkia mũcemanio, Henderson agĩthiĩ ngaari-inĩ akĩruta indo iria mookĩĩte nacio akĩinengera Mathenge—ciaarĩ irio, iraatũ cia mbirarũ na nguo. Mahũrũra makũgucĩrĩria atongoria a KL hamwe na itungati ciao maingire mũtego-inĩ wa ngoronia wa gũthareenda.

Mweri 15 kũrĩ maiiria ngaari ya mbirarũ nĩ yookire Hendikwota ya Mathenge kũgĩra anjumbe a KL. Yaarĩ na nyakeerũ atatũ—ndereba, Henderson and Ruck. Kĩndũ kĩa mbere Henderson ooririe Mathenge matanaingĩra ngaari, kũringana na riibooti ya Mbaria, "Kaĩ Kĩmaathi atagũũkaga mũcemanio?" Mathenge agĩcookeria Henderson atĩ ũhoro ũcio nĩ agataarĩria hĩndĩ ya mũcemanio. Maarutwo Nyandarwa maatwariirwo hendikwota ya mbirarũ ya ngoronia, Nairobi, na no kuo maacemanagia kĩrooko gĩkĩ kĩngĩ. Atongoria a KL arĩa maarĩ mũcemanio-inĩ nĩ Mathenge, Kahinga, Kĩmbo, Kahiu-Itina, Meeja Wataata, Mbaria, Birigidia Kahono Gĩthii na Meeja Mũgwĩmi Gĩcerũ. Mwena wa ngoronia mookĩĩte andũ kenda, na nĩo: Windley, Njenũrũ Heyman, Rev. Calderwood wa kanitha wa Angiirikani, B.A. Ohanga na maobithaa a birithi atatũ (Henderson, Kanaarĩ Young, Ruck na Prenegast).

Njenũrũ Mbaria agĩtaarĩria, mũcemanio wambĩrĩirie thaa igĩrĩ kĩrooko na Windley nĩwe waarĩ mwene-gĩtĩ, naake Henderson mũtabuta na karani wa kwandika mĩĩnĩti. Maatanambĩrĩria mĩario, Windley nĩ ooririe Mathenge ataarĩrie gĩtũmi gĩa Kĩmaathi kwaga gũũka mũcemanio. Mathenge nĩ amenyithirie ngoronia atĩ kwaarĩ na njatukano ũtongoria-inĩ wa KLFA na tondũ ũcio kwarĩ na ciama igĩrĩ cia mbaara, Nyandarwa: *Kenya Parliament* na *Kenya League*. Akiuuga aao nĩ a KL na nĩ meetĩkĩrĩĩte gũthareenda na kũrutithania wĩra na thirikaari ya ngoronia wa kũreehe thaayũ bũrũri-inĩ. Atakunĩrĩra kanua nĩ aagĩthiire na mbere kũhee thũ hitho cia KLFA cia mbaara ikĩandĩkagwo mĩĩnĩti-inĩ nĩ Henderson. Thuutha ũcio nĩ maaciirire handũ ha mathaa mana no matiagwithaniirie tondũ haarĩ maũndũ Mathenge na njaama yake meendaga mahiingio nĩ ngoronia matanathareenda. Kwoguo mũcemanio nĩ wararĩirio nginya mweri 18 wa Kana. Windley atanahinga mũcemanio nĩ eerire Mathenge agooka aandĩkĩĩte mũtaratara wa maũndũ marĩa meendaga mahiingĩrio nĩ thirikaari.

Maarĩa ranji, Mathenge na njaama yake makĩingĩra ngaari ya mbirarũ ya kũmacookia Nyandarwa. Ngaari ĩo yauumagarĩtio nĩ ngaari ingĩ igĩrĩ cia mbirarũ irĩ na thigari nyakeerũ cia kũmarangĩra—ĩmwe mbere na ĩrĩa ĩngĩ thuutha. Ĩmwe yacio yaakuuĩte irio cia kũhee mbũtũ cia KL; maakinyiire Nyandarwa na mbura nene. Kuuma mũthenya ũcio Henderson, Young na Ruck maatuĩkire araata a Mathenge ona nĩ mookaga Hendikwota ya KL kũhũnga atongoria a KL mahũri moorĩa Kĩmaathi angĩnyiitwo. Kwoguo no tuuge tũtarĩ na nganja atĩ KL yaatũmagĩrwo nĩ ngoronia ta icembe rĩa kwenjera KLFA mbĩĩrĩra. Hiihi Mathenge na njaama yake nĩ maamenyaga ũcio nĩguo waarĩ mworoto wa ngoronia?

Atongoria a Kenya League Kũnyiitwo

Thuutha wa kũhũrũra Mathenge, Mbaria, Kahiũ-Itina, Kĩmbo na Kahinga ngathi cia ũcamba wa mbaara na kũmaingata kĩama-inĩ kĩa wĩyathi, KP nĩ yathondekire njeeci ya mwanya ya andũ 150 kuuma mbũtũ-inĩ ya

Ihũũra ya kũhĩta na kũnyita Mathenge na njaama yake. Matanathiĩ, kũringana noorĩa Gucu wa Gĩkoyo ataarĩirie Maina wa Kĩnyattĩ mwaka wa 1979, Kĩmeemia nĩ amarĩirie, akĩmeera: "Ndĩreenda andũ acio 27 twamũhee marĩĩtwa maao mũtikamoorage mwamanyita, mareehei gũũkũ Hendikwota tũmaciirithie." Gĩkundi kĩngĩ kĩa aarũi kĩaheeirwo wĩra wa gwaaka njeera ya kũhingĩra Mathenge na njaama yake maanyiitwo na igooti rĩa kũmaciirithiria. Maacũ Kĩmeemia nĩwe wacagũriirwo njanji wa gũthikĩrĩria ciira, Njenũrũ Kahiĩ Karũme burociikiuta naake Njenũrũ Vindo kamĩĩcina wa njeera na wa ceekiurĩti.

Gatagatĩ-inĩ ka mweri 23 na 29 wa gatatũ, atongoria a KL hamwe na Mathenge nĩ maanyitiitwo na magĩtuunywo mĩcinga yaao. Maareehiirwo Hendikwota ya KLFA mweri 30 mabĩĩngũ marĩ mooko. Maarutwo bĩĩngũ makĩingĩrio njeera, thuutha makĩheeo irio cia hwaĩ-inĩ. Njeera yaarĩ naangĩre mũno nĩ itungati gĩkundi. Mũthenya ũyũ ũngĩ meegagũra magĩtwarwo igooti-inĩ; njanji akĩmathoomeera mahĩtia maao, akĩmeera amaiga rũmande thikũ ikũmi. Maacookio rũmande, Kĩmaathi nĩ eerire Njenũrũ Vindo areehe Mathenge, Kahiũ-Itina, Mbaria, Kĩmbo na Kahinga wabici yake nĩ akwenda kwaria nao. Maatwariirwo wabici na bĩĩngũ mooko na marangĩirwo nĩ itungati ithaathatũ cĩĩna mĩcinga. Kee Mbaria ataarĩire ũrĩa Kĩmaathi aamerire:

Twaingĩrio wabici twariirwo raini nĩ thigari tũhũgũkĩire Kĩmaathi; Mathenge nĩwe waarĩ mbere naaniĩ ngamũrũmĩrĩra. Naake Kĩmaathi aikarĩĩte gĩtĩ-inĩ mwena-inĩ ũrĩa ũngĩ wa meetha agĩthooma ngathĩĩti ya *East African Standard*. Agĩtiga gũthooma ngathĩĩti, akĩra thigari iria ciatũrangĩire ciuume nja akwenda kwaria na ithuĩ ewiki. Thigari ikiuuma no itiatũrutire bĩĩngũ mooko. Kĩmaathi oonekaga arĩ mũraakaru, maitho make mahaana ta maaitĩrĩirio ũrũrũ wa ndoongu. Handũ ha gũtũgeithia, Kĩmaathi aambĩrĩirie gũtũthoo-mera—agĩĩtuĩtaga eendia bũrũri, thaata cia bũrũri, njaguuti cia ngoronia na marĩĩtwa mangĩ maingĩ maateemaga ngoro ciitũ ta rũhiũ rũrĩ na mageca. Thuutha wa gũtũtarũra ngoro ciitũ na ciugo cieekĩrĩĩtwo ũrũrũ wa maraakara, agĩtwĩra: "Ciira wanyu nĩ ũratuĩrio, angĩkorwo nĩ ma nĩ mũthondekeete kĩama kĩngĩ kĩa mbaara—kĩama gĩa gwatũrania mbũtũ cia wĩyathi, gĩa kũharagania ũtongoria wa KLFA, na macũngĩrĩrio mũgacemania na thirikaari ya ngoronia atĩ mũbange ũrĩa mbũtũ cia wĩyathi igũthareenda, nĩ munĩĩte mĩhĩtwa ya Muuma wa Ũiguano na wa Batũũni, mũkaringa mũrimo ũrĩa ũngĩ wa ngoronia; mũrĩ thũ cia bũrũri..." Atarĩkĩtie mĩario yake, Kahiũ-Itina akĩmũrenga, akĩmwĩra, "Maacũ, tũhee kamweke twĩyarĩrĩrie." Kĩmaathi akĩmũgoromokera, akĩmwĩra: "Nĩĩ tinĩĩ njanji nĩ mũkeera njanji ũrĩa mũreenda kũnjĩĩra. No ndaamwĩra ũũ: mwanyiitwo na hatia no mũhĩndo tũkũmwĩkĩra ngingo; thaata cia bururi nĩ ta thangari ĩrĩa ĩmeraga mũgũnda. Rĩu uumai wabici yakwa, mũranunga magigi ma ũkoronia; mũtirĩ andũ mũrĩ tũũtũ." Thuutha ũcio, Kĩmaathi agĩĩta thigari, tũgĩtindĩĩkwo na buunjo tũroretio rũmande.

Mweri 3, atongoria a KP nĩ maacemanirie kwarĩrĩria itua rĩrĩa Mathenge na njaama yake magũtuĩrwo. Meetĩkanĩirie atĩ Mathenge, Kahiũ-Itina, Kĩmbo, Mbaria na Kahinga maanyiitwo na hatia nĩ kũrathwo makũrathwo, acio angĩ meetĩkĩra kũrũmĩrĩra watho wa mbaara wa KLFA na ũtongoria wa KP nĩ makũrekio maaheeo Muuma wa Ũiguano na mahũrũũrwo nyoota ciao, matuũke thigari cia kawaida; na arĩa makũmia kĩongo marathwo. Ũndũ wa keerĩ, KP yeetĩkanĩirie mbũtũ iria ciaarĩ rungu rwa ũtongoria wa *Kenya League* no mũhaka icooke ũtongoria-inĩ wa KLFA na komanda arĩa makũrega manyiitwo matwarwo igooti-inĩ rĩa mbaara. Mũtĩ wa gatatũ waarĩ wa ceekiurĩtĩ: Njenũrũ Vindo nĩ aathirwo nĩ KP amenyerere mũno Mathenge na njaama yake matikoone mweke wa kuuma njeera moore, tondũ kũũra kwao no kwongerere mbũtũ cia ngoronia ũũgĩ na nditi ya kũingĩra Nyandarwa kũharagania thirikaari ya ituĩka. Tarĩki ya ciira nĩ yaaikũrũkirio, gũgĩtuĩka wambĩrĩrie mweri 7 handũ ya mweri ikũmi, no ũguo tiguo gwatuĩkire. Mweri 5 ũtukũ, atongoria a KL nĩ maatoorokire njeera. No ũmwe waao, Wawerũ wa Ngĩriita, ndaarĩ na mũnyaka, aanyitiirwo mũrango-inĩ wa njeera akiuuma. Bahati yaao ya gũtooroka yahaanaga ũũ: njeera yaarangĩirwo nĩ thigari 3 ũtukũ ũcio. Eerĩ maarĩ a Ũthaya na nĩ mooyaine na Mathenge; wagatatũ aarĩ wa Mũrang'a. Gwakinya hĩndĩ yake ya gũkooma, ũcio wa Mũrang'a agĩthiĩ tooro ngandiruumu. Aarĩ tooro, Mathenge nĩ aathaithia athigari acio akwao mamahingũrire, moore, na magĩtĩkĩra. Hĩndĩ ĩrĩa ũrĩa waarĩ tooro aiiguire kubukubu ya andũ makĩũũra agĩũũkĩra, akĩambĩrĩria kũhuuha mbiirigi. Andũ kambĩ ng'ima makiumũrũrũka maroorete njeera-inĩ, magĩkoora mũthigari ũcio wa Mũrang'a akoomeire Wawerũ. Athigari acio angĩ maarĩ ngaandi naake, moorire hamwe na atongoria 26 a KL na mĩcinga yaao. Nĩ ũndũ kwarĩ ũtukũ, nduma na mbura nene, Mathenge na njaama yake matiarũmĩrĩirwo. Tondũ wa maraakara ma mabuuthu gũtooroka, Wawerũ ndatwariirwo igooti-inĩ, Kĩmaathi ahamurithiirie arathwo.

Kĩrooko gĩĩkĩ kĩngĩ, atongoria a *Kenya Parliament* nĩ maacemanirie gũcookanĩrĩria meeciiria ma maraakara. Maũndũ maya nĩmo mahĩtũkirie: 1) atongoria a KL nĩ thũ nene cia wĩyathi nokinya mabambano nao matakũigwĩĩrwo tha kana maheeo kamweke gakũharagania mbũtũ cia wĩyathi; 2) *Kenya League* nĩ yahũũrwo marubuku; 3) marĩĩtwa ma atongoria a KL meeherio mũtaratara-inĩ wa marĩĩtwa ma njamba cia bũrũri tondũ nĩ thũ; 4) KP nĩ yahee komanda a KLFA hinya kũnyita atongoria a KL na gũtharĩkĩra kambĩ ciao; 5) mbaara ĩgũthiĩ na mbere kinya hĩndĩ ĩrĩa Ngeretha mageetĩkĩra kũruta thigari ciao bũrũri-inĩ witũ, twĩyathe; 7) Mũũkenya ũrĩa ũkũnyita mbaru mũbango wa ngoronia wa *Amnesty* kana wa thirikaari ya *multiracial* nĩ thũ ya bũrũri na ndaawa yake nĩ gĩkuũ. Thuutha ũcio igooti rĩa mbaara rĩa KLFA nĩ rĩaikarĩire njũng'wa rĩgĩtuĩra Mathenge, Kahinga, Kahiũ-Itina, Mbaria na Kĩmbo gĩkuũ ona gũtuĩke matiaarĩ igooti-inĩ.

Kenya League Kũharagana

Mathenge na njaama yake maatooroka njeera, tondũ nĩ maacaragio nĩ itungati cia KLFA, mathiire marima kwĩhitha no nĩ maathiire na mbere na hitho gũcemania na ngoronia na kũrutithania wĩra na Henderson wa kũharagania KLFA. Mweri 18 wa Kana maarĩ na mũcemanio na thirikaari ya ũkoronia hendikwota-inĩ ya Mathenge. Kũgucĩrĩria atongoria a KL na aarũmĩrĩri aao nĩguo meetĩkĩre gũthareenda, ngoronia nĩ maategeire Mathenge ngaari ng'ima ya irio, nguo na iraatũ cia mbirarũ. Ngaari ya keerĩ ya kuũĩĩte anjumbe a ngoronia na thigari cia KLFA iria ciathareendeete kabere kau, igatuĩka magui ma ngoronia magũciikithio aarũi a wĩyathi. Thareenda icio ciookĩĩte cĩĩkĩrĩte nguo cia riiri, iraatũ cia mbirarũ na igakuua thoonda na njoohi ndũrũ ya gũcamithia thigari cia Mathenge ngogoyo ya kwendia rũũrĩrĩ na bũrũri.

Mũcemanio-inĩ ũcio, thirikaari ya ngoronia yaatũmĩĩte anjumbe ikũmi— Windley, Njenũrũ Heyman, Henderson, Ruck, Prenagast, Rev. Calderwood, Young na thaata cia bũrũri ithatũ (Ohanga, Elias Gĩthĩeye na Eliud Mathu). Anjumbe a KL maarĩ anaana—Mathenge, Kahinga, Kĩmbo, Mbaria, kahiũ-

Itina, Mũgwĩmi wa Gĩcherũ, Kahono Gĩthĩi na Meeja Wataata. Tondũ Henderson nĩ aamenyithĩtio nĩ atongoria a KL atĩ nĩ maaranyitĩĩtwo nĩ thigari cia Kĩmaathi na marahonokire ciaarera gwĩkĩĩrwo mũhindo ngingo, nĩ oririe Mathenge ataarĩrie ũhoro ũcio wega. Mathenge na njaama yake, tondũ maatuaga ngoronia araata aao, nĩ maatarĩirie, kiugo gwa kiugo, ũhoro wothe ũkonii njatũkaano ũtongoria-inĩ wa KLFA. Ota Njenũrũ Chaina, makĩheeana hitho nyiingĩ cia KLFA cia mbaara na marĩĩtwa ma atongoria a KLFA arĩa maabingaga mũbango wa KL wa gũthareenda. Makĩria ya ũguo, ngoronia nĩ meendaga mũno kũmenya cĩĩhitho cia atongoria a KP na harĩa Hendikwota ya KLFA yaakĩĩtwo na ũrĩa mangĩnyiita Kĩmaathi. Ũcio wothe nĩ makunũrĩirwo nĩ Mathenge na njaama yake makĩwandĩka mĩĩnĩti-inĩ yaao.

Thuutha wa ũguo, kũringana na ribooti ya Mbaria, Kahinga nĩ athoomire mũtaratara wa maũndũ marĩa meendaga thirikaari ya ũkoronia ihiingie magĩcooka gũthareenda. Maũndũ macio nĩ maya: Ngeretha no mũhaka: 1) meeherie mbũtũ ciao bũrũri-inĩ na mbuunje kambĩ cia hũmungaati matũũra-inĩ na mataũni-inĩ; 2) matige kũhũũra mboomu mĩtitũ ya Nyandarwa na Kĩrĩnyaga, na 3) marekie atongoria a Kaũ na Mau Mau arĩa marĩ njeera na nditĩĩni. Agĩcookeria anjumbe a KL, Windley aamerire atĩ oo matirĩ na hinya kana rũũtha rwa kwarĩrĩria maũndũ macio, no nĩ makũmatwarĩra Buana Ngabana na nĩ akamacookeria macookio mũcemanio ũcio ũngĩ. Meetikanĩirie maacemania mweri 25 o kũu Hendikwota ya *Kenya League.*

Mũcemanio wa mweri 25 wambĩrĩirie thaa cia kĩrooko. Anjumbe a thirikaari nĩ moongereirwo mũndũ ũngĩ ũmwe, W.W.W. Awori. Anjumbe oothe maikara thĩ, Windley ndaahakire ũhoro macũrũ, eerire anjumbe a KL atĩ Ngabana arauugire maũndũ macio mareenda akamahingia mathareenda na meetĩkĩra (toorĩa Njenũrũ Chaina eekire) kũrutithania wĩra wa mbaara na thirikaari, makĩria gũteithĩrĩria thirikaari kũnyita Kĩmaathi na kũbuunjania thirikaari ya KLFA. Windley akĩongerera itua rĩa Ngabana hinya, akĩĩra anjumbe a *Kenya League* atĩ mbaara tĩ thiiru Kĩmaathi atanyitĩĩtwo na thirikaari yake ĩkabuunjanio. Ona gũtuĩka njaguuti cia ngoronia—Mathu, Awori, Ohanga na Gĩthĩeye nĩ maamathaithire mũno meetĩkĩre itua rĩa Ngabana nĩiguo bũrũri ũcooke thaayũ, Mathenge na njaama yake nĩ maaregire—makiuuga matigũthareenda thirikaari ya ũkoronia ĩtamahiingĩirie ũrĩa meendaga. Windley ona ũhoro nĩ ũreehire mũhũyũ mũingĩ wa maraakara, akĩĩra andũ mathiĩ ranji, macookire mũcemanio-inĩ thaa cia mĩarahũũko, maacooka matiaigwithaniirie; mũcemanio ũkĩbuunjĩka. Tareke tũũigwe kuuma kũrĩ Njenũrũ Mbaria ũrĩa Windley aamerire maarega gũthareenda:

Mũcemanio ũtanaharagana, Windley, arĩ na mang'ũrĩko, nĩ aatwĩriire atĩ tondũ nĩ twarega gũthareenda thirikaari ĩkũingĩra Nyandarwa na nditi ĩtũũrage na arĩa makũnyiitwo matwarwo kĩnyonga. "Hiihi nĩ mũriganĩirwo," Windley agĩĩtuĩra, "rĩu nĩ tũũĩ njĩra ciothe iria mũgeraga, kambĩ cianyu nĩ tũũĩ harĩa irĩ, hitho cianyu cia mbaara nĩ tũciũũĩ, arĩa mamũrehagĩra irio tũrĩ na marĩĩtwa maao; na kũrĩ amwe aanyu marĩ mwena wa thirikaari na arĩa angĩ matweteereire harĩa thoome wa kambĩ mathareende. Niingĩ-rĩ, nĩ tũũĩ atĩ inyuĩ nĩ kũingatwo mũraingatiirwo KLFA nĩ Kĩmaathi, mũtirĩ na hinya kana ũhooti wa kũniina mbaara ĩno; no Kĩmaathi na KP mangĩmĩniina. Ndaamũhe thikũ mũgwanja tu mwĩciirie kana nĩ mũgũthareenda. Henderson na Ruck nĩ marĩũũka kũmenya itua rĩanyu; no mwarega gũthareenda tũkũmũhĩta, twamũnyita tũmũtware kĩnyonga, mũcemanio nĩ wathira."

Ngoronia maathĩĩ, atongoria a KL nĩ maacemanirie, maaria matiaigwithaniirie. Amwe aao matongoreetio nĩ Kahinga makiuuga oo nĩ magũthareenda, arĩa angĩ matongoreetio nĩ Mathenge makiuuga matigũthareenda thirikaari ya ũngoronia ĩtahingĩĩtie ũrĩa meendaga. Kuuma hau Kenya League ĩkĩharagana na atongoria amwe aayo—Kahinga, Mbaria, Kĩmbo na angĩ—magĩthareenda. Mathenge, onagũtuĩka nĩ aaheete thirikaari ya ngoronia hitho ciothe cia KLFA, nĩ aregire gũthareenda no ndaaheeirwo kamweke nĩ araata aake ngoronia acookanĩrĩĩrie mbũtũ yake. Mweri 26 wa gataano, 1955 nĩ eehithĩirwo nĩ mbirarũ nyakeerũ mũtitũ wa Mũnyange, Nyandarwa, akĩũũragwo hamwe na thigari 12 iria ciaamũrangagĩra; ciimba ciao ciatigĩĩrwo hiti na ngi mũtitũ. Kahiũ-Itina onaake ndaathareendire, mbucii yake ya itungati 25 yarigicĩirio nĩ thigari cia thũ ũtukũ, aarũi 10 makĩũũragwo, ataano hamwe na Njenũrũ Kahiũ-Itina makĩnyiitwo mateeka. Acio angĩ ikũmi magunirwo nĩ nduma, makĩũũra. Kahiũ-Itina na arĩa maanyitanĩirio naake maatwariirwo igooti-inĩ rĩa ngoronia magĩtuĩrwo kũnyongwo. Thuutha wa Mathenge kũũragwo na Mbaria, Kahinga na Kĩmbo gũthareenda, naake Karari wa Njama wa Kenya Parliament nĩ aathareendire. Kũrũmanĩrĩra na gũthareenda kwao, thigari cia ngoronia, itongereetio ni Henderson na Ruck, nĩ ciaacookire mũtitũ-inĩ Nyandarwa kwamba mboomu cia *landmine* njĩra-inĩ iria ciageragwo nĩ itungati, gwĩkĩra ũrogi ithima-inĩ iria ciatũmagĩrwo nĩ aarũi a wĩyathi na irio-inĩ iria mookĩĩte na cio nĩ cieekĩrĩĩtwo thumu. Gĩkundi kĩnene kĩa mbũtũ ya KL nĩ kĩooragiirwo nĩ mboomu noorogi, na arĩa angĩ makĩnyiitwo.

Otoorĩa Njenũrũ Chaina eekire athareenda, atongoria a *Kenya League* arĩa maathareendire hamwe na Karari wa Njama mooirwo nĩ Henderson, Kitson na Ruck, makĩheeo mĩcinga na nguo cia birithi magĩtuĩka njeeci ya mĩgarũ ya kũhĩta aarũi a wĩyathi mĩtĩtũ ya Nyandarwa na Kĩrĩnyaga. Nĩ ũndũ ũcio, nĩ maateithĩrĩirie ngoronia Ngeretha gũtindĩka mbũtũ cia wĩyathi Nyandarwa na kũmomoora ũtongoria wa KLFA wa mbaara. Ruo nĩ atĩ, Karari wa Njama aarĩ memba wa KP na mĩnĩciita thirikaari-inĩ ya ituĩka, kwoguo ũhoro ũrĩa aaheeire ngoronia Ngeretha athareenda nĩ wateithĩrĩirie na njĩra nene kũnyiitwo kwa Maacũ Kĩmaathi na kũmomoora hendikwota ya KLFA. Nĩngĩ nĩiwe watongoragia njangiri cia Ngeretha itongoreetio nĩ Henderson na Kitson kũhĩta Kĩmaathi mũtitũ-inĩ wa Nyandarwa. Nomenye nĩiguo-rĩ, thooma ibuku rĩa Karari Njama, *Mau Mau From Within*, bĩĩnji 455-492, wone ũrĩa ahakĩte rĩĩtwa rĩa Kĩmaathi mai akĩgeria kwĩrihũũra magigi magũthareenda.

Maathai hũmungaatĩ kuuma Naroko nĩo maatongoragia mbũtũ cia Ngretha Nyandarwa kũhũũra Mau Mau.

Mbũtũ ĩno nĩ ya thaata cia bũrũri.　　　*Njangiri cia Ngeretha.*

Agĩkũyũ, 1890 - 1965

Kambĩ ya hũmungaati Mũrang'a, 1953

Kambĩ cia thũ Cenitũrũ ciairigĩĩtwo na thĩgĩngĩ cia mĩigua.

235

Kambĩ ya thũ Mũkũrwe-inĩ, Nyĩrĩ

Mbũtũ cia thũ iroreete Nyandarwa.

Ngoronia Ngabana Baring akĩaria na thigari ciake.

14. Gĩkuũ nĩ Kĩega Gũkĩra Ũkombo

Kongomano ya Gataano

Mweri wa kanaana, tarĩki 25, 1955 atongoria a *Kenya Parliament* nĩ maacemanirie kwarĩrĩria mĩirigo na mĩaramano ya mbaara na kũbanga ũrĩa mbũtũ cia KLFA ikũng'aang'ana na mbũtũ ya mĩgarũ.

Maaria maigwithanĩirie ũũ: 1) komanda a mbaara no mũhaka mamenyithie itungati atĩ atongoria a KL nĩ thũ nene cia wĩyathi; 2) kũgirĩria mbũtũ ya mĩgarũ icomoke mbucii nahiinahii, komanda wa mbũtũ no nginya one mbucii nĩ nangĩre mũthenya notukũ, na nokinya amenye namba ya itungati iria irĩ mbucii. No mũhaka oombe mbũtũ ya mwanya ya gũtwĩria kana mbucii yake kũrĩ itungati ĩrĩ na mũrimu mũũru wa *Kenya League* wa gũthareenda; 3) itungati ithoomithio na imenye mũrũgamo wa thirikaari ya ituĩka; 4) komanda maahamurithio mathaamie mbucii ciao gũkuhĩ na matũũra, maaciake mĩtitũ-inĩ thĩini na maceenjie mũrũĩre wa mbaara, marũũe mbaara ya kwĩhithanĩra; 5) mworoto wa KLFA nĩ kũrũĩra wĩyathi wa bũrũri na gũtirĩ gũcooka na thuutha kana kũgera njĩra cia mĩkĩra. Mũtĩ wa mũthia, KP nĩ yeetĩkanĩirie gũgaakorwo na Kongomano ya Gataano hendikwota-inĩ ya mbũtũ cia Mũrang'a kũrĩ mweri 26, 1956.

Thuutha wa mũcemanio, *Prime Minister* Kĩmaathi nĩ aathire Maacũ Kĩmeemia athĩĩ kũmenyithia komanda a mbucii cia Nyandarwa mũthenya wa kongomano na kũrĩa ĩgakorwo nĩguo makareehe mbũtũ ciao. Maacũ Kĩmeemia agĩcooka hendikwota nĩ eehithĩirwo nĩ thũ, itongereetio nĩ mĩgarũ ya *Kenya League* na Karari wa Njama, akĩũũragwo hamwe na itungati 10 iria ciamũrangĩire. Arĩa mooĩ Macaria wa Kĩmeemia mooigaga atĩ aarĩ njamba nene ya ita rĩa wĩyathi; mũndũ wendeete bũrũri na andũ aiitũ a Kenya. Kwoguo, Macaria ndagaakua, agũtũũra ta kĩrĩma gĩa Kĩrĩnyaga.

Kongomano ya Gataano yookĩĩtwo nĩ itungati 1200 kuuma mbucii cia Nyandarwa na makĩria ya andũ magana mataano kuuma matũũra-inĩ ma Mũrang'a, atumia nĩo mookĩĩte kwaũingĩ. Nĩ ũndũ worĩa mbũtũ cia Ngeretha ciatindĩkĩĩte mbũtũ cia wĩyathi, anjumbe a mbũtũ cia Kĩambuu, Naroko, Naikuru na Nairobi matiahootire gũũka kongomano. Kĩnyua wa Mũigua, tondũ aarĩ ũmwe wa itungati iria ciookĩĩte kongomano, eerire Maina wa Kĩnyattĩ 1979 atĩ kongomano yaambĩrĩirie thaa ithatũ kĩrooko na Njenũrũ Ihũũra nĩiwe waarĩ gĩtĩ-inĩ na aahingũrire kongomano na ciugo ici:

Njamba cia bũrũri:

Nĩ ndamũgeithia na rĩĩtwa rĩa Gĩkũyũ na Mũũmbi na wendo wa bũrũri witũ. Tũracemania gũũkũ mũtitũ tondũ nĩ twĩrutĩĩre kũrũĩra wĩyathi wa bũrũri kinya tũkaũnyita, tũngĩremeerwo njĩra-inĩ nĩ ũkũũrũ kana gĩkuũ, ndĩnaama ciana ciitũ nĩ ikarĩkia rũgendo rũũrũ—rũgendo rũrathime nĩ Gĩkũyũ na Mũũmbi na Ngai witũ wa Kĩrĩnyaga, rũgendo rũitĩrĩrie mũruru wa hinya na wendo wa bũrũri nĩ mũingĩ wa Kenya. Nĩĩ ndirĩ na nganja nĩ tũkũrĩkia rũgendo rũũrũ, tũingate mbarĩ ya nyakeerũ bũrũri, twĩyathe.

Ngĩrĩkia nĩ ngwenda kũmenyithia arĩa mooimĩte matũũra-inĩ atĩ ũrĩa mwĩragwo nĩ kameeme ka ngoronia nĩ twahũũriirwo na mboomu tũgĩthira nĩ maheeni, taikiai maitho kĩwanja mwone tũrĩ makĩria ya itungati ngiri ĩmwe, na ũyũ ũikaire mwena wakwa womootho nĩ Maacũ Kĩmaathi na acio angĩ nĩ mĩnĩciita a thirikaari iitũ ya ituĩka, na kũrĩ angĩ ngiri na ngiri matanahoota gũũka kongomano. Mwacooka matũũra-inĩ ĩrai andũ aiitũ matigathethũke kana makue ngoro mbaara tũmĩkinyĩĩtie mũrango-inĩ wa wĩyathi.

Njenũrũ Ihũũra aarĩkia mĩario ya kũhingũra kongomano eetire komanda a mbaara na atongoria a kamĩtĩ cia Mau Mau cia matũũra maheeane ribooti ciao. Ribooti ya komanda a mbaara, Nyandarwa, ndĩaarĩ njega. Maamenyithirie kongomano atĩ "tondũ wa gũthareenda gwa atongoria a *Kenya League* na gĩkundi kĩnene kĩa arũmĩrĩri aao hamwe na andũ ta Njama, Ngeretha rĩu nĩ mooĩ hitho nyiingĩ cia KLFA cia mbaara—nĩ mooĩ kũrĩa twakĩte mbucii ciitũ na nĩ maambĩrĩĩrie gũũka mĩtitũ-inĩ ya Nyandarwa kwaũingĩ matongoreetio nĩ Karari wa Njama na mĩgarũ ya KL. Kambĩ ciitũ iria irarĩ rũteerere-inĩ rwa mĩtitũ nĩ momoore nĩ thũ na itungati gĩkundi ikanyiitwo na iria ingĩ ikooragwo. Rĩu tũrarũa na itina ta igi nĩ ũrĩa mbaara ihiũhĩte. No tũrĩ na mwĩhoko atĩ nĩ tũkũmahoota, tũmarutũrũre Nyandarwa, tũmarutũrũre bũrũri; Kenya iitũ ĩyathe" (Kĩnyua, 1979). Ribooti ya matũũra onayo ndĩaarĩ njega. Yaamenyithirie kongomano ũrĩa atongoria aingĩ a kamĩtĩ cia Mau Mau manyitĩĩtwo na mbaara ĩrĩa moonetio nĩ thũ kambĩ-inĩ cia hũmungaati, "aingĩ aao nĩ cionje na arĩa angĩ matirĩ mwoyo" Nĩ maathiire na mbere kũmenyithia kongomano atĩ njĩra ciothe iria iratũmagĩrwo nĩ aareehi a irio mũtitũ nĩ imenyeetwo nĩ thũ na

238

nĩ nangĩre na "kwoguo andũ aingĩ marĩ na guoya, matiretĩkĩra kũreehe irio mũtitũ." Atongoria a matũũra nĩ moririe kongomano icoore maabuu yoorĩa irio irĩkinyagĩra itungati mũtitũ.

Ribooti ciarĩkia gũthoomwo, Njenũrũ Ihũũra nĩ eetire *Prime Minister* arĩrie kongomano. Kũringana na itungati iria ciaarĩ kongomano-inĩ (Gucu Gĩkoyo, Nyakĩyo Waikũmbĩ, Meeja Mũirũrĩ na Kĩnyua), mĩario ya Kĩmaathi yaakindĩrire mũrũgamo wa *Kenya Parliament* harĩ ũteti wa bũrũri. "Ithuĩ tuugĩĩte rĩngĩ na rĩngĩ," Kĩmaathi akĩĩra kongomano, "mworoto witũ nĩ wĩyathi wa bũrũri witũ nĩ ũndũ ũcio tũtikaiga mĩcinga thĩ mworoto ũcio ũtahingĩĩte. Gĩkuũ nĩ kĩega gũkĩra tũtũũre twoheetwo mĩnyororo ya ũkoronia ngingo bũrũri-inĩ witũ. Kwoguo, tũkũrũa kinya mũndũ wa mũico, kinya itaata rĩa mũico rĩa thakame ya rũũrĩrĩ."

Mũthenya ũyũ ũngĩ kongomano nĩ yaataarĩirio nĩ Kĩmaathi ũrĩa ũteti wa bũrũri wa thiiaga na mbere na ũrĩa haarĩ bata kũbinga kũũmbwo thirikaari ya *multiracial* tondũ waarĩ mũbango wa ngoronia wa kũrikĩria ũkoronia bũrũri-inĩ na mworoto wa kũharagania mbũtũ cia wĩyathi. "Tũraiigua na kanyoni atĩ memba nyakairũ a Renjikoo na andũ ta aaTom Mboya na aaJames Gĩcũrũ," Kĩmaathi akĩĩra Kongomano, "nĩ makoreetwo na mĩcemanio ya hitho ya kwarĩrĩria kũũmba thirikaari ya *multiracial*. Twameera ũguo mareeka nĩ mahĩtia, matige kana Mau Mau ĩgĩĩre ciongo ciao tũicurie gũũkũ Nyandarwa itũũre cĩroragĩrwo nĩ njiarwo na njiarwo. Twoiga kongomano-inĩ ĩno atĩ Mũũkenya ũkũnyiitanĩra na thũkũmũ Ngeretha gwaaka thirikaari ya *multiracial* nĩ thũ ya KLFA, nĩ thũ ya bũrũri."

Thuutha wa mĩario ya Kĩmaathi, kongomano nĩ yahĩtũkiirie mĩtĩ ĩno: 1) KLFA nĩyo mũgambo wa bũrũri, nĩyo hinya wa mũingĩ, nĩyo thirikaari ya mũingĩ; 2) komanda a mbaara marũe na hinya, moone nĩ marutũrũra mbũtũ cia thũ rũteere-inĩ rwa Nyandarwa; 3) Komanda a mbaara mamenyithie itungati atĩ, thũ iria ndũrũ makĩria nĩ mĩgarũ ya *Kenya League* na thareenda ta Karari wa Njama, magerie na hinya wothe kũimendeera.

Kongomano yaathirire thaa mũgwanja. Ranji yaarĩo, mbũtũ ikĩaambũra heema ciao, igĩcooka kĩhaaro kĩa mbaara. Kĩmaathi na mĩnĩciita aake marariire mbucii ya Karũri Ngamũne, rũũciinĩ ruoro rũgĩtema makiumagario nĩ itungati 25 cia mbũtũ ya Ihũũra nginya Hendikwota ya KLFA. Arĩa mooimĩĩte matũũra maikarire Kambĩ ya Karũri Ngamũne handũ ha thikũ itatũ tondũ mbirarũ ya ngoronia yaahaanaga ta nguya kũiingĩha rũteerere-inĩ rwa Nyandarwa na njĩra-inĩ cia gũcooka matũũra-inĩ.

Mbũtũ cia Wĩyathi Gũthũkũmwo

Onagũtuĩka kwarĩ mũthogotho ũtongoria-inĩ wa KLFA, mbaara no yaathiiaga na mbere bũrũri-inĩ. Januarĩ 24, 1955 mbũtũ ya Ole Kabati nĩ yaatharĩkĩire borithi ya Marijo hakuhĩ mũhaka-inĩ wa Kenya na Tanzania. Thigari cia thũ gĩkundi ikĩũũragwo, icio ingĩ ciooire magũrũ ikĩũũra. Buundũki 13 nĩ ciatuunyaniirwo hamwe na njirũngi kĩondo kĩgima na borithi ĩkĩmundio mwaki. Kiumia kĩu kĩngĩ, Komanda Ole Kabati nĩ atharĩkĩire borithi ya taũni ya Naroko ũtukũ no ndoonire mweke wa kũingĩrĩra tondũ thigari cia thũ nĩ ciarũũire na hinya, akĩhamurithia mbũtũ yake ĩkaabũre. Kĩambuu kwarũiirwo mbaara igĩrĩ nene kahiinda-inĩ gaka— ya mbere yaarũiirwo ndĩiya mathaa matatu, mbũtũ ya birithi ya ngoronia yaatindĩkwo mũno ĩgĩkabũra, ĩgĩthara. Mbaara ya keerĩ yatuthũkire Kangemi. Yaambĩrĩirie thaa ikũmi, ĩkĩrũũo kinya gũkĩgĩa nduma. Komanda wa KLFA oona mbũtũ yake nĩ ĩkũrigicĩrio nĩ thũ akĩhuuha karubeeta ga gũkaabũra.mũthenya ũyũ ũngĩ, mbũtũ cia thũ ikĩreehwo itũũra-inĩ rĩa Kangemi kũngũrũria—andũ arĩa meeciiragĩrio nĩ Mau Mau makĩnyiitwo, arĩa angĩ makĩũũragwo.

Mbaara yaarĩ nditũ Mũrang'a gatagatĩ-inĩ ka mwaka 1955 na 1956, no mbaara ĩrĩa yaarĩ nene makĩria yaarũiirwo rũgongo rwa Rwathia Januarĩ 29, 1955. Yaambĩrĩirie thaa cia mĩaraho, ĩkĩrũũo ũtukũ mũgima; mũthenya ũyũ ũngĩ, Ngeretha makĩreehe thigari ingĩ cia mbirarũ, ibaarũ na ndege cia mboomu, ikĩrigicĩria mbũtũ ya Ihũũra. Mbaara nditũ ikĩrũũo kinya mbũtũ ya Ihũũra ĩkĩoona mũirigo wa kũũrĩra. Noĩrĩ rĩũũrĩro-inĩ nĩ yaarũmĩrĩĩrwo na mwaki mũnene nĩ thũ; itungati gĩkundi ikĩũũragwo hamwe na Njenũrũ Ihũũra. Kĩimba kĩa Komanda Ihũũra, ota gĩa Kago, gĩaitĩrĩirio beturo gĩciinwo kĩrigicĩirio nĩ thigari cia ngoronia na mĩcinga. Mũhu wa mwĩrĩ wake ũgĩkĩirwo ireebe, ũgĩĩkio ngaari ya mbirarũ ũgĩthiio naguo; gũtuĩkaga wathiire gũiitwo Rũũĩ rwa Thagana. Ihũũra ooragwo, Kanaarĩ Nyooro wa Kĩragũ nĩwe watuĩkire Cibũ Komanda wa mbũtũ cia wĩyathi cia Metumi; mũnyiinyi wake aarĩ Njomo wa Gakunde. Nyooro ooya ũkomanda nĩ aceenjirie mũrũũire wa mbaara, handũ ha kũrũũa mũthenya akĩbanga matharikagĩre kambĩ cia thũ ũtukũ. Mũbango ũcio ndwateithĩrĩirie nĩ ũndũ mbũtũ cia Ngeretha, itongoreetio nĩ mĩgarũ ta aaKarari Njama, aaMbaria na acio angĩ, nĩ ciaatindĩkire mbũtũ cia wĩyathi Mũrang'a nginya rũteerere-inĩ rwa mũtitũ wa Nyandarwa. Nyĩrĩ, Kĩambuu na Ributibare ona kuũ mbũtũ cia wĩyathi ciaatindĩkĩĩtwo mũno kinya ikarutũrũrwo mbucii iria ciaarĩ gũkuhĩ na matũũra, komanda aingĩ arĩa maarĩ mũthitarĩ wa mbere makanyiitwo kana makooragwo, na njĩra cia kũingĩra mũtitũ wa Nyandarwa ikarangĩĩrwo na hinya na nditi nĩ mbũtũ cia ngoronia.

Marĩkia kũrutũrũra mbũtũ cia wĩyathi matũũra-inĩ na mĩgũnda-inĩ Mũrang'a, Nyĩrĩ na Kĩambuu, Ngeretha maaroririe mbũtũ ciao iria nyiingĩ mũtitũ-inĩ Kĩrĩnyaga na matũũra-inĩ ma Mĩĩrũ, Embu na Mbeere tondũ kũu nĩ kuo mbaara yaacacĩĩte. Ndithemba 19, 1955 Njenũrũ Kubukubu nĩ ooragĩirwo kĩhaaro-inĩ kĩa mbaara mũhaka-inĩ wa Embu na Mĩĩrũ naake Njenũrũ Kassam akiuunwo kũgũrũ na njirũngi nĩ thũ, akĩnyiitwo.

Mwambĩrĩrio wa mwaka wa 1956, Ngeretha nĩ mathoondekire mũbango wa gũtharĩkĩra mbũtũ cia wĩyathi Kĩrĩnyaga. Mũthariko ũcio weetagwo *Operation Hannibal*, na wambĩrĩirie mweri 7 wa keerĩ. Thigari cia thũ magana na magana ciaitiirwo mwena wa ithererwo wa kĩrĩma, ndege cia mboomu na mbũtũ cia ibaarũ igĩtongoria thigari cia magũrũ, mbaara ĩkĩambĩrĩria. Kee twĩtĩkĩrie Njenũrũ Mwariama atũtaarĩrie ũhoro wa mbaara ĩyo:

Ngeretha mookĩĩte meeyoheete mĩcinga iria yuuraga mbũrũbũrũ ta mbura, ndege na cio ciaareraga igũrũ ta hũngũ na ibaarũ ciaarĩ maita meerĩ—cia kwenja bara ya kũingĩra mũtitũ na cia mĩcinga. Maatũtharĩkĩire kĩrĩma-inĩ kĩa Nchugĩ harĩa mbucii iitũ yaarĩ makĩgeria gũtũrigicĩria no matiahotire tondũ nĩ twarũire na hinya nginya tũkĩoona mũirigo wa kũũrĩra; andũ gĩkundi a mwena witũ makĩũũragwo. Nĩ maanyiitire kambĩ iitũ na makĩmiciina. Twacũũthagĩrĩria kambĩ iitũ ĩkĩhĩa tũrĩ kĩrĩma-inĩ gĩa Gĩtũndũ harĩa mbucii iitũ ya keerĩ yaarĩ. Ĩyo yaarĩ mbaara nditũ tũtooneete mbere ĩyo (Mwariama, 1979).

Operation Hannibal ndĩaahotire kũrutũrũra itungati cia KLFA mũtitũ-inĩ no nyamũ nyiingĩ cia gĩthaka woragiire. Nĩ ũndũ ũcio kũrĩ mweri ikũmi na mũgwanja, Ngeretha, marĩ na mũruki wa kũrutũrũra KLFA Kĩrĩnyaga, nĩ maabangiire mũthariko ũngĩ weetagwo *Schemozzle Operation*. Raini ya thigari cia gũtharĩkĩra mbũtũ cia wĩyathi yooimĩĩte rũgongo rwa Kabare, Embu, ĩgakinya Naro Moru, Nyĩrĩ. Kĩrĩma gĩa Kĩrĩnyaga kĩaambire kũhũũrwo mboomu handũ ha thikũ ithatũ, thuutha ũcio thigari (nyakairũ na nyakeerũ) magana gĩkundi, imwe ĩrĩ na ngui, ĩkĩhamurithio itoonye mũtitũ; mbaara ĩgĩtuthũka, ĩkĩrũũo handũ ha kiumia kĩmwe. Macũngĩrĩrio moohoro thigari cia ngoronia ikĩrutũrũrwo mũtitũ-inĩ Kĩrĩnyaga.

Njenũrũ Tanganyika Kũnyiitwo

Mweri wa Kana, tarĩki 10, 1956 mbũtũ ya Njenũrũ Tanganyka nĩ yaatharĩkĩirwo nĩ thũ mũhaka-inĩ wa Embu na Gĩkũyũ; mbaara ĩkĩrũũo thikũ igĩrĩ. Thikũ ya gatatũ, Ngeretha makĩreehe ndege cia mboomu; tondũ Tanganyika ndaarĩ na mĩcinga mĩnene ya gũicuhũra, akĩhamurithia mbũtũ yake ĩkaabũre ceerekeire mbucii Kĩrĩnyaga no ndĩaheeirwo kahiinda nĩ thũ—ĩkĩrũmĩrĩĩrwo na nditi nene, riũa rĩgĩthũa itungati ithaathatũ nĩ ciooragĩĩtwo na ithaano ikanyiitwo mateeka hamwe na komanda Tanganyika. Aanyiitwo, Tanganyika atwariirwo hendikwota ya borithi taũni Nyĩrĩ; kũu borithi nĩ anyaririirwo mũno nĩ njangiri cia ngoronia nĩguo athareende, nĩ areemire; akĩmeera ndaagĩendia bũrũri nĩ kaba mamũũrage. Tanganyika aarĩ ngoro ya cuuma norũme wake waarĩ ta wa ngatia.

Mweri 8 wa Gataano, Tanganyika nĩ aatwariirwo igooti-inĩ rĩa ngoronia rĩa maheeni, agĩthitagwo gũtongoria mbũtũ cia "imaramari" cia KLFA. Aaheeo kahinda eetetere, kũringana na hicitũria ĩrĩa ĩtambagio na kanua, akiuuga wee ti mũtongoria wa "imaramari" kana "mĩitũ," nĩ komanda wa mbũtũ cia wĩyathi, Kĩrĩnyaga. Akĩĩra njanji ngoronia atĩ ona akorwo nĩ kũũragwo akũũragwo ndangĩthareenda na ndaagatiga kũrũĩra wĩyathi wa bũrũri wake emwoyo kana emũkuũ. "Ũnjohe kana ũnjũũrage," akĩĩra ngoronia njanji, "mbaara ĩno nĩ ĩgũthiĩ na mbere tondũ nĩ mbaara ya wĩyathi, na nĩ twĩhotoreete kũhũũranĩra wĩyathi witũ nginya mũndũ wa mũico." Mĩario ya Tanganyika ya ũcamba na wendi mũriku wa bũrũri nĩ yaang'ũrĩkirie njanji nyakeerũ; arookio igooti-inĩ mũthenya ũyũ ũngĩ, njanji akĩmũũria kana aarĩ na ũndũ ũngĩ angĩenda kwĩra igooti atanamũtuĩra. Arĩ na maraakara morume, Tanganyika eerire ngoronia njanji atĩrĩĩrĩ:

> Nĩĩ ndikwenda ũnjigwĩra tha, nduĩra otoorĩa ũtuagĩra aarũi a wĩyathi mareehwo igooti-inĩ rĩĩrĩ rĩa ũkoronia rĩa maheeni. Nĩĩ nũgamĩĩte hamwe na andũ aiitũ na bũrũri witũ, nĩ wĩyathi tũkwenda kana gĩkuũ. Thiĩ na mbere ũnduĩre gũitwo, nĩĩ gĩkuũ gĩtimakagia (Maina wa Kĩnyattĩ, 2008:328).

Tanganyika aarĩkia mĩario yake, ngoronia njanji ndateire mathaa: akĩmũtuĩra gĩkuũ. Aarĩkia gũtuĩĩrwo oohiirwo bĩĩngũ mooko na macegera magũrũ agĩikio ngaari ya mbirarũ agĩtwarwo Nairobi njeera nene gũitwo. Ngumo wa Ndĩritũ, ũmwe wa icakũri nyakairũ iria ciarangagĩra Tanganyika njeera, Nairobi, eerire mwandĩki wa ibuku rĩĩrĩ mwaka wa 1976 atĩ, hĩndĩ ya gũitwo yaakinya, Mũbĩa nyakeerũ weetagwo Fr. Marino nĩ ooririe Njenũrũ Tanganyika eetĩkĩre amũbatithie, atuĩke mũkĩrĩcitũ, nĩguo aakua athĩĩ matu-inĩ kwa Ngai wa Aakĩrĩcitũ.

Tanganyika eetĩkĩtie ta memba aingĩ a Mau Mau atĩ andũ arĩa marũũagĩra wĩyathi wa bũrũri waao matikuuaga matuĩkaga hicitũrĩa ya bũrũri. Mũbĩa nĩ areganiire naguo, akĩĩra Tanganyika atĩ andũ matarĩ abatithie ta Agĩkũyũ na matetĩkĩtie Yesũ wa Nazareth maakua mathiiaga gwa Caitaani.

Mĩario ĩno ĩrĩa haaha mũhuro ya Njenũrũ Tanganyika na Mũbĩa yaaheeirwo mwandĩki wa ibuku rĩĩrĩ nĩ Ngumo wa Ndĩritũ.

Tanganyika: Arĩa mabatithĩtio na magetĩkĩra Yesũ mathiiaga kũ maakua?

Mũbia: Mathiiaga matu-inĩ kũrĩa Ngai na Maraika aake na mwana wake Njesũ maikaraga.

Tanganyika: Ĩĩ nao andũ ta Ngeretha arĩa marooraga andũ aiitũ, makagwata atumia aiitũ na hinya na magakoomera bũrũri witũ na gĩthuri, magaathiĩ kũ maakua?

Mũbia: Akorwo nĩ mabatithĩtio na makaumbũra meehia maao na magetĩkĩra Yesũ nĩ mũkũũri waao magathiĩ matu-inĩ maakua.

Tanganyika, Ũguo nĩ guo...akorwo Ngeretha ooragani magathiĩ kũ ũroiga matu-inĩ, nĩĩ ndikwenda gũthiĩ kuo; ngwenda gũthiĩ bũrũri ũrĩa aagu aiitũ maathiire ndaakua.

Mũbia: Aagu aanyu matiaarĩ abatithie na matietĩkĩĩtie Yesũ, kwoguo matiathiire matu-inĩ maakua, maathiire gwa Caitaani. Wĩnaama atĩ kũu nĩ kuo ũkwenda gũthiĩ wakua? Wĩciirie wega, ũtigarĩtie ndagĩka gakundi ũtwarwo kĩnyonga.

Tanganyika: Nĩ mathaa makwa ũraate; thiĩ wĩre araata aaku mooke nĩĩ nĩ ndĩharĩirie.

Mweri 6 wa Gataandatũ thaathita ũtukũ, Tanganyika, arĩ na bĩĩngũ mooko na macegera magũrũ, nĩ arutirwo theero ya gweterera nĩ thigari nyakeerũ na nyakairũ cia birithi na cia njeera kĩrũndo agĩtwarwo kĩnyonga. Rev. Calderwood na Fr. Marino nĩo mamũtongoreetie makĩĩnaga nyĩmbo cia gũthiĩ matu-inĩ. Atanekĩĩrwo mũhindo ngingo nĩ eeriirwo nĩ ngoronia atĩ agĩtĩkĩra gũthareenda, atuĩke mũthigari wa ngoronia ta Njenũrũ Chaina, no mamweheererie gĩkuũ. Ngumo eerire Maina wa Kĩnyattĩ atĩ Tanganyika nĩ aregire gũthareenda, akĩĩra ngoronia ooragani: "Nĩĩ nĩ nyuĩte muuma wa Mau Mau wa kũrũĩra wĩyathi wa bũrũri witũ, nĩ kaba gĩkuũ kũrĩ gũthareenda. Bũrũri witũ nĩguo Ngai witũ tũtingĩwendia na tũtikaũrekia yuuraga ĩkĩyaga. Tigai gũte mathaa makwa aagu nĩ manjetereire." Akĩrĩkia ciugo icio ciocamba na ũũmĩrĩru, makĩmwĩkĩra mũhindo ngingo. Aakua makĩmũcurũria, makĩmwĩkĩra ngaari ya njeera makĩmũtwara njeera nene Kamĩtĩ kũmũthika. Maatanamũthika makĩmeendera kĩongo gĩake na kĩbũi, makiunanga magũrũ na mooko maake, kĩmũreenga rũrĩmĩ, magĩturĩkia maitho maake na itimũ, makĩmũthika na bĩĩngũ mooko na macegera magũrũ atĩ nĩguo angĩhĩtia ariũke areemwo nĩ gwĩthikũria.

Nĩ ũndũ wa maraakara makũnyiitwo na kũũragwo kwa Njenũrũ Tanganyika, mbũtũ cia KLFA Kĩrĩnyaga nĩ ciarũũire na mwaki mũnene. Njenũrũ Mwariama agĩtaarĩria Maina wa Kĩnyattĩ ũhoro ũcio mwaka wa 1979, aamwĩrire:

Thuutha wakũnyiitwo na kũũragwo kwa Njenũrũ Tanganyika, mbũtũ cia KLFA, Kĩrĩnyaga, nĩ cia cookanĩrĩirio na tũkĩbanga mũbango mwerũ wa kũng'aang'ana na mbũtũ cia ngoronia. Kuuma mwambĩrĩrio wa mbaara ya wĩyathi ithuĩ memba a Mau Mau nĩ twamenyaga atĩ mbaara ya wĩyathi nĩ rũgendo rũraaya rwa maithori na thakame, na amwe aiitũ nĩ makooragĩrwo mbaara-inĩ, angĩ manyiitwo, manyariirwo na njĩra cia kĩĩnyamũ na arĩa angĩ moohwo njeera mĩaka na mĩaka; mĩcĩĩ iitũ ĩciinwo, indo ciitũ cianangwo na atumia aiitũ manyariirwo nĩ njangiri cia ngoronia. Nĩ twetĩkĩtie hatarĩ nganja atĩ: kũnyiitwo, kũnyariirwo, kuohwo, kũũragwo, ĩo nĩyo njĩra tũkaagera tũkĩrũĩra wĩyathi witũ.

Mbaara yaariitũha mũtitũ-inĩ Kĩrĩnyaga, Ngeretha nĩ maambĩrĩiria kũhũũra Kĩrĩnyaga na mboomu ũtukũ na mũthenya, kwamba mĩtego ya *landmine* njĩra-inĩ ciothe cia mĩkĩra iria cieerekeire kĩrĩma-inĩ na rũteerere-inĩ rwa mũtitũ, gũcina mĩtitũ na irio irĩ mĩgũnda na *Napalm bomb*. Mboomu icio nĩ ciooragire nyamũ nyiingĩ cia gĩthaka, ĩgicina mũtitũ, no itiahotire kũhingĩrĩria nditi ya KLFA; mbaara ĩgĩthĩĩ na mbere.

Thĩini wa Mũrang'a mbũtũ cia wĩyathi nĩ cieeyũkĩrĩirie na ikĩaambĩrĩria gũtindĩka mbũtũ cia thũ. Kũrĩ Juraĩ 12, 1956 mbũtũ ya KLFA, itongoreetio nĩ Komanda Nyooro, nĩ yaatharĩkĩire mbũtũ ya thũ gatagatĩ-inĩ ga taũni ya Ũthaya na ya Kĩarainĩ. Mbaara ĩno, yaambĩrĩirie mathaa ma mĩaraho, gũgĩtuka, thigari cia thũ 12 na cia KLFA ithaano nĩ ciaakuĩĩte. Naake Komanda Nyooro nĩ auniirwo kũgũrũ nĩ mbũrũbũrũ ya maitha na akĩnyiitwo. Aamenyeeka nĩ Komanda Nyooro, no betũrori yaareehirwo, agĩciinwo arĩ muoyo ta Njenũrũ Kago na Ihũũra. Mũhu wa mwĩrĩ wake wekĩriirwo ireebe ũgĩikio ngaari ya mbirarũ, ũgĩthiio naguo; nĩ kũ hiihi maaũtwariire? Na gĩtũmi gĩa gũthiĩ naguo-rĩ nĩ kĩĩ? Andũ a Kenya no meende kũmenya gĩtũmi na makĩria ya ũguo no meende mũhu ũcio ũcookio nĩguo mathike Komanda Nyooro na gĩtĩĩyo kĩa mwendi bũrũri. Nĩ harĩ ruo atĩ njamba ya bata ta Nyooro wa Kĩragũ ndĩakĩirwo moniumeniti wa kũmĩririkanaga taũni ya Kĩarainĩ. Mwandĩki wa ibuku rĩĩrĩ akwona harĩ kĩhooto barabara ĩrĩa yuumĩte taũni ya Mũrang'a igakinya taũni ya Kĩarainĩ ĩĩtagwo *Nyooro Highway*, na barabara ĩmwe taũni ya Mũrang'a ĩheeo rĩĩtwa rĩake. Thuutha wa Nyooro kũũragwo, Birigidia Njomo wa Gakunde nĩwe wacagũriirwo Cibũ Komanda wa mbũtũ cia Mũrang'a.

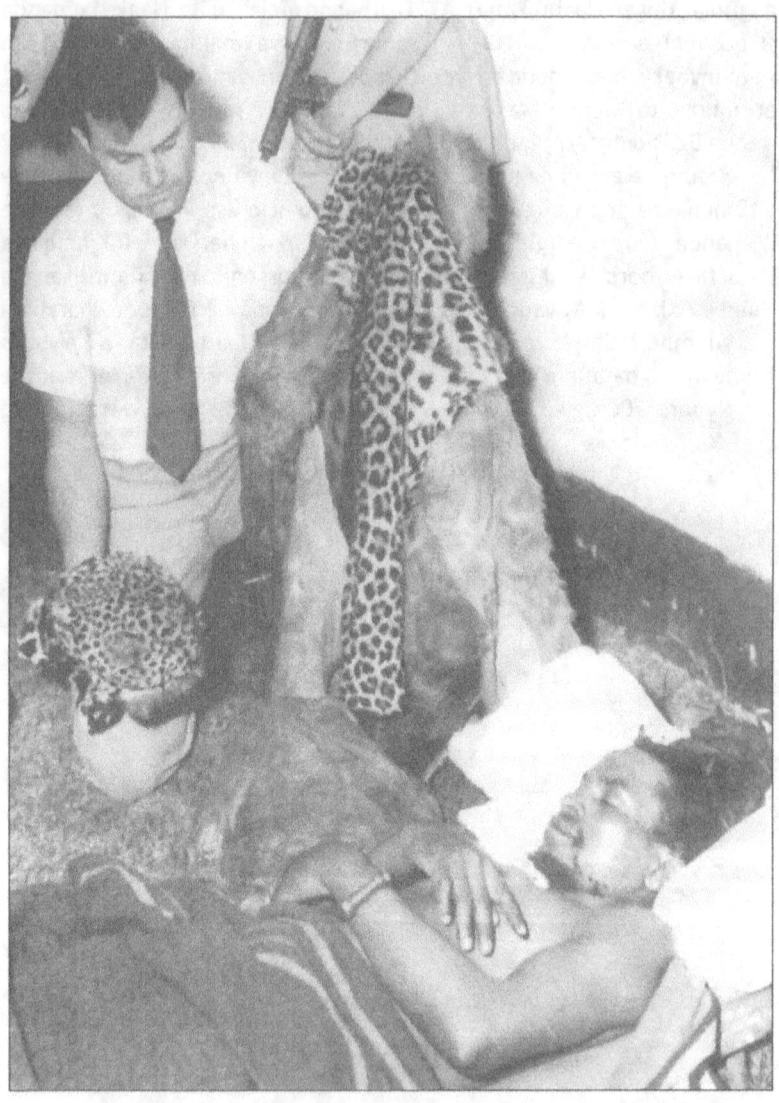

Maacũ Kĩmaathi aarathirwo kĩeero na akĩnyiitwo nĩ thũ cia wĩyathi Okitoba 20, 1956. Mbica ĩno yahũũriirwo Kĩmaathi arĩ thibitaarĩ ya Nyĩrĩ akĩrutwo mbũrũbũrũ kĩeero. Aitiirwo nĩ Ngeretha Feburuarĩ 18, 1957.

15. Kĩmaathi nĩ Hicitũri ya Bũrũri

Gatagatĩ-inĩ ka mwaka wa 1956 and 1957 ũteti wa bũrũri nĩ waambĩrĩirie gũceenjia na njĩra nene. Wambere, gĩĩko kĩa magigi kĩa Mathenge gĩa kũũmba *Kenya League* arĩ na mworoto mũkundeeru wa gwatũrania mbũtũ cia wĩyathi na macũngĩrĩrio gũtuma ũraata na thũ Ngeretha na kũmareehe mbucii cia KLFA mahũnge hitho cia KLFA cia mbaara na thuutha-inĩ atongoria a KL hamwe na Karari Njama gũthareenda na gwĩtĩkĩra gwĩkĩra nguo cia thũ cia mbaara na gũtongoria mbũtũ cia thũkũmũ Ngeretha ciingĩre Nyandarwa nĩ kwongereire mbũtũ cia ngoronia ũũgĩ wa kũmenya hitho cia KLFA cia mbaara, ikĩgĩa na nditi ya gũtindĩka mbũtũ cia KLFA kinya ikĩnyita Hendikwota ya KLFA na ikĩmĩciina. Wakeerĩ, mbaara ya wĩyathi na ũteti mũkaari wa Mau Mau nĩ ciaarahũrire andũ a Kenya, ikĩmookĩria tooro, makiumũrũrũka mataũni-inĩ na matũũra-inĩ, makĩambĩrĩria gwĩtia wĩyathi wa bũrũri nocamba. Ngeretha moona rũũĩ rwa wĩyathi no kũiyũũra rũraiyũũra, makĩambĩrĩria kwaria na rũrĩmĩ rũhake mũruru wa ũũkĩ na makĩhingũra ndirica imwe iria maahingĩĩte cioteti. Kameeme-inĩ na Renjikoo-inĩ makĩanĩrĩra nĩ meetĩkĩra andũ airũ moombe ciama cioteti, macagũre ambuunge aao a Renjikoo na karabaa bũrũri-inĩ nĩ yahũũrwo marubuku. Wagatatũ, makĩanĩrĩra no meetĩkĩre kũũmbwo thirikaari ya mũthomboco (*multiracial government*) ya ndũũrĩrĩ ciothe iria irĩ Kenya. Naguo mũingĩ wa Kenya ũkiuuga gũtirĩ thirikaari ĩngĩakwo Kenya, Kenyatta atarĩ mũrekie na arĩa aingĩ mahingĩirwo nditĩĩni na njeera nĩ ũndũ wa kũregana noteti mũũru wa ũngoronia. Naake Kĩmaathi arĩ Nyandarwa kĩrĩma-inĩ akĩanĩrĩra: akiuuga mworoto wa KLFA nĩ kũũmba thirikaari ya andũ airũ, thirikaari ya *multiracial* nĩ ya kũrikĩria ũkombo wa ũkoronia, KLFA nĩ yamĩrega.

Ona gũtuĩka Ngeretha nĩ yaambĩrĩirie kũregeria mũhindo wa ũkoronia ngingo-inĩ ya bũrũri nĩ ũndũ wa gũtindĩĩkwo nĩ Mau Mau, mbaara bũrũri wa GEMM, Nairobi, Naroko na ndiicitiriti ya Naikuru no yaathiiaga na mbere, na kambĩ cia hũmungaati cia ũnyariirano ciaiyũũire aregi a Mau Mau, nditĩĩni na njeera thakame ya itungati cia Mau Mau yaathereraga ta kĩguũ. Kũnyitana noguo, atongoria a KL hamwe na Karari wa Njama nĩ maatuĩkire magui ma thirikaari ya ngoronia makũhĩta Kĩmaathi na memba a KP mũtitũ-inĩ Nyandarwa. Tondũ aingĩ aao maarĩ atongoria na komanda a KLFA, Nyandarwa, na angĩ ta Njama maarĩ memba a KP, ciĩhitho ciothe cia KLFA nĩ maaciũũĩ, hitho ciothe cia KLFA cia mbaara nĩ maaciũũĩ, njĩra ciothe iria ciageragwo nĩ aarũi a wĩyathi magĩthĩĩ ita nĩ maaciũũĩ— tuuge gũtirĩ ũndũ maatooĩ wa maica ma mũtitũ wa Nyandarwa.

Kwoguo nĩ maahotire gũteithĩrĩria thirikaari ya ngoronia ĩtindĩke KLFA, ĩnyiite atongoria aingĩ a KP na yuurage komanda aingĩ a KLFA arĩa maarĩ mũthitarĩ wa mbere mbaara-inĩ. Na ũmenye nĩguo-rĩ, mweri wa Okitoba, tarĩki 20, 1956 Kĩmaathi nĩ aacukanĩrĩirwo nĩ memba ũmwe wa KP wathareendeete, akĩrathwo kũgũrũ kĩeero-inĩ na akĩnyiitwo nĩ thũ. Andũ aingĩ a bũrũri maiigua Kĩmaathi nĩ mũnyiite maarĩrire nĩ marakaara ma kwaga hinya nohoti wa gũthĩĩ njeera kũmũruta. Harĩ mũingĩ wa Kenya, Kĩmaathi aarĩ hinya waao, ũcamba waao, wĩyũũmia waao, mũgambo waao, kĩmũrĩ kĩao kĩa wĩyathi.

Aanyiitwo, Kĩmaathi eekĩriirwo ngaari ya birithi, arĩ na bĩĩngũ mooko na macegera magũrũ, agĩtwarwo thibitaarĩ Nyĩrĩ taũni kũrutwo mbũrũbũrũ yaarĩ kĩeero—ndaahootaga gũthĩĩ nĩ ruo. Mũthenya ũyũ ũngĩ, ngoronia njanji weetagwo Kenneth O'connor nĩ aathiire thibitaarĩ gũthoomeera Kĩmaathi mathitangwo, Kĩmaathi ndaamũtumũkire; ciira ũkĩigwo kinya mweri 19 wa Nothemba. O mũthenya ũcio maobithaa a thirikaari ya ngoronia—Henderson, Young, Prenegast, Ohanga, Ruck, F. Kitson, Windley na Heyman—nĩ maathiire thibitaarĩ na mwaki mũnene kũmenyithia Kĩmaathi atĩ aarega gũthareenda agũtwarwo igooti-inĩ atuĩĩrwo kĩnyonga. Kĩmaathi akĩmeera ndaarathareenda na ndarĩ hĩndĩ agatuĩka njaguuti ya ngoronia na gĩkuũ gĩtiramũmakia. Thuutha ũcio, ona atahoneete kĩeero, makĩmũkururia, makĩmũtwarwo borithi ya iceerũ nĩguo njangiri cia ngoronia (Henderson, Ruck, Prenegast, Kitson, Mubia Marino na Rev. Cannon Webster) cioone kamweke ga kũmũnyariira kĩĩmeeciiria, kĩĩmwĩrĩ, kĩĩroho. Nĩ maamũnyaririire mũno no ngoro ya Kĩmaathi yoombĩĩtwo na igera cia cuuma matiamwenyenyiirie.

Mũthenya wa ciira wa kinya, Kĩmaathi aatwariirwo igooti-inĩ na bĩĩngũ mooko na macegera magũrũ arangĩirwo nĩ thigari cia mbirarũ na cia birithi kĩrũndo na nyũmba ya igooti yaarigicĩirio nĩ thigari cia warũrũngana, hũmungaati, birithi na mbirarũ nyakeerũ. Gũtirĩ mũndũ mũirũ, tiga njaguuti nyeuthi cia ngoronia, wetikagĩrio gũkuhĩrĩria igooti-inĩ. Aingĩrio igooti-inĩ rĩa maheeni aakorire mbarĩ ya nyakeerũ: njanji Kenneth na burociikiuta na thũngũ theetera iria ciookĩĩte gũthikĩrĩria ciira; Kĩmaathi aarĩ wiki igooti-inĩ arigĩcĩirio nĩ thũngũ thigari na akoohwo bĩĩngũ mooko na macegera magũrũ. Hicitũri ya kanua yuugaga atĩ Kĩmaathi aaciirire na hinya na ũcamba wa mwendi rũũrĩrĩ ona gũtuĩka nĩ aauugagĩrĩrio na

248

kũrumwo nĩ Thũngũ theetera. Mũthenya wa mũico wa ciira, Nothemba 26, ngoronia njanji nĩ ooririe Kĩmaathi kana arĩ ũndũ akwenda kwĩra igooti atanatuĩĩrwo; Kĩmaathi akĩmwĩra nocamba: Ndikwenda ũnjiguĩre tha, kaihũri karĩa ũihũragĩra njamba cia Mau Mau ciareehwo igooti rĩaku njihũrĩra nako. Ithuĩ Mau Mau twĩtĩkĩĩtie atĩ gĩkuũ nĩ njĩra ĩmwe ya kũrũĩra wĩyathi wa bũrũri witũ. Norĩĩrĩ, korwo no kũhooteke'eke no njĩtĩkĩre tũikare thĩ na thirikaari yaanyu tũbange mũthenya ũrĩa mbũtũ ciaanyu ikuuma bũrũri-inĩ witũ (Maina wa Kĩnyattĩ, 2008:333).

Ngoronia njanji ndaakenirio nĩ mĩario ya Kĩmaathi ya rũng'athio rwocamba. Arĩ na gĩkundo kĩa maraakara mũmero, akĩĩra Kĩmaathi amũtuĩĩra gĩkuũ. Gũtuĩkaga atĩ ngoronia Kenneth nĩ aatũmĩĩrwo marũa nĩ Mau Mau, akeerwo aatuĩĩra Kĩmaathi gĩkuũ, kĩongo gĩake nĩ kĩrĩgĩĩrwo nĩ mĩrani ya Mau Mau onathiĩ irima, ehithe itaara kana arangĩrwo nĩ thigari mĩrongo na mĩrongo. Kwoguo, aarĩkia gũtuĩĩra Kĩmaathi kĩnyonga ndaaraire Kenya ũtukũ ũngĩ.

Mũthenya o ũcio Kĩmaathi atwĩrĩĩrwo gĩkuũ, eekĩriirwo ngaari ya mbirarũ ĩrangĩĩrwo nĩ ngaari ingĩ igĩrĩ cia mbirarũ agĩtwarwo kwa ndege, akĩũũmbũrwo nginga njeera nene Nairobi kũrĩa maciini ya gũita njamba cia Mau Mau yaambĩĩtwo. Aaikarire theero ya gweterera gĩkuũ kuuma Nothemba 26, 1956 kinya mweri 17 wa keerĩ 1957. Mũthenya wa gũiitwo wakinya, Mweri 18, Kĩmaathi nĩ ooririo nĩ ngoronia cia njeera kana aarĩ na ũndũ angĩeenda thirikaari ĩmũhingĩrie atanaiitwo. Agĩcookia: angĩeenda eetĩkĩrio kwona mũtumia wake, maarie. Mũkami aagĩriirwo njeera ya atumia a Mau Mau Kamĩtĩ; maaririe handũ ha mathaa meerĩ marigicĩirio nĩ icakũri nyakeerũ cia njeera na cia birithi. Ũngĩeenda gũthooma mĩario ya Kĩmaathi na mũtumia wake ĩrĩ ibuku-inĩ rĩa Maina wa Kĩnyattĩ, *History of Resistance in Kenya*, bĩĩnji, 333-334.

Ũtukũ ũcio wa mweri 18, Kĩmaathi, arĩ na mabĩĩngũ mooko na macegera magũrũ, nĩ arutiirwo theero ya gweterera akiumagario nĩ thũ—thigari nyakeerũ ithaathatũ na ngoronia Aamĩceeni atatũ (Mũbĩa Marino, Rev. Webster na Mũbĩa Philip) kinya kanyũmba-inĩ ga gũiitĩĩrwo. Aaitiirwo thaathita ciotukũ; aakua, agĩcurũrio maciini-inĩ, agĩĩkio ngaari, agĩtwarwo njeera nene ya Kamĩtĩ gũthikwo. Atanathikwo, ota ũrĩa waarĩ mũtugo wa ũcangiri wa ngoronia Ngeretha, akĩmondoorwo mũtwe na kĩbũi, akiunangwo magũrũ na mooko, maitho magĩtũrĩkio na itimũ na akĩrengwo mũthiita, ũgĩĩkio o irima rĩrĩa athikagwo. Aathikirwo ooheetwo bĩĩngũ mooko na macegera magũrũ. No toũguo wiki, nĩ aatuunyiirwo indo iria aarĩ nacio akĩnyiitwo—nguo iria eekĩrĩte, thaa ya thaahabu, bathitora, tũramu twĩrĩ na notibuku. Indo icio, hamwe na mabuku ikũmi na mana marĩa aandĩkĩire arĩ Nyandarwa, cieekĩriirwo ndege igĩtwarwo miithiamu ya ngoronia Ngeretha, London. Naake Fr. Marino, arĩ na muoroto mũnungu wa kũhaka rĩĩtwa ria Kĩmaathi na ũtongoria wake magigi, nĩ aandĩkire marũa ma maheeni na agĩĩkĩra thaini ya rĩĩtwa rĩa Kĩmaathi; marũa macio ma maheeni na rũthũũro maandĩkĩĩtwo mathaa meerĩ Kĩmaathi atanooragwo na mooigĩĩte: Kĩmaathi nĩ eetĩkĩrĩte atanooragwo gũtuĩka mũrũmĩrĩri wa Njesũ na nĩ aathirimũkĩĩte agatuĩka mũgathoreki, na macũngĩrĩrio ma ũguo, kũringana na marũa macio, nĩ oorĩtie kanitha wa Gathoreki ũteithagia mũtumia wake kĩĩmbeeca na gũthoomithia ciana ciake. Koobi cia marũa macio ciaatũmĩĩrwo raiburarĩ na akaibuu cia bũrũri witũ na cia Ngeretha; iria ingĩ igũtũmĩĩrwo ngathĩĩti cia Kenya na cia Ngeretha. Ũmũũthĩ marũa macio Marino aandĩkĩĩte na karamu ka ũkoronia matindaga magĩcũganĩrio nĩ ngathĩĩti ya *Nation* na ya *Standard*, mageetwo na kĩĩngenũ, *Kĩmaathi's Last Letter*. Kĩeha na ruo nĩ atĩ, marũa macio ma maheeni ma ũngoronia nĩ mekĩrĩĩrwo mabuku-inĩ ma hicitũri ya bũrũri mathoomagwo nĩ ciana ciitũ. Tũkwenda aathomi a ibuku rĩĩrĩ mamenye atĩ marũa macio ti Kĩmaathi wandĩkire nĩ ngoronia Fr. Marino. Norĩĩrĩ, mũndũ angĩigua arĩ na mũrukĩ wa gũthooma marũa macio ma ngoronia Marino noamoone ibuku-inĩ rĩa David Anderson, *Histories of The Hanged*—ibuku rĩandĩke na karamu ka ũkoronia ga kũmenereria Mau Mau. Kũna hatirĩ hĩndĩ tũngĩtĩkĩria ngoronia ta Anderson, L.S. B. Leakey, Frank Kitson, Ian Henderson, David L. Smith na angĩ matwandĩkĩre hicitũri ya bũrũri witũ.

Mwaka wa 1960 kabuuri ĩrĩa yaathikagwo aarũi a wĩyathi a Mau Mau njeera Kamĩĩtĩ yaatuirwo mũgũnda wa kũhanda irio cia oohwo a kawaida nĩ thũngũmũ Ngeretha. Mbĩĩrĩra ciothe cia njamba cia Mau Mau, hamwe na ya Kĩmaathi, ikĩmomoorwo na ikĩharaganio na karagiita nĩguo tũtikanathikũrie mahĩndĩ ma Kĩmaathi tũmathike na gĩtĩĩyo, gĩkeno na ndũũho na tũũtue kabuuri ĩyo iriũko rĩa gũcemanagio nĩ njamba cia bũrũri. No ngoronia nĩ ciaariganĩirwo atĩ Mau Mau nĩ hicitũri ya bũrũri na gũtirĩ ibuku rĩa hicitũri ya bũrũri witũ rĩngĩandĩĩkwo rĩtagũtaarĩria rũgano rwocamba wa Mau Mau na ũtongoria wocamba wa Kĩmaathi. Niingĩ tondũ ngoronia itiathoomaga hicitũri iitũ ya mbaara ya wĩyathi, itingĩahotire kũmenya atĩ

Kĩmaathi ndagaakua—agũtũũra mabuku-inĩ maiitũ ma hicitũri, barabara-inĩ cia bũrũri witũ, mĩtitũ-inĩ Kĩrĩnyaga na Nyandarwa, ngurumo-inĩ cia njũũĩ, thukuru-inĩ na yunibaciiti ciitũ, matũũra-inĩ na mataũni-inĩ, nĩmĩ-inĩ cia mũingĩ wa bũrũri mĩndĩ na mĩndĩ. Rĩĩtwa rĩake, ũcamba wake na wendi mũriku wa bũrũri witũ, nĩ gĩthima gĩtherũkaga hinya na wĩyũũmia wa mũingĩ wa Kenya—gĩthima gĩakũnyuagwo nĩ njamba cia bũrũri.

Tũririkanage Jaramogi Odinga, nĩ Njamba ya bũrũri.

16: Gũtirĩ Mũthenya Ũkĩyaga Tongĩ

Maacũ Kĩmaathi ooragwo nĩ ngoronia cia Ngeretha, hendikwota ya KLFA nĩ yathaamĩrio Nyandarwa ĩgĩtwarwo Kĩrĩnyaga rungu rwa ũtongoria wa Njenũrũ Baimũngĩ, Mwariama, Chui na Rũkũ, na mbaara ya wĩyathi no yaathiiaga na mbere ona gũtuĩka ũteti wa gatiba nĩ wambĩrĩiirie gũtamba bũrũri-inĩ na kũnyiitwo mbaru nĩ aathũkũmi Nairobi na mataũni macio mangĩ ma bũrũri.

Norĩirĩ, kũringana noorĩa ngoronia Ngeretha maatindĩkĩĩtwo nĩ mbũtũ cia wĩyathi, nĩ maambĩrĩire kũregeria wathani wa ũkoronia wa tuuteni, kweheria mawatho maamwe ma mwĩhũũgo na kũrekia memba a Mau Mau kuuma nditĩĩni. Makĩandĩka gatiba njerũ ĩrĩa yeetĩkĩririe kũũmbwo gwa ciama cioteti cia andũ airũ na ĩkĩhee mũingĩ wa Kenya hinya wa gwĩcagũrĩra memba a Renjikoo; ĩndĩ ona gũtuĩka gatiba ĩyo nĩ yaahiingũrire ndirica ingĩ cia kũrũĩra wĩyathi, muoroto wayo wa mbere ndaaya waarĩ wa kũrikĩria wathani wa ũkoronia na kũharagania mbũtũ cia KLFA matũũra-inĩ na mataũni-inĩ nĩguo itikooe ũtongoria wa bũrũri. Na ũmenye Ngeretha nĩ eeharĩirie kũrikĩria ũngoronia-rĩ, andũ arĩa maheeirwo mĩtĩ ya gũcagũrana bũrũri wa GEMM nĩ hũmungaati, thigari cia mbirarũ na birithi na aathoomi (meetagwo Tai-Tai) arĩa marutagĩra ngoronia wĩra mawabici-inĩ wa kũhũũra mbũtũ cia wĩyathi. Nairobi na mataũni macio mangĩ, arutiwĩra Agĩkũyũ, Aembu, Amĩĩrũ na Ambeere o matiaaheeirwo mĩtĩ ya gũcagũrana tondũ maatuĩkaga nĩ Mau Mau; ona Rĩbutibare nĩ magiririo nĩ watho wa mwĩhũũgo kũhũũra kuura. Kũrũmanĩrĩria noguo, hĩndĩ ya gĩthurano kĩa 1957 na 1958 mbũtũ cia ngoronia ciaitiirwo kwaũingĩ bũrũri-inĩ wa GEMM kũrangĩra hũmungaati igĩĩkia mĩtĩ na kũnyita arĩa meeciiragĩrio nĩ maareganĩte na makabiinga mũbango wa ngoronia wa gĩcagũrano.

Andũ airũ arĩa maathuriirwo memba a Renjikoo mwaka wa 1957 na wa 1958 maarĩ James Gĩcũrũ, Tom Mboya, Jaramogi Odinga, Lawrence Oguda, Julius Kĩano, Kariũki Njiiri, Jeremiah Nyaga, Ronald Ngala, Bernard Mate, Daniel Moi, Masinde Muliro, Lawi Muimi, Arwings Kodhek na Herny Mulli. Tiga Odinga acio angĩ maarĩ njũna-ndara cia ngoronia Ngeretha. Na niingĩ, aathomi aingĩ arĩa maarĩ hũmungati na angĩ Tai Tai ta Simeon Nyachae, John Mĩchũkĩ, Wanyũtũ Wawerũ, Titus Mbathi, Eliud Mahĩhu, S.O. Josiah, Paul Boit, David Warũhiũ, Simeon Warũhiũ, John Mbũrũ, Isaiah Mathenge, Gacathi, Kĩereinĩ, Geoffrey Karĩĩthi, Ben Gethi, Elias

Gĩthĩeya, B.A. Ohanga, B.M. Gĩcaga, mbarĩ ya Nderi, Musa Amalemba, Duncan Ndegwa, Charles Njonjo, Charles Rũbia na angĩ nĩ maheeirwo mawĩra manene wabici-inĩ cia thirikaari ya ũkoronia, nao arĩa maarĩ thigari mbirarũ na birithi na maarĩ athoomu nĩ maambatĩirio ngathĩ magĩtuuo maobithaa, angĩ magĩtũmwo Biriteni gũthoomithio wathani wa ũkoronia; maacooka makĩheeo madaraka maigũrũ mbirarũ-inĩ na birithi. Muoroto wa ngoronia Ngeretha waarĩ wa kũhang'ĩĩra njaguuti ciao nyeuthi mawabici-inĩ manene ma thirikaari nĩguo wĩyathi ũgĩũũka igaakorwo irĩ mũthitarĩ wa mbere wathani-inĩ. Thuutha-inĩ nĩ tũkuona kana ũguo nĩguo gwatuĩkire.

Jaramogi Odinga Gũteng'ũra Ũrogi na Nyũngũ

Mweri wa gataano 1957 atongoria Mau Mau, Nairobi, nĩ maacemanĩrie na Jaramogi na hitho. Maaria magĩtĩkanĩĩria Odinga atũmĩre gĩtĩ gĩake kĩa Renjikoo kũhũũranĩra kũrekio gwa Kenyatta na atongoria a Mau Mau. Odinga aarooka mbuunge akĩhooya "speaker" kamweke arie. Aheeo, akiuuga, atakũinaina iromo, atĩ Kenyatta nĩwe mũtongoria wa andũ airũ Kenya na kwoguo no kinya arekio atongorie mũng'eeng'ano wa wĩyathi. Agĩthiĩ na mbere kwĩra mbuunge atĩ Mau Mau nĩ kĩama kĩa mbaara ya wĩyathi naarĩa mooigaga Kĩmaathi nĩ gĩĩtoi nĩ thũ cia wĩyathi. Odinga akĩrĩĩkia mĩario yake, theetera ikĩũũmbũrũrũka, ikiuuga Odinga nĩ Mau Mau nĩ anyiitwo aiikio nditĩĩni. Mwena wa memba nyakairũ kwarĩ na muunyugano wa guoya na maraakara; amwe tondũ wa guoya matikanyiitanĩrio na Odinga magĩthiĩ kĩoro kwĩhitha. Bernard Mate, tondũ aanyuĩte ĩgakinya mũmero, nĩwe warũgamire, akĩĩnainaga mahũri nĩ guoya, akĩĩra mbuunge: "ũguo Odinga oiga nĩ ta wa mũndũ mũthũku mũtwe nĩ ũndũ gũtirĩ mũndũ ũrĩ na kĩongo kĩega ũngiuuga ũguo aaririkana mũito wa Lari." Akĩnyita Mate mbaru, Mboya akiuuga mĩario ya Odinga "yahoota kũreehe thakame njũrũ gatagatĩ-inĩ ka memba nyakeerũ na nyakairũ." Odinga eerire mbuunge wee ti mũthũku mũtwe na ũguo oiga nĩguo mũingĩ wa Kenya ũmũtũmĩĩte oige na ndaraugũũkwo. Mũcemanio wa memba nyakairũ nĩ wetirwo nja ya mbuunge kwarĩrĩria mũrũgamo wa Odinga. Tiga Arwings-Kodhek wanyiitire Odinga mbaru, acio angĩ maatindĩkaga Odinga atigane noohoro wa kũrekio gwa Kenyatta na gwa atongoria a Mau Mau "tondũ wahoota kũũmia ngoro ya ngoronia ĩrege na wĩyathi." Odinga nĩ aregire kugũũkwo, kwoguo memba a Cenitũrũ—Kĩano, Nyaga, Mate, Kariũki Njiiri na Gĩcũrũ—magĩthondeeka mĩcemanio taũni Mũrang'a, Nyĩrĩ, Kĩambuu, Embu, Nyanyuki na Mĩĩrũ ya gũcambũrĩra Odinga. Mũcemanio-inĩ wa Mũrang'a, Kĩano, ekĩrĩte mũting'oe gatagatĩ-inĩ ka magũrũ, oigire atĩ Kenyatta tĩ mũtongoria wa bũrũri, atongoria a bũrũri "nĩ ithuĩ tũrĩ Renjikoo na Macibũ na hũmungaatĩ." Naake Nyaga akĩĩra andũ mũcemanio waarĩ Embu taũni: "Ndaamwĩra atĩrĩĩrĩ, ithuĩ atongoria a Cenitũrũ nĩ twĩtĩkanĩirie atĩ mĩario ya Odinga Renjikoo nĩ ya gũcookia andũ a Cenitũrũ na thuutha na no ĩreehe mbũragano bũrũri-inĩ." Odinga aareka aaKiano na aaNyaga mahũyũke gwa kahiinda nĩ amacookeirie, akĩmeeera ndaagũceenjia mũrũgamo wake na ũrĩa ũrainaina mara nĩ guoya athiĩ akeikie Rũũĩ rwa Thagana.

Thuutha ũcio Odinga nĩ eetire mũcemanio Karoreinĩ, Nairobi, na wokĩĩtwo nĩ ngiri na ngiri cia arutiwĩra. Mũingĩ ũkĩĩra Odinga nĩ ũmũnjitĩĩte mbaru, ndakamaake. Bũrũri wothe witũ ũkiumũrũrũka kũnyita Odinga mbaru. Gũgĩtuĩka atĩrĩ, rĩrĩa memba nyakairũ moonire mũingĩ hakuhĩ wothe wa bũrũri ũnyitĩte Jaramogi mbaru nao makĩrũga kĩhaaro makĩambĩrĩria kũina rwĩmbo rwa kũrekio gwa Kenyatta. Matũũra-inĩ na mataũni-inĩ mũingĩ ũkĩrũrũngana, ũkĩĩra ngoronia: "ithuĩ tũkwenda Ũhuru na Kenyatta kana thakame ĩitĩke makĩria". Kũgeria kũhingĩrĩria rũhuho rwa wĩyathi, ngoronia Ngabana Patrick Rension, ũrĩa waneetwo wathaani Baring ahũũrwo turacibaa, nĩ aanĩrĩire na kameeme, akiuuga ekinyĩire ta bũrũri witũ waarĩ wa mbarĩ ya Ngeretha: "Kenyatta nĩ mũtongoria wa nduma na gĩkuũ, ndakũrekio na ndakaarekio." Ngabana aarĩ mũtukĩrĩre gĩĩoteti—ndoonaga atĩ mũgithi wa wĩyathi waarĩ hakuhĩ ceeceeni.

Kaambĩĩnĩ ya kũrekio gwa Kenyatta ĩkĩrĩrĩmbũka mwaki na mbaara ya wĩyathi mũtitũ-inĩ na kambĩ cia nditĩĩni na njeera noyathiiaga na mbere. Mweri 20 wa Gatano 1957 memba a Mau Mau makĩria ya andũ ikũmi nomwe nĩ mooragirwo nĩ icakũri nditĩĩni ya Hola maarega kũruta wĩra, kumbũra muuma, gũthareenda. Nditĩĩni icio ingĩ mbaara yaarĩ ndũrũ gatagatĩ-inĩ ka ndungata nyeuthi cia ngoronia na Mau Mau. Memba aa Mau Mau arĩa mooragiirwo kambĩ cia nditĩĩni, njeera, borithi na kambĩ cia hũmungaati nĩ makĩria ya ngiri 800,000. Ruo nĩ atĩ andũ arĩa maamooragaga gũtirĩ waao wanyitiirwo, gũtirĩ waao watwariirwo igooti-inĩ, nĩ thirikaari ya Kenyatta, nĩ ngathi maambatĩirio na makĩheeo mawĩra manene thirikaari-inĩ na beengi-inĩ cia thirikaari. Angĩ makĩheeo mĩgũnda ĩĩka magana na magana na cieeya cia gwaaka nyũmba cia mbiacaara Nairobi; mangĩgĩtongoroka magĩtuĩka thũng'ũng'ũ cia kũnyua mũingĩ thakame.

Kĩama Kĩa Mũingĩ Kũũmbwo

Atonngoria a Mau Mau arĩa maarekeetio—J.M. Kariũki. Eliud Mũtonyi, Isaac Gathanju, Gĩcoohi wa Gĩthua, Enock Mwangi, James Beauttah na angĩ—nĩ mareehire ũteti womootho mabambano-inĩ ma gatiba na makĩnyita Jaramogi mbaru; makĩregana noteti wa ũkoronia ũrĩa aaMboya, aaKĩano, aaGĩchũrũ, na aaNgala mahunjagĩria mũingĩ. Nĩ ũndũ ũcio, kwambĩrĩria mwaka wa 1959 gũkĩgĩa na kambĩ igĩrĩ cioteti bũrũri-inĩ. Imwe ĩtongoreetio nĩ Mboya, Gĩchũrũ na Ngala na ikanyiitwo mbaru nĩ ngoronia cia Ngeretha na cia Ameerika, ĩrĩa ĩngĩ ĩgatongorio nĩ Odinga na njamba cia Mau Mau na ikanyiitwo mbaru nĩ mũingĩ wa bũrũri.

Kũrĩ mwaka 1959 atongoria a Mau Mau nĩ maacemanirie, Nairobi, magĩĩtĩkanĩria moombe kĩama gĩĩoteti kĩa hitho gĩa kũrigĩrĩria Ngeretha na njaguuti ciake nyakairũ (memba a Renjikoo, hũmungaati na Tai Tai) mathondeeke thirikaari ya kũrikĩria ũkoronia. Kĩama kĩrĩa moombire gĩeetagwo, Kĩama Kĩa Mũingĩ (KKM). Tuuge kĩaarĩ Mau Mau tiga rĩĩtwa. Kworĩa KKM yookĩĩte na nditi na ĩkeyenjera Nairobi, Naikuru, Mũrang'a, Kĩambuu, Nyĩrĩ, Embu na Mĩĩrũ nĩ yaahahũrire njaguuti cia ngoronia cia Renjikoo, theetera nyakeerũ na atongoria a hũmungaati na Tai Tai matũũra-inĩ na mataũni-inĩ. Kwoguo, memba a Renjikoo nyakairũ na nyakeerũ nĩ mooririe thirikaari ya ũkoronia ĩgeria ũrĩa yahota kũrigĩrĩria KKM ĩtamba bũrũri-inĩ. Mĩcemanio ya kũhũũra KKM nĩ yaathondekirwo Nairobi, Naikuru, Mũrang'a, Kĩambuu, Thĩka na Nyĩrĩ ĩtongoreetio nĩ James Gĩchũrũ, Julius Kĩano, Tom Mboya, Jeremiah Nyaga na Charles Rũbia. Odinga nĩ aaregire kũmanyita mbaru, akĩnyita mũrũgamo wa KKM mbaru. Kũrĩ Januarĩ 1960 KKM nĩ yaahũũriirwo marubuku nĩ thirikaari ya ngoronia na ĩkĩnyita memba amwe a kĩama, ĩkĩmaikia nditĩĩni kũrĩa maanyariiragwo na njĩra ciothe cia ũcangiri; aingĩ mooimire nditĩĩni marĩ cionje kana marĩ agũrũku, angĩ marĩ ciimba.

KKM yaahũũrwo marubuku, atongoria a Mau Mau nĩ maacemaniria Nairobi na hitho makĩgarũra rĩĩtwa rĩa kĩama, magĩĩta *Kenya Land and Freedom Party* (KLFP) no mworoto wa kĩama ndwacenjirio. Mworoto ũcio wambĩĩtwo na ng'anangũ mũgwanja, na nĩ cio ici: 1) kũbinga na hinya kũũmba thirikaari ya *multiracial*; 2) gũcookanĩrĩria mbũtũ cia KLFA mataũni-inĩ na matũũra-inĩ na gũtũmĩra itungati mathaita mũtitũ-inĩ, irio, nguo na ndaawa; 3) kũgirĩrĩria na hinya wĩyathi ndũkoohwo na taama wa ũkoronia kana wendio mbeeca nĩ njaguuti cia ngoronia cia Renjikoo; 4) mĩgũnda ĩrĩa ĩkoomeiirwo nĩ theteera ngoronia no mũhaka ituunyanwo ĩgaĩĩrwo arĩmi airũ arĩa matarĩ mĩgũnda, na arĩa maatuunyiirwo mĩgũnda yaao nĩ thirikaari ya ngoronia hĩndĩ ya mbaara ya wĩyathi no nginya macookerio; 5) hũmungaati na birithi arĩa mooragaga andũ hĩndĩ ya mbaara ya wĩyathi manyiitwo matwarwo igooti-inĩ maciirithio; 6) mbirarũ na birithi cia ngoronia nĩ ikabuunjwo, KLFA nĩ nĩyo ĩgatuĩka mbirarũ na birithi ya thirikaari ya wĩyathi; 7) KLFP no kinya ĩhũũrane noteti wa ũkoronia ũrĩa ũrahunjĩrio mũingĩ nĩ memba nyakairũ a Renjikoo. KLFP ĩyooheete mũcibu wa mworoto ũcio nĩ yaambĩrĩirie gũtamba ng'ongo cia rũgũrũ wa bũrũri witũ na kwĩyenjera na hinya Cenitũrũ na Nairobi.

Gatagatĩ ka mwaka 1957 na 1960, thirikaari ya ũngoronia nĩ eetĩkĩrire andũ airũ moombe ciama cia majimbo cioteti ĩrĩ na mworoto wa gũkindĩra ũkabira na ũkoronia. Kĩhiinda-inĩ kĩu gĩa ciama cia majimbo, ngoronia Ngeretha nĩ maahootire gũtuma ũraata na atongoria amwe a ciama icio—andũ ta Moi, Ngala, Muliro, Shikuku, John Keen na angĩ—arĩa maarĩ noteti mũkundeeru na meeciiria maao maiyũũirwo nĩ igunyũ cia ũkabira na cia ũngoronia. Ngoronia moona mũbango waao wa kũgayania andũ a Kenya gĩĩciama, kĩĩmajimbo, gĩĩkabira, nĩ wĩtĩkĩrĩĩtwo nĩ ateti amwe, magĩtĩkĩria ciama cia andũ airũ cia bũrũri mũgima ciũũmbwo kũrĩ mwaka wa 1960. Atongoria a ciama cioteti na memba nyakairũ a Renjikoo nĩ maacemanirie nĩguo mathondeeke mũtaratara wa kũũmba kĩama kĩmwe kĩa bũrũri kĩrĩ na mworoto ũmwe na hinya wa kũmunya mĩĩri ĩrĩa yaatigaire ya ũkoronia. Maatiaigwithanĩirie: Moi, Ngala, Shikuku, Muliro, John Keen na njaama ciao, ota ũrĩa maathĩĩtwo nĩ ngoronia Ngeretha, nĩ maaregire kũũmbwo kĩama kĩmwe kĩa bũrũri. Kwoguo, magĩaaka kĩama kĩao, magĩgĩĩta Kenya Democratic Union (KADŨ). Ngala agĩtuĩka mwene-gĩtĩ na Shikuku karani mũnene. Mbeeca cia gwaka Kadũ ciarutaagwo nĩ matheteera nyakeerũ, meeciiria magũtongoria kĩama mooimaga toombo-inĩ wa thirikaari ya ngoronia na mworoto wa kĩama wathaĩĩtwo na taama wa ũkoronia, ũkoohwo na mũkwa mũhake magigi ma ũkabira.

Arĩa maareganiire na ũteti wa majimbo na wa ũkabira moombiire kĩama kĩao, Kenya African National Union (KANŨ). Gĩchũrũ agĩcagũrwo mwene-gĩtĩ na Mboya agĩtuĩka karani mũnene wa kĩama. Norĩĩrĩ, Kanũ yoombĩĩtwo nĩ ikundi ithatũ: gĩkundi kĩa mbere gĩatongoreetio nĩ Tom Mboya na James Gĩchũrũ na eerĩ maarĩ njaguuti cia thũkũmũ. Mboya aarĩ mũhiki mũhiũ wa thũkũmũ cia Ameerika, naake Gĩchũrũ akoomaga na thũkũmũ Ngeretha na hĩndĩ ya mbaara ya wĩyathi aarĩ hũmungaati ya rũhĩa rũmwe. Gĩkundi gĩa keerĩ gĩatongoreetio nĩ Kĩbaki na Kĩano na gĩtiaarĩ na mũrũgamo mũrumu woteti; gĩataganĩirie njĩra ta hiti. Gĩkundi gĩa gatatũ gĩatongoreetio nĩ Jaramogi Odinga na gĩkanyiitwo mbaru nĩ atongoria a Mau Mau na mũingĩ wa Kenya tondũ ũteti wakio waarĩ womootho. Ona gũtuĩka Kanũ yaarĩ na mũthukathuka woteti wa ikundi icio ithatũ nĩ yaatuĩkiire mbũtũ ya kũhũũranĩra wĩyathi wa gatiba, ĩkĩrega ũteti wa majimbo na wa ũkabira, ĩkĩbinga na nditi nene kũũmbwo thirikaari ya *multiracial* na ĩkĩhũũranĩra na hinya kũrekio gwa Kenyatta na memba a Mau Mau arĩa maarĩ nditĩĩni. Keerĩ, mworoto wa Kanũ wa mĩgũnda (thooma Kanũ Manifesto ya 1960) waarĩ ta wa Mau Mau no nĩ wacookire ũkĩhũũrwo mateeke nĩ Kenyatta ooya ũtongoria wa kĩama na wa bũrũri 1963.

Kenyatta Kũrekio

Nĩ ũndũ wa gũthũkũmwo mũno nĩ mũingĩ wa Kenya, ũtongoreetio nĩ Mau Mau na Kanũ, thirikaari ya ngoronia Ngeretha kũrĩ mweri wa kana, tarĩki 11, 1961 nĩ yaatũmiire gĩkundi kĩa aandĩki ngathĩĩti Maralal kũrĩa Kenyatta ahingĩirwo amataarĩrie mũrũgamo wake woteti—mũno makĩria Ngeretha meendaga kũmenya mũrũgamo wake wa mĩgũnda iitũ ĩrĩa makoomeire; keerĩ nĩ meendaga kũmenya kana Kenyatta nĩ aanyitĩĩte mbaru ũteti womootho wa Mau Mau na wa ũkomiuniciti; na gatatũ, nĩ meendaga kũiigua mũbango wa Kenyatta wa bũrũri wa mbere ndaaya. Kenyatta aarĩirie aandĩki a ngathĩĩti mĩario mĩgandu, ndĩaarĩ na mwaki toorĩa aakooragwo naguo atananyiitwo. Ooigiire wee ti memba wa Mau Mau na ti mũkomiuniciti, ti mũndũ wa haaro na ndarĩ hĩndĩ arĩ athondeeka kĩama gĩa kũingata mbarĩ ya nyakeerũ Kenya kana gĩa kũmatuunya mĩgũnda "yaao." Mũingĩ wendeete kũiigua Kenyatta akĩrarama ta ngatia ĩrĩ na ciana kĩhinga-inĩ notita ngui ĩkĩrĩte mũting'oe gatagati ka magũrũ. Matũũra-inĩ na mataũni-inĩ (makĩria Nairobi) andũ nĩ maagĩire na ngarari hiũ—amwe marĩ na mang'ũrĩko makoorania, "Nĩ mĩgũnda ĩrĩkũ Kenyatta arooiga nĩ ya mbarĩ ya nyakeerũ? Mookire nayo kuuma kwao Rũraaya?" Angĩ makooiga, mĩario ya Kenyatta ĩroonania taarĩ mũndũ mũmunye njooya cia gĩtitiira; nao angĩ makooiga, Kenyatta nĩ mũũgĩ mũno, aragia na thimo na ndaĩ nĩguo thũ ngoronia itikamenye mworoto wake wa bũrũri wa mbere ndaaya. Magĩthĩĩ na mbere kuuga atĩ aarekio andũ nĩ makoona ũrĩa agathamaka. Ooya ũthamaki-rĩ, athamakire atĩa? Nĩ tũgũtaarĩrie haaha mũhuro.

Mweri 14 wa Kana, Ngabana Patrick Renison (oũrĩa woigĩĩte Kenyatta

258

ndakaarekio) nĩ aanĩrĩire na kameeme akiuuga atĩ mĩario ya Kenyatta na aandĩki a ngathĩĩti nĩ kũhootithia thirikaari yake gũtua ciira wake— arekio kana atũũre nditĩĩni kinya agaakua. Ngabana akĩrũndana na meeciiria makũrekia Kenyatta, mũingĩ wa Kenya, kuuma Mombatha kinya Gĩthumo, wooimĩrire barabara-inĩ gwĩtia wĩyathi na kũrekio gwa Kenyatta. Mũrĩmo ũrĩa ũngĩ wa bara mbuurũ theteera, inyitĩĩtwo mbaru nĩ njaguuti ciao nyakairũ, ciarĩaaga tũnyũi cia igua Kenyatta ahota kũrekio; na cio hũmungaati na Tai Tai cieenjaga marima thengi makwĩhitha. Tondũ gũtirĩ mũthenya ũkĩyaga tongĩ, mweri 15 wa Kana 1961, Kenyatta nĩ areekirio. Gũtuĩkaga atĩ hĩndĩ ĩrĩa Cibũ Njiiri wa Karanja, ũrĩa waarĩ kĩgitĩ kĩnene kĩa ngoronia, Mũrang'a, aiigwire na kameeme (aaheetwo nĩ ngoronia) Kenyatta nĩ areekio na arĩ mũciĩ gwake Gatũndũ, aahiũkĩire kameeme agĩkaringithania na rũthingo rwa nyũmba gagĩcerekana. Arĩ na ikundo rĩa maraakara rĩaahatĩte karakara akiuuga:

Gathiica nyina gaaka gatũũire kanjĩĩraga atĩ Kĩnyatta ndarĩ hĩndĩ akoohorwo na ngagetĩkia. Niingĩ rĩu kaanjĩĩra atĩ mũthũũrwo nĩ irĩ ũcio nĩ oohorwo na rĩu arĩ gwake Gatũndũ; githĩ nĩ kũheenia gatũũire kaheenagia. Rĩu nĩ ndaagĩkooraga kamenye maheeni ti meega. Ngwoya magũrũ thĩĩ o kwa Mwana Ndithii, Mũrang'a, ngamenye kana ũhoro ũyũ nĩ ma. Mwana Ndithii (nyakeerũ) ndaheenagia. Akorwo nĩ moohoora Kĩnyatta ithuĩ mbarĩ ya hũmungaati nĩ twathira. Ũũi wakwa, ndaathiire kũnyitana na magui maya ma ũkoronia nĩ kĩ? Oo nĩ magũthiĩ Rũraaga na ithuĩ hũmungaati twĩkĩrwo mĩhĩndo ngingo nĩ Mau Mau (Maina wa Kĩnyattĩ, 2008:354).

Kenyatta arekio ooire ũtongoria wa Kanũ, kĩama kĩrĩa kĩanyitĩĩtwo mbaru nĩ andũ aingĩ a Kenya. Mwena worio kwarĩ ciama cia mbarĩ ya nyakeerũ, ciohĩndĩ na cia thaata cia bũrũri, itongoreetio nĩ Kadũ. Mwena womootho kwarĩ kĩama kĩa Mau Mau (*Kenya Land and Freedom Party*) na mbũtũ cia KLFA; Kanũ yaarĩ gatagatĩ. Nĩ ũndũ ũcio, Kenyatta ooya ũtongoria wa Kanũ kĩndũ kĩa mbere eekire nĩ gũthondeeka mĩcemanio ya Kanũ bũrũri-inĩ ya gũtaarĩria mũingĩ mworoto wa kĩama na mũbango wakio wa bũrũri wa mbere ndaaya. Nĩ aabingire ũteti na mũbango wa Kadũ wa majimbo na hinya na mũingĩ ũkĩmũnyita mbaru. Mworoto wa Kenyatta na Kanũ waarĩ wa gũthondeeka thirikaari ya ũũrũmwe wa bũrũri (na Gĩthũngũ: *unitary government*). Norĩĩrĩ, thĩĩna mũnene Kenyatta aarĩ naguo nĩ wa kũigwithia atongoria na memba a KLFP na KLFA meetĩkĩre gũtuĩka rũhonge rwa

Kanũ, matigane noteti womootho. Atongoria KLFP nĩ maaregire na KLFA ikiuuga ndĩkooimĩra mũtitũ mbuurũ theteera matatuunyiitwo mĩgũnda ĩrĩa maakoomeire na njeeci ya ngoronia ĩtarĩ buunjanie.

Noona kũhaana ũguo, kũũragwo gwa Kĩmaathi na kũrekio gwa Kenyatta na ũũrũmwe wa mũingĩ wa Kenya nĩ kwahingũrire bĩĩnji njeerũ ya hicitũri ya bũrũri witũ. Wambere, memba a Mau Mau arĩa maarĩ njeera na nditĩĩni nĩ maambĩrĩirie kũrekio kwaũingĩ na kambĩ imwe cia nditĩĩni ikĩhingwo ona gũtuĩka mbaara ya wĩyathi mũtitũ wa Kĩrĩnyaga na Nyandarwa no yaathiiaga na mbere. Wakeerĩ, ũtongoria wa mũng'eeng'ano wa wĩyathi nĩ wauumire Nyandarwa ũgĩũũka Nairobi, handũ ha mbaara ya mĩcinga ũgĩtuĩka mũng'eeng'ano woteti wa gatiba ũtongoreetio nĩ Kenyatta na Kanũ. Ũũrũmwe wa mũingĩ wa bũrũri, ũrĩa wenjeirwo mũthingi nĩ Mau Mau na ũkarangĩirwo na mĩcinga nĩ mbũtũ cia KLFA, nĩ watuĩkire injiini ya gũtwarithia ngaari ya mũng'eeng'ano wa gatiba.

Wagatatũ, thũkũmũ Ngeretha nĩ meetĩkĩriire gũikara thĩ na atongoria a Kanũ na Kadũ kwarĩrĩria mũthenya ũrĩa Kenya ĩkeyatha. Nĩ ũndũ wa bata ũcio, kũrĩ mweri wa keerĩ 1962, atongoria a Kanũ na a Kadũ nĩ maathiire mũcemanio Kwangeretha kwarĩrĩria ũrĩa gatiba ya wĩyathi ĩkwandĩkwo. Kanũ yaatongereetio nĩ Kenyatta na Kadũ nĩ Ngala na ĩkanyiitwo mbaru nĩ ciama cia mbuurũ theteera na thirikaari ya thũkũmũ Ngeretha. Norĩĩrĩ, atongoria a Kanũ arĩa maathĩĩte mũcemanio ũcio, tiga Odinga, gũtirĩ waao, ona Kenyatta, wanyiitĩte mbaru ũteti na mworoto wa Mau Mau wa bũrũri. Aingĩ aao, otoorĩa tũthoomire hau mbere, maarĩ njũna-ndara na njaguuti cia ngoronia, angĩ maarĩ hũmungaati hĩndĩ ya mbaara ya wĩyathi na angĩ matiaari noteti wa rũthũũro rwa ũkoronia. Meeciiria maao maarĩ makundeeru na moombĩrĩirwo nĩ rũreenda rwa magigi ma ũkoronia. Kĩama gĩa KLFP gĩtietirwo mũcemanio tondũ gĩatuĩkaga nĩ Mau Mau; kĩama kĩa imaramari. Kaggia, Kubai, Pinto, Achieng Oneko, Makhan Singh, Kali, Mũrumbĩ, Ngei, James Beauttah, Jessse Kariũki, Joseph Kang'ethe na Karũmba, arĩa maarĩ mahiga ma koona ma wĩyathi, nĩ magiririo gũthiĩ mũcemanio nĩ ngoronia Ngeretha, inyitiitwo mbaru nĩ njuna-ndara cia Kanũ na Kadũ, atĩ tondũ matiaarĩ memba a Renjikoo, no ũcio tigwo waarĩ gĩtumi—gĩtumi nĩ tondũ mũrũgamo waao waarĩ womootho, wa Mau Mau. Mũrũgamo waao waarĩ wa kũmomoora mũthingi wa ũngoronia bũrũri-inĩ, gũtuunya thũngũ theetera mĩgũnda iitũ ĩrĩa makoomeire na gĩthũri na kũmĩcookeria eene. Tuuge atĩ atongoria a bũrũri arĩa maarĩ nditĩĩni Kabengũria, tiga Kenyatta, gũtirĩ ũngĩ waao warĩ mũcemanio-inĩ ũcio na ũguo nĩguo Ngeretha mabangĩĩte. Arĩa maathiire mũcemanio Lancaster gũtirĩ waao waarĩ memba wa Mau Mau, gũtirĩ waao, ona Kenyatta wa nyuĩĩte muuma wa Mau Mau—oothe, tiga Jaramogi Odinga, maarĩ njunandara cia ngoronia Ngeretha.

Mũcemanio wambĩrĩria, mwandĩki mũnene wa ũkoronia, Maudling, nĩ aaheeire anjumbe a Kanũ na Kadũ koobi cia gatiba ĩrĩa thirikaari ya Ngeretha yatabarĩire, na akĩmahee thikũ gĩkundi mamĩthoome. Gatiba yathondeekeetwo na mworoto wa kũrikĩria ũkoronia na yaambĩĩtwo na mũbango wa Kadũ wa thirikaari ya majimbo. Thikũ inya ciaathira anjumbe a Kanũ na Kadũ nĩ macookire mũcemanio-inĩ Lancaster house. Anjumbe a Kadũ, a Thũngũ theteera na amwe ohĩndĩ, makĩmenyithia ngoronia Maudling oo nĩ maanyitĩĩte mbaru gatiba ya majimbo. Anjumbe a Kanũ nĩ maareganiire nayo, no thuutha wa ngarari hiũ magĩkũmbakũmbo nĩ ngoronia Maudling makĩmĩtĩkĩra; makĩeendia bũrũri, makĩeendia mũingĩ wa Kenya na magĩthugumĩra thakame ya ũcamba wa njamba cia Mau Mau. Ũkoronia wa meeciiria na wa ndini ya ũkĩrĩcitũ ũkĩrikĩra na ũkĩambĩrĩria gũtamba na nditi kuuma mataũni-inĩ kinya matũũra-inĩ na makĩria bũrũri-inĩ wa Gĩkũyũ tondũ nĩ kuo mbũtũ cia ngoronia mĩceeni ciaitiirwo na ũingĩ irĩ na anjeenda ya gũkũũra mĩri ya Mau Mau na kũharagania mĩtugo iitũ ya kĩmerera.

Ũhoro ũkonĩĩ mĩgũnda ĩrĩa theteera nyakeerũ maakoomeire, gatiba ya majimbo yooigĩĩte na ciugo theru na nũngarũ atĩ mĩgũnda ĩo nĩ ya Thũngũ theteera na itingĩtuunywo no cieendire kũmĩeendia. Ũguo nĩ kuuga andũ aiitũ arĩa maatuunyĩĩtwo mĩgũnda na hinya nĩ mbarĩ ya nyakeerũ na angĩ makooragwo maaregeire mĩgũnda-inĩ yaao mariganĩĩrwo ona akorwo maarĩmaga rũteerere-inĩ rwa bara nĩ kwaga gĩthaka. Wakeerĩ, gatiba ya majimbo yooigĩĩte, thigari mbirarũ cia ngoronia igũikara Kenya mwaka ũmwe kana mĩaka itaano kũgitĩra raia a Ngeretha na indo ciao na makĩria mĩgunda "yaao" ndĩkooyo nĩ Mau Mau. Wagatatũ, gatiba yooigĩĩte, birithi nyakairũ, warũrũngana (GSU) na thigari cia KAR nĩ cio igũkorwo irĩ mbũtũ cia thirikaari ya wĩyathi, mbũtũ cia Mau Mau ibuunjangwo na aarũi a wĩyathi arĩa marĩ mũtitũ-inĩ no kinya mathareende na maarega marutũrũrwo mũtitũ na haaro. Mũtĩ wa kana wooigĩĩte mawatho ma thirikaari ya ũkoronia noomo magũtũmĩĩrwo nĩ thirikaari ya majimbo, njanji nyakeerũ na arutiwĩra (nyakeerũ na nyakarũ) a thirikaari ya ũkoronia matingĩbuutwo wĩra, mathiĩ na mbere ota mũtugo, nĩo thirikaari. Mũtĩ wa mũico wooigĩĩte no mũhaka kũgie na gĩcagũrano kĩa Renjikoo na kĩama kĩrĩa gĩĩkũhoota kĩũũmbe thirikaari ya majimbo ĩtongoreetio nĩ ngoronia ngabana. Nĩ kuuga atĩ maũndũ marĩa maatũmĩĩte andũ aiitũ mathiĩ mũtitũ, njeera na ndiĩĩni na aingĩ marute thakame na mĩoyo yaao matieekĩriirwo gatiba-inĩ. Nĩ ũndũ ũcio rĩrĩa anjumbe a Kanũ maacookire kuuma London maageria kwendia gatiba ya majimbo kũrĩ mũingĩ, andũ aingĩ, makĩria bũrũri wa GEMM, nĩ maaregire kũmathikĩrĩria nĩ maraakara. Kwonania maraakara maao, atongoria na memba a KLFP na mbũtũ yaao KLFA nĩ maanĩrĩire, matakũinaina mahũri nĩ guoya, matirĩ hĩndĩ makanyita gatiba ĩo ya ũkoronia mbaru kana meetĩkĩre mũbango na mũrũgamo wa Kenyatta na Kanũ wa mĩgũnda kana mũtaratara woteti wa kwongithia ngoronia kĩreru nĩguo mathiĩ na mbere kwooga mũingĩ thakame. Makiuuga marũmĩĩtie no mũhaka mũtaratara wa ũngoronia ũbuunjanio, ũharaganio, ũhaatwo, ũikio Rũũĩ rwa Thagana. Hũmungaati na theteera nyakeerũ, birithi na mbirarũ na angĩ arĩa mooragĩĩte aarũi a wĩyathi, atumia na ciana, maanyiitwo matwarwo igooti-inĩ maciirithio, na mĩgũnda ĩrĩa yakoomeirwo nĩ mbarĩ ya nyakeerũ matuunywo ĩgaĩrwo Aakenya arĩa mataarĩ mĩgũnda, ĩrĩa ĩngĩ ĩcookeerio arĩa maatuunyiitwo hĩndĩ ya mbaara ya wĩyathi; na ngoronia arĩa maarĩ thirikaari-inĩ mabuutwo wĩra na maingatwo bũrũri-inĩ. Maũndũ macio matarĩ mahiingie, KLFA ĩkiuuga ĩkinyĩire, ndĩkaiga mĩcinga thĩ kana yuumĩre mũtitũ. Kongomano ya KLFA ĩrĩa yaarĩ mbucii ya Karũri Ngamũne mwaka 1955, Kĩmaathi aanĩrĩire akiuuga: "Handũ ha tũheeo wĩyathi na gĩĩtĩrĩra kĩa ũkoronia nĩ kaba mbaara ĩthiĩ na mbere kinya Ngeretha na njaguuti ciao nyakairũ mahaatwo maikio iria-inĩ. Ithuĩ tũtirĩ hĩndĩ tũgeetĩkĩra wĩyathi nuthu—wĩyathi ũtatũheete hinya wa gwathana na wa kũgaya ũtonga wa bũrũri witũ" (Nyakĩyo 1979).

Ithuĩ Mau Mau nĩ Twarega

Mweri wa Ndithemba 12, 1963 ngoronia Ngeretha nĩ arekirie bũrũri witũ, Kenyatta akĩũũmba thirikaari ya mbere ya andũ airũ, beendera ya wĩyathi ĩkĩgĩa igũrũ; bũrũri wothe no ikeeno na ndũũho, ngemi na nyĩmbo cia wĩyathi:

> Wĩyathi! Wĩyathi! Wĩyathi!
> Wĩyathi witũ wa Kĩrĩnyaga
> Bũrũri wa gĩkeno wĩ itwamba na mĩtitũ
> Kenya nĩ bũrũri wa andũ airũ

Kenyata aikarĩra gĩtĩ gĩothamaki akĩbuunjania thirikaari ya majimbo, akĩũũmba thirikaari ya ũũrũmwe wa bũrũri mũgima. Atongoria a Kadũ hamwe na araata aao theteera nyakeerũ na Ahĩndĩ moona mũbango waao wa majimbo nĩ waatura, makĩbuunja kĩama kĩao, magĩthiĩ gwa Kenyatta ũtukũ na maiiria kũmũthaitha eetĩkĩre maingĩre Kanũ; Kenyatta ndaaregire tondũ nĩ aamenyaga atongoria a Kadũ maarĩ njũna-ndara nĩ ũndũ ũcio no amatũmĩre kũhũũra ũteti womootho.

No atĩrĩĩrĩ, thirikaari ĩrĩa Kenyatta oombire ndĩaarĩ na ngũrani mũno na ya ngoronia ngabana tondũ thigari birithi, GSU na mbirarũ iria ciaarĩ cia thirikaari ya ũkoronia no cio ciatuĩkire mbũtũ cia thirikaari ya Kenyatta, Tai Tai arĩa maarutaga wĩra mawabici-inĩ ma thirikaari ya ũngoronia maathiire na mbere na wĩra; mĩgũnda ĩrĩa andũ aiitũ maatuunyĩĩtwo nĩ thũngũ theteera ndĩaahutirio, nyakeerũ magĩthiĩ na mbere (kinya ũmũũthĩ) gũtũnyua thakame na gũtongororoka. Hũmungaati arĩa matongoragia mbũtũ cia Ngeretha gũtharĩkĩra mbũtũ cia KLFA, kũũraga atumia na ciana matũũra-inĩ na kũnyariira aathũkũmi mataũni-inĩ, handũ ha kũnyiitwo matwarwo igooti-inĩ mathitangwo na mahĩtia makũũragana, nĩ kũburũmũũtwo maburũmũtiirwo magĩtuĩka macibũ, mandithii, mapicii—arĩa angĩ ta Geoffrey Karĩithi, Gacathi, Kĩereinĩ, magĩtuĩka *Permanent Secretary* thirikaari-inĩ ya Kenyatta. Ũchumi wa bũrũri ũgĩtigĩrwo thũkũmũ cia Ngeretha na cia Ameerika, Ũhĩndĩ na hũmungaati, ithuĩ eene bũrũri tũgĩtuĩka ndungata ciao, matũheeage mũcaara wa igoto, gũtũruma, gũtũkũũma, gũtũnyarara, gũtũnyua thakame. Arĩa angĩ aiitũ, magĩtuĩka hũũka na njara-hĩĩ mataũni-inĩ. Bũrũri witũ ũkĩgayanio maita meerĩ—mwena ũmwe nĩ ndoonga na mwena ũcio ũngĩ nĩ athĩĩini.

Ruo rwa ngoro nĩ atĩ, Kenyatta, anyiitĩĩtwo mbaru nĩ thũngũmũ cia Ngeretha na cia Ameerika, hũmungaati na Tai Tai, nĩ aaregire eekinyĩire mworoto na mũbango wa KLFP na KLFA wa thirikaari ya wĩyathi—akiuuga mũrũgamo noteti wa KLFP/ KLFA nĩ wa gũthũkia nano ũreehe haaro bũrũri-inĩ. Thĩini wa Kanũ na thirikaari-inĩ mũrũgamo wa KLFP/KLFA wanyiitĩĩtwo mbaru nĩ Jaramogi Odinga, Achieng Oneko, Bildad Kaggia, Paul Ngei, J.D. Kali, Joseph Mũrumbĩ, Pio Gama Pinto, Warũrũ wa Kanja, Mũnyua Waiyaki na J.M. Kariũki, na nja ya Mbuunge ũkĩnyiitwo mbaru nĩ Jesse Kariũki, Joseph Kang'ethe, James Beauttah, Eliud Mũtonyi, Isaac Maina Gathanju, Job Mũcucu, John Koinange na mũingĩ hakuhĩ wothe wa bũrũri witũ. Kuumana na ngarari cia mũbango wa bũrũri witũ, Kenyatta nĩ atũmire Jesse Kariũki na Mũnyua Waiyaki mũtitũ Kĩrĩnyaga mweri 16 wa Nothemba 1963 maakarie na atongoria a KLFA—Njenũrũ Mwariama,

Baimũngi, Rũkũ na Chui—maamathaithe mooimĩre mũtitũ na mbũtũ ciao, mathareende; nĩ maaregire, makĩĩra anjumbe a Kanũ mathĩĩ meere Kenyatta abange mũcemanio mooke maarĩrĩrie ũhoro ũcio. Mũcemanio nĩ wabangiirwo ũkorwo *State House*, Naikuru, Ndithemba 30, 1963.

Mwena wa KLFA andũ arĩa mookĩĩte nĩ manjenũrũ ana—Mwariama, Baimũngi, Rũkũ na Chui; Njenũrũ Baimũngi nĩwe waarĩ mũtongoria wa njaama.

Naguo mwena wa thirikaari kwarĩ Kenyatta, Mũnyua wa Waiyaki, Jackson Angaine, Njoroge Mũngai, James Gĩcũrũ na Jesse Kariũki; Kenyatta nĩwe waarĩ gĩtĩ-inĩ. Maikarĩra ndeto njũng'wa, Kenyatta eerire komanda a KLFA atĩ akwenda mauumĩre mũtitũ na mbũtũ ciao, manengere thirikaari mĩcinga, nĩguo bũrũri ũcooke thaayũ wa gũkũngũĩra wĩyathi na gĩkeno na ndũũho. Agĩcookeeria Kenyatta, kũringana na ribooti ya Mwariama (1979), Baimũngi aamwĩriire atĩrĩĩrĩ: "Ithuĩ tũtiregeete kuumĩra mũtitũ, no tũkiumĩra no mũhaka thirikaari ĩhiingie maũndũ maya: 1) ĩrutũrũre mbũtũ cia Ngeretha bũrũri gũtarĩ kũhiindahiinda, KLFA ĩtuĩke nĩyo mbirarũ ya bũrũri; 2) thirikaari inyiite hũmungaati na thigari nyakeerũ na nyakairũ iria ciooragaga andũ aitũ makĩrũĩĩra wĩyathi, itwarwo igootĩ-inĩ iciirithio. Acio angĩ maanyiitwo matwarwo kambĩ gũthoomithio wendi wa bũrũri; gũtirĩ waao wangĩrĩĩrwo kũrekio kana kũruta wĩra thirikaari-inĩ atetĩkĩrĩte mahĩtia make na akeriira; 3) mĩgũnda ĩrĩa ĩrĩ na theteera nyakeerũ matuunywo ĩgaĩrwo andũ iitũ arĩa matarĩ mĩgũnda naarĩa matuunyiitwo mĩgũnda yaao nĩ ũndũ wa gũtongoria njeeci ya wĩyathi macookeerio; 4) ciana cia aaruĩri wĩyathi no mũhaka iheeo mawĩra thirikaari-inĩ na itikarĩhe gĩthoomo; 6) cionje cia mbaara ya wĩyathi no mũhaka iteithĩrĩrio nĩ thirikaari—iheeagwo ũteithio wa mbeeca o mweri; na mũtĩ wa mũgwanja: gwakwo moniumeniti Nairobi gatagatĩ ĩtwĩke kĩririkano kĩa njamba cia Mau Mau iria cia kuĩrĩĩre mbaara-inĩ, na mũthenya ũrĩa mbaara ya wĩyathi yaambĩrĩirie wĩtagwo 'Mau Mau' (na kĩĩngenũ, Mau Mau Day). Ũtuĩke horiindĩ ya kũririkania andũ aiitũ atĩ wĩyathi wa bũrũri witũ ndwaheeaniirwo nĩ thũkũmũ Ngeretha na gĩĩtĩrĩra nĩ kũrũĩra twaũũrũĩĩre.

Kenyatta nĩ areganire na ũguo komanda a KLFA meendaga, akĩmeera maũndũ macio makarĩrĩrio mooimĩra mũtitũ. Nao komanda makiuuga makoimĩra mũtitũ Kenyatta na thirikaari yake meetĩkĩra kũhiingia maũndũ macio na maaga kũhiingio mbaara ĩthiĩ na mbere. Maatiganire na ciugo icio; manjenũrũ magĩcooka mũtitũ, magĩtiga Kenyatta akĩrĩa magi. Thuutha ũcio Kenyatta nĩ abangire na waara ũrĩa akũharagania mũrũgamo na ũũrũmwe wa KLFA. Mweri 24 wa Gatatũ 1964 nĩ atũmanĩire Njenũrũ

Mwariama ooke maarie. Mũthenya ũcio Njenũrũ Mwariama aakinyire mũciĩ gwa Kenyatta, Gatũndũ, anyitiirwo na icoya irige; rũũciinĩ rũrũ rũngĩ maarĩa kĩambia-nda, mũcemanio ũkĩambĩrĩria.

Mwena wa thirikaari kwarĩ Kenyatta, Angaine, Mbiyũ wa Koinange, Njoroge Mũngai na Mũnyua wa Waiyaki; Mwariama aarĩ wiki.

Aatindĩĩkwo mũno na mĩario, Njenũrũ Mwariama eerire Kenyatta wee na mbũtũ yake (ya andũ 300) no mooimire mũtitũ na maneeane mĩcinga yaao akorwo thirikaari nĩ kũmahee ũteithio wa mbeeca cia kwambĩrĩria maica maao makĩraiya na ĩmaandĩke mawĩra. Ũguo nĩguo maaiguanĩire; Mwariama agĩcookio na ngaari ya thirikaari Mĩĩrũ taũni, ũtukũ ũcio akĩĩngĩra mũtitũ gũtaarĩria njaama kĩrĩkanĩro gĩake na Kenyatta, gũtirĩ waao wamũkaararirie. Mũthenya ũyũ ũngĩ thirikaari ĩkĩmaambĩra heema hakuhĩ na taũni na ĩkĩmahee nguo cia mbirarũ; irio ciao ciareehagwo nĩ ngaari ya thirikaari. Maaneeana mĩcinga, Kenyatta nĩ atũmire Angaine na mũhuko wa mbeeca, akĩmwĩra anengere Njenũrũ mwariama. Kũrĩ mwaka wa 1979, Njenũrũ Mwariama nĩ aataarĩirie Maina wa Kĩnyattĩ ũrĩa maathioriirwo nĩ thũng'ũng'ũ Kenyatta; aamwĩrire ũũ:

Angaine aareehiirwo kambĩ iitũ na maciindeci, akiuuga nĩ akwenda kwaria naanĩĩ. Tũkĩĩngĩra maciindeci, ndereba akĩĩrwo oime. Ooima, Angaine akĩruta mbahaca icuuke-inĩ akĩnengera, akĩnjĩĩra, "Mũrigo ũcio ndaneeo nĩ Mũthee Kĩnyatta, tara." Ngĩmwĩra nĩ ciringi ngiri ikũmi. Naake agĩcookia, "Kĩnyatta oiga ũgaĩĩre njaama yaku na mũriga-nĩĩrwo nĩ meeciiria maũgũrũki magũcooka mũtitũ." Ngĩmwĩra ici ti mbeeca nĩ makũro ma nyũngũ, ithuĩ tũrĩ aarũi a wĩyathi mũtingĩtũikĩria rũitĩki. "Niĩ nĩ gũtũmwo ndũmĩĩtwo," Angaine akiuuga, "ũhoro ũrĩ na Mũthee." Ngĩĩra Angaine ndĩkwoya mbeeca icio itarĩtie na njaama ya ita, rũũciũ agooka kũigua itua riitũ. Twaciira na njaama, tondũ aingĩ aao nĩ maanogeetio nĩ mbaara na mĩtũũrĩre mĩritũ ya mũtitũ, makiuuga, marĩ na maraakara, nĩ makwoya mbeeca icio, mainũke. Angaine aarooka ngĩmwĩra itua riitũ. Akiuuga ũguo nĩ wega ona Mũthee Kĩnyatta nĩ agũkeena. Agĩtũgayania mbeeca, o mũndũ ciringi 333.00, niĩ akĩhee ciringi 335.00. Arĩkia kũgaya, ngĩmũikĩria ciakwa, ngĩmwĩra atwarĩre Kĩnyatta akagũrĩre Ngĩna iriinda. Angaine akĩngonorera maitho, akĩnjĩĩra, "Kĩnyatta ndang'athagĩrio nĩwe thirikaari; wee nĩ kĩooho ũreenda." Ngĩmwĩra athiĩ amwĩre niĩ njĩĩtagwo Njenũrũ Mwariama, Komanda wa mbũtũ cia wĩyathi, ndiuuraga maaĩ itina. Angaine atanathĩĩ akĩnjĩĩra, "Harĩ kaũndũ kangĩ ndĩĩrariganĩĩrwo, ndĩreerĩĩtwo ndĩmwĩre atĩ mwaheeo kiumia kĩmwe tu muume kambĩ, mũinũke na mwakĩria hau mũrutũrũrwo na haaro." Ndĩna maraakara ma mang'ũrĩko, ngĩmũria, "Naguo wĩra atĩa?" Akĩnjĩĩra, "thirikaari ndĩrĩ na mawĩra kahiinda gaaka, no mooneka nĩ mũrĩmenyithio." Atanaingĩra maciindeci akĩnjũria na kĩnyũrũri, "Ũkwenda ngeere Mũthee atĩa?" Ndiigana kũmũtumũka, agĩthĩĩ.

Nĩĩ, mwandĩki wa Ibuku rĩĩrĩ, ndaatigana na Njenũrũ Mwariama nĩ ndaathiire kwona Mĩnĩciita Angaine wabici-inĩ yake, Nairobi, mũthenya ũyũ ũngĩ; ngĩmũtaarĩria ũrĩa Njenũrũ Mwariama aanjĩrĩĩte. Angaine akĩnjĩĩra, "Ũguo aragũtarĩirie nĩ ma, no ndaanakwĩra atĩ Kĩnyatta nĩ amongereire mbeeca— ciothe igĩũũka ciringi 5,335.00 na akĩmũhee kĩhũmba kĩa nguo na thuutha ũcio Mwariama na Kĩnyatta magĩtuuma ndũgũ." Ngĩũria Mĩnĩciita, "Nĩkĩ mataheeirwo wĩra?" "Gũtirĩ waheeirwo wĩra," Angaine akĩnjookeria, "meerirwo mainũke." "Mbeeca icio (ciringi 10,000) mwamaheeiire-rĩ," ngĩũria Angaine, "ciaarĩ cia kũgũra nguo kana ciaarĩ cia ranji, orĩrĩa inyuĩ mũrĩ thirikaari-inĩ (na aingĩ anyu mwarĩ hũmungaati) mũraheeo mũcaara na gĩitĩrĩra, kaĩ mũtarĩ tha?" Angaine arĩa na gĩkundo kĩa maraakara kĩahatĩte mũmero, akĩnjĩĩra, "Nĩ ndakũheeo ũhoro no wakorwo ũrĩa na ũhoro ũngĩ ũrenda, thiĩ ũkoone Kĩnyatta. Inyuĩ aarimũ a *Unibaaciiti* ũteti wanyu nĩ wa ũkomiuniciti, tũtikũmwĩtĩkĩria mũngaũre thirikaari." Thuutha wa kwongererwo mbeeca na gũthareenda, Mwariama nĩ aanyitiirwo nĩ thirikaari ya Kanũ agĩthitangwo na mahĩtia makũgiria birithi ĩrute wĩra wayo taũni Mĩĩrũ; akĩoohwo mĩeri ĩtaandatũ. Aarĩkia kĩohwo, Kenyatta akiuuga aheeo wĩra wa Cibũ Timaaũ na mũgũnda wa ĩĩka ithaano no kanua atume; Mwariama agĩtuma kanua.

Baimũngi, Rũkũ na Chui maaremanwo kũigwithania na thirikaari ya Kenyatta nĩ maacookire mũtitũ kũbanga ũrĩa maakũrũa na thirikaari ya Kanũ. Kenyatta aamenyithio nĩ njaguuti ciake atĩ Baimũngi nĩ araacookire mũtitũ, agĩtiha, akiuuga, "Gũtingĩgĩa anene eerĩ bũrũri-inĩ: nĩĩ na Njenũrũ Baimũngi. Kamũndũ kau nĩ thĩĩna kareenda gũcookia bũrũri-inĩ na thirikaari yakwa ndĩngĩtĩkĩria. Tũgũkahĩta, twakanyiita tũkonorie" (Maina, 2008: 385). Kuuma Kanũ hendikwota kinya *State House* mũrũgamo wa thirikaari ya Kenyatta waarĩ ũmwe: Mau Mau no mũhaka ĩreengwo rũhĩa na KLFA ĩharaganio matũũra-inĩ na mataũni-inĩ.

Njenūrū Baimūngi Kūūragwo

Mbere ya kūhamurithia njeeci ya wīyathi īingīre Kīrīnyaga kūrutūrūra mbūtū cia KLFA, Kenyatta nī abangire mūcemanio ūngī na Njenūrū Baimūngi, Chui na Rūkū. Maacemanirie Gatūndū gwa Kenyatta kūrī mweri 31 wa gatatū 1964. Anjumbe a thirikaari mūcemanio-inī ūcio maarī Kenyatta, Mbiyū, Njoroge Mūngai, Mūnyua Waiyaki, James Gīcūrū, Njenūrū Chaina na Njenūrū Mwariama. KLFA yaarī na andū atatū—Baimūngi, Chui na Rūkū. Mwariama (1979) eerire mwandīki wa ibuku rīīrī atī mūcemanio wambīrīirie thaa inya kīrooko, magīciira kinya thaa cia ranji. Maarīa ranji magīcooka mūcemanio, makīng'aang'ana na mīario handū ha mathaa gīkundi no matiagwithanīrie. Makīnyua caai wa thaa kenda, Kenyatta agīikia mūtī wake wa mūthia kīhaaro—akīira Baimūngi, Rūkū na Chui, akorwo nī magwītīkīra kuumīra mūtitū hamwe na mbūtū ciao, thirikaari nī īkūhee o mūndū ciringi 600.00, mūgūnda wa īīka ithaano, Timaaū, kaandi ya gūtuīka memba wa Kanū wa maica na beendera ya būrūri, mūndū amīcuragia thoome wa mūciī wake kwonanagia aarī gītungati gīa KLFA na mūrūīri wa wīyathi. Baimūngi akīira Kenyatta mūrūgamo waao waambīītwo na mītī itaandatū na haū nīho makinyīire. Kenyatta atūmbarīīte akīgoromokeera Baimūngi, akīmūūria: "Njenūrū Baimūngi, ngwīciiria nī wīyathi watūmire mūthiī mūtitū, rīu ūrī mooko-inī maiitū, nīkī kīngī mūreenda? Nī būrūri mūreenda gūthūkia, tūtikūmwītīkīria" (Maina wa Kīnyattī, 2008:367). Kenyatta aathiire na mbere kwīra komanda a KLFA atī maarega biūū kuumīra mūtitū, thirikaari nī kūmoeera hatua— īmarutūrūre mūtitū na mīcinga na thakame. Gūcookeeria Kenyatta, Baimūngi amwīrire: "Mūthee, ithuī tūtirī itoi kana imaramari, tūrī aarūi a wīyathi na nī twendete būrūri witū mūno. Tūtikwenda mbaara na thirikaari no watūūma thigari cia haaro mūtitū nī tūkūrūa na cio. Hiihi nī ūriganīirwo atī nī hinya, ūcamba na ūūmīrīru witū irakūrutire korokoro-inī ya ngoronia na irareehe wīyathi būrūri-inī" (Maina wa Kīnyattī, 2008:367). Handū hagūcookeeria Baimūngi, Kenyatta oimire mūcemanio-inī akīhuuhagia ta ndegwa ya mboogo, agīthiī nja. Naake Baimūngi na njaama yake makīooha mburungo ciao, makīīngīra ngaari ya thirikaari īrīa ya mareheete, magīcooka mūtitū. Maacooka mūtitū, Kenyatta ndaarīire marīīgu; kūrī Juuni 1964 nī ahaamurithiire njeeci cia thirikaari (mbirarū, hūmungaati na warūrūngana), itongoreetio nī komanda nyakeerū, itharīkīre mbūtū cia KLFA Kīrīnyaga na itikoime kuo itamūreeheire kīongo kīa Baimūngi, Rūkū na Chui. Kaabiū yotukū na mūthenya īgīkīrwo būrūri wa Mīīrū na ng'ongo cia Nyĩrĩ na Laikibia iria ciaarĩ mũhaka-inĩ wa kĩrĩma. Thuutha ũcio, kameeme ga thirikaari (vok) gakĩanĩrĩĩra (otoorĩa ka ngoronia kaanagĩrĩra) gakiuuga: mũndũ ũkanyiitwo agĩtwarĩĩra itungati cia KLFA irio mũtitũ, njirũngi, mĩcinga kana kĩĩ akarĩra na rĩmwe ahingĩĩte rĩrĩa rĩngĩ. Mbaara ĩkĩambĩrĩria, ĩkĩrũũo handũ ya mĩeeri ĩtaandatũ. Ona gũtuĩka mbũtũ cia KLFA nĩ ciaarũire na hinya nocamba nĩ ciatindĩkiirwo mũno nĩ mbũtũ cia Kanũ. Januarĩ 26, 1965 mbũtũ cia thirikaari nĩ ciaatharĩkĩire hendikwota ya KLFA ũtukũ, gũgĩkia Njenũrũ Baimũngi, Rũkũ na Chui maarĩ oorage na itungati gĩkundi ikanyiitwo mateeka na hendikwota ĩkamundio mwaki.

Otaũrĩa Kenyatta aahamurithĩĩtie njaguuti ciake, ciimba cia Baimũngi, Rũkũ na Chui cieekĩriirwo ngaari ya mbirarũ ikĩreehwo taũni ya Mĩĩrũ nĩguo andũ taũni ng'ima macioone, mamenye kũng'athĩria thirikaari ya Kenyatta nĩ ta gũikia kaara kĩrĩrĩmbĩ-inĩ kĩa mwaki. Thuutha wa kũũragwo kwa Baimũngi, Chui na Rũkũ, njeeci cia thirikaari ciaatwariirwo mũtitũ wa Nyandarwa kũrutũrũra mbũtũ cia KLFA; itungati nyiingĩ ikĩũũragwo na iria ingĩ ikĩnyiitwo mateeka. Nakuo matũũra-inĩ na mataũni-inĩ, atongoria na memba a KLFP, hamwe na Njenũrũ Enoch Mwangi, makĩnyiitwo kwaũingĩ magĩtwaragwo nditĩĩni Kandongu kũnyariirwo nĩ hũmungaati, itongoreetio nĩ Eliud Mahĩhu, Goeffrey Karĩĩthi na Isaiah Mathenge.

Thuutha wa kũũragwo kwa Baimũngi, Chui na Rũkũ, atongoria a KCA— Joseph Kang'ethe, Jesse Kariũki, James Beauttah, Paul Kĩgondu na Job Mũcucu—nĩ maathiire gwa Kenyaata mũciĩ, Gatũndũ, kũrĩ mweri wa Kana 1965 kũmũtaarĩria mawoni maao mooteti wa bũrũri. Maakinya mũciĩ, kũringana noorĩa Beauttah aamenyithie mwandĩki wa ibuku rĩĩrĩ 1977, nĩ matungĩrwo ũrĩa ageni a gĩtĩĩyo matũngagwo. Maarĩa ranji, Kenyatta akĩmooria: "Mũkĩĩte gũceera kana nĩ kĩĩ kĩmũreheete?" Makiuuga "nĩ ũhoro wa bũrũri." "Nĩ ũhoro ũrĩkũ ũcio na thirikaari nĩ tũratwarithia na njĩra njega ya demokiracia?" Kenyatta akĩmooria. Wambere makĩmũmenyithia atĩ andũ bũrũri-inĩ, makĩria bũrũri wa GEMM, matĩkeneete tondũ wa thirikaari gũtuma njeeci mũtitũ kũũraga Baimũngi, Rũkũ na Chui na kũnyita memba a KLFP. "Tũtĩngĩũũragwo nĩ Ngeretha hĩndĩ ya mbaara ya wĩyathi naawe wambĩrĩrie gũtũũraga. Kĩnyatta, aanake nĩ kĩenyũ kĩa Ngai, nĩo hinya witũ, hinya wa bũrũri; kũmooraga nĩ kũũraga rũũrĩrĩ." Kenyatta aamacookeirie ang'athĩtie, akĩmooria, "Mũreendaga njĩke atĩa? Nĩ maita maiigana tũikarĩte thĩ na Njenũrũ Baimũngi na njaama yake ngamageria moimĩre mũtitũ makarega. Nĩ atĩa maareekaga mũtitũ na wĩyathi nĩ twanyitiire? Ndingĩtĩkĩria gakundi ka imaramari gathũkie thirikaari ĩcagũrĩĩtwo nĩ mũingĩ." Kang'ethe nĩwe wacookeirie Kenyatta na ciugo cia kũmũhooreria, akĩmwĩra, "Jomo, ithuĩ tũkwendeete ũmenye maraakara maiitũ na ma mũingĩ, no toũguo wiki ũtũreheete." Kenyatta aahoorera, Kang'ethe agĩtaarĩria maũndũ marĩa maatũmĩĩte matuume rũgendo rwa Gatũndũ, na maarĩ mũgwanja: 1) tũkwenda thirikaari ĩnyite aarũi a mbaara ya wĩyathi na gĩtĩĩyo kĩrĩa kĩheeagwo aarũi a mbaara ya wĩyathi nĩ mabũrũri mangĩ ma ndunia; 2) Thingira wa Iregi waakwo Mũkũrwe wa Nyagathanga ũtuĩke kĩririkano kĩa Mau Mau; 3) andũ arĩa matuiirwo cionje makĩrũĩra wĩyathi maheeagwo ũteithio wa mbeeca nĩ thirikaari o mweri na ciana ciao iheeo gĩthoomo kĩa mbure; 4) mĩgũnda yoothe ĩrĩa ĩrĩ na mbarĩ ya nyakeerũ matuunywo ĩheeo andũ aiitũ arĩa matarĩ mĩgũnda. Ũguo nĩguo twetĩkanĩirie tũkĩrũĩra wĩyathi; 5) njeeci cia ũkoronia ibuunjwo, mbũtũ cia Mau Mau (KLFA) ituĩke thirikaari; 6) hũmungaati, birithi, warurungana na angĩ arĩa mooragaga aarũi a mbaara, atumia na ciana, manyiitwo matwarwo igooti-inĩ mathitangwo. Nao ngoronia arĩa mararuta wĩra mawabici-inĩ ma thirikaari marutwo wĩra na maingatwo bũrũri na arĩa mooragaga andũ hĩndĩ ya mbaara ya wĩyathi maanyiitwo matwarwo igooti-inĩ; 7) *Kĩburi House* yooyũo nĩ thirikaari ĩtuuo miithiamu, na moniumeniti ya Kĩmaathi yaakwo Nairobi gatagatĩ ya kũririkanaga ũcamba wake.

Kenyatta nĩ aregire ahiinyĩrĩirie maarĩrĩrie mĩtĩ ĩyo mũgwanja, akĩmeera atĩ mũrũgamo waao na wa KLFA/KLFP ndwarĩ ngũrani—nĩ mũrũgamo na mũbango wa kũharagania thirikaari na ũtongoria wake. Nao atongoria a KCA matiaarĩ rĩmwe ikũmbe, makĩĩra Kenyatta aririkane nĩ KCA (noyo KKNI na rĩĩtwa rĩngĩ) yaamwakire gĩĩoteti kinya agĩkinya hau akinyĩĩte. Kenyatta nĩ aregire ki maarĩrĩrie mĩtĩ ĩyo, tondũ ũcio gũkĩgĩa mbaara ya mĩario—kũndũ Jesse Kariũki na Kenyatta (tondũ maarĩ ariika) meetanaga mĩrura. Atongoria a KCA mooimire Gatũndũ matarĩ ndũgũ na Kenyatta ona caai wa thaa kenda matiaaheeirwo; maathĩĩ marĩĩtwa maao moongereirwo mũtaratara-inĩ wa marĩĩtwa ma andũ arĩa thirikaari ya Kenyatta yeeciiragia nĩ thũ cia thirikaari na bũrũri. Na macũngĩrĩrio ma ũguo, nĩ mahũũriirwo marubuku kũingĩra *State House* kana mũciĩ gwa Kenyatta, Gatũndũ. Ona gũtuĩka atongoria a KCA nĩo maatemeeire mũingĩ wa Kenya njĩra ya wĩyathi—wĩyathi wooka maatiganĩirio nja mbura-inĩ nĩ thirikaari ya Kenyatta. Aingĩ aao—Joseph Kang'ethe, James Beauttah, Jesse Kariũki, Job Mũcũcũ, Paul kĩgondu na angĩ—maakuire nĩ gũthũgũnwo nĩ thĩĩna na mĩrimũ yokũũrũ thirikaari ĩrĩa meenjeire mũthingi ĩmeerooreire o ũguo makĩoongoya. Na kĩo kĩama kĩao (KCA), ota hĩndĩ ya ũkoronia, gĩkĩhũũrwo marubuku. Nao arĩa maarĩ mũtitũ na nditĩĩni, thirikaari ya Kenyatta na Kanũ yaamoeeire hatua ya kũmaharagania gĩĩoteti—ĩkĩmaima wĩra, ĩkĩmagaagia matũũra-inĩ na mataũni-inĩ. Aingĩ aao makĩnyiitwo, magĩĩkio nditĩĩni kũnyariirwo na ciama ciao cioteti—Mau Mau, KLFA, KKM na KLFP—ikĩhũũrwo marubuku. Ciama ingĩ ciahũũriirwo marubuku nĩ thirikaari ya Kenyatta kĩhiinda kĩu, tondũ atĩ ciaarĩ noteti womootho, nĩ ici: *Kenya War Council, Kenya Parliament Supreme Council, Ex-Freedom Fighters Union, Walioleta Uhuru Union, Tulipigania Uhuru Association, Mwangi and Maina Association, Mwangi and Maina Social Club, Gĩkũyũ Club, Thukuru na Kanitha cia Karĩng'a, Mahooya ma Jehova Church* na *African Independent Pentecostal Church.* Imwe cia ciama ici ciaarĩ cia gũcookanĩrĩria mĩtugo ya Gĩĩgĩkũyũ ya kĩmerera ĩrĩa haraganĩĩtio hĩndĩ ya mbaara ya wĩyathi. Ingĩ ciaarĩ cia kũgirĩrĩria ũkoronia wa ndini ya ũkĩrĩrĩcitũ ũtambe matũũra-inĩ na mĩciĩ-inĩ.

Tũĩke Atĩa?

Atongoria a Mau Mau meerĩgĩrĩire atĩ thirikaari ya Kenyatta ĩgũkorwo ĩrĩ ya demokiracia—thirikaari ya mũingĩ, ya Mau Mau, ya arutiwĩra na arĩmi anyiinyi, no ũguo tiguo kwahanire. Kenyatta aanyitanire na hũmungaati, Tai Tai na matheteera nyakeerũ (aaBlundell, aaDelamere, aaGrogan na angĩ) magĩthondeka thirikaari—thirikaari ya aici, atuunyani na ooragani; ithuĩ twarũũire wĩyathi agĩtũtua ndigiri cia kũmarutĩre wĩra; magĩgĩtongororoka, nda nĩ matangi, matina nĩ irĩma, na ithuĩ raiya ũkĩa no gũtũthũgũna, ng'aragu mĩciĩ iitũ nĩ ta kĩronda kĩa ndĩĩrĩ. Ciana ciitũ ithiiaga ciĩkwonoteete nĩ kwaga irio, nguo na iraatũ; ciatuĩkire njarahĩĩ barabara-inĩ cia Nairobi. Toũguo wiki, Kenyatta aingĩra *State House* atuĩkire thũng'ũng'ũ ya rũhĩa rũmwe—nĩwe gatiba, nĩwe thirikaari, nĩwe watho, nĩwe bũrũri—akĩaaria gũtirĩ mũndũ ũngĩamirire kana gwathimũra. Andũ arĩa mamũkararagi, makabinga watho wa gĩthũri, akĩmoonia rũirũ—JM Kariũki, Pinto na Njenũrũ Baimũngi makĩũũragwo, naake Kaggia akĩoohwo mwaka ũmwe njeera nditũ; nao Odinga, Achieng Oneko, Ngũgĩ wa Thiong'o na angĩ magĩĩkio nditĩĩni. Anyiitĩte njũgũma ya ũkabira na njara ĩmwe na ya ũhahami na njara ĩyo ĩngĩ aatũmiire gĩtĩ kĩa Rais kũharagania bũrũri gĩĩkabira na kũiiya ũtonga wa bũrũri—mĩgũnda ĩĩka na ĩĩka akĩhĩmbĩria. Mĩgũnda ĩrĩa aahĩmbĩirie nĩ mĩnene kũrĩ mũciĩ wa Nairobi tũtagũtara cieeya iria aanyakũrire mũciĩ wa Nairobi na mataũni macio mangĩ ma bũrũri witũ cia gwaaka nyũmba cia mbiaacara. Thuutha wa kwĩgaĩĩra mĩgũnda na cieeya na gĩthũri, aingĩrire beengi cia bũrũri (*Central Bank* na *National Bank*) marĩ na mbarĩ ciao magĩĩkĩra mbeeca cia mũingĩ makonia—miriioni na miriioni—igĩĩkio ndege notukũ igĩthĩĩ kũhithwo beengi cia Switzerland. Tuuge tiga no rangi wa gĩkonde, mĩtugo ya Kenyatta noteti wake itiaarĩ ngũrani mũno na cia ngoronia Ngeretha. No atĩrĩĩrĩ, thirikaari ĩrĩa Kenyatta aathondekire noyo yenjeeirwo mũthingi mũriku nĩ ndigitĩta Moi na noyo ona ũmũũthĩ ũyũ ĩraathana—thirikaari ya ndoonga nyakairũ—ya gũtũhiinyĩrĩria, gũtũnyua thakame—ĩrũgamĩrĩirwo nĩ ing'ang'i cia Ngeretha na cia Ameerika, ĩgatiirĩrĩrwo nĩ World Bank, IMF na WTO, na ĩgatongorio nĩ thũng'ũng'ũ cia ODM and PNU. Norĩĩrĩ, thirikaari ĩngĩaga kũgitĩra raiya, ĩtuĩke nĩ ya kũmahiinyĩrĩria, kũmanyua thakame, kũmooraga—nĩ thirikaari ya ũkoronia, ya ahahami, aici na atuunyani, nĩ kĩhooto mũingĩ woe matharaita ma mbaara ũmĩeherie, ũthondeke thirikaari njerũ—thirikaari ya aathũkũmi na arĩmi anyiinyi, thirikaari ya demokiraci.

Ũguo nĩguo Mau Mau yatũthoomithirie.

www.ingramcontent.com/pod-product-compliance
Lightning Source LLC
Chambersburg PA
CBHW060237290526
45789CB00001B/90